江西省高校人文社会科学重点研究基地
南昌大学客赣方言与语言应用研究中心
"江西方言与区域文化研究丛书"基金

江西方言、文学与区域文化丛书

胡松柏 ◎ 主编

赣鄱语言学论坛 （第一辑）

中国社会科学出版社

图书在版编目(CIP)数据

赣鄱语言学论坛. 第1辑 / 胡松柏主编. —北京:中国
社会科学出版社,2016.3

ISBN 978 - 7 - 5161 - 7768 - 6

Ⅰ.①赣⋯ Ⅱ.①胡⋯ Ⅲ.①汉语 - 文集 Ⅳ.①H1 - 53

中国版本图书馆 CIP 数据核字(2016)第 051469 号

出 版 人	赵剑英	
责任编辑	任 明	
责任校对	王佳玉	
责任印制	何 艳	

出 版	中国社会科学出版社	
社 址	北京鼓楼西大街甲 158 号	
邮 编	100720	
网 址	http://www.csspw.cn	
发 行 部	010 - 84083685	
门 市 部	010 - 84029450	
经 销	新华书店及其他书店	

印刷装订	北京市兴怀印刷厂	
版 次	2016 年 3 月第 1 版	
印 次	2016 年 3 月第 1 次印刷	

开 本	710 × 1000 1/16	
印 张	30	
插 页	2	
字 数	507 千字	
定 价	88.00 元	

《江西方言、文学与区域文化研究丛书》
序

南昌大学客赣方言与语言应用研究中心于 2002 年整合学科力量组建，2003 年被批准为江西省普通高校人文社会科学重点研究基地。2006 年，通过江西省教育厅的首轮评审验收。2010 年，遴选进入"优秀重点研究基地"行列。

作为学校内独立建制的实体研究单位，南昌大学客赣方言与语言应用研究中心一直以其所凝练的学科方向参与并承担南昌大学"211 工程"重点学科的建设任务。2003 年，"客赣方言研究"列为南昌大学"211 工程"第二期建设重点项目"赣学"的子项目之一。2008 年，"赣学"重点项目第三期建设启动，根据"赣学"学科的发展构想和所依托的学科力量情况，本研究中心所承担的研究方向拓展为"江西方言、文学与区域文化"，再次确定纳入南昌大学"211 工程""赣学"重点项目的子项目之列。

已经获得国家立项批准的"赣学"重点项目的《"211 工程"三期重点学科建设项目申报书》关于"江西方言、文学与区域文化"方向有如下表述：

> 本方向包括方言与区域文化、文学与区域文化两个方面的研究。
> 江西方言与区域文化研究是在"十五"项目赣客方言研究基础上的拓展。从时间和空间上，由研究赣客方言的现状拓展到对赣客方言历史开展研究，由研究江西省境内的赣客方言拓展到对由江西向省境外发展的赣客方言开展研究，同时也对文化生存状态融入赣地主流

文化的江西省境内的其他方言开展研究。从研究对象和研究方法上，由单纯研究赣客方言拓展到对与方言密切联系的经济社会和文化相结合开展研究，由主要采用描写语言学方法拓展到与社会语言学方法相结合开展研究。

　　江西文学与区域文化的研究，立足于江西历史上颇具特色的地域性文学流派、文艺形式、家族文学研究，将其置于区域社会文化变迁的大背景下进行探讨，把文献整理与区域文化相结合，从大量的史料中梳理、提炼带规律性的理论观点，立足江西区域特色，坚持考证求实的学风，拓展视野，力求创新。

　　围绕上述目标，近年来我们所着力开展研究的项目主要有：赣客方言单点的深入研究，赣客方言的地理语言学研究，近代江西赣客方言史研究、近代赣客方言历史文献资料整理，江西畲族语言研究、江西闽方言研究、江西吴方言研究、江西徽州方言研究、江西省境内社区语言状况调查研究、江西省境内普通话现状调查研究，江西诗派与区域文化研究，宋以来江西家族文化研究，明清江西文人别集文献研究，江西地方戏曲（赣剧、采茶戏、傩戏等）的全方位和新角度（如舞台音韵）研究等。

　　在"211工程"第二期建设阶段，本研究中心曾组织编纂出版了《客赣方言研究系列丛书》（一套十二种，中国社会科学出版社出版）。进入第三期建设阶段以来，我们继续以"凝聚力量、锻炼队伍、多出成果、提高水平"为宗旨，组织本研究中心的专职和兼职研究人员，以项目组队伍，以项目促成果，从上述研究项目成果中择优编成本研究中心所组织编写的第二套系列研究丛书《江西方言、文学与区域文化研究丛书》。这套丛书的编纂出版，体现了各位著者的辛勤劳动，得到了中国社会科学出版社的大力支持，也得到了江西省高校人文社会科学重点研究基地和南昌大学"211工程"重点学科"赣学"的基金资助，我们在此表示衷心的感谢。

胡松柏

二〇一一年十月六日

目　录

方言趋同与混合型方言的形成

复旦大学　游汝杰

摘　要："方言趋同"的结果导致方言差别缩小，进一步有可能形成新的混合型方言。"混合型方言"是研究方言分类和分区时难以绕开的课题，不少学者曾有许多个案研究，但对"混合型方言"缺乏明确的定义和划分的标准。笔者曾认为"混合型方言"这个概念相当于混合语或称为克里奥耳语（Creole），只是层次不同，后者是指不同语言的混杂。混合型方言和混合语一样都是作为"母语"存在的。本文拟借助社会语言学理论，以上海话、厦门话和杭州话这三个典型的混合型方言为例，进一步提出混合型方言的三大特点：（1）缩减；（2）多元化；（3）同质化。

关键词：方言趋同；混合型方言；上海话；厦门话；杭州话

一　何谓"方言趋同"

社会语言学上有一个概念"方言趋同"（dialect leveling），或译为"方言拉平"，是指下述现象：同一地区的两种或多种方言互相接触、交融，各自在语音或语法上的特点数量减少，方言之间的差异变得越来越少，而共同点越来越多。从言语交际的角度来看，方言趋同的原因，会话双方都希望对方能听懂自己的话，也希望自己能听懂对方的话，这样在语言表达上就自然互相尽可能靠拢，以达到互相适应的目的。这在社会语言学上称为"言语调适理论"（speech accommodation theory），或译为"言语适应理论"。

在言语交际中参加谈话的双方有可能调整自己的言语风格，以更适合对方的需求，或者说双方的言语风格有可能互相会聚（converge），互相迁就。调适的手段包括改变自己的语音、重复对方的词汇和短语、采用对方的谈话和礼貌语言策略等。调适的原因，主要是为了提高交际的效率，也有人是为了获得对方对自己的认同。调适的背后常有文化因素起作用。例如性别因素，男人和女人交谈的时候常常少用自己性别的语言，而趋向于使用共同的语言标准。不过，在英国，男人倾向于使自己的言语风格接近女性的标准，而在美国，则是女人倾向于使自己的言语风格接近男性的标准。权力因素，地位最高或权力最大的个人，常常是言语风格"会聚"的重心。这里所说的"权力"不一定是指财富较多或权威较高，在社会网络结构中处于中心地位的人，也常常是"会聚"的重心。调适也可能是单向的，例如对老年人说话，可能会提高音量，放慢语速，希望尽量使对方听明白，但是老年人可能并没有做相应的调适。对于参与谈话的个人来说，调适是临时性的行为。不过调适也可能在方言不同的言语社区之间发生，即两种方言互相调适，或其中一种方言较多地向另一种方言调适。其结果就是"方言趋同"。

"方言趋同"的结果导致方言差别缩小，进一步有可能形成新的混合型方言。"混合型方言"是研究方言分类和分区时难以绕开的课题，不少学者曾有许多个案研究，但对"混合型方言"缺乏明确的定义和划分的标准。笔者曾认为"混合型方言"这个概念相当于混合语或称为克里奥耳语（Creole），只是层次不同，后者是指不同语言的混杂。混合型方言和混合语一样都是作为"母语"存在的。本文拟以三个典型的混合型方言为例，借助社会语言学理论，进一步提出混合型方言的三大特点。

（1）缩减（reduction）：不同方言中具有标志性的功能范畴减少。

（2）多元化（multiplication）：词汇和表达方式多元化。

（3）同质化（identification）：规则性加强，标志性减弱，音系稳定，形成同质的方言，成为当地居民的母语。

二　三个混合型方言实例

（一）现代上海地区的方言趋同

1. 上海的历史人文背景

据 1947 年的统计，上海市区人口为 4375061 人。百年间人口增长 40 倍，大量苏南、苏北和浙北人迁移而来。据 1950 年的统计，原籍外地的居民占 85%。江苏籍以苏州、无锡、常州地区和苏北为多，浙江籍以宁波为主。以苏州为主的苏南人文明程度较高，其方言与上海话同属吴语，可以沟通。他们带来的评弹长期在上海盛行，上海人认同"苏白"，认为好听。苏北移民多从事理发业、沐浴业、人力车夫、苦力劳工等体力劳动，文化程度和社会地位低，方言属官话，与吴语沟通度较差。上海人认为"苏北腔"难听，而加以排斥。故只有苏北人学上海话，形成苏北腔的上海话，而没有上海人学苏北腔。其方言对现代上海话的形成，几无影响，除了个别词汇，如"大饼、油条"。宁波是与上海同时开埠的海港，宁波人多从海路来上海经商，经济地位较高。20 世纪初期上海浙江会馆中的四明（即宁波）公所就拥有 6 万名会员。其方言也与上海话同属吴语，可以沟通。上海人是高度认可宁波人的，也乐意仿效他们的方言，例如第一人称复数，早期上海话称为"我伲"或"伲"，后来用宁波话"阿拉"取代。

现代上海话是本地话、苏南吴语和浙北吴语方言趋同后，形成的一种混合型方言。

表 1　　　　　　　　**上海老移民原籍构成（1947—1948 年）**

江苏	浙江	本地或其他
51%	38%	11%

2. 现代上海话音系趋同

表 2 所列地点方言除上海外还有松江、苏州、宁波。上海旧属松江府。旧松江府的方言是上海话的底子。表 2 以苏州话代表苏南吴语，以宁波话代表浙北吴语。比较此三地吴语与第一期至第三期的上海活的异同，可以看出上海话在发展过程中所吸收的浙北和苏南吴语成分。用以比较的项目共有十二项。第 1、2、3、4、5 项是声母，其中第 1 项是比从母等今读 dz 或 z，第 2 项是比邪母等今读 z 或 ʑ，第 3 项是比古晓母（灰韵）今音读 f 或 h，第 4 项是比尖团音的分混，第 5 项是比端母和帮母的今音。余五项是韵母，其中第 6 项比咍韵与覃谈两韵的分混；第 7 项是比桓韵见母的今音；第 8 项是比先韵（合口四等）今音；第 9 项是比桓韵（帮组）今音；第 10 项是比遇摄合口三等今音；备考一栏注出各项在第三期上海话的发展是受苏南或浙北吴语影响。特别值得注意的是现代上海话里增生的声母 ʑ，上海话、松江话和苏南吴语向来没有此声母，显然是从宁波话学来的。

表2　　　　　　　　　　上海声母和韵母趋同

序	例字	上海一期	上海二期	上海三期	松江	苏州	宁波	备考
1	从	dz	z	z	z	z	dz	苏南
2	袖	dz	z	ʐ	z	z	ʐ	浙北
3	灰	f	f/h	h	f	h	h	苏南/浙北
4	刀	ʔd	ʔd	t	ʔd	t	t	苏南/浙北
5	千—牵	≠	≠	=	≠	≠	=	浙北
6	来—兰	≠	=	=	≠	=	≠	苏南
7	官	ue	ue	uø	ue	uø	ũ	苏南
8	县	yø̃	yø	yø	yø	iø	y	浙北
9	半	e	e	ø	e	ø	ũ	苏南
10	书	y	y	ʮ	y	ʮ	ʮ	苏南/浙北

注：1—5是声母，6—10是韵母。

表3　　　　　　　　　　上海入声韵缩减（1）

现代上海话	aʔ		oʔ	
老上海话	æʔ	aʔ	ɔʔ	oʔ
例字	八袜塔	百麦客	薄郭落	北剥福
古韵	黠/月/盍	陌/麦/陌	铎/铎/铎	德/觉/屋

表4　　　　　　　　　　上海入声韵缩减（2）

现代上海话	iɪʔ		uəʔ	
老上海话	iɪʔ	iəʔ	iɪʔ	uɔʔ
例字	急笔吸	吃逆极	骨活	扩
古韵	缉质缉	锡陌职	没末	铎

表5　　　　　　　　　　上海入声韵缩减（3）

现代上海话	əʔ		
老上海话	əʔ	uœʔ	œʔ
例字	汁入德	说卒撮	夺脱掇
古韵	缉缉德	薛没末	末末末

表6 现代上海话与周边吴语韵母音位数量比较

	阴声韵	阳声韵	鼻化韵	入声韵	声化韵	总计
上海	18	6	6	9	4	43
松江	22	5	7	18	4	56
苏州	21	12	0	12	4	49
宁波	24	7	7	8	4	50

3. 现代上海话音变规律的不规则现象

表7 现代上海话音变规律的不规则例字

字	婿	仔	筷	宣	云
韵口等声	霁开四精	之开三精	夬合二见	仙合三精	文合三影
苏州话	sy^5	$ts\eta^0$	kuE^5	siI^1	$\hbar iy\eta^2$
宁波话	ςi^5	$ts\eta^0$	kuE^5	sY^1	$\hbar iy\eta^2$
上海话	$\varsigma i^5/\varsigma y^5$	$z\eta^0/ts\eta^0$	kua^5/kuE^5	$\varsigma i^1/\varsigma y\emptyset^1$	$\hbar iy\eta^2/\hbar io\eta^2$
备注	ςy^5 来自苏南	$ts\eta^0$ 来自苏南、浙北	kuE^5 来自苏南、浙北	$\varsigma y\emptyset^1$ 来自浙北	$y\eta^2$ 来自苏南、浙北

比较音韵地位相同的字就可以知道这些又读音不合音变规律。例如与"婿、筷、宣"三字音韵地位相同的字，读音跟这三个字不同，见表7。又读音显然是外来的，"筷"是后起字，从"快"字得声，其字始见于明代文献。此两字在各地方言都同音，但在上海话中，"筷"却有两读：kua5/kuE5，前一音与"快"同音，后一音明显是外来的。"筷"有两读并非文白异读所致。"筷"在其他吴语里都无两读现象。此类并非文白异读的又读音，在上海话同音字表里可以找出200个左右。

4. 现代上海话词汇多元化现象

表8 上海话和邻近方言远指代词比较

	这儿	那儿
上海	瑞搭、迪搭、特搭	伊面、伊搭、伊头、伊块、哀面、哀搭、故面、故头
松江	瑞搭	伊搭、伊面搭
宝山	瑞搭、迪搭、特搭	一郎、一郎向、伊搭
苏州	哀搭、该搭、瑞搭	弯搭、该搭、瑞搭
宁波	该点、宕头、宕点	该面

上海话表示"那儿"的词还不止表上所列的这 9 个，例如还有：伊面搭、伊搭里、伊搭块、哀面搭、哀搭块、哀搭里、故边、故块、故面搭等。从表 8 来看，上海话的指示代词跟宁波话关系不大，而跟苏南吴语关系很密切。每一种代词的不同形式在用法上并无区别，是同义异形结构。众多的同义异形结构的存在可能是方言接触的结果，上海话原有的远指代词是"伊"，"故"和"哀"都是后起的。"故"可能来自苏州一带吴语，"故"用作远指代词见于苏州方言文学作品，今口语仍有"故歇"（那时候）一词。又，"故"用作远指代词还见于今无锡、江阴、常州、靖江、溧阳，其地皆在苏州以西，上海郊县此词不用。"哀"也用于苏州，但是只用作近指代词"哀个"（这个）。如果也借自苏州，那么它是从近指代词变为远指代词了。对"哀"的语源可以有另一种解释，即"哀"可能是"还有一个"的合音形式。

5. 现代上海话句法结构的杂糅现象

反复问句在上海话里有四种等义的句式。例如"你去不去?"用上海话表达，可以有五种句式：

（1）V + 伐：侬去伐？
（2）V + neg. + V：侬去勿去？
（3）阿 + V：侬阿去？
（4）阿 + V + 伐：侬阿去伐？
（5）阿 – V – neg. – V：侬阿去勿去？

这五种句式是同义异形结构。其中第三种句式借自苏州话，第四种是由第一种和第三种句式杂糅而成，第五种则是由第三种和第二种句式杂糅而成的。

（二）现代厦门的方言趋同

1. 闽南地区的人文历史背景

近代闽南地区的中心城市是漳州和泉州，泉州是闽南开发最早的地区。唐开元时有五万多户，人口为当时福建六州府之最。隋唐后成为全国重要的对海外交通和贸易中心之一。清代嘉庆年间出版的韵书《汇音妙悟》是闽南各地韵书的蓝本，闽南地方戏之一梨园戏也是以泉州音为标准音的。清末之前泉州音实是闽南地区的优势方言。

闽南的漳州话的地位，曾因漳州月港成为闽南外贸的商业中心，一度提高，但始终未能取代泉州话。历史上的厦门，行政级别很低，它隶属同安县，"同安县十一里之一里耳"，而同安县隶属泉州府。厦门设县始于民国元年。鸦片战争后厦门成了"五口通商"的口岸之一，漳州和泉州等闽南人士大量移居，地位渐渐超过泉州和漳州。混合各地闽南话的厦门话也因此取代泉州话，而成为优势方言。

"据 1929 年的调查，厦门人口籍贯绝大多数是本省，占调查人口 149183 人的 95%。外省籍贯中最多为广东，为 2174 人，占 2.07%，以下依次为浙江、江苏和江西。在福建省籍中，闽南人最多，思明有 33400 人，同安 18086 人，晋江 14992 人，闽侯也有 9241 人，而闽东、闽北各县迁来的人口都很少。"（林星，2007）

表9　　　　　　　　　　厦门人口原籍构成（1929 年）

思明	同安	晋江	闽侯	其他闽南	广东	其他省	总人口
33400	18068	14992	9241	66022	2174	5286	149183
22.39%	12.11%	10.05%	6.19%	44.26%	2.07%	3.54%	100%

注：思明即厦门，晋江和同安属泉州，闽侯即福州。"其他闽南"主要应是漳州各地。

在当代闽南话内部，泉州音和漳州音的差别较大，而厦门音介乎两者之间。从声母和韵母系统来看，厦门音比较接近泉州音，而在声调系统方面，厦门音和漳州音差别很小。厦门话是由漳州话和泉州话融合而成的混合型方言。台湾闽语称为"漳泉滥"，情况类似。

2. 现代厦门话的音系缩减

厦门话的声母，比漳州话少了一个 dz，见表10。

表10　　　　　　　　　　厦门话和漳州话声母比较

厦门	d	
泉州	d	
漳州	d	dz
例字	离吕罗来难良能农	如然人让仍绒
音韵地位	来母	日母

据传教士闽语著作，老厦门话的日母字读 dz。后受泉州话的影响，变读 d 或 l。如日 dzit →lit。

表 11　　　　　　　　厦门话与周边闽语韵母音位数量比较

	阴声韵	阳声韵	鼻化韵	入声韵	总计
厦门	13	16	12	31	72
漳州	17	15	16	37	85
泉州	17	18	22	30	87

厦门话的韵母音位总数仅 72 个，远比漳州话（85 个）和泉州话（87 个）少。以下分阴声韵、阳声韵、鼻化韵和入声韵，分别比较三地方言，通过韵母的对应关系，可知厦门话韵母缩减的详细情况。

表 12　　　　　　　　厦门话和泉州话阴声韵比较（1）

厦门	u	o	ɔ			
泉州	ɯ	u	o	ɔ	ɔ	io
例字	除	厨	波	布	剖	表
音韵地位	遇合三鱼	遇合三虞	果合一戈	遇合一暮	流开一厚	效开三小

表 13　　　　　　　　厦门话和泉州话阴声韵比较（2）

厦门	e			ue
泉州	e	ɣ	ɣ	ue
例字	迷	皮白	胎	话
音韵地位	蟹开四齐	蟹开四齐	蟹开一咍	假合二夬

表 14　　　　　　　　厦门话和泉州话阳声韵比较

厦门	im		iŋ			un	
泉州	im	ɯm	an	u? i	iŋ	un	ɯm
例字	林	欣	钉白	前白	平文	本	根
音韵地位	深开三侵	臻开三殷	梗开四径	山开四先	梗开三庚	臻合一混	臻开一见

表15　　　　　　　　　厦门话和泉州话入声韵比较（1）

厦门	ip		ik		ut	
泉州	ip	（əp）	iak	ik	ut	ət
例字	立	湿	碧	涩	物	迄
音韵地位	深开三缉	深开三缉	梗开三陌	深开三缉	臻合三物	臻开三迄

表16　　　　　　　　　厦门话和泉州话入声韵比较（2）

厦门	uiʔ		eʔ	
泉州	ueʔ	uiʔ	ɣʔ	eʔ
例字	拔	血	啄	伯
音韵地位	山开二黠	山合四屑	江开二觉	梗开二陌

表17　　　　　　　　　厦门话和漳州话阴声韵比较（1）

厦门	u		a	
漳州	u	i	a	ɛ
例字	厨	屡	巴	沙
音韵地位	遇合三虞	遇合三遇	假开二麻	假开二麻

表18　　　　　　　　　厦门话和漳州话阴声韵比较（2）

厦门	e					ue	
漳州	i	ui	e	ue	e	ua	ui
例字	例	奎	迷	飞白	袋	话	废
音韵地位	蟹开三祭	蟹合四齐	蟹开四齐	止合三微	蟹开一代	假合二夬	止合三微

表19　　　　　　　　　厦门话和漳州话阳声韵比较

厦门	im		ŋ		un	
漳州	im	ɔm	ũi	ŋ	un	in
例字	林	欣	酸	榜	本	根
音韵地位	深开三侵	臻开三殷	山合一桓	宕开一荡	臻合一混	臻开一见

表20　　　　　　　　厦门话和漳州话入声韵比较（1）

厦门	iɔk		uiʔ		
漳州	iɔk	iak	uaʔ	eʔ	uiʔ
例字	叔	略	活_文	拔	血
音韵地位	通合三屋	宕开三药	山合一末	山开二黠	山合四屑

表21　　　　　　　　厦门话和漳州话入声韵比较（2）

厦门	eʔ		
漳州	eʔ	ueʔ	ɛʔ
例字	啄	袜	伯
音韵地位	江开二觉	山合三月	梗开二陌

表22　　　　　　　厦门话、漳州话和泉州话单字调比较

	阴平	阳平	阴上	阳上	阳去	阴去	阴入	阳入
例字	东	同	董	动	洞	栋	督	独
厦门	44	24	53	22		21	32	4
漳州	44	13	53	22		21	32	121
泉州	33	24	544	22		31	4	23

　　三地都是7个声调，泉州是阴去和阳去合而为一。厦门则与漳州趋同，阳上和阳去合而为一。

（三）古代杭州的方言趋同

1. 杭州的人文历史背景

　　两宋之交，金兵南下占领北宋京城汴梁，宋室南迁。《建炎以来系年要录》载："窃见临安府（即北宋时杭州）自累经兵火之后，户口所存，裁十二、三。而西北人以驻跸之地，辐辏骈集，数倍土著。"临安城内北方移民的人口比原住的吴语居民多出几倍，其中大部分是王室成员、京官及其家属、随从和仆人，还有大批文人学士和从事各行各业的能工巧匠。大多在杭州城里居住。他们带来的北方话与当地吴语交融，形成日后的杭州话方言岛。使用地域仅限于杭州市上城区、下城区、江干区，以及西湖区和拱墅区的一部分。换言之，只是城里人说杭州话，周边的乡下人都说

当地的吴语。使用人口约 120 万。

　　2. 杭州话的半官话性质

　　今天的杭州话，它的语音结构，即保留全浊声母、保留入声、鼻韵尾只有一套、古咸山两摄韵尾失落等，这些特点与今天各地吴语的共性一致；但是它缺少文白异读现象；词汇系统的若干特点，如人称代词用"我、你、他；我们、你们、他们"、结构助词用"的"、否定词用"不"等，这些特点与今天的官话一致。故人称"半官话"。

　　杭州话是一种典型的混合型方言，是由吴语和官话融合而成的。杭州方言音系既有中古吴语层次，又有中古中原官话层次。杭州话语音少有11 项特征来自宋代中原官话。

　　3. 杭州话的音系趋同

表 23　　　　　　　　　　　　杭州话的官话特征

韵目	麻开二	脂合三	侯开一	灰合一	仙合三
例字	马	水	狗	雷	船
杭州	ma	sɥei	kei	luei	dzuõ
古官话	* ma	* çui	* kəu	* luai	* dʒjwen
绍兴	mo	sɛ	kəu	lɛ	zẽ
嘉兴	mo	sʅ	ke	le	zɣ
苏州	mo	sʮ	kɤ	lɛ	zø

　　麻韵开口二等读 a 韵，如沙、马。周边吴语皆读 o 韵。中古麻韵开口二等即读 a 韵。

　　麻韵开口三等章组字（蛇）、止摄合口三等字（吹）、咸摄开口三等字（占）、山摄开口三等字（善）、臻摄合口三等字（春）等带舌尖圆唇介音 ɥ。此类字太湖片吴语无介音。

　　侯读双元音 əu，与中古音相同。周边吴语多变读单元音。

　　灰韵中古读带介音 u 的双元音，即 * uʌi，今杭州话仍读带介音 u 的双元音，即 uei。

　　杭州话保留《切韵》合口韵的合口介音，并保留鼻化韵，如"船"。一般吴语合口介音消失，读开口呼。

表 24　　　　　　　　　　　杭州话吴语特征

韵目	哈	皆	豪	爻
例字	来	排	毛	饱
杭州	lɛ	bɐ	mɔ	pɔ
古官话	*lɐi	*bɛi	*mɑu	pau
绍兴	le	ba	mɔ	pɔ
嘉兴	lɛ	ba	mɔ	pɔ
苏州	lɛ	bɒ	mæ	pæ

哈、皆、豪、爻四韵单元音化，与北部吴语相同。

4. 杭州话的音系缩减

表 25　　　　　　　　杭州话与周边吴语韵母音位数量比较

	阴声韵	阳声韵	鼻化韵	入声韵	声化韵	总计
杭州	16	7	2	12	3	40
绍兴	17	11	9	15	5	57
苏州	21	12	0	12	4	49
嘉兴	21	6	3	10	3	43

韵母音位杭州周边的绍兴有 57 个，苏州有 49 个，嘉兴有 43 个，而杭州只有 40 个。

5. 杭州话的词汇多元化

表 26　　　　　　　　　　杭州话的官话来源词举例

北京官话	桌子	帆	畜牲	晚上	洗脸	东西	事情
杭州话	桌子	帆	畜牲	晚上	洗脸	东西	事情
嘉兴吴语	台子	篷	中牲	夜里	潮面	物事	事体
湖州吴语	台子	篷	中牲	夜里	潮面	东西	事体

表 27　　　　　　　　　　杭州话的吴语词汇举例

北京官话	脖子	鼻子	左手	咳嗽	慢慢地走
杭州话	头颈	鼻头	借手	呛	慢慢叫走
嘉兴吴语	头颈	鼻头	借手	呛	慢慢叫走
湖州吴语	头颈	鼻头	借手	呛	慢慢叫走

表 28		杭州话里的官话和吴语合璧词				
北京官话	脸	锅铲	新郎	傍晚	郎中	这会儿
杭州话	脸孔	枪锅刀	新郎官	晚快边儿	郎中先生	格歇毛
嘉兴吴语	面孔	枪刀	新官人	夜快边	先生	格歇
湖州吴语	面孔	镬枪	新官人	夜快边	先生	介歇

注："脸孔"是官话的"脸"和吴语的"面孔"的合璧。余皆类此造成合璧词。

6. 当代杭州的方言趋同

1958 年起，因招收大批农民进城做工，杭州市区总人口由 1949 年的 62.48 万人增加到 1958 年的 88.44 万人，增长 41.55%。这些农民即来自周边吴语区。

改革开放以来，外来人口大增，其中也有一小部分来自周边吴语区。其他吴语的使用者与杭州人的交流日益频繁，也加强了其他吴语对杭州话文白异读现象和其他字音的影响。

老派杭州话字音没有文白异读现象，极少数为例外，例如"晚米、晚稻"的"晚"字读 $mε^{53}$。这是白读音，文读音是 $uε^{53}$，如"晚上、晚娘（后母）"的"晚"。

近年来产生的白读音，据赵庸调查（赵庸，2006），至少有 68 个，如"戒"$[ka^5]$，"江"$[kaŋ^1]$。应是来自周边吴语。

新派杭州话也吸收了周边吴方言的一些字音，如透母的"蜕"字，老派是 $[theI^{13}]$，新派是 $[thoʔ^5]$；又如矮 $[iε^{53}] → [A^{53}]$，楷 $[tɕhiε^{53}] → [khA^{53}]$，谢 $[dʑi^{13}] → [dʑiA^{13}]$。

三　"方言趋同"与"柯因内语"

（一）何谓"柯因内语"

柯因内语（Koine）本是公元前 4—6 世纪希腊的通用语，Koine 的希腊文含义是"普通"。社会语言学上的所谓柯因内语"是一种稳定的交际变体，是一些较为相似、可互相通话的地域方言和社会方言之间融合和趋同的产物。这种现象发生的背景是这些变体的说话人之间越来越多的互动和融合"。（Siegel，1985）柯因内语是"方言趋同"的结果。趋同导致方言差别缩小，进一步形成在同一个地区的同质的通用语。

（二）柯因内语的成因

柯因内语是"方言趋同"（dialect leveling）的结果。"趋同"导致方言差别缩小，进一步形成在同一个地区的同质的通用语。

（三）柯因内语的类型

1. 移民型柯因内语

不同方言母语的移民聚居在同一地区，方言趋同造成的柯因内语，取代移民原有的方言，成为地区共同语。例如上海话、厦门话、杭州话。

2. 地区型柯因内语

如古代希腊的柯因内语、地方普通话。特点是没有替代原有方言。

中国地方普通话、中国台湾的"国语"、新加坡的"华语"都是柯因内语，是普通话和方言融合和趋同的结果。

中国的地方普通话是各地方言与以北方方言为基础的普通话趋同的结果。例如闽南方言区的地方普通话：舌尖前和舌尖后不分、前后鼻音不分、无轻声、无儿化；有许多闽语词汇；有"有＋动词"结构。

地方普通话一旦成为母语，即是一种柯因内语。各地都有一些以地方普通话为母语的居民。如南昌市青少年44％为只能说普通话的无方言人。

（四）信息时代"方言趋同"加剧

方言词汇和地区词汇的借用和趋同倾向：

- 忽悠（源自东北官话）
- 买单（源自香港粤语）
- 手机（始用于上海话）
- 秀（show，始用于台湾）
- 巴士（始用于粤语）

四　结语

1. "方言趋同"导致混合型方言产生。

2. 混合型方言有三大特点：不同方言中具有标志性的功能范畴减少；词汇和表达方式多元化；同质化，即规则性加强，标志性减弱，形成同质的方言。

3. 现代上海话、现代厦门话和古代杭州话是典型的混合型方言。

4. "方言趋同"和"柯因内语"理论也适用于汉语方言研究，但对"柯因内语的特点"还可以修正。

5. 在工业化阶段和信息时代"方言趋同"和"柯因内语化"更为明显。"方言趋同"和"柯因内语"理论对于研究正处于急剧变化中的当代汉语及其方言，具有现实意义。

6. 用"方言趋同"和"柯因内语"理论调查研究汉语方言，可以大大丰富这一理论。

参考文献

福建省汉语方言调查指导小组、《福建省汉语方言概况》编写组编：《福建省汉语方言概况》，1962 年铅印本。

林星：《近代厦门人口变迁与城市现代化》，《南方人口》2007 年第 3 期。

徐大明主编：《语言变异与变化》，上海教育出版社 2006 年版。

游汝杰：《上海话在吴语分区上的地位——兼论上海话的混合方言性质》，《方言》2006 年第 1 期。

游汝杰：《方言接触与杭州话的"柯因内语"性质》，中国语言学会《中国语言学会》编委会编《中国语言学报》第 15 期，商务印书馆 2012 年版。

游汝杰：《杭州话语音特点及其古官话成分》，《中国语言学集刊》第 5 卷第 1 期，2011 年 9 月，香港中文大学。

作者简介

游汝杰，复旦大学中国语言文学系特聘教授，博士研究生导师。首届赣鄱语言学博士论坛（2013 年 11 月，南昌）特邀讲座学者。

考"苕"

北京大学　孙玉文

　　摘　要：湖北、四川等地管红薯叫"苕"，湖北等地"苕"这个字还有"头脑糊涂，不明事理"的意思。本文试图论证：指红薯的"苕"是"山药"两个字的合音，原来指山药，后来引申出"红薯"的意思。"苕"指红薯以后，又引申出"头脑糊涂，不明事理"的意思。

　　关键词：红薯；苕；合音词；词义引申

　　红薯，又名白薯、甘薯、番薯、山芋、地瓜等，武汉和黄冈等地又叫"苕"。武汉话和黄冈话的"苕"有两个基本意思：（一）红薯；（二）头脑糊涂，不明事理。书面上写作"苕"。"苕"作"红薯"讲出现很晚。《汉语大字典》、《汉语大词典》都收了"苕"的sháo这一读法，没有举出清代以前的例证。这两个意思的"苕"应该是近代以后才产生的。

　　武汉话和黄冈话作"红薯"讲的"苕"是怎么来的？相当于普通话"傻"的那个"苕"跟作"红薯"讲的"苕"有没有词义上的发展关系？本文试图作出解答。

一

　　"苕"作"红薯"和"头脑糊涂，不明事理"讲在现代汉语方言中分布甚广。《汉语方言大词典》第3156页收有"苕"字，读sháo。列有七个义项：

　　（一）〈名〉甘薯。见于河北邯郸，湖北红安、武汉、天门、蒲圻，贵州大方，四川成都，湖南沅陵等。

　　（二）〈名〉小而细长的甘薯或萝卜。见于安徽岳西。

（三）〈形〉土气；俗气。见于四川成都。

（四）〈形〉笨；傻。见于湖北武汉、随州、蒲圻，云南澄江、玉溪，湖南长沙。

（五）〈名〉傻子。见于湖北武汉、蒲圻。

（六）〈动〉随便乱来。见于湖南长沙。

（七）〈形〉说话做事不知高低深浅，多指女的。见于云南昆明。

此外，"苕巴"指傻瓜，见于山东淄博、桓台；"苕民"指土包子，见于四川自贡；"苕宝"指傻瓜，见于云南镇雄；"苕伢子"指苜蓿，见于陕西汉中；"苕根根"指红薯根，见于湖南辰溪；"苕婆婆"指风骚女人，见于江苏丹阳。毫无疑问，"苕"的使用区域远不止这些。例如湖北黄冈话的"苕"就完全没有反映进来。即便如此，也不难看出，"苕"的使用区域相当广泛。

记录"苕"的著述，写法不尽一致。例如《汉语方言大词典》第 2758 页有"佋"：【佋货】〈名〉傻子。江淮官话。湖北红安 ［ ᵚȿau xoˀ ］。

第 6896 页有"韶"，可以用作"傻"的意思：〈形〉傻。西南官话。四川奉节 ［ ȿou²¹ ］ 这个人~头~脑的。

这里是举例性质的，应该还有其他的写法。值得注意："苕"作"甘薯"讲，核心分布区域在我国中南部。主要包括西南官话，靠近西南官话区的黄冈、红安等江淮官话区；蒲圻等赣语区和西南官话区毗邻，也用"苕"这个词。掌握了这一点很重要，要了解"苕"的语源，这是关键因素之一。

二

"苕"作"红薯"和"头脑糊涂，不明事理"讲不可能没有来历。但是古代汉语没有这个词，书面上相应地也没有记录这个词的本字。

先从字形说起。"苕"这个字形先秦就有了。《广韵》中"苕"音徒聊切，古代意思有好几个。例如《汉语大字典》"苕"有 tiáo 和 sháo 两个读音。tiáo 音有下列五个义项：（一）凌霄花；（二）苕菜；（三）芦苇的穗；（四）水名，"苕溪"的简称；（五）姓。据《汉语大词典》，"苕"在古代还组成一些双音词，如"苕苕、苕递、苕荛"等，这些意思和用法跟武汉话和黄冈话的"苕"没有关系。

　　"苕"在古代倒是有跟 sháo 相对应的读音：《集韵》时饶切。《集韵》的这个读音来自徐邈。《诗·小雅·苕之华》"苕之华，芸其黄矣"的"苕"，指的是凌霄花，《释文》："苕之华，音条，徐音韶。苕，陵苕，草名。下音花。"这个"苕"跟今天方言指红薯的"苕"没有直接关系，应该是两个同形字。

　　黄冈话〔⊆ȿau〕的来源不复杂。它来自中古的市昭切（《广韵》），《广韵》列了 10 个字（异体字分开计算。以下《集韵》同），《集韵》列了 17 个，都跟"红薯"义没有关系。只有一个"菬"字的字义没有弄清楚，《玉篇》最早收录此字，注明"市昭切，草也"。是什么草，没有说，但一定不是红薯，否则《玉篇》会拿"薯蓣"一类的字眼去作解释。遍查有可能在语音上发生通转关系的其他读音的字，无法找到作"红薯"讲的"苕"字的源头。因此，现代汉语方言中广泛存在的作"红薯"讲的"苕"，在中古以前的文献中无本字可考。

　　"苕"不可能没有来历。在一个现成的语言系统中，一个新词的产生往往有三种途径：一模拟自然声响，二借自外族，三来源于原有的词汇系统。显然，前面两种途径无法讲清"苕"的来历，只能在第三种途径上想办法解决"苕"的来源。既然在单字的范围内无法解决，就需要我们另辟蹊径，发掘其源头。

三

　　先民很早发现了薯蓣，今天通称"山药"。《广韵》"薯"常恕切，禅母御韵开三去；"蓣"羊洳切，余母御韵开三去。两字中占字音是〔ʑǐoˀ jǐoˀ〕，是一个叠韵联绵词。这个词跟"苕"的产生有关。下面列举"薯蓣"的一些古今异名。

　　（一）"薯（藷）"系列的词

　　（1）藷薁。《山海经·北山经》："景山南望盐贩之泽，北望少泽，其上多草藷薁。"郭璞注："根似羊蹄，可食。曙预二音。今江南单呼为藷，音储，语有轻重耳。"

　　此词在唐代以前是通称，写法多样。有"署预"。《广雅·释草》："王延、薯薁，署预也。"《齐民要术·五谷果蓏菜茹非中国物产者》："薯：根似芋，可食，又云署预别名。"有"薯薁"。《广雅·释草》："薯蓣，署预也。"有"薯蓣"。《玉篇》艹部："薯，音署，薯蓣，药。蓣，音预，薯蓣。"王念孙《广雅疏证·释草》：苏颂《本草图经》云："薯蓣叶青，有三尖角，似牵牛，更厚而光泽。夏开细白花，大如枣花。梁江淹《薯蓣颂》所谓'花不可炫，叶部足怜'者也。"唐王绩《采药》："从容肉作名，薯蓣膏成质。"杜甫《发秦州》："充肠多薯蓣，崖蜜亦易求。"有"藷芋"。宋苏轼《闻子由瘦》："土人顿顿食藷芋，荐以熏鼠烧蝙蝠。"

（2）藷（薯）。见《山海经·北山经》郭璞注。《广雅疏证·释草》引苏颂《本草图经》："江湖闽中出一种薯蓣，根如姜芋之类而皮紫，极有大者。彼土人单呼为藷，音若殊；亦曰山藷也。"也写作"苴"或"稌"，《广韵》署鱼切："苴，似薯蓣而大。或作稌。"据《汉语方言大词典》第7201页，见于今福建南平、明溪、沙县、松溪、建瓯、光泽。

（3）薯药。唐冯贽《云仙杂记·畏薯药》："李辅国大畏薯药，或因人以示之，必眼中火出，毛髮皆沥血，因致大病。"明李时珍《本草纲目·菜二·薯蓣》"释名"引寇宗奭："薯蓣因代宗名预（豫），避讳改为薯药；又因宋英宗讳署（曙），改为山药。"

（4）山藷。《本草纲目》卷二十七《菜》"薯蓣"条的"释名"引苏颂："江闽人单呼为藷，亦曰山藷。"《汉语方言大词典》第354页："山藷〈名〉山药；薯蓣……广东吴川。清厉荃《事物异名录》卷二三引晋稽含《南方草木状》：'土藷即山药，又名山藷。'李全佳《吴川方言》：'山药曰山藷。原名薯蓣。'"

（5）诸署。《广雅疏证·释草》：《御览》引《吴普本草》云："署豫，一名诸署，秦楚名王延，齐赵名山芋，郑越名土藷，一名修脆，一名儿草。"

（6）土藷。见《太平御览》引《吴普本草》，又见罗愿《尔雅翼》卷六"藷蓣"条。

（7）薯子。据《汉语方言大词典》第7201页，见于福建建阳。

（8）薯仔。据《汉语方言大词典》第7201页，见于今福建永春。

（9）储余。《广雅疏证·释草》：《御览》引《吴普本草》："署豫，一名诸署……《御览》引《范子计然》云：储余，本出三辅，白色者善。"又见罗愿《尔雅翼》卷六"藷蓣"条。

（二）山芋。《广雅疏证·释草》引《神农本草》："薯蓣，一名山芋，生嵩高山谷。《御览》引《吴普本草》云：'署豫，一名诸署，秦楚名王延，齐赵名山芋。'"也作"山蓣"。宋郭彖《睽车志》卷一："室中有数大瓮，所贮或芋，或栗，或山蓣。"据《汉语方言大词典》第351页，今四川成都、浙江温州仍将芋头叫"山芋"。这是保留了"山芋"的本义，另有很多方言用来指红薯。

（三）"山药"系列

（1）山药。据《宣和书谱·草书三·王羲之》，晋王羲之有《山药帖》。唐马戴《过野叟居》："呼儿采山药，放犊饮溪泉。"据《汉语方言大词典》第352页，见于河北承德、唐山、张家口宣化，天津，山西广灵、吉县、柳林、忻州、临县、静乐，内蒙古临河。

（2）白山药。据《汉语方言大词典》第1393页，见于今河北石家庄、邢台、保定、邯郸。

（四）王延。《广雅·释草》："王延、蓿萸，署预也。"据《广雅疏证·释草》，《太平御览》引《吴普本草》已明言见于"秦楚"。也作"玉延"。宋陆游《剑南诗稿》卷十一《书怀》："久因多病疏云液，近为长斋进玉延。"林洪《山家清供·玉延索饼》："山药名薯蓣，秦楚之间名玉延。"按："王"和"玉"，必有一讹。《广雅疏证·释草》没有校订，今天已很难确定到底该作"王"还是"玉"。

以上这些词，"薯蓣"最具影响力，因而构词能力比其他词强。到唐宋，"薯蓣"因避两代讳，很早就在口语中消失了。宋罗愿（1136—1184，歙人）《尔雅翼》卷六"薯萸"条：

按"薯萸"二字，或音如"储余"，《范蠡计然》曰"储余本出三辅，白色者善"是也。或音如"署预"，《本草》"署预味甘温"是也。唐代宗讳预，故呼"署药"。至本朝又讳上字，故今呼为山药，一名山芋。秦楚名玉延，郑越名土藷。今近道处处有。

唐代宗李豫，跟"蓣"同音，《广韵》都是羊洳切。"蓣"本来构词能力弱，后来不见带"蓣"字的表"山药"或"红薯"义的新词。代宗时，"蓣、芋"不同音，所以后来带"芋"字的词产生了不少。《睽车志》中的"山蓣"，其实就是"山芋"，因为宋代"蓣、芋"同音，喻三喻四合流，鱼虞合流，所以拿"蓣"去记录。唐代三辅地区处在皇城根上，"薯蓣"变读"储余"。

宋英宗赵曙，跟"薯"同音，《广韵》都是常恕切。因此这个词在语言的使用中受限，表达薯蓣这一概念的词，早于唐代的还有"山药、藷、山藷、山芋、诸署、土藷、王（玉）延"，其中"藷、山藷、诸署、土藷"也面临避讳的问题。要在语言中保留这些词，"薯（藷、署）"的读音要作些改变。今天这些字都读成上声，应该始于宋代。无论如何，带"薯（藷、署）"字的这些词使用受限，是不争的事实。

"山药"一词，南北朝已出现，到唐宋以后，它的使用最常见，这是两朝避讳带来的崛起。《广雅疏证·释草》给"王延、蓨萸，署预也"作疏证："今之山药也。""山药"成了通称。

后来产生种种表示薯蓣的其他词儿，大概跟"薯蓣"一词失去了使用功能有关。《尔雅翼》说"至本朝又讳上字，故今呼为山药，一名山芋"，容易使人误会："山药、山芋"是唐宋以后因避讳而新造的词。《广雅疏证·释草》说："寇宗奭《衍义》云：'薯蓣上一字犯英宗讳；下一字曰蓣，唐代宗名豫，故改下一字为药。今人遂呼为山药。'此谓药字改于唐，山字改于宋也。案：韩愈《送文畅师北游》诗云：'山药煮可掘。'则唐时已呼山药。别国异言、古今殊语，不必皆为避讳也。"王氏注意到"山药"一词并非为了避讳而造，但没有指出此词南北朝已出现；也没有指出，虽然"山药"早已出现，但唐宋时期，因为避讳，它取代了"薯蓣"的优势地位。

四

20 世纪 50 年代末 60 年代初，学术界曾就番薯是我国原产还是舶来品、传入我国的时间及途径、传播的具体情况等展开争论，影响至今。无论我国是否原产与红薯类似的植物，但确从外国引进了番薯。材料显示，红薯原产地在美洲，引进到东南亚。至晚大约明万历年间，再从东南亚传入云南及沿海一带的闽桂粤浙，继而传入湘鄂赣黔川渝豫等内陆地区，逐步扩散到全国。清代尤其是乾隆时期，是北方各省传播的高峰。红薯对解决饥饿问题起到重要作用，极大地刺激了明清人口的增长。有人根据明清时期一些地方志，推定某地何时最早栽培红薯，具体到哪一年，其结论恐怕难以作为定论。跟它的传播相应，汉族人民采取旧瓶装新酒的办法，让已有的"甘薯"等词发展出新义，或利用汉语既有的词汇系统另构新词，造成了很多异名。

（一）带"薯（藷）"字的

（1）藷。本指山药。据《汉语方言大词典》第 7201 页，见于今山东费县、平邑铜石，湖北广济（今武穴），安徽，江西莲花、永修，福建厦门。也写作"薯"。

（2）白薯。据《汉语方言词汇》第 100 页，见于北京。

（3）红薯。据《汉语方言词汇》第 100 页，见于今山西太原，湖南长沙、双峰。

（4）番薯。明万历二十二年（1594）《福宁府志》："番薯有红白二色，郡本无此种，明万历甲午岁荒，巡抚金学曾从外番购种归，教民种之，以当谷食。"屈大均《广东新语》（序作于 1700 年）卷二十七："番薯近自吕宋来，……切为粒，蒸曝贮之，是曰藷粮。"据《汉语方言词汇》第 100 页，见于今温州、梅县、阳江、厦门、潮州、福州、建瓯。也作"番藷"。据《汉语方言大词典》第 6221 页，今福建永春、南平、泰宁、建宁、永定下洋、明溪、厦门、福州、福安、古田、崇安，广东海康、梅县、广州、信宜、阳江、番禺市桥、从化，台湾，河北石家庄、保定、邯郸，安徽旌德、太平，浙江杭州、金华岩下、平阳、青田、衢州，江西新余、宜春、瑞金、赣州蟠龙、上犹社溪，湖南浏阳，四川成都龙潭寺、西昌，香港，澳门，广西南宁心圩管"甘薯"叫"番藷（薯）"。

（5）白红薯。据《汉语方言大词典》第 1397 页，见于今山西襄汾、平遥，河南郾城、获嘉，湖南宁远。

（6）朱薯。清周亮工（1612—1672）《闽小记》："盖渡闽而南有吕宋国，国渡海而西为西洋……闽人多贾吕宋焉。其国有朱薯……其初入闽时值岁饥，得是而人足一岁。其种也不与五谷争地，凡瘠卤沙冈皆可以长。粪治之则加大，天雨根益奋满，即大旱不粪治，亦不失径寸围。"

（7）香薯蓣。见《汲县志》。

（8）金薯。明万历二十二年（1594）《闽侯县志》："番薯，福建呼金薯者，以万历甲午福州岁荒后，巡抚金学曾莅任，始教民种番薯，故称金薯。"清代有《金薯录》。

（9）甘薯。此词《现代汉语词典》收了，《汉语大词典》没有收。明徐光启（1562—1633）有《甘薯疏》。

（10）山薯。本是"山藷"的异写，指山药。但是词义转移了，《汉语方言大词典》第 355 页："山薯〈名〉甘薯（白薯、红薯）。"见于安徽安庆、江苏苏州、浙江嘉兴、江西波阳、福建将乐。

（11）白红薯。据《汉语方言大词典》第 1397 页，见于今山西襄汾、平遥，河南郾城、获嘉，湖南宁远。

（12）白饭薯。据《汉语方言大词典》第 1398 页，见于今贵州清镇。

（13）薯子。据《汉语方言大词典》第 7201 页，今贵州黎平，福建武平武东、崇安，江西上犹社溪等地管"甘薯、白薯、地瓜、山芋"叫"薯子"。

（二）带"芋"字的

（1）芋头。据《汉语方言大词典》第 1631 页，见于今山东济宁、平邑，安徽金寨、合肥、淮南、怀远、定远、舒城、嘉山。

（2）白芋。据《汉语方言大词典》第 1384 页，见于今江苏徐州、邳州，安徽五河、灵璧、凤台、寿县、霍邱、宿松，河南光山、潢川。

（3）番芋。据《汉语方言大词典》第 6219 页，见于今江苏南通、如皋、常熟、靖江、海门，福建建平，安徽绩溪，上海崇明、宝山双草墩、嘉定，浙江杭州、绍兴。

（4）红芋。据《汉语方言大词典》第 2351 页，见于今陕西西安，河南南阳、商城，江苏徐州、邳州，安徽宿县、霍邱、临泉、阜阳、六安、淮宁、潜山。

（5）山芋，甘薯的俗称。《二十年目睹之怪现状》第二三回："再买几斤山芋，天天早起……卖起煨山芋来。"据《汉语方言大词典》第 350—351 页，见于今北京通县，天津，河北石家庄，山东东平、郯城，河南平舆，江苏徐州、南京、淮阴、扬州、盐城、苏州、无锡、常州，河北邯郸，安徽合肥、安庆、马鞍山、歙县、黟县、绩溪、望江、淮宁，上海。

（三）带"瓜"字的

（1）地瓜。据《汉语方言大词典》第 1611 页，见于今东北官话，内蒙古海拉尔，天津，河北保定、石家庄，山东寿光、淄博、桓台、榕城、长岛、临朐、安丘、牟平、胶县、济宁、枣庄、菏泽、郯城，辽宁大连，河南平鱼，湖北武汉、宜昌，江苏启东吕四，福建浦城南浦、福州、厦门，江西永修。据《汉语方言词汇》第 100 页，济南也这样用。

（2）土瓜。见《纲目拾遗》。

（四）带"葛"或"割"字的

（1）番葛。据《汉语方言大词典》第 6220 页，见于今广东汕头、潮州。

（2）番割。据《汉语方言大词典》第 6221 页，见于今广东潮州。

（五）带"茹"字的

番茹。已见于《纲目拾遗》。据《汉语方言大词典》第 6220 页，见于今浙江苍南金乡、广西陆川。

（六）带"萝"字的

番萝。据《汉语方言大词典》第 6220 页，见于今浙江丽水。

（七）带"苕"字的

（1）苕。据《汉语方言词汇》第 100 页，见于今武汉。

（2）红苕。据《汉语方言大词典》第 2352 页，见于今陕西汉中、渭南、宝鸡，河南南阳，新疆乌鲁木齐，湖北稀水、广济（今武穴），四川成都、仁寿、邛崃、自贡，重庆，贵州大方、沿河、遵义，云南永富、永胜。据《汉语方言词汇》第 100 页，西安也这样用。

（3）番苕。据《汉语方言大词典》第 6219 页，见于今四川成都。

（4）白苕。据《汉语方言大词典》第 1385 页，今四川仁寿、邛崃，贵州大方、赫章，云南水富等地管白色甘薯叫"白苕"。

（5）洋苕。据北京大学中文系漆永祥先生见告，甘肃天水一带管薯类叫"洋苕"。

使用"苕"的区域，主要在湖北、四川、重庆、云南、贵州一带，陕西汉中、渭南、宝鸡，河南南阳，新疆乌鲁木齐等地用"苕"，可以看作是由中南、西南地区逐步扩展的结果。红薯从吕宋岛引入我国，是从南方推移到北方的，陕西、河南、新疆这些地区称"苕"，也许折射出红薯栽培传播由南往北的路线，相应地，"苕"这个词也在这些方言中扎根了。

（八）由"山药"构成的

（1）山药。本义是指薯蓣。后来引申出"红薯"一义，用以指称这个新舶来的物种。据《汉语方言大词典》第352页，见于今天津，河北唐山、沧州、保定、石家庄、满城、霸州，山东陵县，山西襄汾，新疆吐鲁番、内蒙古集宁，湖北稀水，云南昆明、大理、玉溪、保山、蒙自、澄江（叫"山药儿"）。另有一些方言，用来指称马铃薯、土豆。

（2）红山药（见《农政全书》）。明崇祯（1629）《太仓州志》卷五："案州中山药，为世美味，以东土沙碛匀润，地方使然。然岁获无多。如去年奇荒，则种人先流孽，徒见抱蔓。何不取红山药种，家家艺之，则水旱有恃。"据《汉语方言大词典》第2354页，今河北石家庄、邢台等地管红皮甘薯叫"红山药"。

不难看出，许多原来是指山药的词，例如，薯（藷）、山薯（藷）、薯子、山药，后来用来指红薯了。这反映出明清时代的人们认为刚引进的新品种红薯，跟原来的山药是同类性质的东西。直至今日，仍然有不少方言用"山药"一词指红薯，主要见于北方一些内陆地区，假定红薯是由南往北传播的，这些说"山药"的省区大部分可能跟红薯以及反映红薯的方言词"山药"的推进路线有关。

五

红薯既然是明代万历年间从海外移植过来的，那么"苕"只能是明清时代出现的一个新词。这个词必然渊源有自。目前已知，"苕"已见于清代文献。清光绪末年《江津县乡土志》卷四："薯，俗名番苕，有红、白二种。江津向无此产，乾隆三十年，县令曾受一始由广东携来，教民种植。"（转引自冯汉骥《略论玉蜀黍、番薯的起源及其在我国的传播》）1909年出版的《成都通览·呼物土名》："苕果，乡下人。"指乡下粗野无知的人。"苕果"本义应指薯片，今黄冈还有此类食物。陕西安康白河县茅坪镇有一个读 [ȿou⁴⁴] 的词，对应于鄂东的 [⸰ȿau]，意思是"愚蠢，老实"，可表明"苕"这个词清代以前已产生。历史上，元末明初和明末清初，有两次大的"湖广填四川"的移民行动，据康熙二十四年人口统计，经历过大规模战事以及瘟疫、天灾的四川省人口稀少，耕地荒芜。康熙年间开始有组织地从湖广移民至四川。湖广人将红薯带到了四川，也将湖北一带的官话带到了四川，包括"苕"这个词。鄂东方言（今划归江淮官话）在向四川一带移民时也带到了陕西安康白河县，湖北西北部的竹溪、竹山等地。白河县茅坪镇跟黄冈相距遥远，今天的黄冈话不可能对白河话产生影响。其方言"药"今读［io］，这可能表明鄂东移民至白河县以前就已经读成了［io］。西南官话"药"读［io］［yo］等，这应是"湖广填四川"之前鄂湘两地主要方言"药"的主元音读［o］的反映。当然，"湖广填四川"从康熙十年（1671）开始大规模展开，至乾隆四十一年（1776）止，前后达105年。据刘晓南《宋代四川语音研究》，今天的四川西南官话，不是宋代四川话发展而来的，是明清时代的移民带去的。依笔者看，主要是从湖北带过去的。

　　"苕"这个词在"湖广填四川"时已出现，如果"苕"是"山药"的合音，那么"山药"合音为［ʂau］，应在明清时期。"苕"这个词是怎么来的？汉语后代单音词的产生，有一条宽广的道路，那就是复音词的单音化。详细的讨论可参见向熹《汉语复音词单音化举例》，这里不赘述。笔者认为，解决"苕"的语源，是唯一的道路。除"山药"一词，上面列举的所有的双音词都不可能合音为［ʂau］以及相应的古代读音。"苕"应是"山药"二字的合音。李时珍《本草纲目》卷二十七《菜部》"薯蓣"条引苏颂《本草图经》："江、闽人单呼为藷，亦曰山藷。"并给"江、闽人单呼为藷"的"藷"注音："音若殊及苕。"这里单呼的"藷"读成"韶"颇值得注意。江、闽人，当然是指长江沿线一带和福建一带。可能明代之前表山药的"藷"已经音变为"殊"，已见于宋代苏颂《本草图经》；至于音"韶"，可能是李时珍加上去的，应该记录的是一种训读音，记录的是"山药"的合音变成的一个新词"苕"，当时还没有为这个新词造字，就借"藷"字来记录。值得注意的是，这个读成"韶"的新词在李时珍的时候还不是指红薯，而是指薯蓣、山药；后来这个读成"韶"的词词义引申，用来指红薯。

　　"山药"一词本来很早就用来指薯蓣。"山药"合音为［ʑau］，语音上毫无挂碍。勺子的"勺"今天武汉话读［ʑau］，更早读［ʑau］，湖北还有很多方言仍读［ʑau］。这个字《广韵》读市若切，今黄冈话读［ʑau］或［ʑau］。黄冈话有"勺儿"和"勺子"这两个词，（黄州区陈策楼镇一带）其中"勺"跟"苕"同音。"勺"的音变跟"山药"合音为［ˌʂau］完全相同。近代官话中，"山"和"勺"的声母都是［ʂ］，"药"和"勺"的韵母及声调上古以来就相同，"勺"能读作［ˌʂau］，"山药"合音也能读作［ˌʂau］。"勺"字在今天湖北地区的读音，是证明"山药"合音的极佳材料。这也就是说，最早读"韶"那个音的词原本就指山药，后来从福建一带引进红薯，于是湖北一带的人们就用本指山药（薯蓣）、由"山药"合音的词来指称它，这样红薯就有了"韶"的读音。再后来，人们专造了"苕"（跟先秦已有的"苕"是同形字）字来记录指称红薯的"苕"。

鲁国尧、唐作藩等先生先后研究宋代诗词用韵，得出宋代通语有四个入声韵：铎觉部（铎觉药韵）、屋烛部（屋沃烛韵）、德质部（缉没栉质术迄物德职陌麦昔锡韵）、月怗部（合盍洽狎叶业乏怗曷末黠辖薛月屑韵）。西南官话的祖语应该来自早期的通语。可假定，鄂川渝等西南官话在宋时的通语音值为：铎觉部 ɒʔ，屋烛部 uʔ，德质部 əʔ，月怗 æʔ。原来的铎觉部，今天鄂川湘一般读［o］。大概是音节结构的关系或求雅心理的影响，有几个字读成［au］。除了"苕"和"勺"，还有"雹、嚼"。黄冈话"雹"读［pauˀ］，冰雹，黄冈话既叫冷子，也叫冰雹；"嚼"既读［tɕiauˀ］，如说"吃糖口里要多嚼（上下牙齿磨碎食物）两下儿"、"莫乱嚼（信口胡说）"，也读［ˌtɕiau］，如说"他在那里嚼腮（喋喋不休）"。武汉话"雹"读［pauˀ］，"嚼"也可以读［ˌtɕiau］。陕西安康白河县茅坪镇的"黄冈话"，"雹"读［ˌpou］，"嚼"读［ˌtɕiɔu］。当然，这种读法可能受了中原汉语的影响，但主要还是其音节结构自身调整所致。"雹、嚼、勺"读［au］，可证实读成"韶"而表山药的那个单音词可以是"山药"两个字的合音。

"山药"的中古音［ˌʃæn jǐak ˌ］，宋代音为［ˌʃean jǐak ˌ］，至元代，以《中原音韵》为代表的河南至北京一带的北方音为［ˌʂan jǐauˀ］。"药"字是次浊入声字，以《中原音韵》为代表的音系中，次浊入声派入去声。但今天的"苕"读阳平。如果是"山药"两个字的合音，按《中原音韵》为代表的北方音，"山药"的合音应读作"哨"。"苕"显然不是来自以《中原音韵》为代表的那些北方方言，应来自次浊入声派入阳平或跟阳平调值极近的鄂川渝等中南或西南部方言。西南官话的入声，今天一般派入阳平。在入声的分派上，西南官话应在元代以前就跟以《中原音韵》为代表的北方汉语分道扬镳了。

"芋"产生时的西南官话，入声应还自成一个调类，调值跟阳平极近。据 1899 年美国人英格尔（J. A. Ingle）在汉口编录、由"公兴"（Kung Hing）刊印的《汉音集字》，当时汉口话入声自成调类，无塞音尾，但跟阳平有些相混。那时"芋"这个词显然已出现。至于是否有塞音尾［–ʔ］，还需要论证。入声跟阳平音值相近，至晚明代就有学者注意到了，加以记录。例如张位（1538—1605，江西南昌新建人）《问奇集·六书大义》谈到各地乡音，"大约江以北入声多作平声，常有音无字，不能具载。江南多患齿音不清，然此亦官话中乡音耳"，张位在《问奇集》中多次提到"吾楚人"，还提到"吾楚黄音"，他以"楚人"自居。《问奇集·方语呼声之谬》中又提到，"蜀人读入如平"。这些都反映了早期湖北、四川一带的官话入声派入阳平，或跟阳平调值极近。因此"山药"合音读作［ₑʂau］，在声调上无碍。声母上需要说明的是，当时"山药"可以合音作［ₑʂau］，山母在所有的方言中还都读［ʂ］，后来有的方言变作了［s］，所以还有一些方言至今仍读［ₑʂau］，不读［ₑsau］。

六

"芋"的"头脑糊涂，不明事理"义应来自"红薯"义。李崇兴、黄树先、邵则遂编著的《元语言词典》有"杓"和"杓佅"这两个词条。"杓"字条："【杓】sháo 傻；蠢。周文质［寨儿令］：'彻骨杓，满怀学，只因爱钱心辨不得歹共好。'"而"杓佅"是"莼菜"的意思。不过，"杓"的这种用法是不是川鄂一带"芋"作"头脑糊涂，不明事理"讲的源头，还是有疑问的。可能有的北方方言指"傻，蠢"讲的"杓"（或其他写法）另有来历，跟湖北话作"傻，蠢"讲的"芋"来历不同。这里笔者想指出的是，湖北一带"芋"的这个意思完全可以由指红薯的"芋"引申出来。

"芋"在今天四川成都等方言中有"土气"义，显然是"红薯"义的直接引申。红薯长在地下，很容易发展出这个词义。这可能表明，"湖广填四川"时，湖北一带方言"芋"还没有"傻"的意思，因此这个意思没带到四川。后来湖北"芋"有"傻"的意思，四川一带发展出"土气"的意思。今天四川一带表示"傻"的意思用"哈"，可能是从湖北带去的，今天湖北仍可用"哈"表示"傻"。

　　人们认为，人的聪明与愚蠢，跟人心是否有孔窍有关。一个人聪明，湖北黄冈一带常说他"有心窍"、"有心空儿"、"有心眼儿"；如果愚笨，人们常说他"梗心（按：'梗'本字待考，'梗心'意思是指心囫囵一片，没有孔窍）"。一个人由愚笨变为聪明，可以说他"开窍了"、"长心眼儿了"。红薯这种植物的块根是实心的，既无孔又无瓤，因此很容易拿来指人心的未开窍，即愚笨。

　　日常植物，里头是实心的，或者没有核或瓤的，就可以发展出指人的愚笨或者类似的意思。例如树木一般是实心的，而且一般都很粗大，所以"木"可以由"树"的意思发展出"呆滞，板滞"的意思，据《汉语方言大词典》第581页，今北京，山东牟平、郯城、枣庄，江苏徐州，四川成都，云南玉溪、澄江、新平，上海、松江，浙江黄岩、金华岩下，江西南昌都有这种用法，唐枢《蜀籁》："脑壳大，心头木，拿到活路不晓得做。"鲁迅《书信集·致曹聚仁》："看起来，就是中学卒业生，或大学生，也未必看得懂《涛声》罢，近来的学生，好像'木'的颇多了。"也指"笨，傻，呆"，今陕西商县张家塬，云南昆明，上海，浙江杭州、金华、余姚、永康，湖南吉首，江西南昌、宜春、赣州蟠龙、上犹社溪，广东广州都有这种用法。"板"是"木板"的意思，可以指人呆板，李渔《闲情偶寄·词曲下·科诨》："然为净丑之科诨易，为生旦外末之科诨难。雅中带俗，又于俗中见雅；活处寓板，即于板处证活。""木头"指木材和木料，引申指迟钝、不灵活的人。唐寒山《诗》之一三六："世有一等流，悠悠似木头。出语无知解，云我百不忧。"据《汉语方言大词典》第582页，今江苏东台，上海、嘉定，浙江宁波、黄岩都有这个用法。竹子是空心的，所以"竹"没有发展出"呆笨"的意思。

　　再以现代方言的"山药"、"薯"、"白薯"、"番薯"等词为例。据《汉语方言大词典》第352页，天津"山药"可以指甘薯（白薯、红薯），也可以指马铃薯、土豆，还可以指行为乖张、性格怪异的人（贬称），如说"别理他，真是个山药。"又第358页：北京"山药蛋"既指马铃薯、土豆，也是旧时对关外人的蔑称。第7201页："薯"本用来指红薯，广东广州可用来指蠢笨，如说"薯头薯脑、佢一啲都唔薯（他一点儿也不笨）"。第1391页：北京管薯蓣叫"白薯"，但"白薯"也用作形容词，指在某一方面低能，技巧拙劣。如说"他棋下得可白薯了、他真白薯"。番薯除了指红薯，有的方言还可以指傻、愚蠢，例如，暨南大学甘于恩先生见告，粤方言中"番薯"可以指傻；江西新余学院曾海清先生见告，江西莲花方言中"番薯"还有"傻，脑子不开窍"之义；南昌大学中文系 2013 级研究生甘玲同学见告，江西萍乡方言可以说"你这个番薯脑壳"，番薯脑壳，指人不聪明。因此，"苕"完全可以由"红薯"的意思发展出"傻"的意思。

参考文献

北京大学中国语言文学系语言学教研室：《汉语方言词汇》（第二版），语文出版社 1995 年版。

曹玲：《明清美洲粮食作物传入中国研究综述》，《古今农业》2004 年第 2 期。

曹树基：《玉米、番薯传入中国路线新探》，《中国社会经济史研究》1988 年第 4 期。

陈冬生：《甘薯在山东传播种植史略》，《农业考古》1991 年第 1 期。

陈淑梅：《鄂东方言量范畴研究》，中国社会科学出版社 2012 年版。

陈树平：《玉米和番薯在中国传播情况研究》，《中国社会科学》1980 年第 3 期。

冯汉骥：《略论玉蜀黍、番薯的起源及其在我国的传播》，《川大史学（冯汉骥卷）》，四川大学出版社 2006 年版。

龚胜生：《清代两湖地区的玉米和甘薯》，《中国农史》1993 年第 3 期。

郭松义：《玉米、番薯在中国传播中的一些问题》，《清史论丛》，齐鲁书社 1985 年版；《番薯在浙江的引种与推广》，《浙江学刊》1986 年第 3 期。

郭锡良：《汉字古音手册》（增订本），商务印书馆 2010 年版。

何炳棣：《美洲作物的引进、传播及其对中国粮食生产的影响》，《历史论丛》，齐鲁书社 1985 年版。

胡锡文：《甘薯来源和我国劳动祖先的栽培技术》，《农业遗产研究集刊》（第二册），中华书局 1958 年版。

黄群建主编：《湖北方言文献疏证》，湖北教育出版社 1999 年版。

柯西钢：《白河县茅坪镇方言同音字汇》，《咸阳师范学院学报》2012 年第 1 期。

[美] 劳费尔：《中国伊朗编》，商务印书馆 2001 年版。

李崇兴、黄树先、邵则遂编著：《元语言词典》，上海教育出版社 1998 年版。

李德彬：《番薯的引进和早期推广》，《经济理论与经济史论文集》，北京大学出版社 1982 年版。

李时珍：《李时珍全集》，湖北教育出版社 2004 年版。

李天锡：《华侨引种番薯新考》，《中国农事》1998 年第 1 期。

李映发：《清初移民与玉米甘薯在四川地区的传播》，《中国农事》2003 年第 2 期。

梁家勉、戚经文：《番薯引种考》，《华南农学院学报》1980 年第 3 期。

刘朴兵：《番薯的引进与传播》，（台湾）《中华饮食文化基金会会讯》2011 年第 4 期。

刘晓南：《宋代四川语音研究》，北京大学出版社 2012 年版。

鲁国尧：《论宋词韵及其与金元词韵的比较》，《鲁国尧语言学论文集》，江苏教育出版社 2003 年版。

马雪琴：《明清时期玉米、番薯在河南的栽培与推广》，《古今农业》1999 年第 1 期。

唐作藩：《汉语语音史教程》，北京大学出版社 2011 年版。

汪化云：《鄂东方言研究》，巴蜀书社 2004 年版。

王家琦：《略谈甘薯和〈甘薯录〉》，《文物》1961 年第 3 期；《〈略谈番薯和薯蓣〉等二文读后》，《文物》1961 年第 8 期。

王力：《汉语语音史》，中国社会科学出版社 1985 年版。

吴德铎：《关于甘薯和〈金薯传习录〉》，《文物》1961 年第 8 期。

夏鼐：《略谈番薯和薯蓣》，《文物》1961 年第 8 期。

向熹：《汉语复音词单音化举例》，载《中国语言学》（第六辑），北京大学出版社 2012 年版。

谢志诚：《甘薯在河北的传种》，《中国农史》1992 年第 1 期。

许宝华、宫田一郎主编：《汉语方言大词典》，中华书局 1999 年版。

杨宝霖：《我国引进番薯的最早之人和引种番薯的最早之地》，《农业考古》1982 年第 2 期。

袁家骅等著：《汉语方言概要》（第二版），语文出版社 2001 年版。

章楷：《番薯的引进与传播》，《农史研究》（第二辑），中国农业出版社 1982 年版。

《中华大典》工作委员会、《中华大典》编纂委员会：《中华大典·语言文字典·音韵分典》，湖北教育出版社有限公司、湖北人民出版社有限公司 2012 年版。

周邦君：《甘薯在清代四川的传播及其相关问题》，《古今农业》2010 年第 2 期。

周源和：《甘薯的历史地理——甘薯的土生、传入、传播与人口》，《中国农史》1983 年第 3 期。

[附记] 本文初稿写成后，得到汪化云、杨逢彬、项梦冰三位教授的宝贵意见，又蒙卢烈红教授约稿，谨致谢意。

作者简介

孙玉文，北京大学中国语言文学系教授，博士研究生导师。首届赣鄱语言学博士论坛（2013 年 11 月，南昌）特邀讲座学者。

广东地理语言学与岭南地理信息系统

暨南大学　甘于恩

摘　要：广东是汉语方言十分复杂的地区，也是大陆地区较早开展地理语言学研究的区域之一。本文简要回顾中国地理语言学和广东地理语言学的理论与实践的历史，阐述开展基于 GIS 的岭南方言地理研究的重要意义，以及岭南地理信息系统的基本构想，并展望了未来开展这方面研究的前景。

关键词：地理语言学；理论与实践；GIS；广东地区

一　定义

1. 地理语言学

地理语言学是指从地理学的角度出发，专门以绘制地图的方式来研究语言（或方言）的地理分布和差异的学科。它把某语言集团的地理位置和该语言集团的历史发展联系起来研究，阐述一个区域中某地区的语音、语法和词汇在类型上是怎样相似的，在此基础上研究语言或方言的分类，以发现语言变迁的痕迹。其目的是研究语言的历史。

2. 地理信息系统（Geographic Information System 或 Geo – Information System，GIS）

地理信息系统有时又称为"地学信息系统"或"资源与环境信息系统"。它是一种特定的十分重要的空间信息系统。它是在计算机硬、软件系统支持下，对整个或部分地球表层（包括大气层）空间中的有关地理分布数据进行采集、储存、管理、运算、分析、显示和描述的技术系统。

二 中国的地理语言学与广东地理语言学

1. 中国地理语言学的发端

作为个人，最早在中国开展地理语言学研究的是比利时神父贺登崧，他在20世纪40年代，"在炮火声中奔赴山西、河北，骑着骡子走遍大同、万全、张家口、宣化等地，他运用西方地理语言学的方法，深入细致地调查那里的方言、民俗和宗教现象，并把调查结果画成详细的方言地图。"①但实际上，在贺氏之前，汉语学界已经有了这方面的实践。中国最早的方言地图为《中华民国新地图》（上海申报馆，1934）里的"语言区域图"，《中国分省地图》里的"语言区域图"（1939，1948）。至于语言特征图，1938年成书的《湖北方言调查报告》（赵元任等，商务印书馆，1948）有66幅特征图。无论如何，这个时期的语言地图，只能算作中国地理语言学的发端。

2. 新中国成立后的地理语言学

新中国成立后，地理语言学基本成为非主流。但支流中亦偶有亮色，如白涤洲的《关中方音调查报告》（中国科学院，1954）有23幅地图。河北省昌黎县县志编纂委员会、中国科学院语言研究所合编的《昌黎方言志》（科学出版社，1960）调查了193个点，绘制了12幅地图。四川大学方言调查工作组的《四川方言音系》（《四川大学学报》，1960：3）附有18幅地图，江苏省上海市方言调查指导组《江苏省和上海市方言概况》（江苏人民出版社，1960）有43幅地图，《福建省汉语方言概况》（铅印本，1963，非正式）附有51幅地图。其中以《昌黎方言志》最为出色，尽管地图较少，但由于选点密集，特征清晰，成为中国现代地理语言学的承前启后者。

新中国成立后大型的综合语言地图集当推《中国语言地图集》（中国社会科学院和澳大利亚人文科学院合编，朗文出版公司），1987年和1990年分两次正式出版。有中文、英文两种版本。《地图集》共有50厘米×36厘米彩色地图35幅，每幅图附有必要的文字说明。《地图集》中汉语方言分区图及文字说明部分，由中国社会科学院语言研究所组织全国部分

---

① 曹志耘：《老枝新芽：中国地理语言学研究展望》，《语言教学与研究》2002年第3期。

汉语方言工作者共同编制，李荣、熊正辉、张振兴任主编。这项工作包括方言调查，新旧资料整理分析，绘制分区草图和编写文字说明等几个步骤。其中 B13 图为"广东省的汉语方言"，但严格地说，此图只是广东汉语方言分布示意图，而非方言特征示意图。而且可能由于素材的缺乏，《地图集》并无单独的"粤方言分布图"，这也是该地图集的缺憾之一。《中国语言地图集》2012 年出版了第 2 版，地图绘制技术有很大的改善，但性质与第 1 版一样，仍属方言分布图。

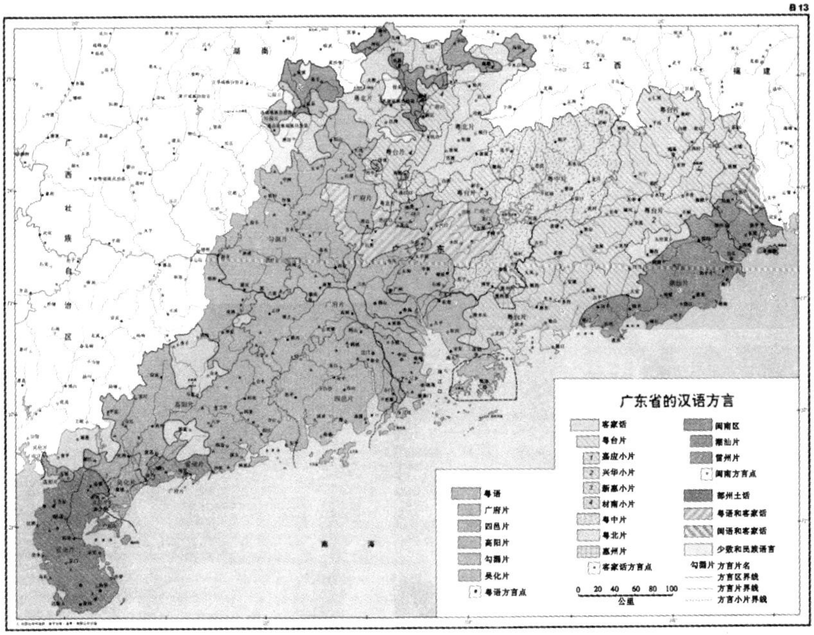

图1　《中国语言地图集》中"广东省的汉语方言"图

综合性的汉语方言特征图为曹志耘主编的《汉语方言地图集》，这是世界上第一部在统一的实地调查基础上编写的、全面反映 20 世纪汉语方言基本面貌的原创性语言特征地图集，该图集联合国内外 34 所高校和研究单位，57 名研究人员，历时 7 年，实地调查全国 930 个方言点，绘制 510 幅方言地图，分为语音、词汇、语法 3 卷。

3. 广东地理语言学简介

最早以地图形式揭示广东方言特征的，为《珠江三角洲方言综述》一书（广东人民出版社，1990）。该书共有 42 幅地图，据《珠江三角洲方言字音对照》（广东人民出版社，1987）和《珠江三角洲方言词汇对照》（广东人民出版社，1988）两书的材料，选取珠三角地区粤（25点）、客家（5点）、闽（1点）三大方言较有典型性的语言特征予以绘制（其中语音图20幅，图2—21；词汇及语法图21幅，图22—42）。《综述》的方言特征图具有填补空白的性质，尽管条目的设置还不尽合理、充分，绘制的水平也较差，但毕竟为以后的同类工作提供了经验，开先之功不可否认。

1992年起，省港两地的语言学学者再次合作，开展"广东省北江流域、西江流域粤方言调查研究"。1994年，《粤北十县市粤方言调查报告》出版，该书第五章为"粤北地区十县市粤方言特征分布地图"，专就10个粤语点绘制了45幅特征图，其中语音图21幅（图1—21）、词汇及语法图24幅（图22—45）。由于地域面较狭小，方言种类单纯，所以反映的语言特征相对更集中、更有代表性，绘制水平也有所提高。但和《珠江三角洲方言综述》一样，条目的设置仍不尽如人意，尤其是一些重要的语法特征没有反映出来（如完成体、进行体等），使得该书地图的整体质量受到局限。

1998年，《粤北十县市粤方言调查报告》的姊妹篇《粤西十县市粤方言调查报告》出版。该书的第五章为"粤西地区十县市粤方言特征分布地图"，收录68幅方言特征图（语音特征图22幅，词汇及语法图46幅），从数量来说，是有史以来最多的。这部分地图在条目设置上作了些改进，质量有了很大的提升。最明显的是增加了反映语法特征的条目，如36图及37图显示动物的性别，56图反映持续体，57图反映完成体，58图则体现动作的结果；图例比较清晰，特征的表述也简明扼要。

2002年7月詹伯慧主编的《广东粤方言概要》出版，该书附有66幅方言地图（其中语音图24幅、词汇和语法图41幅），反映广东粤语47个点在语音、词汇、语法方面的特征，简明扼要，对于从宏观上审视、了解粤方言的特点，起了十分重要的作用。但由于前期成果的局限，地图的先天不足仍存在，主要是语法条目不够系统、体例不够一致、绘图不够精细，另外地图的版面印得太小，不能很好地展示方言的特点。

从2003年起，广东学者甘于恩、庄初升、严修鸿、刘新中参与教育部重大项目"汉语方言地图集"（曹志耘主持）的调查研究，分别调查了广东粤、闽、客方言以及海南闽语，出版了图集《汉语方言地图集》（三卷，商务印书馆，2008），在地理语言学上获取了实践经验和理性认识。

2004年，以甘于恩为主的科研团队获得国家社科基金项目的年度立

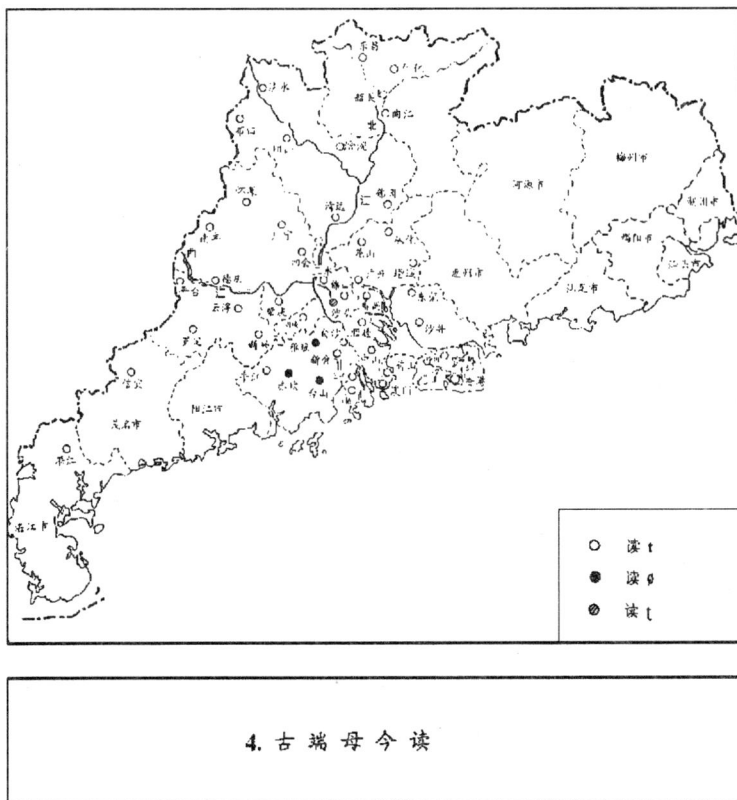

4. 古端母今读

图 2　《广东粤方言概要》第 4 图

项，随即开展"广东粤方言地图集"的研究，对广东省内的 122 个粤语点进行了较为系统的语音、词汇、语法调查，历时近 5 年，获得了大量的第一手资料，并建立了完善的数据库。项目组经过一年多的试验与实践，完成了共 431 幅彩色特征图（其中语音图 103 幅、词汇图 258 幅、语法图 70 幅）的绘制。这是广东有史以来的第一部专业语言地图集，图例较为清晰，讲究图例间的逻辑关联，引起学术界的关注。

　　广东地区从事地理语言学的研究还有：林伦伦主持的"粤东闽方言的地理分布及其语言类型学研究"（2010 年度广东省高校人文社科重点研究基地重大项目）、甘于恩主持的"粤东闽方言地图集"（广东省哲学社科"十一五"规划 2010 年度项目）、甘于恩和李仲民共同主持的暨南大学引智项目"语言在时空中的变异——潮汕方言的地理学研究"（2012）、严修鸿主持的"方言接触带上的语言地理"（2012 年度国家社科基金项

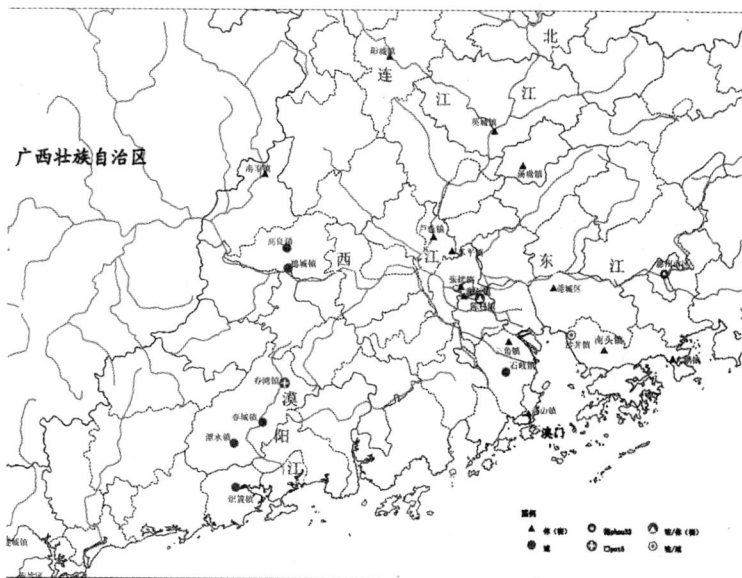

图3　粤方言中完成体"休"的分布

目）以及吴芳的"粤东西部闽方言语音地理类型研究"（广东省哲学社科2010 年度青年项目）。

三　广东汉语方言地理语言学的理论探讨

随着地理语言学在中国的勃兴，近十年来，广东的学者在地理语言学方面做了不少理论探讨，有的是宏观的，有的是微观的，也有的是二者的结合。尽管这种理论探讨的深度尚较欠缺，不过理论的深度往往取决于实践的成熟度，广东地理语言学的实践还处于摸索阶段，自然不应苛求其具备成熟的理论。关键是在实践的基础上要敢于和善于理论总结，总有一天，会发展出有影响的理论和学派。

较早对汉语方言地图进行理论总结的是陈章太、詹伯慧、伍巍《汉语方言地图的绘制》（《方言》2001 年第 3 期），此文是从宏观上回顾、总结汉语方言地图绘制的论文，涉及广东地图绘制仅有一部分，但对于广东方言的地图绘制有理论上的指导意义。甘于恩、贺敏洁（2003）阐述了《广东粤方言概要》的理论收获，主要有以下四点：（1）团队合作是大型项目成功的重要保证；（2）地图绘制是阶段性成果的高度浓缩；（3）方言地图也是宏观审视方言特点的重要手段；（4）地图绘制必须精益求精。同时，文章也实事求是地指出《广东粤方言概要》地图绘制存在的问题。

甘于恩（2007）介绍《广东粤方言地图集》的设点、特色、架构与进度，对图集研究的思路进行阐释，提出一些原则，这对于后面同类的研究，不无启发意义。《广东粤方言地理语言学的理论探索与实践》（甘于恩，《第十届国际粤方言研讨会论文集》，中国社会科学出版社，2007）则谈到对粤语语法特点的新认识，还就地图绘制中地名标注、色彩运用、符号使用等问题做了探讨，是一篇理论及实践意义兼具的论文。2008 年 12 月 15—17 日甘于恩参加在香港中文大学中文系举办的"历时演变与语言接触：中国东南方言国际研讨会"，提交并宣读论文《从〈广东粤方言地图集〉看粤方言的特征及与其他方言的接触》，论文没有正式发表。2010 年 4 月，"广东汉语方言研究的理论与实践暨《广东粤方言地图集》专题研讨会"在暨南大学举行，张振兴、甘于恩等学者对广东地理语言学的成就与不足，都做了客观的分析与评论。

值得特别提出的是，张双庆、庄初升两位学者在香港中文大学《中国文化研究所学报》上发表论文《广东方言的地理格局与自然地理及历史地理的关系》（2008 年第 48 期），论文考察了广东方言地理格局与自然地理、地理格局与历史地理的关系，对于认识广东人文地理的本质起到了良好的作用，是一篇值得认真研读的力作。

在微观方面，秦绿叶、甘于恩（2009）撰写论文《方言特征分布图的符号应用研究》（《南方语言学》第一辑）对特征图符号的性质、类型、设定，符号设计的步骤等技术问题，做了细致的论述，对于方言地图的绘制，具有一定的参考价值。

除了粤语的地理学研究之外，不少学者亦考虑闽方言的地理学研究，主要有：甘于恩的《潮汕方言地理类型学研究的一些设想》（《韩山师范学院学报》2010 年第 1 期），论文对潮汕方言地理类型学做了简要的回顾，指出不足，并提出一些设想与建议，意见有可取之处。甘于恩的另一篇论文《试论潮汕方言研究的若干问题》（《韩山师范学院学报》2010 年第 4 期），主要从宏观方面讨论潮汕方言的理论问题，强调潮汕方言研究要注重"整体规划及理论探索"，要"借力相关学科，开展交叉学科的研究，在方言地理学、实验语音学、病理语言学等方面要有所突破"①。
2010 年 11 月"首届中国地理语言学国际学术研讨会"在北京语言大学举
行，这在中国地理语言学史上具有标志性的意义，甘于恩在会上宣读了论
文《广东闽方言地理语言学研究刍议》，表达了与前述二文相类似的学术
观点。甘于恩还发表了《台湾地理语言学研究之我见》（《集美大学学报》
2010 年第 3 期），可供闽语学界参详。

　　在 2012 年举行的第二届中国地理语言学研讨会上（南京大学），甘
于恩、李仲民、黄绮烨合作写成论文《粤东韩江流域语言地理研究》，运
用 Glottogram 方法，对潮汕地区的方言分布、方言传播以及潮州音和汕头
音的消长，进行细致地考察分析，得到一些令人感兴趣的结论。

　　潮汕本土学者积极介入地理语言学的研究，这是广东闽语研究走向深
入的一个标志。近期发表的重要论文有：潘家懿和林伦伦的《粤东惠河
片闽南语的分布及其地理环境特征》（《台湾语文研究》6：2，2011）和
吴芳的《广东潮阳闽南方言的语音分区》（《台湾语文研究》6：2，
2011），前者对粤东西部方言的复杂多样性进行分析，展示该区域闽语分
布及其地形地貌特点，阐述了闽语演变的特点，材料弥足珍贵；后者利用
语音特征，对潮阳地区的闽南方言进行下位分片，并着重探讨潮阳方言中
的唇齿音声母，论文较具理论深度。

四　基于 GIS 的岭南方言地理研究

1. 地理语言学目前的局限

　　GIS 是地理学通用的学术语言或者工具，应用面非常广泛。汉语从古
到今都有地域差异，不同的人文地理条件和自然地理条件对汉语方言的演
变有重大影响。因此，把计算机技术和地理信息系统技术引入汉语方言学
的调查研究工作既顺理成章，又迫在眉睫。但由于技术方面的因素，我国
使用地理信息系统来调查研究汉语方言，还处于尝试阶段。从 21 世纪初
开始，有少数学者引入这一手段，进行汉语方言的调查和研究，主要有张
振兴主持的新版"中国语言地图集"，曹志耘主持的"汉语方言地图集"，
史皓元、石汝杰和顾黔共同主持的"江淮地区官话与吴语边界的方言地

---

① 甘于恩：《试论潮汕方言研究的若干问题》，《韩山师范学院学报》2010 年第 4 期。

理学研究"，潘悟云主持的"汉语方言地理信息系统"和甘于恩主持的"广东粤方言地图集"等，这些课题各有特色，但也有局限。其中最明显的局限是大多把 GIS 当做一个处理方言数据的工具，而不是把它当做一个可交流方言数据的动态平台。将 GIS 作为一个网络交互平台，在汉语方言学界基本上属于新兴事物。

2. 岭南方言地理研究的意义

"粤、闽、客诸方言地理信息系统"的特色与价值在于首次以大规模调查广东省粤、闽、客三大方言为突破口，结合社会因素和地理因素的交叉变化，对语言变异予以展示和解释，开展立体化的地理语言学研究。体现如下四点意义与价值：

（1）岭南地区语言多样，方言复杂，但以往研究对方言间彼此的联系研究得不够。"粤、闽、客诸方言地理信息系统建设与研究"首次将这些特点各异而又有所联系的方言，置于同一平台，加以分类、整理、绘图和解释，展示各种方言的本质特征和有机联系，这在岭南方言研究史上具有开拓意义。

（2）目前区内使用的软件，多属单机版软件，共享性严重不足，这妨碍了地理信息的有效利用。本课题将使用全新的、共享性高的软件工具，建成一种国内先进的、趋向多层次的、立体的、可实时更新的动态平台。

（3）对区内的汉语方言标注濒危程度。标注方言濒危程度，是语言国情调查的重要内容，也是保护和抢救语言资源的重要举措，这一举措将提升社会对方言生存状况的关注度，产生积极的社会影响。

（4）建立粤、闽、客诸方言地理信息系统，对开展岭南地区的人文地理研究，推动南方地区尤其是岭南地区的地理语言学发展，会提供不少正面的可供借鉴的经验，具有一定指导、示范作用。

3. 基于 GIS 的岭南方言地理研究

GIS 应用与常规事务处理有很大不同，突出表现在海量信息、复杂的处理方式、空间的分布性，以及对安全容错机制的要求上。设计汉语方言GIS 应依据三个理念：开放、互动、方言数字化。

"粤、闽、客诸方言地理信息系统建设与研究"课题在语言资源论的视点下，以 GIS 为平台，力图构建有史以来最为完善的岭南方言地理信息系统，将语言信息与其他人文信息有机地整合为一个整体，具有开放性、创新性、体系性、扩展性、精密性、资源性和实用性七大特性，内容包括语言及方言的动态信息、语言地图自动绘制、语言演变趋势分析以及语言演变与移民、语言间接触的模式等。

传统的方言研究留下许多极有学术价值的资料，但其致命的不足在于不可验证性（缺乏音像记录）、非数据化（静态的文字记录，或调查结果没有转化为数据库）和体例问题，这给方言之间的时空对比带来很大的障碍。为了克服这一障碍，方言调查研究就必须有全新的思路。

"粤、闽、客诸方言地理信息系统建设与研究"从时间和空间两个维度全面反映岭南方言的内涵和特色。时间维度的研究可分为如下两个层面：（A）共时层面：内容有语言/方言的分布与类别，使用人口，语言交际的基本状况，语言/方言的本体调查研究（包括语音、词汇、语法调查），语料收集（包括对话、长篇语料、歌谣等），方言文学的基本状况（包括口头方言文学、书面方言文学），方言工具书（字典、词典），当代的研究状况（论著）。（B）历时层面：内容包括方言区历代移民情况，族谱，方言韵书及其研究，早期学者对当地方言的描述及研究，地方志（包括方言志），早期地方文献，语言的历时研究，史书上对已消失的方言文学的记录。

空间维度的研究可按区域或方言的差异进行细化，课题下设"雷州半岛方言地理信息系统建设与研究"、"梅州地区地理语言学研究与地理信息系统"、"云浮地区汉语方言的地理语言学研究"子课题，就是基于空间维度的考量。地域空间维度的引入，不但方便管理，而且在逻辑层级上较为清晰，研究者可以按市（地级市）、县（区）、镇（街办）、村逐级进行分工调查，不易遗漏。但我们还可结合方言的性质，促使空间维度研究的完善，因为按行政区划来选择调查点，可能只关注到主要的、影响力大的方言，而使用人口少的方言就会被排除在外。然而调查和抢救濒危方言又是本课题的重要内容，所以，应该按照不同的方言性质，选择相关代表点，既要普查粤、闽、客三大方言，又要调研粤北土话、军话、西南官话、湘语、赣语等非主流语言，还要在大片的方言区中留意方言岛的变异特征。这样的研究思路才能确保"粤、闽、客诸方言地理信息系统"真正成为一个区域性的地理信息平台。

"粤、闽、客诸方言地理信息系统"是一项宏大的学术设计，需要诸多因素的配合方能确保成功。其中最重要的有如下几点：其一为顶层设计，包括框架建构、数据采集、数据分析、信息分类、信息检索、数据应用等；其二为团队组建，方言研究中心下属有近 20 个工作站，有可观的人力和物力资源，但如何分工、合作，来保证逾千个方言点的海量数据，质量达标，符合规范，需要做出极大的努力；其三为调查规范，包括严格的技术规范（如软件要求、设备要求）和学术体例（如调查手册的制订，音标的转写等），都需要在调查之前准备妥当；其四为传输接口，方便各地研究人员将加工过的语言数据传输至地理信息系统。

五　未来前景展望

1. 制定长期规划，促成《广东语言地图集》的立项

暨南大学作为广东省汉语方言研究的龙头，要以宏观的思维与稳健的战略布局来处理一系列相关的问题，逐步推进岭南地区地理语言学的开展。

从决策层面看，有关方面在语言研究的总体布局上，对地理语言学没有足够的重视，也缺乏长期的、系统的规划。这样的结果就是学者各自为政，无法在整体上具有规模效应，形成良性的互动。而地理语言学最需要的，便是凭借学者之间的密切合作，组建一个高效运作的团队。要达到这一目标，单靠学者个人的力量，是远远不够的，或者说，可行性甚小。张振兴建议"在《广东粤方言地图集》出版之后，应该在原来团队的基础上，扩充力量，增加配置，加大投入，尽快编纂出版《广东语言地图集》和《粤方言地图集》，前者包括广东省境内的所有语言和方言，后者包括广西、海南等省区的粤方言。如果几个地图集都能编纂成功，不但将从总体上大幅提高广东语言学界，尤其是汉语方言学界的整体实力，同时也将大大提高广东在国内外竞争中的文化学术软实力"。①

2. 继续开展大规模、大范围的方言调查

地图集以语言事实为本，没有语言材料，一切皆无从谈起。而且地图集对于语言材料的要求，从密度和精度而言，都要远高于传统的方言学。有了密度和精度都符合要求的语言材料，才谈得上建立完善的、可靠的方言数据库（包括语音数据库），进而绘制方言特征图。因此，唯有继续开

---

① 张振兴：《〈广东粤方言地图集〉述评》，《暨南学报》2010 年第 3 期。

展大规模、大范围的方言调查，广东的地理语言学才能到达新的高度，取得新的成果，舍此别无出路。

以笔者之见，目前大规模的方言调查，有两个区域要重点开展：一个是闽语区，包括粤东和粤西两大块，虽然有不少田野调查材料，可是基于数据库的调查材料却很缺乏，要组织人力、物力在这方面予以突破；另一个是客家话区，包括粤东、粤西和粤北三大块，以一个学校的力量独立完成调查有困难，若能调动三地地方院校的科研力量，分工合作，合理配置资源，达成目标亦并非无可能。汉语方言研究中心应该起到主干作用，带动全省科研力量的统合。

基于由点及面、由下至上的理念，广东的地理语言学，必须有地方院校人员的参与，要实现资源共享，互利共赢，越多人参与，提供越多点的材料，地理语言学的解释力才能越强。

3. 吸收国外先进技术手段，推动绘图工作的智能化和常规化

地理语言学获得的是"海量"的数据，对这些数据的处理和绘图工作的进行，都需要利用现代技术手段。目前国际上有多种语言技术处理软件，但主要是针对特定目的设计。做语言地图是一项综合性的技术，因此有效吸收国外先进的语言技术手段，开发适合国内语言地理学的平台，从而推动绘图工作的智能化和常规化，也是一个必须认真研究和解决的瓶颈问题。还有一些具体的技术问题，如"如何利用色彩来表现不同的方言特征，如何把色彩和图例的表达更好地结合起来"①，这些都需要细致地加以研讨。

不过，有一点需要强调的是，无论计算机如何先进，毕竟还无法完全替代人脑的作用，特别是某些理念、创意的实施，人的作用仍然十分关键。目前软件平台主要还是对语料、数据进行机械性的分类、处理，将数据从隐蔽的形态转化为具象的形态（即地图形式），相关人员（尤其是主持人）具备清晰的逻辑思路，对项目的成败具有极为重要的作用。

4. 开拓地理语言学的人才资源

就粤、闽方言的研究而言，现今已经出现有培养前途的后起之秀，可是由于教育体制和各方面因素的制约，这些后起之秀毕业后能够从事语言研究的屈指可数，能够从事方言田野调查的更是稀少，这不单是教育资源

---

① 甘于恩：《〈广东粤方言地图集〉的理论价值及相关问题》，《语文研究》2007 年第 2 期。

和人才的浪费，对于广东汉语方言研究亦是重大的损失。这就造成了方言研究后备力量的严重匮乏。当然，类似情况恐怕不独广东方言为然，李仲民谈到台湾方言研究的困局时指出了能够"持续从事语言调查、地理语言学研究的却寥寥可数"① 这一现象，恐怕也是目前方言研究的共性。要改变这种局面，除了需要更多的有识之士做强烈的呼吁外，还需要政府层面出台有关政策，对学术研究予以重视和扶持。

在现有条件下，为了推动广东地理语言学的发展，必须充分利用、调动现有方言人才的积极性，同时做好后备人才的培养工作，这可谓广东地理语言学持续向前发展的重要保证。2013 年 8 月，汉语方言研究中心在召开"第四届岭南汉语方言研究的理论与实践研讨会"的同时，举办了首届地理语言学培训班，邀请名师授课，培训各地工作站的年轻教师，取得了较好成效。

5. 开展地理语言学的专题研究和交流

地理语言学技术性甚强，需要各方面专业人士密切配合。要倡导举行专题性的学术研讨会（如调查条目的拟定、调查数据的处理、图目的确定、图例的选用等），从事这方面研究的学者多做交流，互相学习；要研究如何实现调查数据的共享，以及分工合作的有序开展等重大问题。此外，除了综合性的语言特征图外，未来还要考虑编纂专题的语言地图和解释地图。

广东地理语言学前景光明、潜力巨大，蕴含着极其可观的社会效益和经济效益，需要有关部门以远见卓识适当地关注和扶持。暨南大学汉语方言研究中心与佛山科技学院联合主办"第三届中国地理语言学国际研讨会"（2014 年 8 月），这对于广东的地理语言学而言，确是一个利好的因素，必须好好利用这一机会，大力推动广东乃至港澳这方面工作的开展。建议在条件成熟的时候，筹建广东地理语言学研究的专门机构（如地理语言学研究所），统筹全省的工作。只要坚持不懈地努力，广东地理语言学一定可以发展壮大，成为广东语言学界一道亮丽的风景线，为中国语言学做出应有的贡献。

---

① 李仲民：《战后台湾闽南语地理语言学的回顾与展望》，《台湾语言学—百周年国际学术研讨会论文》（2007 年 9 月 8 日，台中教育大学），第 19 页。

参考文献

陈章太、詹伯慧、伍巍：《汉语方言地图的绘制》，《方言》2001 年第 3 期。

甘于恩、贺敏洁：《〈广东粤方言概要〉地图绘制的理论收获与不足》，《中国语文通讯》2003 年第 65 期。

甘于恩：《广东地理语言学研究之若干思考》，《暨南学报》2010 年第 3 期。

秦绿叶、甘于恩：《方言特征分布图的符号应用研究》，《南方语言学》，暨南大学出版社 2009 年版。

张双庆、庄初升：《广东方言的地理格局与自然地理及历史地理的关系》，《中国文化研究所学报》2008 年第 48 期。

项目基金

2013 年国家社科基金重点项目"粤、闽、客诸方言地理信息系统建设与研究"（13AYY001）。

作者简介

甘于恩，暨南大学中国语言文学系教授、汉语方言研究中心主任，博士研究生导师。首届赣鄱语言学博士论坛（2013 年 11 月，南昌）特邀讲座学者。

网络即时文字会话的语类研究

上海财经大学　黄锦章　田丽娜

摘　要： 网络即时文字会话是会话语类家族的新成员，与日常自然会话相比，网络即时文字会话在语场、语式、语旨三大语域变量方面有一系列不同的变异。在这些变异的综合作用下，网络即时文字会话在词汇、句式及修辞手段选择方面表现为口语和书面语的混合体；在行为目标的实现步骤方面，允许多主题平行推进；在会话的人际关系方面，礼貌等级明显下降。

关键词： 网络；会话；语类；语域变量；言语行为

一　语类和语体

系统功能语法的语类（genre）与传统修辞学的语体（style）有密切联系，在传统修辞学中，不同学术流派对语体的定义各不相同，所使用的术语往往也有差异。在国内学术界，有关语体的一个较为通用的解释来自苏联功能学派：

> 语体就是语言根据交际的言语环境不同而形成的不同体式，是标准语的功能上的类别，所以称为"功能风格"。①

在具体研究中，语体又表现为一组语言要素的集合：

> 语体要素存在于语言的语音、词汇、语法之中。在语体系统中，

---

① 王德春、陈晨：《现代修辞学》，江西教育出版社 1989 年版，第 81 页。

主要是通过词语、句式和某些修辞手法的运用来体现的。①

20 世纪 60 年代起，尤其是 80 年代以后，随着语用学、系统功能语法以及认知语言学的崛起，欧美学术界对语体的研究出现了一系列重大变化。首先，在言语行为理论影响下，语体不再是一个传统意义上的单纯的语言学或文学的概念，而被视为一种社会行为或过程。相应地，语体的界定不再仅仅依赖语言要素，而是着重于语体的行为目的、行为方式或行为步骤，如"传媒"与"方式"、"有无准备"、"是否正式"等②。其次，在分类方法上彻底摆脱亚里士多德的传统，采用原型理论和连续统的分析方法，分类可以从多种不同角度切入，类与类之间边界不再清晰，可以交叉重叠，甚至混合。90 年代之后，汉语学界的学者也纷纷从这一新的视角切入，进行了深入的研究和探索。

二　系统功能语法的语类理论

在系统功能语法中，语体问题最初放在语域（register）部分处理。有关语域，韩礼德定义如下：

> 语域是一个语义概念，可定义为和语场（field）、语式（mode）、语旨（tenor）所构成的特定情景配置（situational configuration）相联系的一组意义配置。正因为是意义配置，所以，一个语域必然包括这些意义所伴随或依赖的表达方式：词汇－语法以及语音之特征。③

在这一阶段的理论模式中，语场、语式、语旨解释为语境的情景特征

---

① 袁晖、李熙宗：《汉语语体概论》，商务印书馆 2005 年版，第 17 页。

② 程雨民：《英语语体学》，上海外语教育出版社 1989 年版。黄念慈《欲穷千里目，更上一层楼——语体研究和行为理论》，《修辞学习》1995 年第 3 期。方琰：《浅谈语类》，《外国语》1998 年第 1 期（总第 113 期）。陶红印：《试论语体分类的语法学意义》，《当代语言学》1999 年第 3 期。

③ Halliday, M. A. K. & Hasan, R., 1985, *Language, Context, and Text: Aspects of Language in a Social - semiotic Perspective*, 世界图书出版公司 2012 年影印本，第 38—39 页。

（situational feature）：

> 语场指实际发生的事情，语言发生的环境，包括谈话话题、讲话者及其他参与者所参加的整个活动。语旨指参与者之间的关系，包括参与者的社会地位，以及他们之间的角色关系。语式指语言交际的渠道或媒介，如说还是写、是即兴的还是有准备的，包括修辞方式。①

70 年代末，韩茹凯（Ruqaiya Hasan）在语域理论基础上提出"语类"概念，80 年代后发展为"语类结构潜势理论"（generic structure potential，GSP）。她认为语言和情景之间存在着双向关系（tow – way relationship）：一方面，情景为言语交际提供了大量信息，使交际得以成功；另一方面，特定的情景类别又是通过语言的长期使用建构起来的。因此，可以通过对语境的分析来预测语类结构。在她的研究中，"情景配置"改称为"语境配置"（contextual configuration，CC），并提升为GSP 的核心概念。"情景特征"改称为"变量"（variable），因为每一个特征都表现为一组可能选择的集合，在不同的配置中有不同的值（value）。②

语类由必选成分和可选成分按特定顺序构成。如果语类结构的必选成分及其顺序发生变化，就会产生新的语类。必选成分、可选成分以及排列顺序则取决于三大语域变量，语场决定必选成分，语式及语旨决定可选成分及顺序。换言之，语场确定大的语类，而语式和语旨可用于对该语类系统的子语类的划分。③

至于语类的定义，系统功能语法内部略有分歧。韩茹凯认为语类是"语篇的类型"（type of discourse，参阅方琰，1998），与传统的"语体"概念在表达上比较接近。但在系统功能语法的术语中，"语篇"（discourse、text）是一个动态概念：

---

① Halliday, M. A. K. & Hasan, R., 1985, *Language, Context, and Text*：*Aspects of Language in a Social – semiotic Perspective*，世界图书出版公司 2012 年影印本，程晓堂导读。

② Halliday, M. A. K. & Hasan, R., 1985, *Language, Context, and Text*：*Aspects of Language in a Social – semiotic Perspective*，世界图书出版公司 2012 年影印本，第 55 页。

③ 方琰：《浅谈语类》，《外国语》1998 年第 1 期（总第 113 期）。

　　或许我们可以用最简单的方式定义语篇（text），那是功能性语言。功能性语言意味着在某些语境中做某些事情，而不是可以写在黑板上的孤立的词或句子。①

　　因此，说语类是语篇的类型，其实意味着语类是言语行为的类型。马丁（J. R. Martin）进一步从社会文化角度来解释语类：

　　我们把语类定义为一个分阶段的有目标的社会过程——换言之，语类以目标为导向，一步一步朝着目标推进。②

　　据此，他把"语类结构"改称为"纲要式结构"，并认为语类的必选成分不仅取决于语场，语旨和语式也同样起作用③马丁的定义进一步突出了语类的动态建构属性。同时，由于三大语域变量都对必选成分的确定起作用，这就意味着语类划分允许有多个不同的视角。

三　本文的研究目的和方法

　　本文用系统功能语法的语类理论分析网络即时文字会话的语体特点。如前所言，汉语学界对语体有两种不同的定义：（1）以传统修辞学为背景，尽管内部有分歧，但共同点是研究范围局限于词语、句式、修辞手段等语言结构要素。（2）以当代语用学为背景，把语体理解为言语行为的类型，研究范围包含但不局限于上述语言结构要素。这就意味着本文在使用该术语时将面临歧义，有必要预先予以界定：

　　当本文无标记地使用"语体"这一术语时，取广义理解，即把语体理解为言语行为的类型，同时，由于这一定义和系统功能语法的"语类"具有共同的语用学背景，因此，二者为可替换术语——涉及系统功能语法时，用"语类"；涉及汉语学界的研究时，用"语体"。至于传统修辞学意义上的"语体"，在语类理论中属于"语式"的一部分，作为语境配置

　　① Halliday & Hasan，1985/2012，第 10 页。

　　② Martin，J. R.，1994，Macro‑genres：The Ecology of the Page，《马丁文集（3）：语类研究》，上海交通大学出版社 2012 年版，第 9 页。

　　③ 同上。

中用以预测语类的语域变量之一。为了避免混淆，本文把这一意义上的"语体"称为"语式"或"特征"，作为类概念指称时称"语式"，如"口语语式"、"书面语语式"等；作为区别性特征分析时称"特征"，如"口语特征"、"书面语特征"等。

网络即时文字会话指两个或两个以上彼此有交际意图的参与者以文字形式轮番发话并通过网络（移动网或互联网）所进行的即时言语交际活动，包括手机短信、网络聊天（文字 QQ、微信①、飞信等）以及即时互动的 BBS 论坛、博客或微博下面的跟帖等。这类会话的共同特点是：（1）传播渠道为网络而不是声波，与日常会话不同；（2）传播介质为文字而不是语音，与电话交谈不同；（3）要求即时互动，与传统的笔谈也存在明显区别。

本文语料中的短信及网络聊天资料一部分本人自己收集，一部分由学生提供。BBS 论坛资料则来自互联网。

四　自然会话的语类结构

（一）会话作为一种宏观语类

马丁认为基础语类（elemental genre）通过概念类比、人际类比、语篇类比这三种策略的运用，可以发展为宏观语类（macro - genre）。尔后，又认为语类家族是一种宏观语类，并提出两个可选择的语类家族建构原则：

（1）分类学原则：作为基本标准的分类结构足以将一组语类和其他语类区别开来。

（2）拓补学原则：根据家族相似来聚合，各种参数的发展将各语类组合置于一个由相似点和差异点构成的连续的等级之上。②

宏观语类具体如何区分？究竟有多少宏观语类？不同的研究者有不同的看法。Grabe 分出记叙文和说明文两大语类家族，认为可以把所有语类一网打尽。马丁认为 Grabe 的分类局限于学术话语，应该还存在"服务交流"（service encounter）、"预约"（appointment）、"面谈"（interviewing）、

---

① 限于传播文字信息的部分。微信传播语音时属于一种特殊的语音会话。

② Martin, J. R., 1994, Macro - genres: The Ecology of the Page,《马丁文集（3）：语类研究》，上海交通大学出版社 2012 年版，第 112—114、303—304 页。

"支配"（control）等其他语类家族。① Eggins 则认为英美文化中存在文学语类、流行的书写语类、教育语类等大语类，大语类下面有包含子语类和子子语类。② 事实上，如果说不仅语场，语旨和语式也对语类的必选成分起作用的话，那么，从不同维度切入出现不同的分类体系，应该说，是完全正常的。再换一个角度，分类是一种有明确目的的研究行为，研究者应该有权利按照自己的研究目的来建构自己的分类体系。

本文主张根据言语交际的目的及实现方式将语类分为"会话"和"独白"两大家族，"会话"是由两个或两个以上的参与者以轮番发话的方式进行即时信息交流，其行为目的是彼此向对方发送信息并获取对方的反馈信息。"独白"则相反，是由发话人单独完成的信息传播行为，其目的是发布信息，尽管通常有信息的接收者，但接收者的存在可以是隐蔽的，甚至是不确定的。

典型的会话语类是日常自然会话，典型的独白语类是诗歌创作。电话会话、研讨会发言、大会演讲、电台或电视演讲、书信、书面通知、文学创作等可依据各自的特点分别归入上述两大语类家族，作为他们的子语类。在子语类之下，还可以进一步分出下属的子子语类。同时，这些子语类以及子子语类又与各自家族的典型成员之间存在不同程度的差异，根据差异程度，可排列成一个以典型会话语类和典型独白语类为两端的语类连续统。

网络即时文字会话是随着网络技术发展而形成的一种新的言语交际行为，从该言语交际行为的目的及实现步骤看，毫无疑问，从属于会话语类家族。但由于语域变量的局部差异，该语类和会话语类家族的典型成员日常自然会话之间又存在一系列不同的属性。下面，我们先厘清日常自然会话的语类结构。然后，以日常自然会话语类为参照点，考察新兴的网络即时文字会话在语场、语式、语旨等各方面的特点。为了论述方便，在以下研究中，"日常自然会话"简称"自然会话"，"网络即时文字会话"简称"网络会话"。

---

① Martin, J. R., 1994, Macro - genres: The Ecology of the Page，《马丁文集（3）：语类研究》，上海交通大学出版社 2012 年版，第 308—310 页。

② 转引自方琰《浅谈语类》，《外国语》1998 年第 1 期（总第 113 期）。

（二）自然会话的语类结构

1. 语域变量

如上文所述，"会话"是由两个或两个以上彼此有交际意图的参与者以轮番发话的方式进行即时信息交流，其行为目的是彼此向对方发送信息并获取对方的反馈信息。作为该语类家族的典型成员，自然会话不仅继承了会话语类家族的全部特征，而且在语场、语式、语旨等方面有自己的更为具体的个性特点。

从语场角度看，自然会话具有空间上的同域性和时间上的同步性，即会话双方处于同一个物理环境之中，彼此能够听见。在典型情况下，也能相互看清对方的表情及动作等。信息的发出和接收在时间上同步，除非出现意外干扰，正常情况下，信息的发出者可以现场确认对方是否接收到了自己的信息，是否做出了预期的反应。

从语式角度看，自然会话的信息载体（介质）是语音，传播渠道是声波。由于自然会话具有时间上的同步性，会话双方都没有太多时间组织自己的话语，由此，又在语音、词汇、句法以及修辞手段的运用方面形成一系列特点，如可能出现冗余的语音或词汇成分，句法结构比较松散，修辞手法运用不多等。

从语旨角度看，最为常见的自然会话发生在熟人之间，亲疏关系及社会距离多种多样。可以是密友，也可以是仇敌；可以是平等的，也可以是不平等的。陌生人之间的会话通常有特殊原因，如购物、问路或在某些社会活动中偶然出现交汇点等。

2. 推进步骤

系统功能语法有关会话的宏观结构研究不多，Grabe 的研究偏重于学术话语，马丁关注阅读与写作，韩茹凯研究日常交际，但注重微观的语类结构，如购物活动等。美国社会语言学家萨克斯（H. Sacks）、谢格洛夫（E. A. Schegloff）、杰斐逊（G. Jefferson）等在会话结构研究方面有重大贡献。由于会话分析（conversation analysis，CA）的背景是语用学的言语行为理论，与系统功能语法完全兼容，因此，CA 的研究成果可用于弥补语类理论这方面的不足。CA 研究的会话包括自然会话和电话会话两部分，把电话会话分离出去，CA 的研究可直接用于我们对自然会话的分析。

CA 从总体和局部两个角度分析会话结构：

> 总体结构指一个完整的会话活动在其展开过程中依照交际要求所形成的功能模式。局部结构则指交际者交替发话这一合作活动所形成的轮番说话的功能组合方式。①

会话的总体结构通常由"开头—主体—结尾"三部分构成，会话的开始序列因参与者关系的不同而有所不同，结尾部分正常情况下是互道再见，为了避免结束过于突然，通常有一个预示序列，暗示会话目的已经完成。主体部分便是沿着特定的主题线索轮番发话，相互应答。

会话过程中，说话人所控制的最小单位是话轮（turn），进一步分析便进入句法层面（单句、复句等）。会话双方话轮交替形成话轮对，典型的话轮对具有毗邻性，又称"毗邻对"（adjacency pairs）。话轮对沿着特定线索展开形成序列，除了与会话主题直接相关的主序列之外，还可能有"插入序列"（insertion sequence）、"分支序列"（side sequence）以及"预示序列"（pre‑sequence）等。

话轮交替受"局部支配系统"（local management system）制约，每个说话人每次可拥有一个话轮，话轮结束处为"转换关联位置"（transition relevance place，TRP），在语音、语调等方面有明显标记。会话双方有关TRP 的判断可能出现冲突，为防止对方抢夺话轮，说话人会用某种技巧表示话轮尚未结束。若 TRP 出现重叠，某一方会选择退出；若出现冷场，则双方会想办法予以弥补。②

五　网络会话的语域变量

（一）语场

从言语交际现场所发生的事件看，网络会话与日常会话基本相同，都是两个或两个以上彼此有交际意图的参与者以某种方式进行信息交流。其行为目的都是彼此向对方发送信息，并接收对方的反馈信息。主要差异表

---

① 左思民：《汉语语用学》，河南人民出版社 2000 年版，第 185 页。

② Levinson，S. C.，*Pragmatics*，Cambridge University Press，1983，pp. 284 – 367.

现在时空环境上。

自然会话具有空间上的同域性和时间上的同步性，即双方处于同一物理环境之中，并且，典型情况下彼此能看清对方的动作与表情。网络会话则相反，在空间上具有异域性，双方是在虚拟的网络空间相遇，在现实世界中，双方距离遥远，即使打开视频，也只能看见对方的局部场景。不用视频，则没有任何视觉上的语境信息。

再从时间角度看，网络会话缺乏严格的同步性。尽管双方都希望能即时获得反馈信息，但由于文字输入比口头说话慢得多，网络的传播速度又受到带宽及实时流量等因素的制约。此外，网络会话通常不能保证受话方一定在线，即使在线，也不能保证对方没有分心做其他事情。自然会话时，心不在焉是不礼貌的表现。但在网络会话中，说话人一心两用，一边会话一边做其他事情是常态。这些因素都会使会话的同步性受到影响。

我们曾对电影《非诚勿扰2》开头一段自然会话的应答时间做过统计，应答时间最短的为 0.002 秒（2 毫秒），最长的为 1.843 秒（1843 毫秒），平均间隔长度为 0.665 秒（665 毫秒）。相对而言，网络会话的应答时间要长得多。我们对 QQ、手机短信、BBS 论坛这三种常见的网络会话做了抽样调查，结果显示，相对而言，QQ 会话应答时间最短，但至少也要 1 秒，反馈信息为"好"、"哇塞"一类的独词句。倘若是完整的语句，间隔时间与语句长度成正比。手机短信的反馈相对慢一些，BBS 则有很大的不确定性，因为即使受话人及时回复，也不一定能马上显示出来，通常要经过管理员审核。

因此，网络会话只有相对同步性，尽管按照游戏规则，双方应该积极合作，但事实上很难做到完全同步。

（二）语式

1. 渠道和介质

网络会话的介质为文字，渠道为网络。与自然会话相比，网络会话在听觉和视觉两方面都受到局限，无法借助语音、表情以及各种肢体动作来传情达意。为了弥补这一不足，结合手机和电脑自身的特点，网络会话发展出了一系列多模态辅助表达手段。

最早出现的是起源于手机短信的抽象符号，利用现有的键盘符号组合而成。一般用于代替表情或肢体动作，如"：－）"（微笑）、"＝＿＝"

（困）、"＼＼（^o^）／~"（赞成）、"（⊙o⊙）！"（惊讶）等。也有一些代替会话中的常用语，如"88"（拜拜）、"CU"（See you）、"3Q"（Thank you）、"V587"（威武霸气）等。在此基础上，发展出更加形象的卡通图形，如🖐（OK）、😊（害羞）、👻（偷笑）等。此外，还有基于 FLASH 技术的各种动态图案和绚丽字体等。

在网络会话中，听觉不是主要的感官方式，但偶尔也会利用某些声音来传递某种约定的信息。例如在 QQ 聊天中，"咳嗽"表示有新朋友添加为好友，"当当"表示有朋友上线，"滴滴"表示有人发起会话等。此外，还有图形与声音相结合的振屏，可用于开始序列表示招呼，也可在会话过程中插入，表示某种强烈的情绪。

电脑多媒体技术的发展以及手机的智能化，为网络会话的表达形式提供了无限的发展空间。在谈话过程中，说话人可以随时引用大段的文字作品或插入图片、音乐等来满足某种交际上的需要，这些都是自然会话所不可企及的。因此，如果说早期的网络会话仅仅满足于对自然会话的模拟，那么，现在网络会话的表达手段已经超越了简单模拟，形成了自己独特的系统。

2. 词汇与句法形式

网络会话的异域性导致信息传播的介质和渠道产生变异，介质和渠道的变异又使会话的同步性受到影响，这些因素的综合，犹如多米诺骨牌，又进而促使说话人的语言表达形式产生变异。一方面，文字的使用会诱发书面语的表达习惯，例如：

（1）尔等野狗杂种如果不被人们用鞭子猛抽就会无法犬活！（强国论坛）

（2）河南驻马店有个叫杨枝丫的初中学历身材矮小的惯偷，因女友分手引其不满，遂开始反社会之旅，3 年间共杀64 人，奸23 人，灭多门……（强国论坛）

（3）（很多人觉着俄国视频中陨石被追击不可思议）的主要问题是想当然地以为陨石的速度还是十来公里每秒，而忘了小时候见过很多次的流星。（强国论坛）

前两例中所选用的词汇和句式有古汉语特征，第三例的主语部分带有长定语，宾语部分是一个超长复句。

　　另一方面，文字输入费时费力，说话人通常会选择省力的表达方式，至于用词是否恰当，结构是否规范等往往会被忽略。同时，由于网络的虚拟性，不少人把网络作为情感宣泄甚至吐槽的处所，这又导致会话的语式往另一极端延伸。网络会话结构松散，规范性差，句子长度有很大的随意性，与大量超长句同时并存的是大量超短的独词句，此外，带强烈情感色彩的叹词及粗鄙的詈语也随处可见，这些又表现出极端的口语化倾向。

　　因此，从语式上看，网络会话是口语和书面语的混合体。有时，有较为明显的书面语色彩；有时，却比口语更口语。

（三）语旨

　　自然会话通常发生在熟人之间，陌生人之间偶然也会对话，但通常有特定语境，因此，人际关系比较明确。网络会话则复杂得多，除了现实世界中的熟人和陌生人之外，还有网络世界的虚拟的熟人和陌生人。网络世界的熟人，在现实世界未必真的熟识；网络世界的陌生人，在现实世界未必没有任何关联。

　　网络世界和现实世界的交叉，不仅导致人际关系的复杂化，而且导致人的生存状态的二元化。这是一个双重世界，一方面，我们来自现实世界，必须服从现实世界的游戏规则；另一方面，网络的虚拟性又诱使我们有意无意地去颠覆这些世俗规则，让内心深处被压抑的情绪得以宣泄。这种复杂的人际关系和矛盾的心理状态必然会影响我们的言语行为，使交际模式产生变异。

　　在网络会话中，会话合作原则和礼貌原则会受到不同程度的挑战。比较极端的如论坛"掐架"，尤其是政治性论坛和贴吧，激烈的争论往往会演变成无底线的谩骂。即使是相对友好的对话，彼此之间的不信任感也若隐若现，导致会话的礼貌等级有所下降：

A	15：33：01	一会我妈回来了就下了
B	15：33：29	哦，你爸爸妈妈是做什么工作的
A	15：34：39	你怎么跟户籍调查似的……哈哈
B	15：35：07	嘿嘿，问问呵呵

　　有关父母亲工作，在汉文化中不算敏感话题，在现实世界的会话中，

一般不会拒绝合作，即使拒绝，也会采用委婉的方式。但由于双方是网络世界的虚拟的"熟人"，B 听到 A 的询问之后显得十分警觉，而且拒绝的方式也比较直截了当。

现实世界的熟人，进入网络之后，一般能遵循现实世界的游戏规则，但有时也会出现微妙的变化。首先，网络空间的虚拟性会淡化人与人之间的等级关系，尤其在聊天室中，一般都采用昵称，即使彼此都知道对方的真实身份，但感觉像假面舞会，心理压力会大大减轻。例如，在办公室见面，上下级之间很少开玩笑，但在网上相遇，讲话会随便得多，偶尔也会彼此调侃，甚至说一些出格的话。其次，网络会话在时间上的同步性较差，这也为某些拒绝合作的行为提供了方便。在现实世界，会话尚未结束突然中止，长时间不说话甚至离开，那是很不礼貌的。但在网络会话中却经常会出现这种情况，遇到不想回答的问题时，可以随便找一个借口（如"对不起，有电话"或"有人敲门"等），单方面终止会话。

六 网络会话的推进步骤

（一）开头和结尾

和自然会话一样，网络会话的总体结构也包含"开始—主体—结束"三部分，但由于文字输入费时费力，在大部分情况下，开始和结束这两部分会被简化或省略。

相对来说，QQ 聊天的会话结构较为完整，但开始序列通常限于确认对方是否在线，确认方式因人而异。对长辈或上级用敬语，如"您好"、"您现在说话方便吗"等。平辈之间则直接问一声"在线吗"，或者发一个卡通图形或振屏表示招呼。若已知对方在线，一般不用开始序列。结束序列也因人而异，对长辈或上级，形式较为规范，接近于自然会话。平辈之间聊天，结束序列可有可无。尤其是多人参与的 QQ 聊天，往往长时间无反应就意味着退出。

手机短信和 BBS 论坛会话一般都不用开始序列和结束序列，但原因各不相同。短信联络基本上发生在熟人之间，发送对象明确，而且默认对方手机有短信到达的提示音，因此，通常直奔主题，事情讲完自然结束。只有长时间未联系的朋友之间，联络时会出于礼节而有较为完整的开始序列和结束序列。BBS 论坛的参与者一般都是虚拟的，就语境而言，有点类似于公众集会，礼节方面没有严格要求。说话人为了省力，通常都略去开始序列和结束序列。

（二）话轮的交替形式

1. 话语权和话轮控制

自然会话借助语音，为了保持话轮，说话人通常要采用某种策略表示话轮还在延续。结束之后，在转换关联位置时，有时会出现话轮的重叠（多人同时争夺话轮）或冷场（大家都不接话轮），这时，又需要双方以某种策略来调节。

网络会话以文字为介质，不存在这些问题。说话人通常是整段输入完毕才上传，不必担心被对方中途打断。若出现多人同时说话，网络会自动调节，依次呈现，不会相互干扰。此外，网络会话同步性要求不是很严格，说话人对时间的间隔有较大容忍度，即使出现冷场，也不会有太多的尴尬。因此，在网络会话中，话轮的控制以及话语权的争夺所采用的策略与自然会话有较大差异。

由于文字输入速度慢，为了避免间隔时间过长让对方误认为自己临时离线而转移注意力，说话人往往会把整段话拆开，分段连续上传，以保持会话的延续。下例中说话人要设计一个针对留学生的调查问卷，向朋友求助，由于问题太长，他拆成了 5 个小句：

了了♥Libra	18：20：06	自己设计一份问卷调查
了了♥Libra	18：20：11	什么的都可以
了了♥Libra	18：20：21	对象是针对留学生的
了了♥Libra	18：20：32	我问什么问题啊
了了♥Libra	18：20：59	就是些（写）什么方面好嘞？
郭郭	18：20：58	你什么时候开始学汉语？
郭郭	18：21：02	这样的问题？

在多人参与的讨论中，有时会出现话语权的争夺。这时，说话人会采用某些借助于视觉的策略来凸显自己的论题或论点。一种比较霸道的凸显话语权的策略是"刷屏"。狭义的刷屏指借助某种软件上传特大图形，霸占整个版面，使他人无法讨论，这种行为一般会被禁止。广义的刷屏指将同一段话连续上帖，或将某一段话分拆逐句上帖，大量占领视觉空间，强

制性地吸引他人注意。如东方财富网的某个股吧中，有人上帖"每一次动作，汉王科技都将表现出科技股龙头的风范"，然后，自己下面连续跟帖"我支持"，占领整个版面。

此外，还有人采用彩色美术体文字并转换成图片的方式，使自己的发言在众多帖子中脱颖而出。下面是百度"郭美美吧"中的一个帖子，内容很简单，是论坛上极为常见的一句骂人的话（"楼主是煞笔，脸皮比砖厚"），但由于采用了红色草书并配有图片，形成很强的视觉效果：

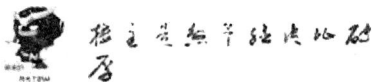

2. 毗邻对与多主题平行推进

自然会话要求主题单一，如果有多个主题，需要依次逐步展开，不能同时并进。因为信息载体是语音，无法在空气中保留，一旦中间插入其他内容，间隔时间过长，超越了短时记忆的限度，话题就会丢失，无法继续。因此，在形式上一般以毗邻对形式推进。尽管可能出现插入序列或分支序列，其内容也和主题相关，并非平行主题。网络会话则相反，话语以文字形式呈现。文字输入速度慢，话轮之间往往有较大间隔，发话速度快的一方有时会在对方回复之前又插入新的话题，原有的话题依然保留，形成多话题平行推进格局。下面是学生和老师之间的短信会话：

楼层	人物	时间	内　　容
1	学生	03：02：37	^_ ^老师，我想跳槽了……这里兼职我觉得进步空间不大……
2	老师	03：03：19	得先把学校的课程搞定，兼职不能太着急。
3	老师	03：03：58	你今年多大？属马的？
4	学生	03：04：39	嗯，我就双休日做做，最近考证也挺多，我这边兼职请假还比较方便
5	老师	03：05：03	各门课程考试如何？有压力吗？
6	学生	03：05：44	我不是属马，我属蛇，我嗯的是我同意您说的学校的课程比较要紧。
7	老师	03：06：20	起步阶段，最好有一个规划，这样事半功倍。
8	学生	03：08：51	压力不是很大，我平均绩点3.2，我们和学位证挂钩的证书有三个，计算机一级，英语六级，和普通话，现在还差个普通话没考。

对话中出现三个平行的话题序列：1 楼、2 楼、4 楼、6 楼（后半段）、7 楼为一个话题序列，谈论学生兼职问题。3 楼和 6 楼（前半段）为第二个话题序列，谈论年龄。5 楼和 8 楼为第三个话题序列，谈论考试问题。

七　小结

网络会话和自然会话都从属于会话语类家族，从言语行为的角度看，都是由两个或两个以上彼此有交际意图的参与者以轮番发话的方式进行即时信息交流，其行为目的是彼此向对方发送信息并获取对方的反馈信息。但由于语场、语式、语旨等方面的变异，网络会话又有区别于自然会话的特点。空间的异域性，促使网络会话的介质和渠道发生变异。介质和渠道的变异反作用于语场，使会话时间上的同步性明显下降。这些因素的综合作用最终导致网络会话在词汇句式及修辞手段的选择、行为目标的实现步骤以及人际礼貌关系等方面出现一系列变异。在词汇句式及修辞手段的选择方面，网络会话表现为口语和书面语的混合体；在行为目标的实现步骤方面，允许多主题平行推进；在人际关系方面，礼貌等级明显下降。

参考文献

程雨民：《英语语体学》，上海外语教育出版社 1989 年版。

方琰：《浅谈语类》，《外国语》1998 年第 1 期（总第 113 期）。

方梅：《语体动因对句法的塑造》，《修辞学习》2007 年第 6 期。

冯胜利：《语体语法及其文学功能》，《当代修辞学》2011 年第 4 期。

黄念慈：《欲穷千里目，更上一层楼——语体研究和行为理论》，《修辞学习》1995 年第 3 期。

胡范铸：《试论新闻言语行为的构成性规则》，《修辞学习》2006 年第 1 期。

刘大为：《语体是言语行为的类型》，《修辞学习》1994 年第 3 期。

陶红印：《试论语体分类的语法学意义》，《当代语言学》1999 年第 3 期。

王德春、陈晨：《现代修辞学》，江西教育出版社 1989 年版。

袁晖、李熙宗：《汉语语体概论》，商务印书馆 2005 年版。

张伯江：《语体差异和语法规律》，《修辞学习》2007 年第 2 期。

左思民：《汉语语用学》，河南人民出版社 2000 年版。

Halliday, M. A. K. & Hasan, R., 1985, *Language, Context, and Text: Aspects of*

Language in a Social – semiotic Perspective，世界图书出版公司 2012 年影印本。

   Levinson, S. C. , 1983, Pragmatics, Cambridge University Press.

   Martin, J. R. , 1994, Macro – genres：The Ecology of the Page,《马丁文集 (3)：语类研究》，上海交通大学出版社 2012 年版。

   Martin, J. R. , 2002, A Universe of Meaning—How Many Practices?, 《马丁文集 (3)：语类研究》，上海交通大学出版社 2012 年版。

[附记] 本文发表于《当代修辞学》2013 年第 2 期。

作者简介

黄锦章，上海财经大学国际文化交流学院教授、语言学与应用语言学研究所所长。首届赣鄱语言学博士论坛 (2013 年 11 月，南昌) 特邀讲座学者。

《中原音韵》、明代官话系韵书古知庄章组声母的特征及相关问题

南昌大学　李　军

摘　要：古知庄章组声母的分合及其与韵母的搭配关系是《中原音韵》以及明代官话语音研究中不可回避的问题之一。论文通过对古知庄章组声母在《中原音韵》、明代官话系韵书中的分合及其与韵母搭配关系的比较，指出古知庄章组声母合流，兼与洪、细音韵母相拼，是《中原音韵》以至明代官话语音一脉相承的特点。通过比较，论文对古知庄章组声母合流以后，由兼与洪、细音相拼，向只与洪音相拼演变的过程进行了论述。这一过程最早完成于明末北京官话中，因此明代北京官话具有基础方言地位的观点值得商榷。

关键词：《中原音韵》；明代官话韵书；古知庄章组声母；官话基础方言

古知庄章组声母的分化合流及其与韵母的搭配关系问题，是汉语语音史研究中非常重要的内容之一，也是学术界据以确定《中原音韵》以及明代官话语音基础的主要依据之一。《中原音韵》是我国最早的一部曲韵韵书，也是现存最早、最真实的记录近代汉语北方话语音的韵书。近几十年来，《中原音韵》研究成果丰硕，但有关古知庄章组声母分合的观点目前分歧较大。陆志韦《释中原音韵》认为："除了这支思韵跟齐微韵的分别之外，中古的知彻澄三等，不论开合，在《中原》好像都跟照穿禅（床）三等混合了，都作tɕ。知彻澄二等混入'照穿床'二等，ȶ跟tʃ都变为tʂ。"（1988：8）宁继福先生同样认为知三章组声母与知二庄组声母在《中原音韵》中应当分为两组，并分别拟为tʃ组（知三章组，除齐微部合口知二章组，以及支思部章组外，只与细音相拼）与tʂ组（知二庄组，除

东钟部庄组三等外，只与洪音韵母相拼）（宁继福，1985：213—215）。杨耐思先生则从音位学的角度出发，通过同时期的文献资料的对比，指出古知、庄、章三组声母《中原音韵》合流为一组声母，即tʃ组声母（杨耐思，1981：26）。

明代官话研究的焦点则在于其语音基础问题。关于明代官话的语音基础，历来争议较多，影响较大的有"南京音"、"北京音"、"中州音"三种观点，"南京音"说以鲁国尧先生（1985）为代表，持同样观点的有日本学者远藤光晓（1984）、杨福绵（1995）、薛凤生（1991）、张卫东（1991）等。"北京音"说以胡明扬（1963）、林焘（1987）、俞敏（1984）等为代表，耿振生先生则进一步提出了"华北平原方言"说（1992：122）。"中州音"说以李新魁先生（1980）为代表，所谓"中州音"是指"中原地区的河洛语音"（李新魁，1999：155）。

官话语音基础的确定应当建立在语音特征的基础上，而作为音系特征主要内容之一的古知庄章组声母的语音特征及其演变规律，当然是我们确定明代官话语音基础非常重要的依据之一。将《中原音韵》、明代官话韵书古知庄章组声母的分化合流关系，古知庄章组声母与韵母的拼合关系及其演变规律进行探讨，对明代官话语音基础问题的研究无疑具有一定的意义。本文以杨耐思先生（1981）《中原音韵音系》为基础，参考陆志韦、宁继福等先生相关研究成果，试图将《中原音韵》与明代官话系韵书古知庄章组声母的分化合流关系及其与韵母的搭配关系进行综合比较，揭示明代官话古知庄章组声母的基本特征及其演变规律。所比较的明代官话系韵书主要包括以下几部代表性的著作。

1. 明代初年官话韵书《韵略易通》。本文参考了张玉来先生（1999）相关研究成果。

2. 编撰时间大致相同，编撰者分别为"北京"、"南京"、"中州河南"籍人士，反映时音的三部官话韵书。

（1）明代上元（南京）人李登所撰《书文音义便考私编》（成书于1587年，下文简称《便考私编》），主要参考了叶宝奎先生（2001）的研究成果，并根据《续修四库全书》所收录的《书文音义便考私编》提出不同意见。

（2）明代北京话韵书《合并字学篇韵便览》（成书于1606年，下文简称《篇韵便览》）及其韵图《重订司马温公等韵图经》。主要参考了周赛华（2005）的相关研究成果。

（3）河南中州官话韵书《青郊杂著》（《文韵考衷》）（成书于1581年），本文主要以《续修四库全书》所收《声韵杂著》以及《文韵考衷》为依据，参考耿振生先生（1991）相关研究成果进行比较。

3. 明代"汉音"韵书《切字捷要》。《切字捷要》是近年来我们发现的一部明代等韵学著作，休宁人孙贞编撰，成书于1577年至1580年之间。我们通过研究认为，此书韵图《切韵经纬图》（下文简称《经纬图》）就是《韵法直图》蓝本。《经纬图》以韵母为单位真实记录了明代"汉音"的基本语音特征，对明代官话语音研究具有非常重要的学术价值（参见李军，2009，2010，2011）。

4. 以罗马字音记录汉语实际语音的韵书《西儒耳目资》（成书于1626年）。《西儒耳目资》真实记录了明代官话的音类与音值，是明代官话语音研究不可多得的材料。本文以《续修四库全书》经部第259册《西儒耳目资》为基础，参考罗常培先生（2004）以及丁锋先生（2010）相关研究成果进行讨论。

此外，在比较过程中，我们还参考了邵荣芬先生《中原雅音研究》（1981）等相关研究成果。

一 《中原音韵》与明代官话韵书声母系统比较

在比较古知庄章组声母与韵母的拼合规律之前，我们首先以图表的形式将《中原音韵》与明代官话系韵书声母系统及其来源比较如下（"＋"表示与左栏声母及来源相同）：

表1　　　　　《中原音韵》与明代官话系韵书声母系统比较

中原音韵 （1324）	韵略易通 （1442）	便考私编 （1587）	篇韵便览 （1606）	切字捷要 （1577—1580）	青郊杂著 （1543—1581）
帮、並仄	＋（冰）	＋（邦）	＋	帮	＋（苞）
滂、並平	＋（破）	＋（平）	＋	滂、並	＋（磐）
明	＋（梅）	＋（明）	＋	＋	＋（民）
非、敷、奉	＋（风）	＋（奉）	＋	＋	＋（弗）
微	＋（无）	＋（微）	＋	＋	＋（忘）
端、定仄	＋（东）	＋（端）	＋	端	＋（德）

续表

中原音韵 （1324）	韵略易通 （1442）	便考私编 （1587）	篇韵便览 （1606）	切字捷要 （1577—1580）	青郊杂著 （1543—1581）
透、定平	+（天）	+（透）	+	透、定	+（天）
泥、娘、疑部分	泥、娘（暖）	+（尼）	+	+	+（乃）
来	+（来）	+（来）	+	+	+（费）
精、从仄	+（早）	+（精）	+	精	+（增）
清、从平	+（从）	+（清）	+	清、从	+（千）
心、邪	+（雪）	+（心）	+	+	+（岁）
照、知、澄仄、床仄部分	+（枝）	+（照）	+	照、知	+（祯）
穿、澄平、床平部分	+（春）	+（穿）	+	穿、澄、床部分	+（昌）
审、禅、床部分	+（上）	+（审）	+	+	+（寿）
日	+（人）	+（日）	+	+	+（仁）
见、群仄	+（见）	+（见）	+	见	+（国）
溪、群平	+（开）	+（溪）	+	溪、群	+（开）
晓、匣	+（向）	+（晓）	+	+	+（向）
影、喻、疑部分	影、喻、疑（一）	影、喻（影）	影、喻、微、疑、日止开三	影、喻、疑	+（王）
疑部分		疑（疑）			
21	20	21	19	20	20

《中原音韵》与明代官话系韵书声母系统主要特征如下：

1. 全浊声母清化，声母系统大量简化。

2. 疑母演变为零声母，与影、喻母合流。《中原音韵》只有少数韵中保留疑母，大部分韵部中疑母已经读零声母。除《便考私编》外，以上明代官话系韵书古疑母都已经读零声母。

3. 非、敷、奉母合流，微母还普遍保留，但明代北京韵书《篇韵便览》微母已经读零声母。

4. 明代官话韵书古知庄章组声母普遍合流为一组声母。

除《便考私编》保留疑母，《篇韵便览》微母读零声母外，明代官话系韵书声母类别基本一致。《便考私编》是今江淮官话区人士所编撰的官话韵书，《篇韵便览》是以北京音为基础的官话韵书，它们与其他几部韵书声母类别的差异，应当是明代官话方言的地域差异。微母读零声母应当是明代北京地区的实际语音特征，成书于 1615 年记录北京官话音的《音韵集成》，古微母同样已经与影、喻、疑母合流为零声母。（见李子君 2003：34—35）邵荣芬先生通过对章黼《韵学集成》（1460）所引《中原雅音》反切的辑录与研究，归纳了《中原雅音》二十声母，声母系统与大部分明代官话韵书一致，其中疑母与零声母合流（邵荣芬，1981：37）。

可见，《中原音韵》所反映的声母系统自元代以来，由南到北呈现依次递减的趋势。明代南方官话区，还保留疑母，而北京语音不仅疑母消失，其他官话语音普遍存在的微母也已经读零声母，与现代北京话一致。

明代官话声母系统早在《中原音韵》时期就已基本定型，这是学术界的普遍看法。争议的焦点在于，《中原音韵》古知二庄组声母与知三章组声母是合流为一组，还是应该区分为两组。主张《中原音韵》古知庄章组声母应该分为两组的主要依据是：《中原音韵》古知二庄组、知三章组声母与韵母的拼合关系不同。那么明代官话韵书古知二庄组、知三章组声母与韵母的拼合关系有何特征？其拼合规律与《中原音韵》有何一致性与差异性？如果《中原音韵》、明代官话韵书古知二庄组、知三章组声母与韵母的拼合关系一致，那么我们就可以认为元明以来通语中，古知庄章组声母合流，并兼与洪、细音韵母相拼的特征是一脉相承的，《中原音韵》古知二庄组、知三章组声母自然不必分为两组。而其中的差异则能为我们了解元明以来古知庄章组声母与韵母拼合关系的演变提供线索。

二　《中原音韵》、明代官话韵书古知庄章组声母与韵母拼合关系比较

明代官话韵书、韵图所反映的古知庄章组声母合流的特点与现代共同语是一致的。但现代共同语中，合流后的声母读 tʂ，tʂʰ，ʂ，只与开口呼、合口呼（洪音韵母）相拼，不与齐齿呼、撮口呼（细音韵母）相拼。而在《中原音韵》、《切字捷要》以及大部分明代官话韵书、韵图中，古知庄章组声母还具有兼与洪、细音韵母相拼的特点。

下面我们以表格的形式，将以上韵书、韵图古知庄章组声母与韵母的拼合关系进行比较（为讨论方便，以古韵摄为单位，只比较阴声韵与阳

声韵，入声韵暂不予讨论。"＋"分别表示与左栏韵母或声母相同。韵母拟音右上角带＊，表示与所参考的诸家拟音有不同看法，详见下文讨论）：

表2　《中原音韵》、明代官话韵书古知庄章组声母与韵母拼合关系的比较

韵摄	中原音韵		韵略易通		便考私编		经纬图		文韵考衷		等韵图经	
	韵母	声母	韵母	声母	韵母	声母	韵母	声母	韵母	声母	韵母	声母
通	uŋ*	知三章庄	uŋ*	知三章庄日	＋	＋	＋	＋	uŋ	知三章庄	uŋ	知三章庄日
	iuŋ*	日							yŋ	知三章庄日		
江宕	uaŋ	知二庄二三	＋	＋	＋	＋	＋	＋	＋	＋	＋	＋
	aŋ*	知二章日	iaŋ	＋	aŋ*	＋	iaŋ	＋	＋	＋	aŋ	＋
止蟹	ï	庄章日止开三	＋	＋	＋	庄章日止开三 知止开三部分	＋	庄章日止开三	＋	庄止开三	ï	知庄章
	i	知三章蟹开三								知三章日	ʅ	日
	uei	知三章日	＋	＋	＋	＋	＋	＋	＋	＋	ʅ	日
	ai	庄蟹开二	＋	＋	＋	＋	＋	＋	＋	＋		
	uai	庄止合三	＋	庄蟹合二、止合三	uai	庄蟹合二	＋	＋			uai	庄蟹合二、止合三
遇	u	庄三	＋	＋	＋	＋	＋	＋	＋	＋	＋	＋
	iu	知三章日	y	＋	y/iʉ	＋	y	＋	＋	＋	＋*	＋
臻	ən	庄开三	＋	＋	＋	＋	＋	＋	＋	＋	ən	知三庄三章日
	iən	知三章日	＋	＋	in	＋	＋	＋	＋	＋		
	iuən	知三章日	yən	＋	＋*	＋	yn	＋	＋	＋	uən	＋
山	an	知二庄二	＋	＋	＋	＋	＋	＋	＋	＋	an	知三庄三章日
	iɛn	知三章日	＋	＋	＋	＋	＋	＋	ian	＋		
	uan	知二庄二	＋	＋	＋	＋	＋	＋	＋	＋	uan	知三庄三章日
	iuɛn	知三章日	yɛn	＋	yæn	＋	yɛn	＋	yan	＋		
效	au	知二庄二	＋	＋	au	知三章日	au	知二庄二	＋	＋	au	知三庄三章日
	iɛu	知三章日	iau	＋	iau	知三庄二	iau	知三章日	＋	＋		
假	a	知二庄二	＋	＋	＋	＋	＋	＋	＋	＋	a	＋
	ua	知二庄二	＋	＋	＋	＋	＋	＋	＋	＋	ua	＋
	iɛ	章日	＋	＋	＋	＋	＋	＋	ie	＋	ɛ	＋

韵摄	中原音韵		韵略易通		便考私编		经纬图		文韵考衷		等韵图经	
	韵母	声母	韵母	声母	韵母	声母	韵母	声母	韵母	声母	韵母	声母
曾梗	əŋ	知$_二$庄$_二$	+	+	+	+	+	+	+	+	əŋ	知$_二$庄$_二$
	iəŋ	知$_三$章日	iŋ	+	+	+	+	+	+	+		知$_三$章日
流	əu	庄$_三$	+	+	ou	+	əu	+	ou	+	əu	庄$_三$知$_三$
	iəu	知$_三$章日	+	+	iu	+			iou	+		章日
深	əm	庄$_三$	+	+	ən	+	əm	+	+	+	ən	庄$_三$知$_三$
	iəm	知$_三$章日	im	+	in	+	im	+	+	+		章日
咸	am	知$_二$庄$_二$	+	+	an	+	am	+	+	+	an	知$_二$庄$_二$
	iɛm	知$_三$章日	+	+	iɛn	+	iɛm	+	iam	+		知$_三$章日

三　《中原音韵》、明代官话韵书古知庄章组声母的特征及其与韵母的拼合关系

要正确了解《中原音韵》、明代官话韵书古知庄章组声母的特征及其与韵母的拼合关系，首先有必要厘清《中原音韵》、明代官话韵书中几组知庄章字韵母的性质问题。

1.《中原音韵》东钟部古知庄章组字韵母的性质

除《篇韵便览》之外，以上明代官话韵书、韵图都反映了古知庄章组声母同时与洪、细音韵母相拼的特点，且拼合规律基本一致，即古知三章组声母与细音韵母相拼，知二庄组声母与洪音韵母相拼。例外的情况是：除止摄开口三等章组字韵母读洪音（与《中原音韵》同）外，古通摄知三章组字韵母在明代官话韵书中亦读洪音。

《中原音韵》庄组三等字一般情况下只与知组二等字同音，韵母读洪音，但东钟部古通摄三等庄组字与知章组字与同音，如"崇$_{崇东}$、虫$_{澄东}$、重$_{澄钟}$"同小韵，因此东钟部知庄章组字韵母的拟音问题学术界有不同意见。主张古知庄章组声母合一的学者，如杨耐思先生，将东钟部古知庄章组字韵母拟为洪音uŋ。不过杨耐思先生对此拟音还把握不定，在东钟部去声知三章组字韵母拟音问题上他有一段补充说明："'众'小韵的字，《韵会》和《蒙古字韵》分为二类，'众中种'归贡/uŋ类，'重仲'归供/iuŋ类（但巴思巴字碑文作uŋ）。可能

当时这类字的颚介音 i 已经听不很清楚了。表上 tʃ、tʃʰ二行的字的地位，也许有问题。"（杨耐思，1981：79）并且他在将东钟部知庄章字韵母拟为洪音的同时，将与之语音演变平行的日母字韵母拟为细音 iuŋ，但并没有对其拟音做出解释。

主张知三章组与知二庄组声母两分的学者则将东钟部知章庄字韵母拟为细音 iuŋ，如陆志韦与宁继福先生。这样一来，不仅不符合《中原音韵》庄组声母绝大多数情况下只与洪音相拼的基本规律，也不利于知二庄组声母与知三章组声母两分的观点。不过，他们均提出了拟音的理由。如宁继福先生根据《中原音韵》"正语作词起例"只有"宗有踪"、"送有讼"、"從有綜"等辨似，而没有"丛有崇"等辨似，认为东钟部庄组字韵母当为齐齿呼，故将古通摄知三庄章组字韵母拟为 iuŋ（宁继福，1985：219—220）。

我们认为，将《中原音韵》东钟部古知三庄章组字韵母拟为细音 iuŋ 值得商榷。首先，《中原音韵》东钟部古知章组字与庄组字读音相同，而其他韵部古庄组三等字与知三章组字读音有别。除支思部外，其他韵部庄组三等小韵与知三章组小韵均是对立的，如真文部平声"臻"小韵与"真"小韵对立，"侵寻部"平声"簪"小韵与"针"小韵对立。它们的对立是韵母洪细的对立，这一点，各家研究《中原音韵》的学者意见大体一致。说明《中原音韵》古庄组三等字韵母读洪音是其基本语音特征，东钟部古庄组三等字韵母无疑也当读洪音。元代《韵会》与《蒙古字韵》古通摄三等崇母字"崇"就明确归入"公/uŋ"类（参见杨耐思，1981：78）。《中原音韵》东钟部知三章组字与庄组三等字同小韵，反映的应当是东钟部古知三章组字韵母读洪音的语音现象，而不是东钟部庄组三等字读细音的特殊现象。邵荣芬先生《〈中原音韵〉音系的几个问题》对此持有相同的观点。（参见邵荣芬，1997：580）

其次，宁忌浮先生将东钟部知庄章组字韵母拟为 iuŋ 的理由也有待商榷。周德清"正语作词起例"中"宗有踪"、"送有讼"、"從有綜"等组字的辨似，重在辨析韵母的不同，这几组字的声母是相同的。之所以不见"丛有崇"的辨似，是因为东钟部古通摄一等从母字"丛"与三等崇母字"崇"的读音差异在声母有别，韵母是一致的，因此也就没有辨似的必要。宁先生将这一点作为东钟部古知三庄章组字韵母拟为细音 iuŋ 的依据，似乎理由不够充分。

最后，从明代官话韵书所反映的情况来看，除《篇韵便览》外，明代官话韵书知三章组声母与细音相拼、知二庄组声母与洪音相拼的规律与《中原音韵》基本一致。古通摄三等庄组字与知三章组字读音合流的特征与《中原音韵》完全相同。明代以韵母为单位编制的韵书、韵图都明确记载，《中原音韵》列东钟部的古通摄三等知庄章组字韵母读洪音。如《经纬图》"公"韵图照组声母位列古通摄三等知、庄、章组字，"弓"韵图照组声母位虽然也列了古通摄三等知、章组字，但韵图附注明确指出，实际语音中这些字与"公"韵图字韵母相同（列"弓"韵图是兼顾《洪武正韵》的分韵特征，见李军，2011）。《文韵考衷》东部重科（合口呼）角音（照组声母）列了古通摄知、庄、章组字，次重科（撮口呼）角音虽然同样列了知、庄、章组字，但多与重科角音所列字重出，性质与《经纬图》一致。《西儒耳目资》则明确记载，者 c、撦 ch、石 x、日 j 声母只与洪音 um（即 uŋ）韵母相拼。说明古通摄知庄章组字读洪音是《中原音韵》以来通语中客观存在的语音现象。

元明时代韵书、韵图的编撰方式有两种，一种是以韵部或韵为单位，另一种是以韵母为单位。以韵母为单位编撰的韵书、韵图能够为我们判断韵母性质提供直接证据，而以韵部或韵为单位编撰的韵书必须以小韵对立的方式判断其韵母性质。《中原音韵》东钟部知、庄、章组声母小韵没有对立，因此学者们对其韵母性质的判断自然有分歧。同样的原因，张玉来虽将《韵略易通》"东洪"部"枝"组字韵母拟为 uŋ，但还是认为"tʂ、tʂʰ、ʂ、z 后的韵母是 uŋ 还是 iuŋ 不能确定"（1999：29）。我们认为《中原音韵》东钟部古知庄章组字韵母读洪音 uŋ，《韵略易通》"东洪"部"枝"组字韵母亦当为 uŋ。

日母字与知三章组字韵母的演变规律应当是平行的，杨耐思先生《中原音韵音系》其他韵部日母字韵母拟音与同韵部的知三章组字韵母一致，但却将东钟部日母字韵母拟为 iuŋ，与同韵部知三章组字韵母不一致，不知何因。明代官话韵书、韵图古通摄日母字韵母都演变为了 uŋ。《文韵考衷》东部虽将日母字列在次重科，但其性质与照组声母位所列字韵母性质一致，并不是实际语音的反映。

此外，叶宝奎先生《试论〈书文音义便考私编〉音系的性质》一文将"谆"韵古臻摄合口三等知章组字韵母拟为合口呼 un（2001：7）。这样，在他所拟的音系中，除古通摄字外，古臻摄合口三等知章组字韵母也读洪音。不过这一拟音也值得商榷。首先，《便考私编》除古通摄字、古止摄开口三等字（不含古知组字）以及止蟹摄合口三等字外，其他韵摄知三章组字韵母都读细音；其次，这一拟音与《便考私编》"谆"韵的说明不符，《便考私编》平声"八谆"韵下注："古通真文，今通真杂文，兹依中古立本韵，并摄口呼。"因此本韵所列古臻摄合口三等知章组字韵母当拟为yən或yn。

2. 古阳韵知三章组（含日母，下同）字韵母的性质

古阳韵知三章组字《经纬图》与《文韵考衷》均读细音，其中《经纬图》列"江"韵图，《文韵考衷》列阳部极轻科（即齐齿呼）。杨耐思先生（1981）、叶宝奎先生（2001）分别将《中原音韵》江阳部、《便考私编》阳韵系古阳韵知三章组字韵母拟为开口呼aŋ，但二人都没有对其原因作出解释。张玉来先生《韵略易通研究》对江阳部古阳韵知三章组字韵母的拟音问题提出了自己的看法，认为："《中原音韵》（杨耐思，1981）拟为aŋ与uaŋ，uaŋ这一类全来自江韵（二等）和阳三庄组字，现代北方方言多数读uaŋ，拟为uaŋ也符合情理。但张、商是aŋ还是iaŋ？这里拟作iaŋ，从整个系统来看三等字多数是细音，拟作iaŋ当更符合语音发展规律。"（1999：30）

我们同意张玉来先生的看法。《中原音韵》除通摄三等及止摄开口三等章组字外，同中古来源的三等庄组、知章组字韵母均一为洪音，一为细音。东钟部古庄组字与知三章组字同音，是因为古通摄知三章组字韵母已演变为洪音。江阳部古阳韵庄组声母小韵与知三章声母小韵的对立应当是韵母洪、细的对立，江阳部古阳韵知三章组字韵母当读细音。

此外，将《中原音韵》江阳部古阳韵知三章组字韵母拟为洪音，不能解释明代《经纬图》、《文韵考衷》等韵书、韵图中，这些字韵母读细音的原因。明代官话韵书古阳韵知三章组字韵母读细音是比较普遍的现象，如《中原雅音》古唐、江、阳韵已经合为一韵，其中"江韵舌齿音通阳韵庄组字，说明两者都已经变为合口洪音"，（邵荣芬，1981：44）而"阳韵通唐限于合口"，说明阳韵除庄组声母字以及合口字外，仍读细音，邵荣芬先生拟为iaŋ。邵荣芬先生除通过对《中原音韵》江阳部古阳韵知三章组字与《中州音韵》、《中原雅音》的比较，认为这些字的韵母

当为iaŋ之外，还提出了另一证据，即"周德清在《正语》条中举出'让有酿'一例，'让'与'酿'声母既然不同，韵母则必然相同，'让'读细音可知"。因此，邵荣芬先生断定，"'章'行字不应归aŋ，而应当归iaŋ"。（邵荣芬，1997：578）

　　至于叶宝奎先生将《便考私编》古阳韵知三章组字韵母拟为aŋ，可能是受这些字的字头阴梓部分所注"照开"、"穿开"、"审开"的影响。（见去声部分，平上声阴梓部分模糊不清）不过《便考私编》中的"开"并不完全等同开口呼。李登之子李世泽《切韵射标》古唐、阳韵开口平声字分列开口"冈"韵与"混呼""姜"韵。所谓"混呼"主要是指韵母性质不同的古阳韵、江韵庄组字（合口呼）与阳韵章组字（齐齿呼）列同一韵照组声母位。因此，《便考私编》古阳韵知章组字韵母当拟为细音iaŋ。

　　3. 古效摄知三章组字韵母的性质

　　古效摄知二庄组字韵母为洪音，知三章组字韵母为细音，各韵书、韵图反映的特征一致。如《经纬图》知二庄组字列"高"韵图，知三章组字列"骄"韵图。《文韵考衷》将古效摄知二庄组字列萧部轻科（开口呼），将知三章组字列萧部极轻科。但《便考私编》知二庄组字列萧韵系，韵母为iau，知三章组字列豪韵，韵母为ɑu，与其他韵书韵图所反映的韵母特征正好相反。《切韵射标》古效摄开口二等与三四等平声字分别列齐齿"交"韵与"骄"韵，上、去声同列齐齿"矫"韵与"教"韵。但"矫"韵与"教"韵照组声母位古效摄庄组二等字与章组三等字并列，帮组声母位古效摄二、三等唇音字并列。现代汉语古效摄二、三等帮组字韵母洪细不同，《切韵射标》照组声母位并列的古效摄庄组字与章组字韵母亦应当为韵母洪细之别。实际上，照组声母位并列古庄、章组字以反映韵母洪细的对立，是《切韵射标》非常独特的编撰方式，如平声"巾"韵、"金"韵、"姜"韵、"居"韵、"鸡"韵、"鸠"韵都反映了这一现象。

　　李世泽将古效摄庄、章组字平声分韵单列，仄声合韵重列，反映了他编撰《射标》时既受其父《便考私编》的影响，又兼顾了实际语音特征：平声分韵列字，依据的是他父亲的做法，仄声合韵重列反映的是实际语音。邵荣芬先生研究发现，《中原雅音》"看韵唇音与舌齿音已变同一等豪韵"（邵荣芬，1981：66），而"宵韵知、庄、章、日四组字（按：宵韵没有庄组字）不通看韵，说明他们都读细音"（邵荣芬，1981：67）。因此，邵荣芬先生（1998）主张将《横图》"矫、教"韵中的知二庄组字韵母拟为au。

除《篇韵便览》以及以上所讨论的三种情况外，《中原音韵》、明代官话韵书古知庄章组声母与韵母的拼合关系是一致的。这充分说明：

（1）古知庄章组声母合流，并兼与洪、细音韵母相拼的特征，是元明通语或官话语音一脉相承的基本特征之一。

（2）《中原音韵》与明代官话韵书古知庄章组声母合流的特征是一致的，古知二庄组、知三章组声母与韵母的拼合规律是一致的。明代官话韵书古知庄章组声母既然都合流为一组声母，那么《中原音韵》古知二庄组与知三章组声母也就没有必要区分为两组声母。

（3）古知庄章组声母合流，并兼与洪、细音韵母相拼，是《中原音韵》以至明代官话韵书一脉相承的语音特征，因此也应当成为我们判断明代官话语音基础的有力证据之一。

四　《中原音韵》、明代官话韵书所反映的古知庄章组声母与韵母拼合关系的演变

《中原音韵》、明代官话韵书古止摄开口三等庄章组日母字韵母多读舌尖元音，止摄开口三等知组字韵母多读细音。例外的情况是，《文韵考衷》古止摄开口三等章组日母字仍列枝部极轻科，与止蟹开口三等知组字同韵母。与之相反，《篇韵便览》不仅止摄开口三等庄章组字韵母读洪音，知组字韵母也读洪音，日母字则读儿化韵［ɚ］。

《篇韵便览》古知庄章组字韵母多已读洪音，只有古遇摄三等知章组字仍列止摄合口中等，而没有与遇摄三等庄组字同列独韵中等知组声母位。说明其韵母性质与元明其他官话韵书一样，仍然为细音；同时说明《篇韵便览》所反映的明末北京话音系中，知三章组字韵母大多已经完成了由细音向洪音的演变，逐渐与现代北京话语音特点一致，只有古遇摄三等字韵母还保留明代官话比较普遍的读细音的特征。

这一特征在《篇韵便览》中显得比较特别，因此该书止摄合口中等照组字韵母的拟音问题，也引起了诸多争议，主要有ʮ/ɰ/u/y四种不同的

看法。拟为ʮ的有赵荫棠先生（1957）和郭力先生（1987，2003），拟为ʉ的有陆志韦先生（1947），他们的主要理由是tʂ、tʂʰ、ʂ、z̩与y韵母相拼不和谐。这一理由并不充分，汉语方言中，卷舌音声母与细音韵母相拼是客观存在的事实，如客家方言的大埔话（广东）。（参见李新魁，1999：179）

　　王为民（2006）提出了这些字的韵母其实就是u，其理由是止摄中等照组字与祝摄照组字是重出关系，不是对立关系。周赛华（2010）认为这些字韵母当拟为y。周赛华针对以上诸家看法提出了不同意见，因为徐孝《便览引证》明确指出："声音由于自然，如平声'梳、书'之音……分别自然也。"可见王为民将止摄中等知组声母拟为u是不符合实际情况的。王为民认为："从韵母着眼，止摄合口中等照组字和祝摄中等照组字基本来自中古的遇开三（鱼、语、御），遇合三（虞、麌、遇），通合三（屋三、烛）和臻合三（术），没有什么根本的区别，……那么这就证明止摄合口中等照组字与祝摄中等照组字在韵母上也不应该有什么区别。"（王为民，2006：57）这一说法有失偏颇，止摄合口中等所列字为遇摄知章组字，祝摄中等所列字为遇摄庄组字，明代官话韵书中古来源相同的知章、庄组字韵母有洪细之别是比较普遍的现象。

　　周赛华（2010）通过与《图经》同时期的北京及其附近地区音韵文献的比较，指出止摄合口中等所列古遇摄知章组字韵母当为y。我们认为将这一拟音放在明代官话语音的大背景下来看，也是非常合理的，反映了明代官话语音古知三章组字韵母由细音演变为洪音的轨迹。京剧中的上口字读音也反映了这一现象，如"《中原音韵》鱼模部里的舌尖后音业、彳、尸、日四母字，北平读业ㄨ、彳ㄨ、尸ㄨ、日ㄨ（tʂu、tʂʰu、ʂu、zu），在戏剧中应该读业ㄩ、彳ㄩ、尸ㄩ、日ㄩ（tʂy、tʂʰy、ʂy、zy），音转为业ㄩ̇、彳ㄩ̇、尸ㄩ̇、日ㄩ̇（tʂʮ、tʂʰʮ、ʂʮ、zʮ）"。（罗常培，2004：446）

　　《西儒耳目资》更直接地反映了明代官话语音古知三章组字韵母由细音向洪音转变的过程。下表我们依据《西儒耳目资》"音韵经纬总局"，列出"者c、撦'ch、石x、日j"母的拼合关系（只列阴平声字，阴平声无字的则列其他声调字）：

表 3　　　　　　《西儒耳目资》"者c、撦'ch、石x、日j"母的拼合关系

韵母／声母	α	e	e甚	e次	o甚	o次	ai	eu	ao	αm	em	en	an	u甚	ui	ue
者c	楂	遮	哲	质	汋	竹	斋	周	招	章	争	甄	拈	诅	追	拙
撦'ch	差	车	撒	赤	绰	蓄	钗	抽	超	昌	樘	祐	櫼	初	吹	啜
石x	沙	奢	舌	实	杓	塾	筛	收	烧	商		扇	山		谁	说
日j		惹	热	日	弱	肉		柔	饶	穰	扔	然			緌	蒸

韵母／声母	oa	oai	um	un	uam	oam	oan	uen	iao	ieu	im	in	ien	u中	i
者c			中	谆	椿	庄		专			贞	真	詹	诸	知
撦'ch			冲	椿	窓	縱		穿			称	嗔	燀	枢	鸥
石x	耍	衰	春	纯	双	霜	橵		梢	收	升	申	鱣	书	诗
日j			戎	臑			暎					刃		儒	

从《西儒耳目资》（以下简称《耳目资》）古知庄章组声母与韵母的拼合关系来看，古知二庄组声母只与洪音韵母相拼（古止摄开口三等庄组字有u次音与i异读现象）。比较特殊的现象是，《耳目资》古效摄二等生母字也有 15 字在ao韵母与iao韵母重出。这一现象同样存在于《便考私编》中，并且范围更广。那么，这一特征是否为明代南京官话方言的反映？值得怀疑。不过有一个现象值得我们注意，这些字《广韵》大都还有三等精组声母的又读音。而《耳目资》庄组声母字普遍存在则、测、色声母与者、撦、石声母重出的现象，据丁锋先生研究，共计 179 字（参见丁锋，2010：216—217）。因此古效摄二等生母字韵母读细音的现象，很可能是现实语音中不同来源的读音的糅合，即韵母来源为效摄三等，而声母为庄组。

知三章组声母（含日母）则兼与洪、细音韵母相拼。其中古止蟹摄、曾梗臻深摄舒声韵开口三等知章组声母只与细音韵母相拼（曾梗臻深摄入声韵开口三等知章组字韵母读洪音）；来源于古合口三等的知章组字韵母，除古遇摄及入声术韵字读u中音外，都读为合口呼（u中音韵母，罗常培先生 1930 拟为洪音ʮ或ɿ。我们认为古遇摄与术韵知三章组日母字的表现与《篇韵便览》有很大的一致性，其韵母当仍为细音韵母y）。古山咸摄开口三等知章组声母、流摄三等知章组擦音声母，则兼与洪、细音韵母

相拼。据丁锋先生统计，《耳目资》古山咸摄开口三等知章组字在en韵母与ien韵母中重出的字达180字，"基本上涵盖了中古山咸二摄知照二组的全部三等开口声母字"。（丁锋，2010：219）流摄三等知章组擦音声母字也有10个在eu与ieu韵母中重出。

　　《耳目资》古知庄章组声母与韵母的拼合特点，反映了明代官话语音古知三章组声母正处于由兼与洪、细音韵母相拼向只与洪音韵母相拼的转变。《耳目资》与《中原音韵》、《经纬图》等明代官话韵书一起，为我们从整体上把握元明以来官话语音古知庄章组声母与韵母拼合关系的演变过程、演变规律提供了重要线索。

　　《中原音韵》古知庄章组声母合流以后，庄组三等声母已经完成了只与洪音韵母相拼的演变。而知三章组声母由与细音韵母相拼，逐渐向与洪音韵母相拼演变，经历了漫长的过程，这一演变从《中原音韵》时期开始，有着一定的规律，并且有着地域性的差异。

　　首先，这种演变从古韵摄来看，最早是从古通摄知三章组字、止摄开口三等章组字及止、蟹摄合口三等知章组字开始，这种演变《中原音韵》时期就已经完成；从韵母的特征来看，由入声韵向舒声韵推进（《耳目资》入声除术韵外，知三章组字韵母多读洪音），由古合口韵向开口韵推进；从韵母主元音性质看，首先是主元音为后、低元音（即侈元音）的韵母演变为洪音韵母，然后是主元音为前、高元音（即弇元音）的韵母演变为洪音韵母。如《耳目资》只读细音的知章组字韵母im、in、ụ，主元音均为高元音；具有洪细两读的知三章组字韵母ieu、ien、eu、en，主元音为次高元音；其他只读洪音的知章组字韵母主元音均为后、低元音。而反映明代末年北京话的《篇韵便览》，绝大部分知三章组字韵母已经读洪音，但前高圆唇元音y韵母仍与知三章组声母相拼，保留了元明时代官话语音普遍存在的古知三章组声母与细音韵母相拼的特征。

　　其次，明代官话方言区古知三章组字韵母由细音向洪音的演变是不平衡的，北京官话至迟明末清初就已大致完成，而此时其他官话区还大致保留元代以来官话语音的基本特征。由此可见，《篇韵便览》所反映的北京音与明代其他地区的官话音有一定的差异，它虽然反映了官话语音演变的趋势，但作为一种演变速度最快的官话音，取得官话基础方言的地位还需要一个过程。明代末年最早向现代音转变的北京音当时是否取得了官话基础方言的地位，值得商榷。

参考文献

耿振生:《〈青郊杂著〉音系简析》,《中国语文》1991 年第 5 期。

耿振生:《明清等韵学通论》,语文出版社 1992 年版。

丁锋:《如斯斋汉语史丛稿》,贵州大学出版社 2010 年版。

李军:《〈论韵法直图〉的语音性质》,《中国语文》2009 年第 1 期。

李军:《〈切字捷要〉的编撰及其与〈韵法直图〉的关系》,《古汉语研究》2010年第 2 期。

李军:《〈切字捷要〉所反映的明代"汉音"》,《古汉语研究》2011 年第 2 期。

李新魁:《李新魁自选集》,大象出版社 1999 年版。

李子君:《十七世纪北京话声母系统》,《古汉语研究》2003 年第 3 期。

鲁国尧:《明代官话及其基础方言问题——读〈利玛窦中国札记〉》,《南京大学学报》(哲学社会科学版) 1985 年第 4 期,载《鲁国尧语言学论文集》,江苏教育出版社 2003 年版。

陆志韦:《陆志韦近代汉语音韵论集》,商务印书馆 1988 年版。

宁继福:《中原音韵表稿》,吉林人民出版社 1982 年版。

邵荣芬:《中原雅音研究》,山东人民出版社 1981 年版。

邵荣芬:《邵荣芬音韵学论集》,首都师范大学出版社 1997 年版。

王为民:《再论〈重订司马温公等韵图经〉止摄合口中等照组字韵母的音值》,《徐州师范大学学报》(哲学社会科学版) 2006 年第 9 期。

杨耐思:《中原音韵音系》,中国社会科学出版社 1981 年版。

叶宝奎:《试论〈书文音义便考私编〉音系的性质》,《古汉语研究》2001 年第 3 期。

张玉来:《韵略易通研究》,天津古籍出版社 1999 年版。

周赛华:《重论〈等韵图经〉止摄合口照组字韵母的拟音》,《古汉语研究》2010年第 1 期。

作者简介

李军,南昌大学客赣方言与语言应用研究中心研究员、人文学院中国语言文学系教授,南京大学汉语言文字学专业博士,学位论文《近代江西赣方言语音考论》(2006)。

"曹山不借借"及禅籍灯录
"借"类禅语释义

东华理工大学　李　旭

摘　要：抚州曹山本寂禅师是曹洞宗的创始人，其"曹山不借借"为禅宗公案中的习语，意为在"不借外境"的情况下打破执着，了悟之后再"借"于外境，达到与境圆融的境界。这种"不VV"的句式和禅语中的"世尊不说说"，"迦叶不闻闻"在结构上是一致的。此外，禅语中的"不借"指不借助于相，直指人心的了悟；"借借"指借相了悟，这些词语深刻反映了禅宗心不附物，以自性为唯一真宰却又与境圆融，随缘显现的特点。

关键词：曹山本寂；不借借；借借；不借

"不借借"是曹山所创公案语，指不以世人的观念执着于外境但却以了悟之性行与境圆融之事。"不借"指打破执着，"借"指顺应外境。

"不VV"结构为"$(N_1 V_1^A)$，(N_2) 不 V_1^A (N_2) V_1^B"，意思为：未悟之人对某客体的认知以 V_1^A 表示，而了悟之人的 V_1 不是这种执着实有的 V_1^A，是采用了另一种于相上圆融一致的 V_1^B。V_1^A 与 V_1^B 所属的语义是相同的，但 V_1^B 的行为宗旨、深层意义等与 V_1^A 有所差别，从"不 V_1^A"到"V_1^B"的过程隐含了行为意义的质变。

"不VV"的形式在禅宗中常有，如"不说说"、"不闻闻"，都是作为固定的传法方式而立名的。《禅宗大词典》释"不说说"为"不说而说"，"不闻闻"为"不闻而闻"[①]，释义是正确的，释义模式在"不借借"一词中也可套用，意为"不借而借"。此为佛教禅宗中的典型语，但

---

① 袁宾、康健：《禅宗大词典》，崇文书局 2010 年版，第 30 页。

袁宾先生等并未详细说明此种逻辑规律原因，本文试从语言学中施事主体与动词之间的语义关系出发，结合禅学义理对禅理"不 VV"的形式进行解释说明，推及禅籍"借"类词语的释义。

"不借借"、"借借"、"不借"作为禅宗习语在禅籍中经常出现。如：

（1）师住后，上堂曰："我在临济爷爷处得半杓，末山娘娘处得半杓，共成一杓。吃了，直至如今饱不饥，"僧问："请师不借借。"师曰："满口道不得。"（《五灯会元》卷十一《灌溪志闲禅师》）

（2）后见临济和尚，和尚搊住良久放之。师曰："领矣。往后谓众曰：'我见临济无言语，直至如今饱不饥。'"问："请师不借。"师曰："我满口道不借。"（《景德传灯录》卷十二《灌溪志闲禅师》）

（3）问："如何是借功明位?"师曰："波涛归大海。"曰："如何是借位明功?"师曰："青山戴白云。"曰："如何是借借不借借?"师曰："木童解笑非唇吻。"曰："如何是全超不借借?"师曰："月落寒潭影不留"。（《五灯全书》卷一百十四《天台护国眠石净蕴禅师》）

（4）问："云岩宝镜三昧，宗旨俨然。洞山因甚复立五位正偏?"师曰："没弦琴操中秋月，无孔笙吹上巳风。"曰："只如曹山不借借又作么生?"师曰："处处晴光凝草木，山山佳气入楼台。"（《五灯全书》卷一百十五《越州城山资教浃水净洽禅师》）

在禅宗里，某一参禅的方式符号化之后，往往以"公案的首创者＋公案中心语"的形式进行命名，如"世尊不说说"、"迦叶不闻闻"等。从例（4）可以看出，"不借借"在禅宗公案中，被称为"曹山不借借"，在禅师的称谓中，常常以其所驻之地代其名号，如黄檗指黄檗山希运禅师，百丈指百丈山怀海禅师，此曹山指曹山本寂禅师。而在曹山本寂禅师的语录中，恰恰有关于"不借借"由来的记载，具体如下：

（5）纸衣道者来参，师问："莫是纸衣道者否?"者曰："不敢。"师曰："如何是纸衣下事?"者曰："一裘才挂体，万法悉皆如。"师曰："如何是纸衣下用?"者近前应诺，便立脱。师曰："汝只解恁么去，何不解恁么来?"者忽开眼，问曰："一灵真性，不假胞胎时如何？"师曰："未是妙。"者曰："如何是妙？"师曰："不借借。"者珍重便化。师示颂曰："觉性圆明无相身，莫将知见妄疏亲。念异便于玄体昧，心差不与道为邻。情分万法沉前境，识鉴多端丧本真。如是句中全晓会，了然无事昔时人。"（《五灯会元》卷十三《抚州曹山本寂禅师》）

此段中，曹山所说的"不借借"虽知道是"不借"，但实际的行为是借，但明白此为"不借"，明"不借"之理，行"借"之用，不着于"借"，此为不借而借，此借即是不借。

纸衣道者不敢应答自己的名号，是怕落入名相与我执的窠窟中，曹山见其在日常生活中受法执不得自在，便施设方便进行引导，"纸衣下事"是指所参的禅理，道者认为法尽是外相而已；"纸衣下用"是指日常生活中的实践，道者应声且脱去代表禅法的外衣是说要随缘应事，与境圆融，这都是合乎禅宗大意的，因此曹山说："你就知道在对答中这么说，刚才日常问话，你怎么不晓得在实践中运用呢？"意思为"好好的问你是不是纸衣道者，你回答是与不是就可以了，说'不敢'不就是著法相了么？时时把法相提在心头干什么呢？放下不就解脱自在了么？"于是道者似乎有所了悟，问说："自性不借身形时是什么状态？"（"假"通"借"）而曹山认为其问话有问题，因为"不借"身形，仍是在"借身形"这一预设下成立的，属于知见立知，如此一来，"无明"就又会出现了。强调不借身形（胞胎），就会不自觉地执着于身形，"不借身形"其实还是有身形存在，不然，何来"不借"呢？对"借身形"的彻底否定，就是对"不借身形"的过分执着。着于一边，是不能了悟的。而"不借借"的出现前提是未了悟的人对胞胎、身相有所执着。为了使情况便于说明，我们把未了悟的施事主体称为 N_1，N_1 认为胞胎是真实不虚的，以此为执，这种执着、对身形的强烈依赖之"借"我们称之为 V_1^A。人在未了悟之前，便是这个 $N_1V_1^A$ 的状态。

纸衣道者所说的"不假胞胎"即为了悟者"不依赖身形"，清净自性脱离肉身存在。了悟的人（N_2）认为"胞胎"即我们常说的"身形"只不过是外相所在，是一种客观的表象而已，是无常幻灭的，因此，了悟的人和未了悟的人对"身形"的认知不同，恰好证实了施事主体自身条件特征的差异会导致认知范畴中的差异，于是，我们用 N_2 表示了悟者，"不假胞胎"即（N_2）不 V_1^A。

然而，"（N_2）不 V_1^A"虽然打破了未悟之前"$N_1V_1^A$"这种对眼耳鼻舌身意、色生香味触法皆有所执着的状态，但是绝对的"不 V_1^A"也是执着，可能会导致有损生命的行为，害人害己，违背常规，何况与外界有所区别，就已经违背了禅宗的"不二之法"。如果仅仅停留在这个状态中，就会成为只见一边的"担板汉"，依然不能了悟。真正的了悟应该是知道身形等不实有，但不会去绝对地否定它，以一种"不执着、不抛离"的放达、自然的心去面对，这种承认身形存在，并使它与自身的心性协调一致，以身表心性的形式即是"借"的另一种表现，即 V_1^B。在"借"这个词义范畴中，V_1^A 强调的是执着的特点，V_1^B 强调的是外相与心性的一致性、协调统一。不以身相为实，但肯定其客观存在，遵从其生理规律和特点，避免伤害，以自然的心态去对待。因此了悟之人既要明白"不借胞胎"的道理，又要和常人一样，淡然处之，不作出弃与不弃的行为，出入不离两边，这种在"不借"宗旨下的"借"（V_1^B）不同于世人执着的"借（V_1^A）"，看起来都是 V_1 的动作行为，但实质行为宗旨、目的和施事主体的心态都有着极大的不同。此种句子的表达模式为"（$N_1V_1^A$），（N_2）不 V_1^A（N_2）V_1^B"。

这种公式型的解释同样用于"不说说"、"不闻闻"中，如：

> （6）问："如何是世尊不说说？"师曰："须弥山倒。"曰："如何是迦叶不闻闻？"师曰："大海枯竭。"（《五灯会元》卷第九《潭州鹿苑和尚》）

"不说说"与"不闻闻"这组禅宗语出自"世尊拈花，迦叶微笑"这一公案中。表面上看来，世尊的确没有任何语言，但实际上，世尊是通过"拈花"这一动作隐喻了佛理的，如周裕锴先生所说："佛教典籍中常以花喻佛性，拈花示众，就是以暗示象征代替言说阐释。用花作为传教的媒介，实质上就是用形象直觉的方式来表达和传递那些被认为本来不可以表达和传递的东西。"[1] 虽然世尊在没有言语，即没有 V_1^A，但是其通过行为隐喻同样达到了"言说佛法"的效果，即 V_1^B。"V_1^A"重在强调用有

---

[1] 周裕锴：《百僧一案》，上海古籍出版社2007年版，第2页。

声语言表达，"V_1^B" 则是通过行为隐喻言说，两者都达到表达的效果，但在表达的方式上，则有所差别。"不闻闻" 也是如此，"不闻" 为 "不 V_1^A"，"V_1^A" 指常人认为的通过听觉感受到的信息，"不闻闻" 的第二个 "闻" 字即 "V_1^B" 是指通过视觉渠道及主观思维对外界行为媒介的隐喻解读得到的信息，两者都是 "得到信息"，但是信息的来源有所区别。这种解释在佛教文献中可以得到论证，如：

（7）今明，诸佛菩萨无所得空有，因缘无碍故。空是有空，有是空有。空是有空，虽空而有。有是空有，虽有是空。说是不说说，不说是说不说。说是不说说故，虽说而不说。不说是说不说故，虽不说而常说。故得世谛不说而真说也。（《大乘玄论》卷第一《明中道第六》）

此例明确而详细地阐述了 "说和不说说" 的辩证关系，隐含语义结构对比如下：

说是不说说

V_1^B 是不 V_1^A V_1^B 即

V_1^B = 不 V_1^A = V_1^B 即

V_1^B = 不 V_1^A

由此可得 "V_1^A = 不 V_1^B" 即例中所说的 "说是不说说，虽说而不说" 如：

虽说而不说

"虽 V_1^A 而不 V_1^B" 即

V_1^A = 不 V_1^B（靠言说了悟是与真谛相悖的）

不说是说不说

不 V_1^A 是 V_1^B 不（是）V_1^A 即

不 V_1^A = V_1^B = 不 V_1^A

不 V_1^A = V_1^B 即文中所说的 "虽不说而常说"。

虽不说而常说

虽不 V_1^A 而常 V_1^B

不 V_1^A = 常 V_1^B

"故得世谛不说而真说也" 意为 "所以世尊所讲的真谛不能从言语文

字的层面表达理解，这才是真正直指心性的表达"。

在以"顿悟"为宗旨的禅宗观念里，言说并不是了悟的唯一选择，而只是一个方便的法门而已，能电光石火间明心见性的施设方式才是打开心悟之门的最佳选择。于是在"表达"这个语义中，"说"就不能局限于言语，还隐含了其他的方式，而且后者是被广为提倡的。因此，在佛教文献中，存在着佛教宗旨下相对立名而产生的词义差别，这是需要读者注意的。

【借借】

相对于"不借借"来说，还有"借借"一词，应是指借相了悟，如：

（8）问："如何是佛？"师曰："留髭表丈夫。"问："奔流度刃，疾焰过风，未审姜山门下还许借借也无？"师曰："天寒日短夜更长。"（《五灯会元》卷第十二《越州姜山方禅师》）

"留髭表丈夫"一句是说"佛"只是一个名称，通过这个名称来表达顿悟自性真谛的存在。"借借"和"留髭表丈夫"虽不是同一话题，但处于同一个段落之中，是说顿悟是刹那间的事情，可不可以通过借助相的作用来了悟呢？后一个"借"为动名词，代表"相"为虚幻的特征。此处隐含语义为"$V_1^B N (V_1^B)$"。姜山禅师的回答是不容乐观的，"明时短，暗时长"，表明这种借相了悟的方法还是有所缺陷的。

【不借】即指不借相就达到了悟的境界，为"不借借"的省略形式。

本文例（2）"不借"的用法在禅宗灯录中少见，盖为"不借借"的省略形式。问话中请教师父不借外相顿悟的办法，师父说自己说的"饱不饥"就是不借外相、自性具足的道理。

由以上论证可知，"（$N_1 V_1^A$），（N_2）不 V_1^A（N_2）V_1^B"的语言模式在禅语阐释中有一定的规律性，禅宗语言口语性很强，是活泼的，同时也扑朔难懂。对其解码的过程需要综合多方面的知识，正如雷汉卿先生提到过"禅籍有文语、俗语和禅语，追寻由文语、俗语到禅语的演变轨迹需要训诂学、词汇学和禅学联手才能获得满意的答案"。[1] 而现在看来，不仅是训诂学、词汇学和禅学联手的问题，禅学研究亟待加强与语言理论方

---

① 雷汉卿：《禅语脞说》，《汉语史研究集刊》第十四辑，第326页。

面的联系。

参考文献

（宋）普济集，苏渊雷点校：《五灯会元》，中华书局 1984 年版。

（宋）道元编：《景德传灯录》，大正新修大藏经第 51 册。

（清）超永编：《五灯全书》，卍新纂续藏经第 81 册。

（隋）胡吉藏撰：《大乘玄论》，大正新修大藏经第 45 册。

项目基金

东华理工大学博士科研启动基金项目"曹洞宗禅籍话语分析"（DHBW201301）。

【抚州市社会科学规划项目："抚州曹山本寂禅师法嗣文献辑录研究"（14SK11）、江西省社会科学规划项目"江西青原行思系禅宗资料整理与语言文献研究"（14YY22）阶段性研究成果】

作者简介

李旭，东华理工大学文法学院讲师，四川大学汉语言文字学专业博士，学位论文《"五灯"系列禅籍语言文献研究》（2013）。

元代直解文献所见单音新词新义略论

宜春学院　　李福唐

摘　要： 元代直解文献中新生单音词或词义共21个，即"俺、歹、待、该、赶、和、哄、溰、较、靠、没、每、那、撖、索、赢、咱、怎、这、拽、做"。我们可以把直解中的新的单音词分为3种：新字形表达旧事物旧概念；旧字形表达新事物新概念；旧字形A表达旧事物旧概念B义。

关键词： 元代直解文献；单音新词；新义

一个词如果代表的概念是新的，同时它的形式也是新的，那么这个词一定是新词，如果一个词代表的概念是新的，而它的形式跟语言中曾经有过的一个词的形式相同，那就要看这个形式所代表的两个概念是否有联系，如果意义上毫无联系，那么这个词一定是新词①。

如果一个词以新的形式表达一个已经有其他形式表达的旧概念，它也是一个新词。新词中的大部分都属于这种类型，即概念改变了名称。如"跑"表示古汉语里"走"一词表达的意义。以旧形式表达一个这个旧形式不曾表达过的概念，这个概念此前是以其他形式来表达的旧概念，这二者之间的关系可以看成是同形词的关系。如表示"何，什么"意义的"甚"和它的本义"厉害；严重"没有任何联系，所以它也是一个新词。据笔者调查，元代直解文献中新生单音词或词义共21个，即"俺、歹、待、该、赶、和、哄、溰、较、靠、没、每、那、撖、索、赢、咱、怎、这、拽、做"。我们可以把直解中的新的单音词分为以下3种：

---

① 参看周祖谟先生（2006）。

一　新字形表达旧事物旧概念

【歹】不好的（地）。借词，蒙古语 tai 的译音。元代直解文献用例：

> 大概天地的心只要生物，古来圣人为歹人曾用刑罚来，不是心里欢喜做来。（《经筵讲议·通鉴》）

同期用例又如：高文秀《黑旋风双献功》楔子："搽旦云：'吓，脸脑儿恰似个贼！'孙孔目云：'你好歹口也！他听着哩。'"（歹口：说话不中听）纪君祥《赵氏孤儿》第一折："岂可二十载同僚没些儿义分，便兴心使歹心？"（歹心：坏心）《新编五代史平话·梁史平话》卷上："而今盘缠缺乏，无因得回乡故，撞着朱家三个弟弟，邀小人今夜做些歹生活。"（歹生活：坏事情）李思纯先生（1957）指出歹"不见于五代北宋，突兴于南宋末期，而盛行于元明以及今日"。[①]"歹"在官话中分布较广，北部官话的银川、乌鲁木齐、哈尔滨、北京、济南、牟平、万荣、西安、徐州等方言都说，西南官话和江淮官话各方言则没有此说。而非官话方言，除南昌方言说"歹人"指坏人、歹徒之外，其他方言点皆无"歹"的说法。因为区内覆盖不周遍，区外有交叉，"歹"可认为是官话方言的特征词。

【哄】欺骗；用言语或行动使人高兴。元代直解文献用例：

> 这等心不诚实，又哄人不过，有甚益处！（《大学直解》第六章）

较早用例见于宋代，如东风着面，却自依然，相认哄痴儿。炊薪弄景，盘蔬杯酒，强教人欢，领也。微酣，带些春兴。（宋陈著《卖花声·立春酒边》词）又如，哄他半响，犹自疑春梦。（《西厢记诸宫调》卷五）"哄"在官话区分布广泛，除忻州方言外其他官话方言都说。但非官话也有一些

---

① 关于"歹"的来源及产生年代，学界观点不一。可参看李思纯先生（1957，第24—35页），徐复先生（1990，第12—13页、第26—29页），徐时仪先生（1993），蒋冀骋先生（2003）等。其中，多数学者认为"歹"产生于宋末或元代。

方言（温州、长沙、南昌、娄底、萍乡、南宁等）有此说法。交叉较多，所以可作为官话方言的特征词①。

【瀽】倾倒（液体）；泼出。元代直解文献用例：

> 这般呵，便似一碗满的水，手里在意拿着呵，也不瀽了。（《孝经直解》第三）

早期用例见于宋吴自牧《梦粱录·诸色杂买》："杭城户口繁伙，街巷小民之家，多无坑厕，只用马桶，每日自有出粪人瀽去，谓之倾脚头。"元杨显之《临江驿潇湘秋夜雨》第三折："忽听的摧林怪风鼓，更那堪瓮瀽盆倾骤雨。"元关汉卿《感天动地窦娥冤》第三折："有瀽不了的浆水饭，瀽半碗儿与我吃。"清洪升《长生殿·哭像》："乱军中抔土便埋藏，并不曾瀽半碗凉浆。"现在西南官话、徽语中还保留此词。（《汉语方言大词典》，第 7488 页）

【咱】咱们。总称说话人（我、我们）和听话人（你、你们）双方，也可借指你或我。元代直解文献用例：

> 本合孝顺父母，咱自别了呵，百姓着甚么体例行有？（《孝经直解》第九）

早期用例见于宋柳永《玉楼春·苏子瞻》词："你若无意向咱行，为甚梦中频相见。"吕叔湘先生曾考察过"咱"的源流，结论是："宋人……自家合音为咱。宋人用咱之例甚少，……在元人的话中合为咱每，又合为咱。"②

今天"咱"只用于官话方言，银川、乌鲁木齐、北京、济南、忻州、太原、万荣、西安、洛阳、徐州、哈尔滨等方言都说，非官话的 14 个方言点都不说，可见它是官话的重要方言特征词。另外，咱还是"早晚"的合音，构成"多咱"等词语，指时间。这种用法保留在武汉方言，如

---

① 参看李如龙、吴云霞先生《官话方言后起的特征词》，载《语文研究》2001 年第 4 期。本文关于官话方言特征词的判定多依据此文。

② 《释您、俺、咱、喒，附论们字》，载《汉语语法论文集》，商务印书馆 1984 年版。

"几咱、么咱"，相当于"几时"，表示什么时候。

【拽】牵引；拖；拉。元代直解文献用例：

> 如隋炀帝科天下数万人夫开河修路，栽花插柳，打造龙船，准备开了河道，差天下夫都拽船去游玩扬州。（《直说大学要略》）

早期用例见于宋欧阳修《御带花》词："拽香摇翠，称执手行歌，锦街天陌。"

【怎】疑问代词。怎么，如何。元代直解文献用例：

> 这般说谎呵，谩不过人，怎似那人诚实的心，正正当当的。（《直说大学要略》）

宋代以来常常单用"怎"来表示疑问，例如，"梧桐更兼细雨，到黄昏、点点滴滴，这次第，怎一个愁字了得！"（宋李清照《声声慢》词）

二　旧字形表达新事物新概念

例如：

【每】复数词尾。元代直解文献用例：

> 汉高祖初到关中，唤集老的每、诸头目每来。（《经筵讲议·通鉴》）

本义为各，逐个，近代用作表示复数的词尾。①

三　旧字形 A 表达旧事物旧概念 B 义

例如：

【俺】我，我的。元代直解文献用例：

---

① 参看吕叔湘先生（1985），冯春田先生（2000）。

　　似这般便能齐家，能齐家则俺家大的小的都学俺一般样好。（《直说大学要略》）

　　《说文》："俺，大也，从人奄声。"于业切。宋代以后用来表示"我"。如南宋辛弃疾《夜游宫·苦俗客》词："且不罪，俺略起，去洗耳。"金元时期出现"我们"义，如金董解元《西厢记诸宫调》卷二："你把笔尚犹力弱，伊言欲退干戈，有的计对俺先道破。""俺"在官话区分布不太广泛，只见于济南、牟平、西安、洛阳、徐州、忻州、太原等地方言。其中，忻州话、太原话的"俺"只表示领属关系，用于说话人自己的亲属、住家、居住地前，如"俺妈、俺院里"。只做定语，不做主语或宾语，也可有复数形式"俺们"（太原话只限于女性使用）①。吕叔湘先生论证"俺"是"我每"的合音，可靠。官话的其他方言和非官话的方言点都无此说法。"俺"有一定的特征意义，可以列为官话方言特征词。《正字通·人部》："俺，北方读阿罕切，安上声，凡称'我'通曰'俺'。""俺"多见于官话区的北方方言系作品。现代汉语里，"俺"在官话区的部分北方方言里保存下来，南方方言一般不用。《直说大学要略》中"俺"出现 4 次。

　　"俺"虽然是"我们"的合音，但似不分别单、复数。这种情况的出现可能是宋以后人们大概忘了"俺"原由"我们"切合而成，逐渐把它当做第一人称单数代词来使用。"俺"在宋元时期常带有复数词尾"每"、"们"，但这些词尾形式在直解中没有见到。

　　【和】①连（介词）。元代直解文献用例：

　　有一等人常常的做歹勾当，却来人面前说道："俺做的勾当好。"便如掩着那耳朵了去偷那铃的也似，他自道别人不见他，不知道别人先自见了他，和他的肺上、肝上的事都见了。（《直说大学要略》）

　　②与（连词）。元代直解文献用例：

　　小人于人不见处甚的歹勾当不做出来？及至见人，口里则说道：

---

①　参看李如龙、吴云霞先生《官话方言后起的特征词》，载《语文研究》2001 年第 4 期。

"俺做好公事。"却不知道好人先自知他做得歹了，那肚皮里肝和肺上事都被高人见了。(《直说大学要略》)

"和"最初为动词"唱和"的意思。到了唐五代才逐渐语法化为介词和连词。到了现代汉语中其表示"连"的介词用法又消失了。①

【较】略、稍。元代直解文献用例：

其间行得高了，人及不得的，做得大事，可以做圣人；行得较低处，可以做贤人。(《直说大学要略》)

《说文》未收此字，有"較"，释作"车骑上曲铜也"。《集韵》在觉韵和效韵下把"较"、"較"看作异体字，效韵下注："较較，直也，一曰不等。或从爻。"《汉语大词典》、《汉语大字典》(以下简称"二典")都认为"较"本义是车厢两旁板上的横木。蒋礼鸿先生（1959）认为较"作比较义的，是'斠'字的假借"。"较"用作程度副词，或作"校"、"交"，最早见于唐代。② 如：唐杜甫《人日》诗之一："冰雪莺难至，春寒花较迟。"宋王沂孙《扫花游》词："杜郎老去。算寻芳较晚，倦怀难赋。""较低"这类"较 + 形容词"结构，表示比较，为唐宋习语。遍寻唐以前典籍找不到表达此义的此类句式。③ 程度副词"较"应来源于其动词义"比较"。由于动词"较"后的比较对象以及引进比较对象的介词"于"经常不出现，"较"直接用在谓词性成分之前，因而演变成了一个副词。

【赶】追赶。元代直解文献用例：

---

① 参看王力先生（1980），第 399 页；潘允中先生（1982），第 140 页；刘坚等先生（1992），第 203 页。

② 参看郭在贻先生《唐诗中的反训词》，载《浙江师院金华分校学报》1982 年第 1 期；蒋绍愚先生《唐诗语言研究》，中州古籍出版社 1990 年版，第 349 页；蒋绍愚先生《白居易诗词语诠释》，载《国学研究》1995 年第二卷。

③ 唐前较多用为"较量"或"明显、显著"义。如晋常璩《华阳国志》卷十上："故《替旧》之篇，较美《史》《汉》。""较美"义为"媲美、比美"。刘琳校注："较，比。"北齐颜之推《颜氏家训·音辞篇》："此盖其较明之初也。"此"较明"为同义连文，"较"与"明"义相同。

　　义是决断事物，不教过去，不教赶不上，都是合宜的道理。（《直说大学要略》）

　　《说文》无赶字，明宋濂《篇海类编》："赶，趁也。"明张自烈《正字通》卷十："赶，古览切，音秆。追逐也。今作赶。"《老朴集览·单字解》"赶"字条注云："亦作赶，趁也，及也——赶上；又逐也——赶出去；又驱也——赶牛。"①

　　唐代可见表追赶义的用例：阿谁乱引闲人到，留住青蚨热赶归。（唐王苏苏《和李标》诗)②

　　【靠】依靠。元代直解文献用例：

　　"倚"是靠着的模样。（《中庸直解》第三十二章）

　　本义为"相违"，后来借以表"依倚"义。二典"靠"字"倚靠"义项下首引宋代用例，其实唐代已见：攻敌策，谋乃胜之源。勿只迎军交血刃，休凭勇力靠兵官，勇是祸之端。（易静《兵要望江南·占委任第一》）

　　【甚】疑问代词，什么。元代直解文献用例：

　　孔子说："你说甚言语?"（《孝经直解》第十五）

　　宋代以来常常单用"甚"来表示疑问，例如，算劳心劳力，得甚便宜?（赵长卿《满庭芳》词）作"什么"讲的"甚"应该是"什么"的合音词。此词在现代汉语方言中仍保留着。

　　【这】这个。元代直解文献用例：

　　为头儿说做皇帝法度，这是爱惜百姓最紧要勾当。（《经筵讲议·帝范君德》）

----

　　① 《单字解》原文中还有一些谚文写的对汉语字词的注音、释义，因为对词义的理解影响不大，本文引用时一概删去。下文同此。

　　② 清人钱大昕《十驾斋养新录》卷四《说文本字俗借为它用》："《说文》本有之字世俗借为它用者，如：……靠，相违也，今借为依倚之义。……赶，举尾走也，今借为追逐义。"

本义为"迎接"，后来被借用作近指代词。① 据研究，指示代词"这"产生在唐代，最早还有"赭"、"遮"、"者"几种书写形式。例如，冬夏递互用，长年只这是。（《寒山诗》）不省这个意，修行徒苦辛。（《拾得诗》）唐至北宋一直是连体性成分，不能单独作主语。到南宋才变成具有独立性语法功能的成分。在口语里，"这"单用或后面直接跟名词时，读 zhè；"这"后面跟量词或数量值时常读 zhèi，是"这一"的合音。如"这个，这会儿，这样，这些"等。它在官话方言分布广泛，除西宁方言未收"这"外，其他方言点都有此说法。而非官话方言，只有南昌方言说"这"，于都、梅县方言"这"是训读字（《汉语方言大词典》），其他方言点皆无此说法。可见"这"也是官话的特征词之一。

【赢】胜过。元代直解文献用例：

　　又如楚平王在临潼斗宝，用那贤人赢了诸国。（《直说大学要略》）

本义是"盈余"。唐代以后产生"胜过"义。

【索】须、要。元代直解文献用例：

　　这般的但有差错处，孩儿每便索劝谏父母，臣寮每便索劝谏官里。（《孝经直解》第十五）

此义唐代已见，如巡檐索共梅花笑，冷蕊疏枝半不禁。（唐杜甫《舍弟观赴蓝田取妻子到江陵喜寄》诗之二）

【撇】丢弃。元代直解文献用例：

　　天下事不拣甚么公事，都从那正心上做将出来，撇不得那正心两个字。（《直说大学要略》）

---

① 关于它的来源，各家说法不一。吕叔湘先生（1955，1985）认为来源于古代汉语的"者"；高名凯先生（1948）、王力先生（1958）等认为来源于古代汉语的"之"；周法高先生（1963）认为来源于"适"；梅祖麟先生（1986）提出一个假设："这"的前身是"只者"。

本义当为击打，《说文》："擊，别也。一曰击也。从手敝声。"宋以后产生"丢弃"义。

【那】①远指代词。元代直解文献用例：

> 将那孝顺父亲的心来孝顺母亲，心里一般爱有。（《孝经直解》第五）

指示代词"那"出现在唐代，如：必是那狗。（《朝野金载》）①
②疑问代词。直解中的用例如：

> 孩儿每长大呵，那一个无孝顺父母的心？（《孝经直解》第九）

"那"字较早用作疑问代词（字今作"哪"），产生时代大约是在汉魏之际。

【没】否定词。无。元代直解文献用例：

> 心若正，便有些行不尽的政事，决没一些个歪斜偏向处。（《直说大学要略》）

蒋冀骋、吴福祥先生（1997）认为否定词"没"是从动词"沉没"的"没"虚化而来。"没"的本义是沉入水中，由此引申到消失，再引申到"无"义。而潘悟云先生（2002）推测是上古的"无"在虚化过程中语音发生促化变成了"没"。② 我们倾向于赞同潘悟云先生的观点。

【待】打算。元代直解文献用例：

> 桀王、纣王不行仁德，政事暴虐，待教天下行仁，百姓每怎生行得仁？（《直说大学要略》）

---

① 关于它的来源，王力先生（1958）说："如果不是上古的指示代词'若'字，就是'尔'字。我们比较相信是来自'尔'字。"吕叔湘先生（1985）说：那"跟第二人称代词'尔'和'若'有关系。……如果从语音上考察，似乎不如假定那从'若'出较为合适"。
② 见《汉语否定词考源——兼论虚词考本字的基本方法》，载《中国语文》2002 年第 4 期。

本义是"等候"。大约自宋代始，"待"产生拟欲义。①

最后需要指出，还有一类单音词以新字形表达新事物新概念，这类词在元代直解文献中没有见到。

参考文献

冯春田：《近代汉语语法研究》，山东教育出版社 2000 年版。

高名凯：《汉语语法论》，商务印书馆 1986 年版。

江蓝生：《近代汉语探源》，商务印书馆 2000 年版。

蒋冀骋：《"歹"见于敦煌文献吗?》，《古汉语研究》2003 年第 4 期。

李如龙、吴云霞：《官话方言后起的特征词》，《语文研究》2001 年第 4 期。

李思纯：《说歹》，载《江村十论》，上海人民出版社 1957 年版。

吕叔湘著、江蓝生补：《近代汉语指代词》，学林出版社 1985 年版。

梅祖麟：《关于近代汉语指代词》，《中国语文》1986 年第 6 期。

潘悟云：《汉语否定词考源——兼论虚词考本字的基本方法》，《中国语文》2002 年第 4 期。

徐复：《"歹"字形声义及其制作年代》，载《徐复语言文字学丛稿》，江苏古籍出版社 1990 年版。

徐时仪：《"歹"字演变探微》，《上海师范大学学报》1993 年第 4 期。

许宝华、宫田一郎：《汉语方言大词典》，中华书局 1999 年版。

周祖谟：《汉语词汇讲话》，人民教育出版社 1959 年版。

项目基金

宜春学院 2011 年校级课题"元代直解作品词汇专题研究"（ycky201122）。

作者简介

李福唐，宜春学院文学与新闻传播学院讲师，南京大学汉语言文字学专业博士，学位论文《元代直解作品词汇研究》（2010）。

---

① 参看江蓝生先生（2000）。

《三国演义》"蔡壎"之"壎"考

江西农业大学　孙尊章　徐　凌

摘　要：《三国演义》第 45 回《三江口曹操折兵，群英会蒋干中计》中出现了一个名叫"蔡壎"的人。"壎"字各大辞书均未收录。《三国志》中没有"蔡壎"此人，他应该是罗贯中虚构的一个人物。罗贯中造"壎"与汉民族造字心理有关。

关键词：壎；勋；三国演义；三国志

《三国演义》第 45 回《三江口曹操折兵，群英会蒋干中计》在三江口水战中提到了一个叫蔡壎的人。原文如下：

> 蔡瑁令弟蔡壎前进。两船将近，甘宁拈弓搭箭，望蔡壎射来，应弦而倒。

其中"壎"字，遍查各大工具书，均未收录，其他文献资料中也尚未发现有这个字的用例。本文拟对"壎"字提出自己的一些理解。

一　《三国演义》各版本"壎"（及"勲、勋"）出现情况

（1）《三国志传·周瑜三江战曹操》：

> 一员大将坐在船头上大呼曰："吾乃甘宁是也，敢有决敌者疾向前来。"蔡瑁大怒，便唤蔡勲迎敌。甘宁手取箭满，满扣弓，望蔡勲射之，应弦而倒。

（2）《精镌合刻三国水浒全传》第六十八回《玄德跃马跳檀溪》：

瑁曰："东门岘山大路，已使宗弟蔡和引五千军把住，南门外已使蔡中引三千军把住，北门外使弟蔡勋引三千军把住。止有西门，不必守护，前有檀溪阻隔，虽有万众，不能过也。"

（3）《精镌合刻三国水浒全传》第八十八回《周瑜三江战曹操》：

南船已摆开，旗旛中一员大将坐在船头上大呼曰："吾乃甘宁是也，敢有决战即上船来。"蔡瑁大怒，即唤弟蔡瓘前进，鼓噪呐喊，大呼曰："吾乃大将蔡瓘也。"甘宁执箭扣满弓弦，望蔡瓘射之，应弦而倒。

（4）古本小说集成本《三国志通俗演义》卷七《玄德跃马跳檀溪》：

瑁曰："东门岘山大路，已使宗弟蔡和引五千军把住；南门外，已使蔡中引三千军把住；北门江外，已使弟蔡瓘引三千军把住。止有西门，不必守护，前有檀溪阻隔，虽有数万之兵，不易过也。"

（5）古本小说集成本《三国志通俗演义》卷九《周瑜三江战曹操》：

蔡瑁大怒，便把唤弟蔡瓘前进，鼓噪呐喊，大呼曰："吾乃大将蔡瓘也。"甘宁执箭扣满弓，望蔡瓘射之，应弦而倒。

按："勋"，为"勋"的异体。

查其他各种版本的《三国演义》，这方面的内容均大同小异，兹不详举其内容。值得一提的是，在《增像全图三国演义》第四十五回《三江口曹操折兵　群英会蒋干中计》中，这部分内容是这样表述的：

蔡瑁令弟蔡埙前进，两船将近，甘宁拈弓搭箭，望蔡瓘射来，应弦而倒。

这里前后用了"塥"、"瑁"二字。但由于其他各书中不写作"塥"，所以此"塥"字当为手民之误无疑。

更有意思的是，同是上海古籍出版社另一版本的《三国志通俗演义》，与例（4）相同部分的内容，却是这样表述的：

> 瑁曰："东门岘山大路，已使宗弟蔡和引五千军把住；南门外，已使蔡中引三千军把住；北门江外，已使弟蔡勋引三千军把住。止有西门，不必守护，前有檀溪阻隔，虽有数万之兵，不易过也。"

其他部分的内容完全相同，只是例（4）中的"瑁"，在此处用了"勋"。

二 《三国志》没有"蔡瑁"，他是罗贯中虚构的人物

王祖彝（1957：170）收录了《三国志》内及裴松之注中所载人物共4065人。其中蔡氏13人，重1人。这13人包括：蔡方、蔡元才、蔡林、蔡风、蔡邕、蔡贡、蔡款、蔡条、蔡扬、蔡阳、蔡瑁、蔡机、蔡遗、蔡颖。其中"蔡扬"和"蔡阳"为同一人。

《三国志辞典》（张舜徽，1992：559）没有"蔡瑁"条，但有"蔡瑁"条：

> 蔡瑁，东汉末襄阳（今湖北襄樊）人。初为荆州刺史刘表谋士。建安十三年（208），刘表卒，与谋士蒯越、傅巽等说刘表次子刘琮举州投降曹操。

可见，历史上确实有蔡瑁其人，而鉴于《三国演义》的小说性质，蔡瑁可能是小说虚构的人物。

《三国演义》是罗贯中在长期民间传说、说话艺术和元杂剧中三国戏的基础上，熔铸进自己的生活体验，再创造而成的一部宏伟的鸿篇巨制。

据有关资料记载，三国故事在唐宋时代就已经在民间广为流传了。到了元代，民间讲唱文学进一步发展普及，金院本、南戏中已有不少三国戏的剧目，元杂剧中的三国戏更多，流传到今天的还有二十一个之多；尤其

值得一提的是元至治年间刊刻的讲史话本《三国志平话》。罗贯中《三国演义》的主要情节，在《三国志平话》中已粗具轮廓。

在《三国志平话》中，未见蔡瑁其人。《三国志平话》关于刘备赴襄阳会的情节中，提到了蒯越、蔡瑁二人。书中对二人设计欲害刘备的经过叙述非常详尽，但对于《三国演义》中此处关于蔡瑁等人的情节，《三国志平话》只字未提。仅书：

> 却说二皇丈设计欲图先主，二人谋定，请皇叔于会上，酒至半巡，使壮士杀之。二人既定计了，请皇叔出驿。正三月三日，倾城民尽出赏河梁会。蒯越、蔡瑁请皇叔出襄阳城外赴宴。蒯越暗使壮士。内一人见皇叔面如满月，隆准龙颜，私奔于皇叔，附耳具说。皇叔大惊，便令人牵马于柳阴中。皇叔故粘衣私出，于柳阴上马，令人报曰："走了皇叔也！"蒯越、蔡瑁大惊，急令牵马引军追赶。

《三国演义》中"三江口曹操折兵"中有甘宁斩蔡瑁的一幕，《三国志》中没有提及，故此处也没有出现蔡瑁。

元高文秀的杂剧《刘玄德独赴襄阳会》在刘备赴襄阳会、跃马过檀溪等情节中，也提到了蒯越、蔡瑁二人，但却依然没有蔡瑁。

可见，在罗贯中创作《三国演义》之前，未见蔡瑁其人。我们有理由相信，蔡瑁是罗贯中虚构的人物。

《中国古典小说大辞典》（刘叶秋，1998：1045）有沈伯俊先生编的《三国演义人物表》，其中刘表集团"蔡瑁"栏的直系有：

> 蔡瑁（字德珪。刘表部将。后降曹操）
> 蔡和（刘表部将。后降曹操）
> 蔡中（刘表部将。后降曹操）
> 蔡勋（刘表部将）
> 蔡瑁（随蔡瑁投降曹操）
> 蔡夫人（名不详。蔡瑁之妹。刘表后妻）

沈伯俊先生在"说明"中有"本人物表系根据毛纶、毛宗岗评改本《三国演义》编制而成"。

在《三国演义》中，蔡勋和蔡瑁均只出现过一次。

蔡勋是刘表的部将，蔡瑁之弟。第 34 回提到，刘备寄居新野时，蔡瑁与蔡夫人忌恨之，乃禀刘表大会众官于襄阳，请刘备代表待客，欲借机谋害。蔡勋被派去把守北门。

蔡瑁也是蔡瑁之弟，随蔡瑁投降曹操。第 45 回提到，曹军与东吴军队在三江口初次交兵时，他奉蔡瑁之命而前，被吴将甘宁射死。

就《三国演义》的情节发展而言，蔡勋与蔡瑁应是同一个人。"勋"（繁体为"勳"）和"瑁"拥有共同的部件"熏"，二字读音相同。而兄弟两个，若起读音相同的名字的话，这是不可理解的。唯一合理的解释就是，他们原本就是同一个人，只是字形出现了讹误而已。上海古籍出版社两个不同版本的《三国志通俗演义》在同样的内容中使用了"瑁"和"勋"两种写法，更证明了这种可能性。

这种读音相同字形不同而为同一人的例子也还有一些。如，北朝普泰二年（532）四月八日《法光造像记》提到一个名叫"刘桃扶"的人，正史《魏书》、《北史》均有《刘桃符传》，"刘桃扶"与"刘桃符"实为同一个人。甚至有时读音相近字形不同的，也有可能是同一个人。如在《论语·公冶长》中出现了一个"申枨"。杨伯峻（1980：46）根据《史记·仲尼弟子列传》中有"申党"，并且古音"党"和"枨"相近，所以认为"申枨"就是"申党"。同是《论语·公冶长》中有个"微生高"。由于"微"和"尾"古音相近，字通，因此许多人认为微生高就是尾生高。（杨伯峻，1980：52）再如孔子有个弟子叫高柴，《左传》记其字作"子羔"，《孔子家语》记作"子高"，《礼记》记作"子皋"。三字虽不同，其实是同一人。

三　罗贯中造"瑁"字，与造字心理有关

汉字作为汉民族思维和交际的书面语言符号系统，它承载着汉民族文化的许多方面。"如果说汉字的系统是一座庞大的蕴藏历史文化信息的大厦，那么，单个汉字就是这座大厦中的一个个屋室单元，它们以微观的方式蕴涵传递着种种较为具体的文化信息，这种文化蕴涵的信息主要表现为两方面，其一是文化信息的渗透与传递，其二为民族心理意识、具体文化现象的塑造与影响。"（刘志基，1994：2）

在汉字的造字上，有许多字会受到人们类化习性的影响，而被加注了和其上字或下字相同的形符。如"芍药"一词，《诗经·郑风·溱洧》有"赠之以芍药"。后来的人替"勺"加上了与这个词的词义相同的义符，就写成了"芍药"。唐代陆德明《经典释文·条例》曾说过："岂必飞禽即须安鸟，水族便应着鱼，虫类要作虫旁，草类皆从两中，如此之类，实不可依。"他的这一说法恰恰反映了这种形符趋同现象的普遍性。"火伴"、"蛾眉"、"保母"被"伙伴"、"娥眉"、"保姆"所取代，也很好地证明了这点。

"瑼"字也是这样。蔡瑁的"瑁"字有一个"玉"旁。同时，"玉"在汉民族心目中又具有很高的地位，在《说文解字》中，从"玉"之字有 126 个。今本《玉篇》中从"玉"之字为 267 个。而在宋司马光等人编的《类篇》中，从"玉"之字多达 367 个。出于对"玉"的喜爱之情，再加上形符趋同因素的影响，罗贯中自然而然地使用了和"瑁"的偏旁相同的"玉"旁加在"勋"的繁体"勳"的半边，造出了"瑼"字。这样的情况也还有一些，如《诗经·邶风·新台》："新台有泚，河水弥弥。"《说文》引《诗》作"新台有玼"。有玼，即玼玼，形容新台新而鲜明的样子。《说文》："玼，玉色鲜也。"《说文》改"泚"为"玼"，是因为从"玉"的字有色泽鲜明的联想义，用"玼"比用"泚"更便于理解。

参考文献

刘叶秋：《中国古典小说大辞典》，河北人民出版社 1998 年版。

刘志基：《汉字文化学简论》，贵州教育出版社 1994 年版。

王祖彝：《三国志人名录》（补正本），商务印书馆 1957 年版。

杨伯峻：《论语译注》，中华书局 1980 年版。

张舜徽：《三国志辞典》，山东教育出版社 1992 年版。

征引书目

（唐）陆德明：《经典释文》，上海古籍出版社 1985 年版。

（明）罗贯中、施耐庵：《二刻英雄谱》（又名：《精镌合刻三国水浒全传》），上海古籍出版社 1994 年版。

（明）罗贯中：《三国志通俗演义》，上海古籍出版社 1994 年版。

（明）罗贯中：《增像全图三国演义》，中国书店 1985 年版。

（明）罗贯中：《三国志通俗演义》，上海古籍出版社 1980 年版。

刘世德等主编：《三国志传》，中华书局 1991 年版。

《古本小说集成》编委会编：《三分事略 三国志平话》，上海古籍出版社 1994 年版。

［附记］本文的选题和写作得到了中山大学范常喜博士的指导，初稿曾蒙导师方一新教授修改，特此致谢。

作者简介

孙尊章，江西农业大学人文学院中文系讲师，浙江大学汉语言文字学专业在读博士。

中古汉语含语素"或"的双音节连词探源

江西农业大学　潘志刚

摘　要：中古汉语有"如或、若或、脱或、傥或"这一类新生的假设连词，它们都含有"或"这个语素，并且都是复合词，但是它们的来源却有明显的差异，并非两个同义的单音节连词经过简单复合形成的。它们的形成有三种途径：1."如或"、"若或"都是由两个词性不同的单音节词经词汇化最终融合成复合词。2.语言使用中语法的类推作用导致"脱或"这个复合词的产生。3.同义词间的相因生义促使"傥或"具有了假设连词的用法。

关键词：中古汉语；"X或"类连词；复合词；词汇化；语法类推；相因生义

引　言

东汉至隋这一时期的汉语是汉语发展历史进程中的中古阶段，这一观点目前已得到汉语史学界的广泛认可。中古汉语的连词跟上古汉语相比，有了较为明显的发展演变，其中表示假设关系的连词中新产生了"如或"、"若或"、"脱或"、"傥或"这样的双音节复合词。由于它们都含有"或"这个语素，使用时主要用来显性地标明小句间的假设语义关系，因此本文中我们简称之为"X或"类复合假设连词。关于这些表示假设语义关系的连词的来源，学界已经有过一些探讨，有些学者认为这类复合词是采用同义复合的方式构成的。但据我们考察，这些连词的来源并非为同一途径，可以说，导致这些双音节复合词产生的原因和机制并不是完全一样的。但由于它们都含有"或"这个语素，而这些词的前一语素在中古时期又都是可以单用的假设连词，因此，它们在形成过程中，彼此也会相互影响。

一　词汇化导致"如或"、"若或"的产生

关于"如或"用作复合的假设连词，学界早已论及。向熹明确指出"如或"用作复合的假设连词，产生于六朝，相当于"假如"、"如果"，并举六朝文献中一例为证："唯仲秋西郊，顺时讲武，杀禽助祭，以敦孝敬，如或违此，则为肆纵。"（《后汉书·陈藩传》）但他并未解释"如或"用作复合的假设连词的来源。① 中国社会科学院语言研究所古代汉语研究室编《古代汉语虚词词典》（下文简称社科院《古代汉语虚词词典》）收录了"如或"，解释为："复合虚词，由连词'如'和'或'构成。'如'和'或'都可表示假设，二者连用为词，与单用时义同。"然后又进一步解释说："连词，用于复句的前一分句，表示假设的情况或条件，以引起下文的论述。可译为'如果'、'假如'等。"举的例证最早的是："居则曰：'不吾知也！'如或知尔，则何以哉？"（《论语·先进》）由此可见，该词典的编者认为"如或"用作复合的假设连词产生于上古汉语时期，是由两个单音节的假设连词"如"、"或"同义复合而构成的。② 徐朝红也探讨了假设连词"如或"的产生和发展，认为"如或"是由新旧连词同义复合而成的中古新生双音节假设连词。③ 我们赞同向熹提出的复合的假设连词"如或"产生于六朝时期的观点，而事实上社科院《古代汉语虚词词典》只举出了《论语》中一例来证明复合的假设连词"如或"产生于上古汉语时期，其实这一例中的"如或"还不是一个复合词，向熹曾在论述"如或"用作复合的假设连词时加了一个脚注："《论语·先进》：'如或知尔，则何以哉？'这里的'如或'是'如果有人'，不是假设连词。"此脚注的例子和社科院《古代汉语虚词词典》举的例子是一致的，我们认为向熹的解释更准确。

关于复合的假设连词"如或"的来源，目前学界还只有同义复合这样一种解释。我们对这样的解释存在如下疑问：1."或"在上古汉语时

---

① 向熹：《简明汉语史》，高等教育出版社1993年版，第306页。

② 中国社会科学院语言研究所古代汉语研究室编：《古代汉语虚词词典》，商务印书馆1999年版，第464页。

③ 徐朝红：《中古汉译佛经连词研究——以本缘部连词为例》，博士学位论文，湖南师范大学，2008年。

期主要作代词，稍后又产生了副词的用法，而用作假设连词却是极少见的。到中古时期，"或"除继续作代词、副词外，又新生出选择连词的用法，也基本上未见"或"单独作假设连词的用例，这样的同义复合是否可能发生？2. 魏晋南北朝时期由同义复合构成的复合词，其构成语素的位置在这个复合词产生初期有很多都是不确定的，同一个单音节词在与别的单音节同义词构成同义复合词时，有时是前一语素，有时是后一语素，比如此期新生的单音节假设连词"脱"与别的单音节假设连词通过同义复合的途径构成复合词时，既有复合的假设连词"如脱"，也有复合的假设连词"脱若"。此期有语素"或"参与构成的复合假设连词，除"如或"外，还有"若或、脱或、傥或"等，但据我们考察中古时期的文献看，并未发现有"或如"、"或若"、"或脱"、"或傥"作复合假设连词的用例，可见这四个复合词中语素"或"的位置都是固定的。为何此四个连词都没有同素异序的复合词形式呢？因此，我们在质疑的同时，重新考察了假设连词"如或"的来源，发现它并不是由同义复合的途径产生的，而是由两个并不具有直接组合关系的相邻同现的词在句法环境的作用下逐渐凝固，经历了词汇化的过程并最终融合成一个复合词的。这是一个较长时期的变化过程。上古汉语时期，"如"和"或"已见有相邻同现的用例，当然这只是语言使用者根据语法规则对两个独立的词的自由运用，比如：

（1）卜筮视日、斋戒、修涂、几筵、馈荐、告祝，如或飨之。物取而皆祭之，如或尝之。毋利举爵，主人有尊，如或觞之。宾出，主人拜送，反易服，即位而哭，如或去之。哀夫！敬夫！事死如事生，事亡如事存，状乎无形影，然而成文。（《荀子·礼论》）

（2）国于是乎蒸尝，家于是乎尝祀，百姓夫妇择其令辰，奉其牺牲，敬其粢盛，洁其粪除，慎其采服，禋其酒醴，帅其子姓，从其时享，虔其宗祝，道其顺辞，以昭祀其先祖，肃肃济济，如或临之。（《国语·楚语下》）

（3）三年之丧，如或遗之酒肉，则受之必三辞。主人衰绖而受之。如君命，则不敢辞，受而荐之。（《礼记·杂记下》）

（4）子曰："以吾一日长乎尔，毋吾以也！居则曰：'不吾知也！'如或知尔，则何以哉？"（《论语·先进》）

以上四例中，"如"有两种用法，例（1）、（2）中的"如"是动词，表示比况譬喻的意义，相当于现代汉语中的"好像"，例（3）、（4）中的"如"是假设连词，可译为"如果"。但四例中的"或"都是无定指代词，可译为"有人"。此时假设连词"如"和无定指代词"或"相邻同现只是语言使用中根据表达意义的需要随意而自由地运用，但假设连词"如"一般用于小句句首，而作小句主语的"或"则位于连词之后。我们在上古汉语里同时还见到假设连词"若"与无定指代词"或"相邻同现的两个用例：

（5）令各执罚尽杀，有司见有罪而不诛，同罚，若或逃之，亦杀。（《墨子·号令》）

（6）乃命有司趣民，收敛畜采，多积聚，劝种宿麦。若或失时，行罪无疑。（《淮南子·时则训》）

以上例（5）、（6）两例中的"若或"，我们认为尚不能看成一个复合词，因为"或"在句子中还具有明显的指代性，将"或"当成上古时期常用的无定指代词更符合句意。因此，此两例中的"若"和"或"只是相邻同现的两个彼此独立并不具有直接组合关系的词。

东汉时期，"如"、"或"相邻同现的用例也不多见，只有《汉书》和《论衡》中有少量例子，比如：

（7）月令祭户以春，祭门以秋，各宜其时。如或祭门以秋，谓之祭户，论者肯然之乎？（《论衡·祭意篇》）

（8）恒女之手，纺绩织经；如或奇能，织锦刺绣，名曰卓殊，不复与恒女科矣。（《论衡·量知篇》）

（9）谗邪之所以并进者，由上多疑心，既已用贤人而行善政，如或谮之，则贤人退而善政还。（《汉书·刘向传》）

（10）凡典枢机十余年，守法度，修故事。上有所问，据经法以心所安而对，不希指苟合；如或不从，不敢强谏争，以是久而安。（《汉书·孔光传》）

以上例（7）—（10）各例中的"如"仍是假设连词，"或"仍可理解为无定指代词。但是例（7）中的"或"的指代性比例（8）中的"或"要弱一些，例（10）中的"或"的指代性比例（9）中的"或"也要弱一些。因此，表示假设前提的小句的主语如果是无定代词"或"，由于它作代词本身具有无定指的特性，而有时又运用于指代对象极不明确的语境中，这样在理解时它的指代性就极容易被听话者忽视，它作为独立的词的地位就开始动摇了。比如例（7）和例（10）中的"或"的指代性就已经有弱化的倾向了。在复合词迅速产生的魏晋南北朝时期，听话者就极有可能将这种失去了明显指代性的"或"和单音节假设连词"如"结合成语流中的一个音步，并进而将"如或"当成一个整体的语法功能词加以理解，导致了"如/或→如或"这样的重新分析（reanalysis），由于这样的理解并未对正确理解说话人表达的意义造成不利影响，因此将"如或"当成一个复合词就会得到交际双方的认可，并开始被作为一种创新的用法更多地使用到实际的语言交际中。因此，"如"和"或"融合成一个复合词实际上经历了一个词汇化的过程，在这个演变过程中，"如"和"或"的语义边界逐渐模糊并最终消失，这样，两个原本没有直接组合关系的词最终凝固成一个表示假设语义关系的复合连词。我们在魏晋南北朝的文献中已经能见到"如或"用作复合假设连词的用例了，比如：

（11）为客设酒，无人传杯，杯自至前，如或不尽，杯不去也。（《搜神记》卷一）

（12）将军躬杀董卓，威震夷狄，端坐顾盼，远近自然畏服，不宜轻自出军；如或不捷，损名非小。（《三国志·魏志·吕布传附张邈》裴注引《英雄记》）

（13）峤之所建，虽则刍荛，如或非妄，庶几可立。（《宋书·始兴王浚传》）

（14）愚谓应恒与冠同色，不宜随节变彩。土令在近，谨以上闻。如或可采，乞付外详议。（《宋书·礼志二》）

如果将例（11）—（14）例中的"或"和例（1）—（4）例中的"或"比较，可以看出例（11）—（14）例中的"或"已经完全丧失了指代性，因此它和"如"的语义边界已经消失了，只能看成是"如或"这个复合假设连词的构成语素，而不能再将"或"当作独立的词来理解了。

"若或"发展成复合的假设连词，经历了与"如或"完全相同的演变历程，但据考察相同的文献来看，"若或"用作复合假设连词比"如或"略早，东汉时期已经能见到一个例子，比如：

（15）凡作汤药，不可避晨夜，觉病须臾，即宜便治，不等早晚，则易愈矣。若或差迟，病即传变，虽欲除治，必难为力。（东汉张机《伤寒论·伤寒例第三》）

例（15）中的"或"已经丧失了指代性，和"若"融合成了一个复合的假设连词，相当于现代汉语的"如果"。但东汉时期"若"和"或"相邻同现时仍为两个独立的词的用例也同时并存，比如：

（16）吉人举事，无不利者。人徒不召而至，瑞物不招而来，黯然谐合，若或使之。（《论衡·初禀篇》）

例（16）中的"若"显然是表示比况义的动词，"或"仍然是表示无定指的代词。到了魏晋南北朝时期，"若或"用作复合假设连词开始逐渐增多，比如：

（17）我父命终，以无男故，财应入王。然今我母怀妊，须待分身。若苟是女，入财不迟。若或是男，应为财主。（北魏慧觉等译《贤愚经·长者无耳目舌品》）
（18）欲取饮者，皆洗心志，跪而挹之，则泉出如飞，多少足用，若或污漫，则泉止焉。（《搜神记》卷十三）
（19）若或成变，为难不测。因其狐疑，当令早决。（《三国志·魏志·赵俨传》）
（20）初，津为肆州，椿在京宅，每有四时嘉味，辄因使次附之，若或未寄，不先入口。（《魏书·杨播传》）

例（17）中"若或"为复合的假设连词是显而易见的，因为此例中有同样的两个假设复句，分别用了不同的假设连词，其中"若苟"显然是复合词，所以与之构成对文的"若或"自然也应是复合词。例（18）一

（20）三例中的"若或"从句意来看，显然也不宜分开理解作两个词，因为"或"已经完全失去了指代性，已完全和"若"融合成一个复合连词了。

"若"和"如"都是上古汉语常用的假设连词，"若"和"或"、"如"和"或"由偶然的相邻同现到经词汇化逐渐凝固而演变成复合的假设连词，经历了完全一致的演变过程，它们在产生的过程中应该有彼此互相推动、平行发展的作用。但是这两个复合的假设连词的出现还是略有先后，"若或"产生略早，并且在魏晋南北朝时期"若或"用作复合的假设连词比"如或"更为普遍，因此，我们认为复合的假设连词"若或"对"如或"的形成应该施加了潜在的类推影响力。

二　语言使用中的类推作用导致"脱或"的产生

中古汉语含有语素"或"的复合连词"脱或"，跟"如或、若或"等比较起来，是极不常用的复合连词，我们只在《魏书》中找到了两个例子，如：

（21）脱或必然，迁京甫尔，北人恋旧，南北纷扰，朕洛阳不立也。（《魏书·任城王传》）
（22）若事不获已，应颁制诏，示其上下之仪，宰臣致书，讽以归顺之道。……脱或未从，焉能损益？徐舞干戚以招之，敷文德而怀远。（《魏书·张衮传》）

由于"脱"也是中古汉语新生的单音节假设连词，"脱或"用作复合的假设连词又不多见，因此如果说"脱或"的形成经历了复合假设连词"若或"、"如或"那样的演变历程，显然不符合语言事实。我们认为比较合理的解释是此期的某些人受语言运用创新动机的驱使，在已经产生并扩大使用范围的复合假设连词"若或"、"如或"的影响下，以类推的方式用新生的单音节假设连词"脱"替换"若或"、"如或"中的核心语素"若"、"如"，而构成新的同义的复合假设连词"脱或"。但是语言中的创新能否形成气候，并在同类成员中巩固其地位，还得取决于当时语言社团对这种创新的认可度。"脱"用作假设连词，本身就是新生成员，尚未扩大其在语言中的使用，也没能冲击到"若"、"如"作为假设连词在同类中的优势地位，因此相应而生的创新产物复合词"脱或"自然也未能在魏晋南北朝时期形成多大影响，它只能作为此期连词范畴的边缘成员在语言中偶尔使用。

三　"相因生义"导致复合词"傥或"的产生

"傥或"用作复合的假设连词，在中古汉语中始见，但用例极少。社科院编《古代汉语虚词词典》解释了"傥或"："复合虚词，'傥'和'或'既可作连词，也可作副词。'傥或'连用是同义并列复合词，同样既可作连词，也可作副词。作连词的'傥或'举了三个中古时期的用例：(1) 傥或皇天欲令微臣觉悟陛下，陛下宜熟察臣言，怜赦臣死。(《后汉书·李固传》) (2) 人之将死，其言也善，傥或可采，瑜死不朽矣。(《三国志·吴书·鲁肃传》注引《江表传》) (3) 有先亡者，当于良辰美景，灵前饮宴。傥或有知，庶共歆响。(《魏书·夏侯道迁传》)"①

"傥或"作为复合的假设连词，也有"或"这个语素，因此词典的编者也说是同义并列复合词。但从我们对复合的假设连词"若或"、"如或"的分析中可以看出，中古时期的"或"其实已基本上不再作单音节的假设连词，因此说假设连词"傥或"是两个单音节假设连词的同义复合事实上不太可能。但是假设连词"傥或"的形成与"若或"、"如或"的确有不同，因为作副词的"傥或"和作连词的"傥或"几乎是同时产生的，作连词用的"傥或"并没有经历像"若或"、"如或"那样由两个独立的词逐渐凝固融合成一个复合词的发展演变过程。因此，连词"傥或"的产生只能从另外的途径寻找原因。我们认为，"傥或"作假设连词是受到同义的"傥"的影响因类推（analogy）而产生的，它的产生是在复合的副词"傥或"形成之后。中古汉语时期，单音节词"傥"和"或"都可用作副词，修饰动词，表示对动作行为的推测，可以理解成现代汉语中的副词"或许"。"傥"在中古时期作副词的用例如：

---

① 中国社会科学院语言研究所古代汉语研究室编：《古代汉语虚词词典》，商务印书馆1999 年版，第 571 页。

（23）自古宏才博学，用事误者有矣。百家杂说，或有不同，书傥湮灭，后人不见，故未敢轻议之。（《颜氏家训·文章》）

（24）晋初，尝有一人，误堕穴中，同辈冀其傥不死，投食于穴中。坠者得之，为寻穴而行，计可十余日。（《搜神后记》卷一）

例（23）从句子意义看，小句"或有不同"中的"或"和"书傥湮灭"中的"傥"实为同义词，都作表示推测的语气副词，表示"或许"的意思。作者为了使行文富于变化，当需要在相邻的小句中同时使用表示"或许"义的副词时，就选择了两个同义的副词"或"和"傥"。例（24）中的"傥"根据语境也可以看出是表示推测的语气副词，可以理解成现代汉语的"或许"。但是，"傥"在中古时期用作语气副词比"傥"作假设连词的用例要少得多，可见假设连词"傥"相对于同形的语气副词"傥"而言，具有较强的优势。"或"在中古汉语用作语气副词，表示"或许"义的用例如：

（25）边、韩城中无宿谷，当于外运，畏慎大兵，不敢轻与坚战。而坚兵，足以断其运道。儿曹用必还羌谷中，凉州或能定也。（《三国志·吴志·孙坚传》裴注引《山阳公载记》）

（26）孔、老、释迦，其人或同，观方设教，其道必异。（《南齐书·顾欢传》）

（27）卢志于众中问陆士衡："陆抗是卿何物？"答曰："如卿于卢毓。"士龙失色，既出户，谓兄曰："何至于此！彼或有不知。"士衡正色曰："我祖父名播海内，宁有不知识者。"（《古小说钩沉·郭子》）

（28）王自思惟："此宝忽至，或是不祥。我若取者，将不为我家国灾害？"（北魏吉迦夜共昙曜译《杂宝藏经·恶生王得五百钵缘》）

此期的语气副词"或"是由无定指的代词"或"进一步虚化而形成的，使用也不及"或"作代词和作选择连词的用法广泛。由于"傥"和"或"在此时期都是兼类词，并且两者的副词用法都处于弱势地位，因此为了更好地表达语言中"或许"这种推测语义，人们就选择了同义的副词"傥"和"或"经同义复合的方式构成了新的副词"傥或"，来弥补因"傥"、"或"的副词用法渐趋消失所形成的语义空缺。新生的副词"傥或"在此期的用例如：

(29) 顷雨泽不沾，密云复散，傥或在兹。(《后汉书·桓帝纪》)

(30) 脱有深赏君子者，览而揣之，傥或存焉。(《魏书·李谧传》)

(31) 亲义既有参差，丧服固宜不等。……寻理求途，傥或在此。(《魏书·礼志四》)

(32) 既同夏殷，又符周秦，虽乖众儒，傥或在斯矣。(《魏书·李谧传》)

(33) 会催送馈，妻乃以豉为药，汜将食，妻曰："食从外来，傥或有故!"(《三国志·魏志·董卓传附李催、郭汜》裴注引《典略》)

因此，社科院编《古代汉语虚词词典》将副词"傥或"解释为同义并列复合词是完全正确的，不过"傥或"作假设连词却是受同义词"傥"的影响，因类推而新增的用法，即是由"相因生义"的途径而产生出的新的假设连词用法。①

"傥"从上古汉语时起就有两个意义，从语法功能上看属于不同的词类，比如：

(34) 盖周文武起丰镐而王，今费虽小，傥庶几乎!(《史记·孔子世家》)

(35) 驺衍其言虽不轨，傥亦有牛鼎之意乎?(《史记·孟子荀卿列传》)

(36) 君乐治海上而六月不归，彼傥有治国者，君且安得乐此海也!(《说苑·正谏》)

---

① 蒋绍愚：《古汉语词汇纲要》，商务印书馆 2005 年版，第 82—86 页。

其中，第（34）、（35）例中的"傥"意义相同，用作副词，表示"或许"的意思。第（36）例的"傥"是假设连词，相当于现代汉语的假设连词"如果"。到了中古汉语时期，"傥"的这两个意义仍然沿用，作副词的用例如上文例（23）、（24），作连词的用例如：

> （37）傥有此，东西数百里，必有作逆者。（《搜神记》卷七）
>
> （38）孙绰作列仙商丘子赞曰："所牧何物？殆非真猪。傥遇风云，为我龙摅。"（《世说新语·轻诋》15）

中古时期，新生的"傥或"用作副词时和已有的"傥"在作副词时就形成了同义词，由于"傥"同时还可作假设连词，在"相因生义"的规律推动下，语言使用者在该用连词"傥"的地方就使用了复合词"傥或"，因而导致"傥或"也产生了相应的假设连词用法。其产生模式可以图示为：

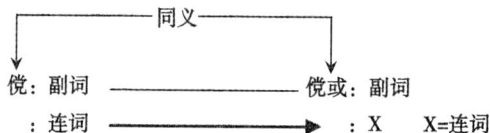

而同时期正在使用的"如或"、"若或"等复合连词也会对结构形式相同的"傥或"产生类推影响，从而巩固"傥或"作假设连词的用法。新生的假设连词"傥或"在中古时期用例还不是很多，社科院编《古代汉语虚词词典》在解释它的连词用法时列举了此期的三个例子，其第一例是："（1）傥或皇天欲令微臣觉悟陛下，陛下宜熟察臣言，怜赦臣死。（《后汉书·李固传》）"《汉语大词典》也收有"傥或"，解释为：

> 1. 或许；恐怕。《后汉书·李固传》："臣所以敢陈愚瞀，冒昧自闻者，傥或皇天欲令微臣觉悟陛下。"2. 假若。金董解元《西厢记诸宫调》卷二："乱军贼党，傥或掳了莺莺，怎的备？"①

---

① 罗竹风主编：《汉语大词典（第一卷）》，上海辞书出版社1986年版，第1742—1743页。

我们通过比较可以看出，社科院编《古代汉语虚词词典》解释"傥或"为连词的第一例和《汉语大词典》解释"傥或"的第一个义项的例子实际是一样的，只是两书节选不同。这个例子的上下文是：

> 陛下宜开石室，陈图书，招会群儒，引问失得，指摘变象，以求天意。其言有中理，即时施行，显拔其人，以表能者。则圣听日有所闻，忠臣尽其所知。又宜罢退宦官，去其权重，裁置常侍二人，方直有德者，省事左右；小黄门五人，才智闲雅者，给事殿中。如此，则论者厌塞，升平可致也。臣所以敢陈愚瞽，冒昧自闻者，傥或皇天欲令微臣觉悟陛下。陛下宜熟察臣言，怜赦臣死。（《后汉书·李固传》）

从这段话我们很容易看出，"傥或"所在的小句后面应为句号，它和前面的小句构成一个表示因果关系的复句，表示因果关系的连词是"所以"，而"傥或"实际上是一个表示推测语气的副词，可以译为"或许"。因此《汉语大词典》引用的此例断句和解释都是准确的，而社科院编《古代汉语虚词词典》用此例作为"傥或"是连词的书证则欠妥。但是《汉语大词典》解释"傥或"的第二个意义的用例显然有点晚，"傥或"早在魏晋南北朝时期已经可用为复合的假设连词了。我们再补充3例如下：

> （39）臣之瞽言，傥或可采，比及三年，可以有成。（《魏书·李彪传》）
>
> （40）人之将死，其言也善，傥或可采，瑜死不朽矣。（《三国志·吴志·周瑜传》裴注引《江表传》）
>
> （41）冀幽诚丹款，傥或昭然，虽复身膏草土，九泉无恨。（《宋书·徐湛之传》）

四　"如或、若或、脱或、傥或"等中古新生复合连词在近代汉语中的发展

近代汉语时期，复合的假设连词"若或"仍然使用，明清时用例逐

渐减少，现代汉语中已不再使用"若或"作为假设连词了。近代汉语中复合词"若或"的用例如：

（42）人有四百四病，皆属四大主持，若或一脉不调，百一病起。[《敦煌变文集·维摩诘经讲经文（三）》]

（43）若或父母坚不从所谏，甚至怒而挞之流血，可谓劳苦，亦不敢疾怨，愈当起敬起孝。（《朱子语类》卷二十七）

（44）若或事情疑似，脏仗已明，而隐讳不招，须与连职官员立案同署，依法拷问。（《元典章·刑部·鞫狱》）

（45）若或迟疑而使彼得为计，未可知也。臣请先行，誓不与贼俱生。（明许浩《复斋日记》）

（46）若不堪时，便就烧了；若或可政，即请改正改正。（《红楼梦》第七十六回）

"如或"在近代汉语中也继续用作复合的假设连词，发展趋势和同义的"若或"相同，明清时用例逐渐减少，现代汉语中也不再使用"如或"作为假设连词了。近代汉语中复合假设连词"如或"的用例如：

（47）如或纵肆小忿，轻动干戈，使敌人怨结，师出无名，非惟不胜，乃自危之道也。（《旧唐书·萧俛传》）

（48）如或违限遭点，定断不恕，所以人怕。（《朱子语类》卷一百六）

（49）如或三限不获，拘该捕盗官兵已有责罚通例。（《元典章·刑部·失盗》）

（50）如或不然，掀翻你窝巢，教你群精都化为脓血！（《西游记》第九十一回）

（51）主上若能用之，破蜀必矣。如或有失，臣愿与同罪。（《三国演义》第八十三回）

（52）你勿得强辩。着原差押下去，限你一月为期，如或抗违迟误，定行详革治罪。（清烟霞主人《幻中游》第五回）

复合的假设连词"脱或"在近代汉语时期仍然使用，用例还是不多，远不及复合的假设连词"若或"、"如或"使用广泛，在清代已不见使用，比如：

（53）脱或已作潢污行潦，犹征青苗地头。不惟损邦国风化，兼恐伤天地和气。（《全唐文·于峤〈请蠲减租税疏〉》）

（54）设垂慈苦口，且不可呼昼作夜。更饶善巧，终不能指东为西。脱或能尔，自是神通作怪，非干我事。（《五灯会元·瑞龙幼璋禅师》）

（55）脱或不敌而陷于贼，岂非公卖我乎？（明许浩《复斋日记》上卷）

（56）贵梅也垂泪道："官人，你自宽心将息，还有好日。脱或不好，我断不作失节妇人。"（《型世言》第六回）

近代汉语时期，假设连词"傥或"继续使用，但是近代汉语又产生了有相同读音的同义连词"倘或"①，这样两个既同音又同义，且词形结构也基本相同的假设连词在实际使用中就必然产生竞争，从而导致两词在使用频率上逐渐表现出比较大的差异，元明时假设连词"傥或"的使用已逐渐减少，到清代已不见使用了，但在元明清时期，假设连词"倘或"的用例则急剧增加。"傥或"、"倘或"在近代汉语中作假设连词的用例如：

（57）傥或实有理穷，吾即别差人去。（《敦煌变文集·长兴四年中兴殿应圣节讲经文》）

（58）傥或明日见他时分，把可憎的媚脸儿饱看了一顿，便做受了这恓惶也正本。（金董解元《西厢记诸宫调》卷一）

（59）傥或尚留观听，却请对众敷场。（宋绍隆等编《圆悟佛果禅师语录》卷四）

（60）天色看看黑了，傥或又跳出一只大虫来时，却怎地斗得他

---

① "倘"在中古即有假设连词的用法，比如北周·庾信《寄徐陵》"故人倘思我，及此平生时"诗句中的"倘"就是假设连词。《大广益会玉篇·人部》收有"傥"和"倘"两个字，反切都是"他朗切"，可见它们在中古以来就是同音字。中华书局1987年版，第14、15页。

过？（《水浒传》第二十二回）

（61）爹妈若是允了，不消说起；傥或不肯，只得以实告之。（《醒世恒言》卷二十八）

（62）知者料事，不可失时。倘或沈吟，必招祸患。（《全唐文·元宗〈赐三姓葛逻禄书〉》）

（63）倘或透生死明寒暑，融动静一去来，直得意遣情忘，如痴似兀，然后乃可饥则吃饭，健则经行，热则乘凉寒则向火。（宋 绍隆等编《圆悟佛果禅师语录》卷四）

（64）倘或我风火性的夫人知道呵，教你立地有祸。 （《全元杂剧·郑光祖〈㑇梅香骗翰林风月·归塞北〉》）

（65）倘或有些山高水低，丢了孩子教谁看管？（《金瓶梅》第五十四回）

（66）倘或有人知得，来这里搜着，如之奈何？（《水浒传》第二十一回）

（67）倘或倭寇早晚来时，闭了城门，知道何日平静？不如趁早走路为上。（《喻世明言》卷十八）

（68）你们两府里都是这牌，倘或别人私弄一个，支了银子跑了，怎样？（《红楼梦》第十四回）

"傥或"和"倘或"在语言中记录的实际上是口语中的同一个词，书面上的"傥或"和"倘或"并没有区分语义的作用，因此在语言使用中，有一个书面形式一直是冗余的成员。到了近代汉语时期，人们渐渐意识到只需要其中一个书面形式就能和口语中的词对应，因此在语言发展过程中，语言社团对这两个书面形式进行了选择，选取了字形更为简单的"倘或"，放弃了字形相对繁难的"傥或"，在语言文字规范不力的时期，这种书面上的选择调整经常是在语言社团中自发实现的，并通过语言社团有声望的名人的著作渐渐得以扩展，因此近代汉语中记录同一口语词汇的"傥或"和"倘或"能并存很长的时间，直到清代，完全同义的书面形式"傥或"才最终被淘汰。现代汉语中"倘或"仍然可作假设连词，但已是连词范畴中的边缘成员，使用远不及假设连词"如果"普遍。

结　语

中古汉语含有"或"这个语素的复合连词并非由同义复合的方式构成，它们的来源方式可以概括为三种：一是"如或"和"若或"这两个复合词是由两个原来并没有直接组合关系而又相邻同现的词经历词汇化而逐渐融合成词的。二是语言使用中的语法类推作用导致"脱"替代了"如"、"若"这些语素而跟"或"相结合成为复合词。三是"傥或"是由于同义词"傥"的影响，在相因生义的作用下产生了假设连词的用法。这四个复合词作为假设连词在近代汉语中使用都不是很频繁，因此导致它们在同别的假设连词的竞争中处于劣势地位，并进而使得它们在近代汉语的末期逐渐退出语言使用领域。

参考文献

（南朝梁）顾野王：《大广益会玉篇》，中华书局 1987 年版。

蒋绍愚：《古汉语词汇纲要》，商务印书馆 2005 年版。

罗竹风：《汉语大词典（第一卷）》，上海辞书出版社 1986 年版。

向熹：《简明汉语史》，高等教育出版社 1993 年版。

徐朝红：《中古汉译佛经连词研究——以本缘部连词为例》，博士学位论文，湖南师范大学，2008 年。

中国社会科学院语言研究所古代汉语研究室编：《古代汉语虚词词典》，商务印书馆 1999 年版。

作者简介

潘志刚，江西农业大学人文与公共管理学院讲师，四川大学汉语言文字学专业博士，学位论文《魏晋南北朝汉语连词研究》（2010）。

商承祚《说文中之古文考》研究

江西师范大学　吴　慧

摘　要：商承祚《说文中之古文考》是 20 世纪三四十年代全面研究《说文》古文的专著。商承祚充分利用传世文献和出土文字对《说文》古文形体进行全面测查，逐一疏证，阐释构形，溯源推变，于古文字研究和古籍校勘均有不少帮助。但囿于时代的局限，在古文辨正方面亦存在一些不足。

关键词：商承祚；《说文中之古文考》；古文字

商承祚《说文中之古文考》① 以《说文》古文形体为字头，依《说文》字序分为十四篇，"将篇中注为古文之字，或未注而推知之者，皆为录出"，共 521 个古文形体，对应 462 个小篆，再利用出土文字资料和传世文献"引而申之，就正当世"。该书是 20 世纪三四十年代利用古文字资料全面研究《说文》古文的专著，后世研究《说文》古文者皆绕不开此书，但学界目前对这部要籍尚缺乏深入研究，为把《说文》古文研究引向深入，本文试对该书的主要内容、成就和不足作出平议。

一　《说文中之古文考》的主要内容

商承祚从形体结构、造字原理、汉字演变等多个角度对《说文》所收古文作了详尽的说明和系统的描写，以甲骨文、金文、三体石经等出土文字资料对《说文》中凡 462 个小篆对应的古文进行诠释辨正，展示出《说文》古文的基本面貌。

---

① 该书始写定于 1940 年，曾在《金陵学报》上连载，后汇集成册，由上海古籍出版社于 1983 年出版。本文以上海古籍出版社出版的《说文中之古文考》为底本。

（一）直接抄录

抄录与《说文》古文相关的部分，涉及 32 个字，分别是：弌、蘽、舌、丙、訊、譙、業、與、厷、彗、瓷、睹、汖、罍、稷、帷、卓、表、裔、履、髮、嶽、廐、希、囟、鏙、患、㡱、堂、毁、勋、鐵。

（二）补充证明

据出土文字和传世文献对《说文》古文构形加以阐发，提出或补充更为合理的解释，证明《说文》古文渊源有自。这也包括肯定段玉裁、桂馥、吴大澂等人的观点。此类情况有 227 字，可分为四种情形。

1. 阐释古文构意

如：古文𩰊（哲）从三吉。从三吉之古文未见于出土文字，故无法将其与出土文字进行历史比较。商氏据《诗经·大雅·抑》"靡哲不愚"，释"哲"为"喆"，建立起"哲"、"喆"之间的关系链条，又据"古文复体之字，从二者或从三，从三者或从四"之古文字形体特点，推测"喆"和"嚞"同义，为"嚞"之构形提出合理解释，从而肯定许说。这种例子还有：𥙭（社），"此从木从土，各树其土所宜木也"。（第 6 页）𢝺（悉），"囧，离娄（丽廔）闿明也，明于心也。是悉之义也"。（第 10 页）𦩍（造），"《尔雅·释水》：'天子造舟。'故从舟，告而后造，故从告"。（第 12—13 页）𣊾（嚻），释其"象众口之嚻嚻"。（第 16 页）𠈃（兵），古文从人卅干，则训为人，不训为器，各据形为训也。（第 20 页）𠄤（乃），"此三折之者，示难意也"。（第 44 页）𧇽（虐），"殆象人在虎口，有虐意也"。（第 47 页）𣎾（本），"大木之本多窍，故作ㄨㄨㄨ，以象之"。（第 57 页）𡪄（贫），"去贝则贫，此存分之义，而取无贝之实也"。（第 61 页）。𣄼（征），"古文从各从㪔省，各者异词，……即取别异之意"。（第 78 页）𢥘（惧），人恐惧则心目交异而左右视，会意兼声字也。（第 95 页）

2. 说解古文的意义用法

如：番，古文作𤳳①。考之殷周古文，无作𤳳形者，商承祚未对其构形加以说解，而是据《楚辞》"𤳳方椒兮成堂"、碑刻"𤳳芳馨"和

---

① 《说文》原文作𤳫，商氏据《九歌》和碑刻改写。

“遂声兮方表”之“”，皆假古文“番”为“播”，明其用法，证其渊源有自。上博简《缁衣》15号简“播刑之迪”，“播”作，与此古文形近，殆“”是之缺变，假借为“播”。商说可从，胡小石据楚辞用“”，认为此古文是“楚书”。[①] 另如：（速），“此当是征召之专字，故从言”。（第13页）（柙），“象子叶形，子叶在中，有藏谊，故得假作柙也”。（第59页）（困），“木囗之则困，止于木亦困意也。《广雅》：‘椝机闑朱也。’假为捆”。（第60页）（悉），此古文与篆文慨字无别，仅将心下移，故推测古文假慨为爱。（第95页）

3. 溯古文之源

如：仆，古文作。商氏由甲骨文形体到古金文、，再到，为《说文》古文所本。通过与甲骨金文比较，条理清楚，证据确凿，准确地回溯到《说文》古文的源头。其他的还有如：（王），“甲骨文作、、、或省作、。金文鮽尊作，宰甶毁作，盂鼎作，者钟作，即此所本”。（第6页），古文以为亏字，又以为巧字。商氏据金文“丂”字多用为“考”，齐子仲姜镈皇，其形正与亏同，而推知许说之有自。（第45页）（阱）由甲骨文作、、，象穿地为阱以陷兽，推知从水之古文由此后起，明其所自。（第48页）

4. 补充、验证古文

如：磬（第46页），古文作。商氏结合《玉篇》、《荀子》、《史记》、《汉书》等典籍用字情形从传世文献上为“𩏑”是“磬”的古文提供证据。

类似的还有如：（廾），由石经《春秋经》廾之古文作为《说文》古文增添例证。（第8页）（严），“金文𣪘狄钟作，从吅与古文同”。（第12页）（起），由“彳”、“辵”、“走”三个义近形符可通用，及类似的甲骨金文、《说文》或体、石经古文等加以例证。（第12页）（卜），通过与甲骨文、金文和石经古文的比较证其形体正确。（第29页）（襄），据金文散盘作，石经古文作，证其形体正确。（第79页）（瀁），由“《尚书·禹贡》、郑本《史记·夏纪》漾用古文

① 胡小石：《说文古文考》，《胡小石论文集三编》，上海古籍出版社1995年版。

濊"为其补充证据。(第 96 页)

不过，以上四类情形在具体的说解中并非截然分开，而是常常交织在一起。如，在利用《玉篇》、《说文古籀补》、金文和"言口古通用"规则考证"谋"之两个古文卶、𣎳同时亦阐释了其构形。(第 17—18 页) 在解释𢿐(驱)之构形"从攴"时，亦明其意义——以手持策有驾驭之意。(第 91 页) 在对"绝"之古文𢇌追根溯源的同时亦勾勒了其演化轨迹。(第 110 页)

(三) 纠正讹误

据出土资料和传世文献指出《说文》古文讹误之处，析其讹误原因，溯其本源，也包括批评前人诸说。此类情况约有 159 字，可分为以下几种：

1. 许氏古文判定之误

有误以当时别体为古文之正者。如：弋 (一)，许慎以"弌"为"一"之古文，商氏据甲骨文、金文、魏三字石经指出"一"即其古文，"弌"乃当时盛行之别体。(第 3 页)[1] 𡆥 (工)，由"金文与篆文同，石经古文与此同"，推知𡆥为晚周之别字。(第 42 页) 𠬞 (四)，"古文四，皆应作积画，则所云籀文亦古文也，作𠬞者，古文之别字也"。(第 121 页)

有误以后出之字为古文者。如：玗 (玕)，商氏从汉字发展的角度指出"旱不能古于干"，"'是真古文作玕不作玗'，斯言得之"。(第 7—8 页) 𧗸 (簬)，"辂虽兼路义，然不能古于路，故段氏疑此非古文也"。(第 39 页)

有误以篆文为古文者。如：𪅂 (咳)，"此亥篆文也，应从古文亥作𠀡"。(第 10 页) 𩿢 (雉)，"右弟不应同篆文"。(第 32—33 页) 顾 (唇)，"辰之古文作𠨷，则此不当从篆文之体"。(第 37 页) 𤔔 (爵)，"乃篆文𤔲形之讹变，非古文也"。(第 48 页) 𣎴 (仚)，"段氏改以为篆文，当为篆文，不是古文"。(第 94 页) 𦥑 (播)，"番之古文作𤳳，则此误从篆文番"。(第 105 页) 玨 (钮)"玉部玉之古文作𤣥，瑾之偏旁作𤤾。此不从𤣥，则从𤤾，不当从篆文"。(第 119 页)

　　有误以古文为篆文者。如：⿰辶⿱⿰（迻）由金文洹子孟姜壶作□，晋邦盦作□，古玺作□，推知"爾尔皆古文，一繁一省也"。（第 13 页）□（御），由甲骨文作□、□、□，金文通毁作□，推知"御驭皆古文"。（第 15 页）□（朙），据甲骨金文，"朙明皆古文"。（第 65 页）□（睿），"篆文与口部兮之古文同为一字。此睿亦古文，或作睿、浚"。许书以"睿"为篆文则误。（第 99—100 页）

　　有误以籀文为古文者。如：□（古），"金文孟鼎作□，疑此是籀文"。（第 17 页）□（桌），据甲骨文、石鼓文、鈢文和粟之籀文"不但可证上从西乃卤之写讹，并推知此乃籀文而非古文也"。（第 67 页）□（髟），"古文下出籀文□，以它文证之，此所谓古文乃籀文，籀文乃古文"。（第 85—86 页）□（吴），"金文与篆文同，古鈢作□、□，此当就正，以不应从籀文大也"。（第 93 页）□、□（畾），"案□为籀文藁，□为①籀文橺，□为籀文鸎，□为籀文畾，则此第二文当亦籀文畾也"。（第 100 页）□（賈），"则字籀文作□，员字籀文作□，娟字籀文作□，则□（霝）乃籀文非古文也"。（第 100—101 页）

　　有误以古文为或体者。如：□（曇），"《汗简》引作古文，则郭氏所见原本不误。今以为或体者，非也"。（第 64 页）

　　有误以或体为古文者。如：□（网），"甲骨文作□、□，正象交网，此□疑非古文，而为篆文之或体。……《汗简》亦仅收籀文网，不收古文□，可证□之非古文，而后人误注也"。（第 73 页）

　　有疑其非古文者。如：□（白），"若云从入合二，则当作□，如从𠆢则为勹矣。此非真古文也"。（第 74 页）□（监），"古文从言，疑其非古也"。（第 78—79 页）□（惰），"据训惰为憜省，则婧为女部嬬省，而非古文。"（第 95 页）

　　2. 古文误植

　　一是"形近误植"。如：□（辻），"乃屎之古文，借为徙"。（第 13 页）□（尹），"疑此为尗之古文"。（第 24 页）□（肰），"肰乃火部燃之古文，误移于此耳"。（第 38 页）□（蓝），"乃蓝之古文，而误入竹部"。（第 39 页）□、□（虎），"两字从□，乃鹿头非虎头，疑为鹿之古

---

① 此字商氏作"文"，当是写误，今据文义改。

文，或从虎之字而误入于此"。（第 47 页）彤（丹），"段、严、王皆云为彤之古文"。（第 47—48 页）良（良），"作筤，抑即筤之古文而误入之于此矣"。（第 53 页）

二是"他人误植"。如：屮（中），亦"疑浅人误以屈中之虫入此"。（第 8 页）庄（庄），由篆文不填庄，推知"古文庄"三字必为后人所加，肯定段氏"其形本非庄字，当是奘字之讹。古文士或作大，讹为占也"之说。（第 9 页）道（道），据形则是导之古文，然古无导字。依桂馥所论肯定为后人所增。（第 14 页）教（教），"为后人所增入也"。（第 29 页）巨（巨），"古文与篆文相差一闲，疑后人以误本而加入之者"。（第 42—43 页）郊（郊），据段氏"古文郊当作古文岐，此浅人改山部之文入此"。（第 61 页）色（色），因此古文《玉篇》未收，商氏疑后人增入。（第 83 页）磺（磺），"后人以隶变之卵附屮下，又误移于此"。（第 87 页）磬（磬），由甲骨文皆不从石推知"从石为后人所加"。（第 87—88 页）离（离），据桂氏"非离之古文，盖闿之古文，后人乱之"。（第 122 页）

3. 古文形体之误

可分为传写而误、讹变而误、形近而误、整齐而误四种情形。

传写而误主要是《说文》古文在转写传抄过程中，由于误书而造成的讹误。商氏常以"写误"、"写讹"、"写失"、"写析"、"写脱"、"传误"等词来表示。有"玉、毒、册、荆、周、遂、得、農、叚、皮、矫、雉、利、衡、喜、青、仝、言、夏、乘、杶、梁、师、宾、霸、殂、宄、冒、伊、份、備、比、畏、碣、马、瀍、丽、狂、惪、泰、电、昆、妻、线、繘、纣、蛾、蠚、墺、陟、酉"51 字。

如：得（第 15 页）古文"得"省彳之形，又见于《说文》见部。商氏据甲骨金文和石经古文，指出得寻所从"见"是"貝"之讹，甚确。战国文字中，"得"字所从之"貝"常省从"目"作（《古陶文字征》4·140）、（《古玺文编》0291）诸形，楚文字多作形，"目"形下多一笔，也有同晋、齐系文字的。

讹变而误是指汉字在演变过程中由于类化或形声化等原因致使原形舛误。商氏主要通过"讹变"、"××之变"等词来表示，有"旁、瑁、彻、攸、斁、则、巫、卤、躬、畕、邦、放、观、烟、沫、闵、樲"17 字。

如：旁（第 4 页），商氏通过甲骨文、、，金文等形体，指出《说文》古文所从之丙、丙即丙、丙讹变之形。尽管商氏在作此文时，没看到比旁尊的"旁"更接近《说文》古文的战国形体 𠄌（帛书乙五），但后世出土的春秋战国文字证明了商氏所论之确。者减钟作 𠄌，亡智鼎作 𠂔，秦简作 𠂔、𠂔，均与此相类。李天虹认为，𠂔去掉上面一横，再把所从"方"的一横曲折，就很容易变成 𠂔①。何琳仪认为，楚帛书的"旁"字与《说文》古文第二形近似。②

形近而误主要是由于文字的相关构件相似，不易区别而在书写中将彼形误作此形造成的讹变。如：𠂹（采），"金文从采之字如番与小篆同，则采亦古文 𠂹 其省也。……平古文作 𠂹，与 𠂹 形近而误改之"。（第9—10页）𠧓（平），"金文古钵作 𠧓、𠧓。此中笔写断，应从石经古文作 𠧓。𠧓 与采部之古文 𠂹 近。故后人又误以 𠧓 为平也"。（第45页）𠌯（保），"甲骨文俘作 𠌯，与保形近易误"。（第74—75页）

整齐而误主要是指后世文字使用者为求整饬美观，取其悦目，而在整理、规范过程中造成的讹误。如：𠬻（友），金文农卣、曆鼎"友"字作 𠬻、𠬻，加"口"或"甘"为繁饰，商氏认为乃由 𠂔 整齐之而变，亦即此文所本而写失。（第25页）𦥑（韦），"金文黄韦俞父盘作 𦥑，与篆文同。甲骨文作 𦥑、𦥑、𦥑、𦥑、𦥑，像两人相背行，又像两足相撰隔，乃违之本字也。此从 𦥑，纹饰而等齐，失之"。（第55页）𠫓（云），"甲骨文毓之偏旁作 𠫓，如将点整齐则如髮，作髮形者，非其初也"。（第124页）

4. 许氏说解之误

商承祚指出许慎说解错误的例子有"厚、某、席、望、苟、磬、至、绍、缌"9字。如：苟（第84—85页），古文之形为 𦣻，原本不误，商氏据甲骨文、金文用作"敬"字和"敬"字所从的"苟"字的形体，释其为"狗"之初字，故不从羊，许氏析形有误。商氏所论甚确，楚帛书"敬"字所从的"苟"作 𦣻③，与此古文相近。上博简《三德》3号简"敬"字同。

（四）阙疑待问

由于受当时研究材料、研究水平的局限，商承祚虽对《说文》古文

①　李天虹：《说文古文新证》，《江汉考古》1995年第2期。
②　何琳仪：《战国古文字典》上册，中华书局1998年版，第717页。
③　饶宗颐、曾宪通编著：《楚帛书》，中华书局香港分局1985年版，第89页。

努力推求，然亦有不可尽得之处。对不能确定的古文，商氏不强为之解，而是坦然地表达疑惑，很好地体现了阙疑待问的朴学遗风。

对不能确定之处，或用"疑"、"殆"等词表示。该书正文中 55 处用"疑"，23 处用"殆"表示不能确定。如：🔲（古），由金文盂鼎作🔲，疑此是籀文。（第 17 页）🔲（晨）从🔲，于义无可说，"殆🔲之传误矣"。（第 22 页）

或明确表示"不知"、"未知"。如：🔲（役），"甲骨文有🔲字，与此正同。不知为一字否"。（第 27 页）🔲、🔲（饱），《汗简》引作🔲，"此从孚，《汗简》从保，未知何为本体"。（第 49 页）🔲（旅），又以为鲁卫之鲁，然白部🔲注："🔲古文旅。"与此两歧，故商氏说未知其来。（第 63—64 页）🔲（次），"此不知何义何从"。（第 82 页）🔲（眔），"甲骨文有🔲、🔲，不知与此为一字否"。（第 89—90 页）🔲（挞），"《汗简》引作🔲，《玉篇》作🔲，不知孰是"。（第 105 页）

或将不同意见列出，述而不作。有"礼、薑、公、遂、蕭、反、肃、夷、珍、死、胤、刚、筑、奏、甾、鼍、圭、劳、弼、恊、隤、禹、子"23 字。如：夷（第 34 页），"皷之篆文从🔲，廏之古文作🔲，断之古文作🔲，皆云从古文夷，而文各不同，必有一误"。弼（第 109 页），"🔲，小徐以为古文，大徐以为篆文或体。🔲，小徐以为篆文或体，大徐以为古文。🔲、🔲、🔲，段氏皆以为古文。《玉篇》同大徐而不收古文🔲。此又一异也。品式石经古文作🔲，与第一文同。敦煌《尚书·胤征》亦作敬"。

二　《说文中之古文考》的主要贡献

《说文中之古文考》通过与甲骨金文对比，溯源推变，寻汉字演化之迹；在诠释辨正中，阐释构形，隐括汉字形体规律，探讨文字构造原理；旁征博引，与传世文献相互考求，对许慎、段玉裁、吴大澂等前人诸说或印证，或批评，为我们进一步了解《说文》古文提供了专书研究成果，陈炜湛曾赞誉此书"于研读《说文》者大有帮助"。[①]

---

① 陈炜湛：《商承祚先生学术成就述要》，《古籍整理研究学刊》1993 年第 3 期。

（一）溯源推变，对照分析，寻汉字演化之迹

充分利用传世文献和出土文字对《说文》古文形体做了全面测查和对照，努力推求其源流，分析其演化，指出《说文》古文并非仅仅来源于"壁中书"，还可能是"当时之别体"（第3页）或"晚周之别字"（第42、87页）。

商氏据出土文字考证《说文》古文，是按照文字发展演变的历史，由已经确释的甲骨文到金文再到《说文》古文推证其源，也由此勾勒文字发展演变轨迹。如"王"（第6页），由甲骨文作王、王、王、土或省作人、𠆢，金文作王�餘尊、王宰甫殷、王盂鼎、亚者汸钟，而推知"王"之古文𠙺即此所本。对引证的古文字，不仅列其名，还摹其形。如"甚"（第44页），以金文甚諆鼎"甚"字作𣥐，毛公鼎"湛"字偏旁作𣥐和《说文》古文𠤬进行对照分析，推证"甚"之古文源有所自，材料选取恰当，引述适宜，审慎谨严。

商氏不仅以动态的眼光考释古文字，也以动态的眼光回溯《说文》古文的演变历史，考究《说文》古文的早期形体，了解其发展轨迹，分析其演变原因，这有助于我们进一步厘清汉字发展的脉络和规律。

（二）阐释形体，释疑辨误，探汉字造字理据

《说文》古文记录了早期的文字形体，我们不仅可据其推析汉字的构字本义，也可据以"上溯金文，以窥书契"，进而考释甲骨金文，同时有助于我们探究古代文化、解读传世古书，破读出土文献。然其本身来源复杂，距今又远，错讹之处屡现，需重新校正释读。

商承祚并没有停留在简单地据传世文献和出土文字对《说文》古文进行溯源的层面上，而是尽可能地对《说文》古文之正确形体加以阐释，分析其构意部件；指出《说文》所列错讹古文，分析其致误之由；探讨造字理据，总结文字构形规律。如："哲"（第40页），古文作𠱒，从三吉。从三吉之古文未见于出土古文字，商氏据"古文复体之字，从二者或从三，从三者或从四"的文字形体特点，建立起"哲"、"喆"和"嚞"三者之间的关系链条，为"哲"之古文构形提出合理解释，从而肯定许说。

（三）旁征博引，多方比较，析前人诸说得失

自《说文》问世以来，研究《说文》古文者不乏其人，成果宏富；

随着出土文物的不断增多，可以补充或驳正《说文》古文的资料亦层出不穷。《说文中之古文考》不仅向我们展示了前人研究《说文》古文的丰富成果，还客观公正地分析了前人诸说。

商承祚在该书中引证的古文字资料主要有：甲骨金文、鉨文、碑刻及包括《汗简》、《古文四声韵》、魏正始石经在内的传抄古文。征引的传世文字资料既有《玉篇》、《类编》、《集韵》、《韵会》等字书、韵书，也有《诗经》、《周礼》、《荀子》、《史记》、《汉书》等典籍文献。引用并评析他说以证己论涉及徐锴、段玉裁、桂馥、王筠、严可筠、吴大澂、罗振玉、王国维等前贤时哲，可谓“博采通人，至于小大，信而有证，稽撰其说”。

如“保”（第74页），商氏先通过与甲骨金文的比较，知其古文、皆不与甲骨金文合，疑其讹误；又引《春秋》经、杜预注、孔颖达《正义》肯定其因与“俘”相似而讹误；再据《汗简》、石经进一步证实自己的推论，论证翔实。今按，此古文第一形省“人”旁，《说文》又以为“孟”字古文，自相矛盾。第二形右从古文“孚”相同[①]，可以看作“俘”字繁体，而假借为“保”。甲骨文“俘”字偏旁作，古鉨作，金文贞毁作，迪伯毁作，与此相似。张富海据“保”和“孚”古音至近，推测古文“孚”可能是从古文“保”为声，也可能“子”旁下部的两笔是饰笔。[②]

商承祚在引用各种材料和各家学说考证古文时，不泥于古，也不拘泥于《说文》，常能做到多方比较，互相发明，客观评析，使一些难解的古文涣然冰释。如“簋”（第39—40页），其中一个古文作，从木从九。因为后世文字中“九”、“几”形体相近，常发生讹混，后人多以为“当从几俎之几，讹从八九之九”。商氏先引桂馥《义证》相关论述，再“证之古文，求之经义”指出桂氏之论本末倒置，误不可取。并引惠栋《九经古义》亦谓《易·涣》之机当作杭为证。今按，“杭”从九得声，“九”与“簋”均为见母幽部字，读音相同，“杭”为簋之古文不误。

---

① “孚”字古文作。

② 张富海：《汉人所谓古文研究》，博士学位论文，北京大学，2005年，第61页。

三　《说文中之古文考》的不足

　　商承祚在《说文中之古文考》中虽已利用大量的传世和出土文字资料对不少《说文》古文形体做出了合理解析，但囿于时代的原因，彼时古文字资料较少，尤其是鲜见与《说文》古文关系密切的战国文字，故在古文考证方面亦有一些不当之处。略举几例以窥一斑。

（一）错解古文形体

1. 秂（玉）

　　"甲骨文作玉，同篆文。又作丰、羊、珏从此。金文毛公鼎作王，乙亥毁作丰。从丨者，象丝组贯玉后露其两端。从丫者，则结其绪也。秂乃秉或秉之写误。古文字上下向背可任意为之，则羊、羊自可作秉、秉矣。《汗简》引《说文》作秂。"（第6页）

　　按，《说文》古文作秂不误。楚简文字玉和从玉之字与《说文》古文相近，其演变轨迹可归纳如下：丰（甲骨）——丰（倒书）——玊（楚简）——秂（说文）。① 另，"玉"本作丰，没有两斜笔，《说文》古文所加两斜笔是为了和"王"相区别，而非结其绪，也不是秉或秉之写误。

2. 屮（中）

　　"甲骨文金文作中、束、串，上下有斿，象因风左右偃也。恒旗宜正，故从丨在口中间以见义。甲骨文金文伯仲字皆作中，中正字则作束，以有斿无斿别之。仲在伯叔之间，故曰中也。石经古文中仲皆作束，此屮屈其末，则无以表其中正，故段氏'疑浅人误以屈中之虫入此。'殆是也。"（第8页）

　　按，商氏虽正确分析了"中"字在甲骨文中的构形和用法，但同段玉裁一样"疑浅人误以屈中之虫入此"则不确。今考战国文字，"中"有作弓（古玺文字征）、屯（玺汇〇〇四七）、屯（陶汇三·一〇九）、屯（包山三五）、屯（包山一四〇）、屯（包山二六九）等形，皆弯曲其竖

---

　　① 张学城：《楚简文字与〈说文〉古文合证研究》，《中国楚辞学》（第十六辑），学苑出版社2009年版。

笔，虽与《说文》古文形体不完全相同，但只是写法差异导致书写风格的不同，不是结构差异。当然这不仅仅是商氏一人搞错了，同时代的胡光炜也在其书中说："《说文》中训和，当作🔲，籀文作🔲近之，应作🔲或作🔲，不应作中，更不应屈中作🔲。"① 舒连景也说："殆虫之俗体乎?"② 皆因未见到更多的出土文字资料而未能正确说解古文构形。

3. 🔲（牙）

"段本作🔲，此当写讹。从牙又从齿，于义不可通，繁复无理，殆非古文。金文🔲敖毁作🔲。季姬牙父毁作🔲，象上下牙之相错。"（第16页）

按，此古文上从牙，下从齿，实为增从"齿"的象形初文。今证之战国文字，此形习见，如《古玺文编》412作🔲、2503作🔲，《古陶文字征》6.102作🔲，曾侯乙墓165号简、郭店《缁衣》9号简、上博简《缁衣》6号简、上博简《周易》23号简等"牙"字均从"齿"作。可见《说文》古文源有所自，商氏以为非古文，误。

（二）讹混形似形体

1. （尹）

"疑此为叔之古文，篆从一又，古文从二又。"（第24页）

按，商氏从古文形体判断"疑此为叔之古文"，不确。鄂君启车节"尹"作🔲，此古文上部即由之讹变，与"君"字古文同例。下部所从今《说文》"豕"字古文之形。"此古文或是从豕尹声之字，而假借为'尹'，如六国文字或用从尹从肉之字为'尹'。"③

2. 🔲（俎）

"《说文》：'🔲，古文俎，从夕作声④。'案，锴本作🔲，非是。🔲，古文夕字，当云从夕。又仌乃仌之古文，钵文仌字每作仌，后误认为仌矣。夕仌，俎意也。"（第36页）

按，商氏将大小徐本进行对比，肯定大徐本之古文，但认为大徐本当从夕从仌，仌为仌，却有未安。仌不是仌之古文，可隶定为"乍"，🔲实

---

① 胡小石：《说文古文考》，《胡小石论文集三编》，上海古籍出版社1995年版。

② 舒连景：《说文古文疏证》，上海商务印书馆1937年版，第6页。

③ 张富海：《汉人所谓古文研究》，博士学位论文，北京大学，2005年。

④ 今本《说文》为"从夕从作"。

际上是从夶从"乍"省。"且"、"乍"音近，作为声旁常通用，故"妞"可以从"乍"声。

3. 𡥋 （妻）

"此字当有脱讹。石经古文作𩠐·，可据补。《汗简》引作𡥋·，从自，乃 囟 之写失。"（第 106 页）

按，商承祚已认识到此字有脱讹，但将 囟 释作 囟，则未能辨析其差异。妻，战国文字作 𤕰（义云章）、𤕱（包山 75）、𤕲（包山 162）诸形，实为从 ﾖ，从角，从女之字，《说文》古文写脱"角"旁两侧的"ﾖ"形，又将 囟 形讹为 囟。石经古文不误，并在下所从"女"旁两侧各加两笔饰划。

（三）附会前人旧说

1. 珇 （瑁）

"段本作珇，云：'惟《玉篇》不误，此盖壁中顾命字。'从月，是也。月，正所以冒、目，从目作则无所取义。《汗简》引《说文》作珇，从 凵 乃 囟 之写误。是珇宋本已误从目矣。金文公伐郐钟作 𤔲，不省。"（第 7 页）

按，段玉裁据《玉篇》改古文为珇，商氏赞同之，并认为宋本已误从目，而"从目作则无所取义"。其说非是。冒从月，目声，冒和目有谐声关系，又冒、目均属明母觉部，两者音韵地位完全相同，故可通用。此正篆"瑁"与古文"珇"属于音同字素的替换。考诸出土古文字，"月"为"冒"之初文，"冒"有时可省作"目"，如"冑"，有作 𤔲（伯鼎）、𤔳（族徽文字），像人戴上冑后，眼睛依然外露，这完全符合"古人造字每以目代表人头，因目在首乃最重要之一部分"[1] 的心理。"瑁"字在楚简天星观（4405）中作珇形，在古陶文中作珇形（陶文编 1·4）；"冒"字在九年卫鼎中作 𤔲形，上博容成氏 15 作 𤔳形。当为其来源。

2. 𢗳 （悉）

《说文》："𢗳，古文悉。"案，囧，离娄（丽廔）闿明也，明于心也。

---

① 商承祚：《福氏所藏甲骨文字》，宋镇豪、段志洪主编：《甲骨文文献集成》（第一册），四川大学出版社 2001 年版，第 7 页。

是悉之义也。（第 10 页）

按，《说文》训"悉"为"详尽"。段玉裁以为古文悉从心冏会意，商氏承其误。按《说文》"目"及"省"、"睦"、"直"等字的古文所从的"目"皆作"㊉"形，此"悉"字古文所从的"囧"也应该是"目"之变，不当作明亮解。从目从心会意，目见而心知。

3. 㾱（膌）

《说文》："㾱，古文膌，从疒从束，束亦声。"案，从束者，凡瘦则露骨如束也，故篆文作㾱，从〇〇以象之，而与束异形同意也。（第 37 页）

此古文形体不误，但商氏说解欠妥。膌云"瘦也"，然过于羸瘠则病，故字又从疒，从束并非瘦则露骨如束。脊，古音精纽锡部；束，清纽锡部。脊、束声近韵同，作声符故可通用。刘钊亦撰文指出：古文从疒束声。但所从的"束"同篆文。篆文从"脊"声，而"脊"亦从"束"声。[①]

当然，如果我们不是从纵向而是从横向的角度进行观察的话，商氏的这些不足和疏漏无可厚非，毕竟他在研究《说文》古文时，所见到的出土古文字资料还很有限，尽管到成书付梓的 1983 年，商氏有条件进行修改、补正，但坚持"考释内容，一仍其旧，不事更张，以就正于读者"。

参考文献

陈炜湛：《商承祚先生学术成就述要》，《古籍整理研究学刊》1993 年第 3 期。

何琳仪：《战国古文字典》，中华书局 1998 年版。

胡小石：《说文古文考》，《胡小石论文集三编》，上海古籍出版社 1995 年版。

李天虹：《说文古文新证》，《江汉考古》1995 年第 2 期。

刘　钊：《〈说文解字〉匡谬》（四则），《说文解字研究》（第一辑），河南大学出版社 1991 年版。

舒连景：《说文古文疏证》，上海商务印书馆 1937 年版。

饶宗颐、曾宪通编著：《楚帛书》，中华书局香港分局 1985 年版。

商承祚：《说文中之古文考》，上海古籍出版社 1983 年版。

商承祚：《福氏所藏甲骨文字》，宋镇豪、段志洪主编：《甲骨文文献集成》（第

---

① 刘钊：《〈说文解字〉匡谬》（四则），《说文解字研究》（第一辑），河南大学出版社 1991 年版。

一册），四川大学出版社2001年版。

张富海：《汉人所谓古文研究》，博士学位论文，北京大学，2005年。

张学城：《楚简文字与〈说文〉古文合证研究》，《中国楚辞学》（第十六辑），学苑出版社2009年版。

项目基金

教育部人文社会科学研究青年基金项目"罗振玉文字学研究"（13YJC740083），江西师范大学博士启动基金项目"商承祚文字学研究"。

作者简介

吴慧，江西师范大学国际教育学院副教授，华中科技大学语言学及应用语言学专业博士，学位论文《商承祚文字学之研究》（2013）。

段注中的"浑言"、"析言"分析

江西科技师范大学　吴峥嵘

摘　要：段玉裁《说文解字注》中所列出的"浑言"、"析言"可以分为同一类属内的"浑言"与"析言"和同一整体内的"浑言"与"析言"两种情况。前者是由于下位语义范畴兼指上位语义范畴而造成了下位语义范畴词语与上位语义范畴词语间的通用，或是同属下位语义范畴的词语的通用。后者是由于部分语义范畴兼指整体语义范畴而形成的部分语义范畴词语与整体语义范畴词语间的通用，或是同属于部分语义范畴的词语的通用。这两种通用都是应语言向更抽象方向发展的需要而出现的，其产生的机制一致。因而所有能够"浑言则同"的词语都是同义词。

关键词：浑言；析言；语义范畴；通用；同义词

"浑言"与"析言"是段玉裁在《说文解字注》中创造性地运用的术语。其中"浑言"又称"统言"。马景仑（1998）、李亚明（1987）、叶斌（2003）等人就曾对相关问题进行过分析，着重讨论了"浑言"、"析言"的意义、类型和本质等问题。

一般认为，能够"浑言则同，析言则别"的词语就是同义词。但蒋绍愚（1989）也曾对段注中的"浑言"、"析言"情况进行过区分，认为并不是所有的能够"浑言则同"的词语都是同义词。我们不禁要问，既然种种情况都能以"浑言"、"析言"来统领，我们是否能够找到一个内在的、统一的机制来解释它们。冯蒸（1995）曾对段注中所有的"浑言"、"析言"的材料做过研究，我们将对冯蒸所整理出的段注中的"浑言"、"析言"材料进行一个梳理，借以探讨"浑言"、"析言"形成的机制、"浑言则同"与同义词的关系等问题。本章将从同一类属内的"浑言"与"析言"、同一整体内的"浑言"与"析言"、"浑言"与"析言"

形成的机制、"浑言则同"与同义词四个方面展开。

一　同一类属内的"浑言"与"析言"

同一类属内的"浑言"与"析言"指的是能够"浑言"与"析言"的词语同属于某一意义类别之中，同一类属内的"浑言"与"析言"有以下几种情况：

（一）种概念与属概念浑言则同，析言则别

实义词总是表达着一定的概念，种概念与属概念分别属于下位概念和上位概念，而在段注中很多的种概念与属概念虽析言有别，浑言却同。此种情况约占全部语料的15%。如：

瓞：《说文》：瓝也。段注：按瓞瓝者，一种草结小瓜名瓞，即瓝瓜也。……瓝瓜之近本继先岁之实谓之瓞也。上云瓞瓝浑言之，此析言之也。

獠：《说文》：猎也。段注：许浑言之，释天析言之曰宵田为獠。

在段注中，还有一类词专指另一类词中的大者或是小者，这两者之间也形成了浑言则同，析言则别的关系。如：

薮：段注：大泽也，统言则不别也。

条：《说文》：小枝也。段注：毛传曰：枝曰条，浑言之也。条为枝之小者，析言之也。

击：《说文》：攴也。段注：攴下曰：小击也。……于攴下见析言之理，于击下见浑言之理。

（二）同级概念间浑言则同，析言则别

此种情况在段注中最为常见，约占全部浑言、析言分析中的64%。同级概念间的浑言、析言根据词语所表达的对象又可分为若干种情况：

1. 不同状态下的事物

词义所表达的对象要么经过时间的推移而发生变化，要么经过不同的处理而有所改变，这些反映的都是不同状态下的事物。如：

妣：段注：曲礼曰生曰父、曰母、曰妻，死曰考、曰妣、曰嫔，析言之也。释亲曰父曰考，母曰妣，浑言之也。

皮：《说文》：剥取兽革者，谓之皮。段注：析言则去毛为革，统言则不别也。

2. 不同品种

此种情况数目较多，所谓不同品种，乃指同一种类下的两个相邻近的品种，它们在很多方面都很相似。如：

茅：段注：统言则茅、菅是一，析言则菅与茅殊，陆玑曰：菅似茅而滑泽无毛，根下粉者，柔韧宜为索，沤乃尤善矣，此析言也。

凫：《说文》：舒凫，鹜也。段注：李巡云：野曰凫，家曰鹜……然则《说文》于凫下举舒凫，盖谓统言可不别，但云舒凫则固析言之矣。

鸟：段注：短尾名隹，长尾名鸟，析言则然，浑言则不别也。

3. 不同形制、材质、身份、时间等

词语所指的事物间的差别在于形制或材质、身份、时间、性质等方面中的某一方面，这样的词语也可以浑言则同，析言则别。

贿：《说文》：财也。周礼注曰：金石曰货，布帛曰贿。析言之也，许浑言之，货贿皆释曰财。

脂：《说文》：戴角者脂，无角者膏。按上文膏系之于人，则脂系之禽，此人物之辨也。有角无角者各异其名，此物中之辨也。……周礼香臊腥膻皆曰膏，此皆统言而不别也。

耒：段注：谓犁谓耜，统言之也，许分别金谓之犁，木谓之耜，析言之也。

囿：《说文》：苑有垣也。段注：高注淮南曰有墙曰苑，无墙曰囿，与许互异。……周礼注曰囿，今之苑。……许析言之，郑浑言之。

驿：《说文》：置骑也。段注：言骑以别于车也。驲为传车，驿为置骑，二字之别也。……车谓传，马谓遽，浑言则传遽无二，析言则传遽分车马。许驿下云置骑也，驲下云传也，此析言也。

4. 动作、行为或性状关涉的对象不同

动作、行为往往会涉及施事、当事、受事等语义关系，对于性状而言，它也会涉及当事。动作、行为或性状关涉的对象不同的词语也可以浑言则同，析言则别。

萌：《说文》：草木芽也。段注：木字依《玉篇》补，《说文》以草木芽、草木干、草木秀联缀为文。萌芽析言则有别，尚书大传周以至动，殷以萌，夏以牙是也，统言则不别。

腯：《说文》：牛羊曰肥，豕曰腯。段注：《左传》奉牲以告曰博硕肥腯……左氏统言之。

刻：《说文》：镂也。金谓之镂，木谓之刻，此析言之，统言之则刻亦镂也。

化：段注：虞荀注易分别天变地化，阴变阳化，析言之也。许以化释变者，浑言之也。

5. 动作行为的方式、程度等不同

动作行为的方式、程度等是动词意义中的比较重要的成分，表示不同的方式、程度的动作行为的词语也可以实现浑言则同，析言则别。如：

翔：《说文》：回飞也。段注：高注《淮南子》曰：翼上下曰翱，直刺不动曰翔。按翱翔统言不别，析言则殊。

儋：《说文》：何也。段注：韦昭齐语注曰背曰负，肩曰儋，任抱也，何揭也。统言之则以肩以手以背以首皆得云儋也。

伛：《说文》：偻也。段注：《通俗文》曲脊谓之伛偻……左传曰：一命而偻，再命而伛，三命而俯。析言之，实无二义。

卧：段注：卧与寝异，寝于床，论语寝不尸是也，卧于几，孟子隐几而卧是也。……统言之则不别。

此外，还有一些词语，反映的是不同的造词理据，此种情况亦有十余例，现略举一二例于下：

犬：《说文》：狗之有悬蹄者也，象形，孔子曰视犬之字如画狗也。段注：有悬蹄谓之犬，叩气吠谓之狗，皆于音得义。此与后蹄废谓之彘，三毛聚居谓之猪，竭尾谓之豕，同明一物异名之所由也。……观孔子言，犬即狗矣。浑言之也。

嫁：说文：女适人也。按自家而出谓之嫁，至夫之家曰归。丧服经谓嫁于大夫曰嫁，适士庶人曰适，此析言之也。浑言之则皆可曰适，皆可曰嫁。

二　同一整体内的浑言与析言

同一整体内的"浑言"与"析言"指的是能够"浑言"与"析言"的词语所指称的事物同属于某一整体之中，同一整体内的"浑言"与"析言"有以下几种情况：

（一）部分与整体之间的浑言与析言

这里的部分与整体既包括空间上的部分与整体，也包括时间上的部分与整体，同时还有个体与整体的情况。如：

髀：《说文》：股外也。段注：肉部曰：股，髀也，浑言之。此曰髀，股外也，析言之，其义相足。

娠：《说文》：女妊身动也。段注：凡从辰之字皆有动意，震振是也。妊而身动曰娠，别词也，浑言之则妊娠不别。

册字下：段注：蔡邕独断曰：策，简也。其制长者一尺，短者半之。其次一长一短，两编下附札牒也。亦曰简编、次简也。……郑注礼云策简也，此浑言之。

（二）部分与部分之间的浑言与析言

部分与部分之间的浑言与析言主要有以下几种情况：

1. 两个部分正好组成一个整体

墉：《说文》：城垣也。段注：皇矣：以伐崇墉。传曰：墉，城也。……城者，言其中之盛受。墉者，言其外之墙垣具也。毛统言之，许析言之也。

坟：《说文》：墓也。段注：此浑言之也。析言之则墓为平处，坟为高处。

榦：《说文》：筑墙端木也。释诂曰桢榦也。舍人曰：桢，正也，筑墙所立两木也。榦所当墙之两边鄣土者也。旧说析言之，尔雅与许皆浑言之。

牙：《说文》：壮齿也。统言之则皆称齿称牙，析言之则前当唇者称齿，后在辅车者称牙。

服：《说文》：一曰车右騑所以舟旋。段注：马部曰：騑，骖也，旁马也。古者夹辕曰服马，其旁曰骖马。此析言之。许意谓浑言皆得名服马也。

2. 两个部分属于整体中的一个截面，二者的位置直接连接

夜：段注：夜与夕浑言不别，析言则殊。小雅：莫有夙夜，莫有朝夕，朝夕犹夙夜也。

戚：《说文》：钺也。段注：大雅曰：干戈戚扬。传云：戚，斧也。

扬，钺也。依毛传戚小于钺，扬乃得钺名。……许则浑言之。

肓：《说文》：心下鬲上也。段注：贾侍中说肓、鬲也，统言之。许云鬲上为肓者析言之。

3. 表示成对出现的事物的词语浑言则同，析言则别

响：《说文》：声也。段注：浑言之也，天文志曰：响之应声，析言之也。

晷：《说文》：日景也。段注：上文云景，光也，浑言之，此云晷日景也，云日光，析言之也。以其阴别于阳，即今之影字也

4. 表示行动的目的与手段的词语浑言则同，析言则别

譬：《说文》：谕也。段注：谕，告也，譬与谕非一事，此亦统言之也。

谀：《说文》：谄也。段注：谀者，所以为谄，故浑言之。

恕：《说文》：仁也。段注：孔子曰：能近取譬，可谓仁之方也矣。孟子曰：彊恕而行，求仁莫近焉。是则为仁不外乎恕。析言之则有别，浑言之则不别也。

5. 反映事件过程中的不同阶段的词语浑言则同，析言则别

哯：段注：欠部曰欧，吐也，浑言之，此云不欧而吐也者，析言之，此欧以胸喉言，吐以出口言也。

见：析言之有视而不见者，听而不闻者，浑言之则视与见、闻与听一也。

三　浑言、析言形成的机制

所谓"浑"，《说文》曰："溷流声也。"段注云："郦善长谓二水合流为浑涛，今人谓水浊为浑。"所谓"统"，《说文》曰："纪也。"段注"纪"下云："一丝必有其首，别之是为纪。众丝皆得其首，是为统。"所谓"析"，《说文》曰：破木也。总而言之，"浑言"、"统言"皆有将二（多）合为一的意思，"析言"则有将一分为二（多）的意思。段注中"浑言"、"析言"得以有效使用的基础在于以下两点。

（一）上下位语义范畴的沟通

认知语言学发现同一事物可以同时属于不同层次的范畴，在这些多层

次的范畴中，有个层级属于基本层次范畴，它是人类对事物进行区分的最基本的等级，相对于基本层次范畴来说，还有一个上位范畴和下属范畴。事实上，在多层次的范畴之下，每相邻的两个层级的范畴之间总是形成一种上、下位范畴的关系。正如，一条狗可以同时属于公狗、狗、动物、生物等多个层次的范畴之中，我们既可以说它是一条公狗，也可以说它是一条狗，或者说它是一个动物以及它是一个生物等。在生物、动物、狗、公狗这些范畴层级中，从前往后看，任何相邻的两个层次都可以看成上下位范畴关系。如生物与动物、动物与狗、狗与公狗之间都形成上下位范畴的关系。

认知语言学认为同一事物可以用多个来自不同语义范畴等级的词来指称。吉拉尔茨和德克（Geeraerts & Dirk，1994）研究了一物多词（onomasiological variation）的情况，指出基本层次范畴具有最凸显的地位。段注中的"浑言"、"析言"表明在古代汉语中，一词可以沟通上下位语义范畴，亦即上下位语义范畴都可以用同一个词来表示。

在"祥"字下，段注曰："统言则灾亦谓之祥，析言则善者谓之祥。""祥"本指好的征兆，这是一个下位语义范畴，但它也可以指称包括好、坏征兆在内的一个上位语义范畴。我们前面所列举的种概念与属概念浑言则同，析言则别的情况都属于下位语义范畴兼指上位语义范畴的范围从而造成了下位语义范畴词语与上位语义范畴词语浑言则同。

前文所说的同级概念间浑言则同，析言则别从本质上来讲实际上也属于下位语义范畴兼指上位语义范畴。如"菡"字下《说文》曰："菡萏，扶渠华。未发为菡萏，已发为夫容。"段注曰："此就花析言之也。陈风有蒲菡萏，尔雅毛传曰：其华菡萏，此统言之，不论其已发未发也。屈原宋玉言芙蓉不言菡萏亦犹是也。许意菡之言含也，夫之言敷也，故分别之，高诱曰其华曰芙蓉，其秀曰菡萏，与许意合。"菡萏本指含苞待放的荷花，夫容指的是盛开的荷花。它们所指的是两个并级的下位语义范畴，但同时它们也都可以兼指包括含苞以及盛开情况在内的这样一个上位语义范畴。

再如，"暑"字下《说文》曰：热也。段注云"暑与热浑言则一，故许以热训暑，析言则二。……暑之义主湿，热之义主燥。""暑"本指的是湿热这样一个下位语义范畴，"热"指的是干热这样一个同级的下位语义范畴。而"暑"与"热"均可兼指包括湿热、干热在内的这样一个上位语义范畴。

就词汇系统而言，种概念与属概念"浑言则同"时本身就存在着一个下位语义范畴词语和一个上位语义范畴词语，只不过是这个下位语义范畴词语同时可以兼指上位语义范畴，从而实现了下位语义范畴词语与上位语义范畴词语的一种通用；同级概念间"浑言则同"时本身只存在着两个同级语义范畴词语，而这两个同级语义范畴词语又皆可兼指它们共同的上位语义范畴，而且这个上位语义范畴在语言里没有得到词的形式的表现，这两个同级的语义范畴词语在兼指它们的上位语义范畴时得以通用。

下位语义范畴词语与上位语义范畴词语通用或同级的语义范畴词语能兼指其共同的上位语义范畴从而形成通用的根本原因在于这些下位语义范畴本身就过于细微，当这些过于细微的区分不是必要的时候，这些下位语义范畴就能自动地过滤掉一些细微的特征从而可以指代其上位的语义范畴。

段注中表示同一类属内的浑言则同，析言则异的词语以名词居多，其次是动词，形容词极少见。而这些名词、动词里面又多是一些可感性强的非常具体的词。这也可以反映出先民在创造这些词语的时候是以具象思维为主的。但是随着语言的发展，具象的思维向更抽象的层面发展，以前所产生的很多词语就会没有再对它们进行细致区分的必要了。因而这些词语逐渐地指代它们的上位语义范畴就成了一种趋势。

从段注的材料中我们可以看出，人们很早就对一些词语的意义的细微差别不甚了了了。比如，段玉裁在"橐"字下注曰：按许云橐囊也。橐囊也，浑言之也。大雅毛传曰小曰橐，大曰囊。高诱注战国策曰无底曰囊，有底曰橐。皆析言之也。囊者，言实其中如瓜瓢也。橐，言虚其中以待如木柈者。可见，人们一方面知道"橐"与"囊"意义有细微差别，另一方面，对于这种差别又不是很清楚，因而出现有人认为"橐"与"囊"的差别是小与大的差别，也有人认为"橐"与"囊"的差别是有底与无底的差别，还有人认为"橐"与"囊"的差别是实与虚的差别。这样"橐"与"囊"这两个同级的下位语义范畴均兼指它们共同的上位语义范畴也就是很自然的事了。再如，"薨"字下《说文》曰："公侯卒也。"段注云"此不曰公侯死而言公侯卒者，欲见分别则惟大夫称卒，统言则不尔也。曲礼又曰：寿考曰卒，短折曰不禄，此概言之，非谓大夫士也"也是同样的道理。

先民在遣词造句时也常常将一些意义相近相类的词语并列，借以增加语言的节奏感与音乐感，这样的词语并用往往并不需要区分词语的细微差异，这也会促使这些词语所代表的语义范畴向上位范畴发展。如"辎"字下：段注曰："前有衣为辑车，后有衣为辎车。""辑"字下段注又云："辎辑俗多联举，故备析言浑言之解。"

就语言的发展来看，段注中表示同一类属内的浑言则同，析言则异的词语间的意义差异在现代汉语中大多已经消失。现代汉语中需要表达这样的细微差异的时候，人们只能选用词组的形式，因为已经没有现成的词可用了。这也说明这样一些极为具体的词义的细微差异逐渐被人类舍弃是语言发展的结果。

（二）部分概念与整体概念的沟通

按照完形知觉理论，知觉分局部知觉和整体知觉，而局部知觉要落实到整体。段注中的同一整体中的浑言与析言表明在古汉语中，部分与部分，部分与整体之间也能得以沟通。

整体是由部分组成的，对于任一凸显的部分的知觉，都能使人联想到它所处的整体。正"鞔"字，《说文》曰"履空也"指的是鞋帮子。鞋帮子是鞋的必不可少的一部分，如果没有鞋帮子就做不成鞋，反过来，如果不做鞋，也就没有必要做鞋帮子。因而"鞔"这个词就很容易从它自己的语义范畴"鞋帮子"转移到另一个语义范畴"鞋"中去，这样就形成了这两个语义范畴的沟通，这两个词也就得以通用。所以《吕氏春秋》"南家工人也，为鞔者"中就直接在应该用"履"的地方用上了"鞔"。

再如，"娠"字下《说文》云："女妊身动也。""娠"指的是怀了孕并且有了胎动。从时间关系来看，"娠"的时间段发生在"妊"的时间段之内，它们在时间上形成一种部分与整体的关系。然而出于完形心理，"娠"的胎动极易让人想到"妊"的怀孕，这样"娠"与"妊"这两个不同的语义范畴得以沟通，"娠"与"妊"也实现了通用。因而段玉裁说"浑言之则妊娠不别"。

部分与部分间能够浑言则同，析言则别也离不开完形心理的作用。能够浑言则同的部分与部分之间密不可分，常常相伴而生，从而能使人在认知中认识到部分与部分合起来就是一个相对独立的整体。部分语义范畴因都能兼指包含了其邻近的语义范畴在内的一个相对整体的语义范畴而得以沟通。

如前文所列："坟"字下《说文》曰："墓也。"段注云："此浑言之也。析言之则墓为平处，坟为高处。"就一般的坟墓而言，它既包含坟头，也包含坟身。"坟"与"墓"这两个词分指坟头与坟身。这两者刚好组成一个整体，举其一，必能联其二。因而"坟"与"墓"都可由原来所指的部分的语义范畴，转而兼指整体的语义范畴。这样"坟"与"墓"就实现了通用。

"夜"字下段注云："夜与夕浑言不别，析言则殊。小雅：莫有夙夜，莫有朝夕发，朝夕犹夙夜也。""夜"与"夕"是某一时间段内的两个时间点，它们可以作为部分和其他的部分一起组成一个时间的整体。在这一个时间的整体内，"夜"与"夕"是紧密相连的两个部分。很容易让人产生相互的联想，况且这两个时间部分的边界也并不是清晰的。因而"夜"与"夕"就都能由原来所指的部分的语义范畴，转而兼指涵盖了这两个部分在内的一个相对整体的语义范畴。这样"夜"与"夕"也实现了通用。

"谀"字下《说文》曰："谄也。"段注云："谀者，所以为谄，故浑言之。""谀"是手段，"谄"是目的。这二者作为一个部分形成一个整体。因而它们之间也实现了通用，都能兼指涵盖这两个部分在内的整体。

部分语义范畴能够兼指相对独立的整体语义范畴的重要原因在于，词语对于整体中部分的切分过细，人们对其中的差别不易区分。如"斋"下段注云："斋之为言齐也，齐不齐，以致齐者也。斋戒或析言，如七日戒三日斋也是也。此以戒训斋者，统言则不别。""斋"与"戒"之间最初的关系是"斋"是目的——齐不齐，"戒"是手段，二者构成一个整体。但是由于这两者关系过于密切，它们之间的意义差异也逐渐变得模糊，它们最容易让人想到的是它们所兼指的那个整体的语义范畴。因而人们又以"七日戒三日斋"来强为之别。

与同一类属内的浑言则同，析言则别的情况相类似，同一整体内的浑言则同，析言则别也可以分为两种。部分与整体浑言相同，析言则别时往往部分语义范畴与整体语义范畴都以专门的词的形式来表现。而部分与部分浑言则同，析言则别时，往往只是部分的语义范畴有词的表现形式，其相对应的相对独立的整体语义范畴往往没有相应的词的表现形式。

四　"浑言则同"与同义词

我们认为根据分析的情况来看：同一类属内的浑言则同或同一整体内的浑言则同，要么是下位的语义范畴皆能兼指上位的语义范畴，要么是部分语义范畴兼指相对整体的语义范畴。下位语义范畴兼指上位的语义范畴，促进了词语之间的通用——并非下位语义范畴与上位语义范畴的通用，也并非下位语义范畴与下位语义范畴的通用，而是下位语义范畴所兼指的上位语义范畴与原有的上位语义范畴的通用，或是下位语义范畴均可兼指相同的上位语义范畴因而形成通用。同样地，部分语义范畴兼指整体语义范畴，促进了词语之间的通用——并非部分语义范畴与整体语义范畴之间的通用，也并非部分语义范畴与部分语义范畴的通用，而是部分语义范畴所兼指的整体语义范畴与原有的整体语义范畴的通用，或是部分语义范畴都能兼指相同的整体语义范畴从而形成通用。而且这种通用，并不需要特别的语境条件限制，它是基于人们对于词语意义的比较普通的认识。因此，可以认为凡是段注中说明浑言则同的词语皆可认作同义词。

参考文献

冯蒸：《说文同义词研究》，首都师范大学出版社 1995 年版。

蒋绍愚：《古汉语词汇纲要》，北京大学出版社 1989 年版。

李亚明：《关于"统言"、"析言"的类型和本质》，《辞书研究》上海辞书出版社 1987 年版。

马景仑：《说文段注"浑言"、"析言"在汉语词义研究中的意义》，《徐州师范大学学报》（哲学社会科学版）1998 年第 3 期。

叶斌：《试论"浑言"、"析言"的几个问题》，《杭州师范学院学报》2003 年第 3 期。

项目基金

江西省社会科学"十二五"规划项目"古汉语同义词的聚合与再范畴化"（11WX23）阶段性成果。

作者简介

吴峥嵘，江西科技师范大学文学院教授，华中师范大学汉语言文字学专业博士，学位论文《左传索取给予接受义类词汇系统研究》（2006）。

简述《楚辞》方言注释对《方言》的运用

——以洪兴祖、戴震、李翘三家注本为例

东华理工大学　黄建荣

摘　要：洪兴祖的《楚辞补注》对《方言》的运用有三点：其新注的方言字词引用最多的书证材料就是《方言》；引用包括《方言》在内的书证材料补充王逸已注方言；对王注中"一作"、"旧作"之类的词语有时也用《方言》进行补注。戴震的《屈原赋注》对《方言》的运用主要是：新注的方言字词，绝大多数是引扬雄的《方言》为证；涉及的方言地域加宽；在对前人所注的方言字词进行补充说明时，也有自己独特的见解。李翘的《屈宋方言考》对《方言》的运用最多，主要体现在：增训宋玉赋方言；驳正王、洪旧说；辨析原文或引文讹误。

关键词：扬雄；方言；洪兴祖；戴震；李翘

历代训诂学家解读古籍之字词，大都把扬雄的《方言》作为重要的参考著述之一，《楚辞》的解读也不例外。但历代楚辞学者是如何运用《方言》来解读楚辞方言字词的，学术界专论甚少，笔者试为之作一简要描述。

自东汉王逸《楚辞章句》首开《楚辞》方言词语注释之风，后世研读《楚辞》者无不关注之，使得方言注释成为《楚辞》字词注释中的一个重要部分。然回顾楚辞学史可知，自汉代到民国的近七百种楚辞研究专著中，有不少提及或运用了扬雄的《方言》内容，但稍加梳理后不难发现，其中能较充分体现《方言》在楚辞方言字词注释中作用的楚辞研究专著主要有三部，即南宋洪兴祖的《楚辞补注》①、清代戴震的《屈原赋

---

① 洪兴祖：《楚辞补注》（白化文等点校），中华书局1983年版。

注》① 和民国初期李翘的《屈宋方言考》②。

一　洪兴祖《楚辞补注》对《方言》的运用

洪兴祖的《楚辞补注》，虽然是直接在王逸《楚辞章句》的基础上进行的，但它的方言注释却在继承王逸的基础上前进了一大步，这就是较多地引用了《方言》和其他书证材料。

据初步统计，王逸、洪兴祖训释《楚辞》中的方言词语共有 62 个，其中王注 21 个（含重复注释的 2 个，实际 19 个），洪注 41 个（含王逸已注的 5 个）。洪兴祖的方言训释对象，与王逸基本相同，但不同的是不仅数量增多，而且一般是引用书证或前人所说加以证明，其中引用书证最多的就是《方言》一书。比如，轪、棘、蔽、汩、冯、欸、䙭、睇、闾阖、婹、些、坛 13 个王逸未注方言字词，其中引用《方言》的为 7 个。例如：

> 轪音大。《方言》云："轮，韩、楚之间谓之轪。"（《离骚》"齐玉轪而并驰"注）
>
> 《方言》曰："凡草木刺人，江、湘之间谓之棘。"（《桔颂》"曾枝剡棘"注）
>
> 蔽，《集韵》作䇽，其字从竹。《方言》："簙谓之蔽，秦、晋之间谓之簙，吴、楚之间谓之蔽。或谓之箭里，或谓之棋。"（《招魂》"菎蔽象棊"注）
>
> 汩，越笔切。《方言》云："疾行也，南楚之外曰汩。"（《离骚》"汩余若将不及兮"注）
>
> 冯，皮膺切。……《方言》云："憑，怒也，楚曰憑。（郭璞）注云：'恚盛貌。'"（《天问》"康回冯怒"注）
>
> 欸，音哀。《方言》云："欸，然也。南楚凡言然者，曰欸。"（《涉江》"欸秋冬之绪风"注）
>
> 《方言》："䙭，举也，楚谓之䙭。"章庶切。（《远游》"鸾鸟轩

---

①　戴震：《屈原赋注》（褚斌杰、吴贤哲点校），中华书局 1999 年版。

②　李翘：《屈宋方言考》，芬熏馆刊本，民国 14 年（1925）。

翥而翔飞"注）

除此之外，洪氏还直接引《方言》和其他书证材料以进一步解说王逸已注的方言词语。如《离骚》"忳郁邑余侘傺兮"句，王逸已注其中的"傺"字是"住也，楚人名住曰傺"，洪兴祖补注曰：

> 傺，丑利切。又……敕界切。《方言》云："傺，逗也，南楚谓之傺。"郭璞（注）云："逗，即今住字。"

洪注所补充的不仅有"傺"字的两种读音，而且引《方言》和郭璞注明确其方言地域为"南楚"，并使人明了"傺"、"住"、"逗"三字之间的音义关系。

洪氏注本还有一种情况，即对王注中未注明是方言的"一作"、"旧作"之类的词语进行补注，其补注时所引用的材料有一些也牵涉《方言》。如《东皇太一》"灵偃蹇兮姣服"句中的"姣"字，王逸注为："好也。……一作妖。"洪补注该字为：

> 《方言》曰："好，或谓之姣。"（郭璞）注云："言姣洁也。"姣与妖并音狡。

在这里，洪兴祖引用《方言》证明了"姣"字为什么可注之为"好"，并从读音上明确它为什么又会"一作妖"。又如，《惜往日》"妒佳冶之芬芳兮"句中的"佳"字，王逸注为"一作娃"，洪补注说：

> 娃，於佳切。吴、楚之间谓好曰娃。

其中洪氏未说明"吴、楚之间谓好曰娃"一语出自《说文·女部》"娃"字条。另查《方言》卷二，有"美，吴楚衡淮之间曰娃"之语，可见"娃"、"好"、"美"为同义词，洪氏实为间接运用《方言》。

总的看来，洪氏能够较好地运用《方言》注释《楚辞》方言词语，但不足之处是未能指出所引用材料出自的卷数，不便读者检索。

二　戴震《屈原赋注》对《方言》的运用

自洪兴祖之后直到戴震的六百多年间，尽管出现了不少《楚辞》注本，但在方言字词的注释方面却显得相对滞后。戴震的《屈原赋注》，正是在这种情况下对方言字词再次进行注解和说明，从而使得《楚辞》的方言字词注释得到进一步的发展。

《屈原赋注》所释的方言字词共 34 个（不包括汪梧凤《音义》所引），其中 18 个是前人未注的（含《通释》中 6 个）。其他 16 个方言字词中，冯、簰、咍 3 个是引用王逸注本，另外 13 个是引用或补充洪兴祖注本的，即汨、逐、女婴、轪、裸、捬、闉阖、姣、桡、坛、轸、娃、笯。戴震新注的 18 个方言字词，正文中出现的绝大多数是引扬雄的《方言》为证，《通释》中出现的则主要是引用其他典籍或直接解释。正文所注的 12 个方言字词，除释"橑"是引《说文》①、释"终古"引郑康成《考工记》外，其余 10 个均直接点明是引用《方言》，列举如下：

> 南楚语小阜曰阯，大阜曰陁。……宿莽，犹《礼记》之称宿草，谓陈根始复萌芽者。《方言》云："莽，草也，南楚曰莽。"（《离骚》"朝搴阰之木兰兮，夕揽洲之宿莽"注）
>
> 《方言》："超，远也。东齐曰超。"（《国殇》"平原忽兮路超远"注）
>
> 《方言》："坟，地大也。"（《天问》"地方九则，何以坟之"注）
>
> 《方言》："吴越饰貌为钧，或谓之巧。"郭璞注云："语楚声转耳。"（《天问》"穆王巧捬，夫何周流"注）
>
> 《方言》云：逗也。（《惜诵》"欲儃佪以干傺兮"句释"傺"）
>
> 《方言》云：轸，戾也。（《惜诵》"心菀结而纡轸"句释"轸"）
>
> 《方言》云：痛也。（《抽思》"心怛伤之憺憺"句释"怛"）
>
> 《方言》：凡哀泣而不止曰咺。（《怀沙》"曾咺唫悲"句释"咺"）
>
> 《方言》云：广也。（《悲回风》"藐曼曼之不可量兮"句释

---

① 戴氏并未指出"橑"引自《说文》，此为笔者查证所明。

"藃"）

《方言》云：眓也。（《远游》"耀灵晔而西征"句释"晔"）

《通释》中注释的方言词语有 6 个，但引用《方言》的仅一例：

> 凫①，《尔雅》谓外鷅。《方言》云："野凫，其小而好没水中者，南楚之外谓之鹥鸰，大者谓之鹍䴔。"（《通释》卷下）

除了上述明确指明的方言字词之外，戴震对有些字词的说解既未说明是否方言，也未引用《方言》为证，但实际上却是对方言字词进行注释。例如，他对《九章·惜往日》"乘氾泭以下流兮"句注曰：

> 泭，《诗》谓之方，或谓之筏，或谓之䉵。

在这里，戴震实为以方言释方言。查《诗·周南·汉广》"不可方思"句，毛传："方，泭也。"陆德明《经典释文》引《方言》云："泭谓之䉵，䉵谓之筏。"②

戴震所注的方言字词，在数量上虽然要少于汉代王逸和宋代洪兴祖，但仍有着与王、洪不同之处。这种不同主要有三：一是较为突出地增加了 17 个新的方言字词的注释；二是引用的资料更广，涉及的方言地域加宽（如周、齐、鲁、蜀、吐蕃、蒙古等地，旧注均未提及）；三是表现在对前人所注的方言字词进行补充说明时，也有自己独特的见解。比如说，对《离骚》"齐玉轪而并驰"句中的"齐玉轪"，洪兴祖引《方言》补注云："轮，韩、楚之间谓之轪。齐，同也，言齐驱并进。"其中洪兴祖对"轪"的解释不够妥帖，影响了对句意的理解。而戴震引《方言》注释曰：

> 轪，毂端錔也。《方言》："关之东西曰輨，南楚曰轪，赵、魏之间曰鍊鎇。"齐玉轪，言并毂而驰。

---

① 戴氏在《通释》中所解字词，均未说明出自何篇何句。查"凫"字于《楚辞》三见，分别为《大招》、《招魂》和《卜居》，因戴震未注"二招"，故此应是释《卜居》"将氾氾若水中之凫"之"凫"字。

② 此条见《方言》卷九。

　　戴震的注释，比洪兴祖更全面、更确切。所以游国恩先生云："齐玉轵，当如戴说，言并毂而驰。"[1]从另一个角度来说，戴震较多地引用《方言》的材料为证，不仅说明他熟悉和重视《方言》，认为"此书为小学断不可少之书"[2]，也表明他于1755年所作的《方言疏证》在撰写《屈原赋注》时就有了较好的基础。

　　戴震在引《方言》时与洪兴祖一样，也未能指出所引用材料出自的卷数。

三　李翘《屈宋方言考》对《方言》的运用

　　自汉代到清代，汉代王逸的《楚辞章句》、宋代洪兴祖的《楚辞补注》和清代戴震的《屈原赋注》三部著述，可作为《楚辞》方言注释的三座里程碑。然比较遗憾的是，他们的著述均非专门归纳、探究《楚辞》方言。直到民国十四年（1925），现代学者李翘的《屈宋方言考》刊行问世，才使得《楚辞》方言注释无专书的局面终于被打破。

　　《屈宋方言考》考释方言词语共68个（47则），其中57个依次分为四类：名物字34个，动作字15个，状况字5个，语词2个；还有11个附于前三类中。据笔者统计，在这68个方言词语中，前人未作任何考释的共有29个，其中12个属宋玉赋（含《招魂》3个、《九辩》1个），即蟋蟀（《九辩》）、蝇、蚊、堁、閴、键、嫱、嫚、掩、遥（《招魂》）、嬉（娱，《招魂》）、费（曊，《招魂》）；17个属于屈赋，即薆、苏、瀸、堵敖、修（脩）、颇（陂）、寂、独、荒、遥（《抽思》）、謇（蹇）、悼、爱、逞、淫（婬）、贪婪（惏）、远等。

　　综观《屈宋方言考》一书，其对屈宋作品中方言的考释特色主要有四方面：一是增训宋玉赋方言，二是驳正王、洪旧说，三是补证王、洪之说，四是辨析原文或引文讹误，其中最重要的为第一方面。除第三方面外，李翘在其他三个方面均较多地运用了《方言》。

（一）增训宋玉赋方言

　　经浏览，除了王、洪已注的《九辩》和《招魂》和一些无方言词语

---

① 游国恩：《离骚纂义》，中华书局1980年版，第481页。

② 戴震：《戴震集》，上海古籍出版社1980年版，第478页。

的作品之外，《屈宋方言考》还牵涉的宋玉作品有《高唐赋》、《风赋》、《神女赋》、《登徒子好色赋》、《舞赋》、《大言赋》、《小言赋》、《钓赋》、《对楚王问》9篇，它们均属今人吴广平先生考证后①认定的宋玉14篇作品之内。可以说，李翘对这9篇宋玉赋方言词语的训释，是一项前无古人的拓荒之作，在《楚辞》方言训释这一领域具有十分重要的意义。

李翘对宋玉作品中方言词语的训释，大致可分为两种类型：一种是专项训释，一种是将之作为同类文词引证或简要考证。除属《九辩》和《招魂》的之外，共得出：第一种类型8例，有6例直接引用《方言》等材料；第二种类型7例，仅1例直接引用《方言》。第一种类型如：

《方言》十一："蝇，东齐谓之羊，陈楚之间谓之蝇。"（《小言赋》"蝇蚋岂以顾盼"、"馆于蝇鬚"句释"蝇"）

《方言》十："凡相窃视，南楚谓之阚。"（《登徒子好色赋》"阚臣三年"释"阚"）

楗、键通。（《尔雅·序》释文，键又作楗。）《方言》五："户钥，自关而东、陈楚之间谓之楗。"（《风赋》"冲孔动楗"句释"楗"）

李善《文选注》引《方言》曰："嫱，美也。"〔按〕《方言》二："南楚之外谓美曰娃。"娃、嫱同字。（《神女赋》"嫱被服"句释"嫱"）

李善注引《说文》："嫣，静也。"字亦作嫈。《汉书·外戚传》云："为人婉嫈有节操。"颜师古注云："嫈，静也。"《方言》六："嫈、谛，审也。齐楚曰嫈。"审、静义同，故《说文》"静"字下曰"审也"。（《神女赋》"澹清静其惝嫣兮"句释"嫣"）

李善《文选注》："掩掩，同时发也。掩，同也。"〔按〕《方言》三："掩，同也。江淮南楚之间曰掩。"（《高唐赋》"越香掩掩"句释"掩"）

在第二种类型中，典型的1例是"宿莽/莽"字条。李氏在举《九歌·湘夫人》、《离骚》、《九章·思美人》等屈原作品中的相关句子为例

---

① 吴广平：《宋玉研究》，岳麓书社2004年版，第86—102页。

考释后，又举宋玉《风赋》"梢杀林莽"句为例并考释云：

> 扬子《方言》十："屮、莽，草也。南楚曰莽。"（又，《方言》三："草，南楚江湘之间谓之莽。"莽字误作芥。休宁戴氏《方言疏证》本依薛综《西京赋》注改正。）

（二）驳正王、洪旧说

由于王、洪注本在方言训释的权威性，后世研究者一般皆加以吸收而少有辨析。李翘的考释特色之重要一点，就是对王、洪训释的不妥之处进行了驳正。李氏驳正的重要依据之一就是运用《方言》材料。

例如，"謇"字在《离骚》中多次出现，其中有的是楚方言，李翘认为王、洪不明乎此，以致误解。如"謇吾法夫前脩兮"句，王、洪把"謇"解作"难"；"謇朝谇而夕替"句，王注"故朝谏謇謇于君，夕暮而身废弃也"，释"謇"为"謇謇"，是"忠贞貌也"。李翘为此考释曰：

> 《方言》十云："譬，极吃也，楚语也。"吃者，语难也，字作譬。《一切经音义》卷七、卷九、卷廿二、卷廿三均引《方言》"謇，吃也，楚人语也"，知古本譬作謇。原本《玉篇·言部》"謇"下曰："《方言》'謇，吃也，楚语也'。"郭璞曰："亦北方通语也。"譬，《声类》亦謇字也。謇为楚人语词，若羌字之类。

考释结论是：这两句中的"謇"字，均为楚国方言，相当于"羌"字之类的发语词。

又如，《离骚》"羿淫游以佚畋兮"句，王逸注释为"言羿为诸侯荒淫游戏，以佚畋猎"。李翘认为其中有误，他在按语中先予以考释云：

> 王解淫为荒淫，不知淫游乃重叠字。《方言》十："婬，惕游也。江沅之间谓戏为婬。"婬、淫字通。

然后，李翘还引用了《楚辞·招魂》"归来兮，不可以久淫"句王注"淫，游也"、《楚辞·远游》"神要渺以淫放"句洪注引《广雅》"淫，游也"等同类字词注释为证。

又如，《九章·抽思》"愿摇起而横奔"句，王逸注为"欲摇动而奔走"，把"摇"字解为"摇动"，李翘在按语中考释曰：

> 《方言》六："汩、遥，疾行也。南楚之外曰汩，或曰遥。"嘉定钱氏《方言笺疏》曰："遥字通作摇。《广雅》'摇，疾也'，并引'遥起'句为证。"钱说甚是，王注解作摇动，误。

李翘在此先引《方言》、《方言笺疏》、《广雅》等书的说解，证明王注的失误，然后又引王念孙之说以加强说服力：《读书杂志·余篇》曰："摇起，疾起也。'疾起'与'横奔'文正相对。"

洪兴祖之说，学者一般皆认可其书证材料比王逸之说更详尽。不过，洪说有时反而不如王说妥当，比如说对方言词语的训释。李翘为之也加以辨析纠误的例子，可见于释"欸"、"堵敖"、"爰"、"费"、"扬阿"等，其中对"欸"、"爰"、"费"的考释主要是运用了《方言》为证。例如，对于《九章·涉江》"欸秋冬之绪风"句中的"欸"字，王注为："欸，叹也。"洪补注为："欸音哀。《方言》云：'欸，然也。南楚凡言然者曰欸。'"李翘则甄别曰：

> 《方言》十虽有"欸，然也"之训，然于此文义不通，当从王注。

又如，《九章·怀沙》"曾伤爰哀，永叹喟兮"句中的"爰"字，王注为："爰，於也。言己所以心中重伤，于是叹息自恨，怀道不得施用也。"李翘按：

> 《方言》卷六云："爰、嗳，恚，也。楚曰爰，秦晋曰嗳。"郭注云"谓悲恚也"。又《方言》十二："爰、嗳，哀也。"郭注"哀而恚也"。王注非。

再如，《招魂》"晋制犀比，费白日些"句中的"费"字，王注为："费，光貌。言晋国工作簿棊箸比，集犀角以为雕饰，投之皜然如日光也。"李翘辨析曰：

费，《说文》"散财用也"，无训作"光貌"者，盖"曊"字之假字。（曊、费字通，并见孙徵君《札迻》卷十二）曊字见《淮南子·地形训》，曰"日之所曊"，高注"曊，犹照也"，正其字。《方言》十作"晞"，曰："晞，晒干物也。扬楚通语也。"（晞，宋本音费，今本作音晒，误。）物暴于日曰晞，则辉映日光亦可曰曊也。

（三）辨析原文或引文讹误

李翘在书中，还有意识地对一些前人在说解或引用《楚辞》时出现的讹误予以辨析，这些情况主要体现在释"潭"、"辀"、"簟"、"嫛"、"攓"、"笯"诸字条中，其中的"辀"、"攓"、"笯"等例以引用《方言》为主。例如，《九歌·东君》"驾龙辀兮乘雷"句释"辀"，王注为："辀，车辕也。"李翘按：

《方言》九："辕，楚卫之间谓之辀。"洪《补注》引作"楚韩"，与今本不同。

又如，《离骚》"朝搴阰之木兰兮"句释"攓"。王注为："搴，取也。"李翘按：

《方言》一："攓，取也。南楚曰攓。"《方言》十："攓，取也。楚谓之攓。"字作"攓"。《说文·手部》作"撋"，拔取也。南楚语。《楚辞》曰'朝撋阰之木兰。'是知撋、搴同字，攓字亦通。

又如，《九章·怀沙》"凤凰在笯兮"句释"笯"。王注为："笯，笼落也。"洪《补注》："《说文》曰：'笼也。南楚谓之笯。'"李翘按：

今《说文》"笯"下曰"鸟笼也"，无"南楚"句。《方言》十三："笼，南楚江沔之间谓之篣，或谓之笯。"

又如，《离骚》"纫秋兰以为佩"句释"纫"。李翘按：

《方言》六："擘，楚谓之纫。"洪《补注》引《方言》"续，楚谓之纫”。原本《玉篇·系部》“纫”下引《方言》：“剿，续也。楚谓之纫。”

在“辆”字条中，李氏是指出洪氏注本所引用的“楚韩”与今本《方言》不同；在“攓”字条中，李氏是通过比较《楚辞》、《方言》、《说文》而得出“搴、搴同字，攓字亦通”的结论；在“篍”字条中，李氏在指出洪氏引《说文》之误的同时，另引《方言》为证；在“纫”字条中，李氏指出洪注所引与原本《玉篇》所引相同，而与今本《方言》不同。

顺便说明的是，李翘的《屈宋方言考》一书，在不少地方采用了洪兴祖《楚辞补注》之说。这方面分两种情况，一种是直接套引洪注，如释“纫”、“翥”、“汩”、“诼”等字；一种是在洪注引《方言》或其他书证材料的基础上，再补引以增强说服力，比如说释“軑”、“棘”、“蔽”、“冯”、“傺”、“睇”、“佳（娃）”、“褋”等字①，此因篇幅所限而略原例。另外，李翘有时也采用戴震之说（参见本节第7例），兹不重复叙述。

为更好地说明整体情况，除上述已举例子之外，这里再将李翘运用《方言》考释屈宋赋中其他方言字词的18个例子列举如下：

《方言》三：“苏，芥草也，江淮南楚之间曰苏。”（《离骚》“苏粪壤以充帏兮”句释“苏”）

《方言》十一：“蜻蛚，楚谓之蟋蟀。”（《九辩》“哀蟋蟀之宵征”句释“蟋蟀”）

《方言》八：“猪，南楚谓之豨。”（左思《吴都赋》“封豨蔙”、张协《七命》“甇封豨”，李善注并引《方言》此语。）（《天问》“冯珧利决，封豨是射”句释“豨”）

《方言》九亦有“泭谓之䉢”语。（《九章·惜往日》“乘氾泭以下流兮”句释“泭”）

《方言》二：驢瞳之子谓之䁖（承上“南楚江淮之间曰顯”句）。

① 如释“軑”加引《说文》和段玉裁注，释“棘”加引郭璞注，释“傺”加引《广雅》，释“睇”加引《方言》二，释“佳（娃）”加引《太平御览》引文和《方言》二，释“褋”加引郭璞注等。

引申为美目貌。(《招魂》"靡颜腻理，遗视矊些"句释"矊")

脩、修古多通用。《方言》二：修，长也。陈楚之间曰修。(《离骚》"路漫漫其脩远兮"句释"脩（修）")

《方言》六：陂，衺也。陈楚荆扬曰陂。(《离骚》"循绳墨而不颇"句释"颇（陂）")

寂，一作宗。《方言》十：宗，安静也。江湘九嶷之郊谓之宗（今本宗讹作家，抱经堂校本据宋本改）《庄子·大宗师》"其容宗"，《齐物论》郭象注"死灰槁木，取其宗寞无情耳"，皆作宗。《说文》作宗，今作"寂"字。汉张公神碑"张纳孔彪"、任伯嗣碑，亦均作"宗"，是古本通用。"宗"，休宁戴氏《屈原赋音义》以为宗字之讹，非。(《远游》"野寂漠其无人"句释"寂")

《方言》十二：一，蜀也，南楚谓之独。(《九章·怀沙》"怀质抱情，独无匹兮"句释"独")

荧，一作党。荧、党，与"茕"通。或曰：茕，古荧字。《方言》六："茕，特也。楚曰茕。"(《离骚》"夫何茕独而不予听"句释"茕")

《方言》六："遥，广远也。梁楚曰遥。"(《招魂》"倚沼畦瀛兮遥望博"句释"遥")

《方言》三："陈楚周南之间谓美为窕。"又曰："秦晋之间，美状为窕，美心为窈。"(《九歌·山鬼》"子慕予兮善窈窕"句释"窈窕")

《方言》一："悼，哀也。陈楚之郊曰悼。"(《九辩》"悼余生之不时兮"句释"悼")

《方言》三："快，江淮陈楚之间曰逞。"(《大招》"逞志究欲，心意安只"句释"逞")

娭，一作嬉。《方言》十："江沅之间谓戏为媱，或谓之嬉。"(《招魂》"悬人以娭，投之深渊些"句释"娭")

"婪"字亦作"惏"。《广韵》二十二："覃、婪，贪也。"惏为婪之或体。《一切经音义》一"贪惏"下引《楚辞》"众皆竞进而贪惏"，当是古本。又《方言》一："惏，晋魏河内之北谓惏曰残，楚谓之贪。"卢绍弓曰："惏即惏字。"《方言》二："惏，残也。陈楚曰惏。"(《离骚》"众皆竞进以贪婪兮"句释"贪婪")

《方言》六："离，楚谓之越，或谓之远。"（《九章·惜诵》"愿曾思而远身"句释"远"）

《屈宋方言考》的不足主要有两点：它引用了大量洪兴祖注本的材料，却仅是在部分字条下说明，使得读者难以把握；作为专书书，它虽然在方言考释的数量上超过前人，但却没有把前人已注的方言词语全部归入而有缺漏，使人难以窥视前人注释屈宋赋方言词语的全貌。然瑕不掩瑜，就《楚辞》方言考释的地位而言，《屈宋方言考》在楚辞学史上仍然有着不容忽视的地位，其对方言词语的认定与考释有不少被现当代学者认同。比如说，《楚辞学通典》中之三的"词语（楚语）"部分，敖、悼、费、寂、窥、瞘、颇（陂）、苏、嫡、嬉（娭）、掩、嬐（瘱）、爱、贪婪、窈窕等词条，均是直接或间接取自李翘的考释结果。

参考文献

戴震著，褚斌杰、吴贤哲点校：《屈原赋注》，中华书局 1999 年版。

戴震：《戴震集》，上海古籍出版社 1980 年版，第 478 页。

洪兴祖著，白化文等点校：《楚辞补注》，中华书局 1983 年版。

洪湛侯：《楚辞要籍解题》，湖北人民出版社 1983 年版。

黄建荣：《〈楚辞〉古代注释论纲》，中国文联出版社 2004 年版。

黄建荣：《王逸、洪兴祖的方言训释比较及其影响》，《云梦学刊》2003 年第 5 期。

黄建荣：《考释〈楚辞〉方言的第一部专书——论〈屈宋方言考〉的体例与考释特色》，《中国重要会议论文数据库·江西省语言学会 2007 年年会论文集》，2008。

李翘：《屈宋方言考》，芬熏馆刊本，民国十四年（1925）。

吴广平：《宋玉研究》，岳麓书社 2004 年版。

游国恩：《离骚纂义》，中华书局 1980 年版。

周建忠、汤漳平：《楚辞学文库·楚辞学通典》，湖北教育出版社 2003 年版。

[附记] 本文初稿曾提交"扬雄《方言》与古代语言学文献国际学术研讨会"（北京·2007）宣读，改定稿提交"首届赣鄱语言学博士论坛"（南昌·2013）宣读。

项目基金

2010 年度教育部人文社会科学一般项目"《楚辞》训诂史"（10YJA740035）。

作者简介

黄建荣，东华理工大学文法学院教授，华东师范大学汉语言文字学专业博士，学位论文《〈楚辞〉古代注本研究》（2002）。

西周金文构形特征探析

南昌师范学院　王瑞英

　　摘　要：西周金文处于汉字体系的形成和发展时期。西周铜器铭文中图形文字向方块字体转变，偏旁部首增加并趋于成熟，汉字形体结构日益完善，形声结构迅速增长。对西周金文构形特征的考察能够深入了解文字发展变化的过程，从而有助于探求汉字的发展变化规律。

　　关键词：西周；金文；构形

　　西周金文处于汉字体系的形成初期，西周金文在汉字发展过程中所处的阶段以及其独特的书写材料和书写方式的性质决定其有别于其他时期的汉字而具有自身的鲜明的字体风格和构形特征。西周金文处于由图形文字向方块字体转变的关键时期，象形的特点逐渐淡化，汉字形体结构由于偏旁的增加而逐渐完善，早期形声字开始产生。对这一时段文字的构形特点的研究有助于了解早期汉字的特点，探究和构建汉字早期发展的历史。

一　字体演变的层次性

　　西周金文属于早期汉字，字体风格具有明显的原始文字的象形特点。西周金文虽然从甲骨文演化而来，但与后者相比象形特征更加明显。这是由于二者书写材料和方式的不同决定的。甲骨文是用刀在龟甲兽骨上直接刻写，笔画冷硬细瘦，而西周金文是铸造铜器时直接浇铸的，笔画肥厚饱满，更能体现象形的性质。现代学界一般将西周金文分为早、中、晚三期。西周早期金文的形体结构主要特点表现为对甲骨文形体结构的继承上，其次是演变因素的积聚。西周早期是一种直线式积累，即沿着甲骨文形体结构发展的直线方向积累变异的因素。这种演变的因素由少到多的积累，至西周中晚期便表现出许多鲜明的特征，最终形成文字演变中质的变化，如新形体结构的激增、偏旁部首的增加和趋于成熟，形声结构的迅速增长。首先，从文字结构来看，初期金文还具有较鲜明的象形文字特点。由于许多字形保留着图画文字的轮廓或特征，字体结构较为繁复。"戈"作"（Y00807）"，像武器之形，"鼎"作"（Y05496）"，直接描画出鱼的外形。从文字体态笔势书体及笔势上看，早期金文多用肥笔且笔锋突出，笔画首尾出锋，"波磔"现象明显。因此西周早期文字书体称为"波磔体"。在早期铭文的行文风格上，铭文中不同文字之间以及同一个字内部间距较大，结构松散，行款参差错落。合文、倒书等早期文字的特殊现象仍然存在，具有鲜明的早期文字特点。此时期文字风格的代表性铭文为大盂鼎（Y02837）和利簋（Y03580）。西周中期以后随着文字的发展，字体的演进，铭文字体逐渐淡化图画形式的特征，向规范化的方向发展，开始走向成熟。具体表现在字形的线条粗细趋向一致，肥笔减少，笔画无波磔，两端平齐，笔道粗细一致，线条化明显。在字形上逐渐改变西周早期的散漫稀疏的特征。字体结构以平正紧凑为主，文字结构趋于简化便捷，从"波磔"笔势趋向平正匀称的竖长方块字体，逐渐形成所谓的"玉箸体"的形体特点，字体的风格特点已可见后世篆体的影子。铜器铭文在行文上逐渐注重书写的规范性。在书写行款方面，由于字体逐渐规整，行款也趋于同一，甲骨文中遗留的"合文"、"反书"、"倒书"大为减少，铭文字体风格逐渐严谨。西周中期金文书体的典型代表为史墙盘（Y10175）。西周晚期青铜器数量大量增加，铭文加长，文字更加成熟规范。其中具有代表性的铭文为虢季子白盘（Y10173）、毛公鼎（Y02841）。

从汉字演变的角度来看，西周金文由早期的"波磔体"发展为"玉箸体"，汉字的象形性逐渐淡化，并由首尾出锋的波磔笔势向结构匀称的线条化笔势转化。线条化是西周金文作为汉字符号化体系逐渐成熟的标志①。西周后期文字继续沿着简化、规范化、线条化的趋势发展。当然，文字的演进是复杂的，较晚时期的铜器铭文中有时往往存在一些早期风格的字体，器盖同铭或同一组铜器铭文中的文字字体存在差异，但这些文字演变过程中的反复现象不能否定文字进化的事实。

---

① 黄亚平、孟华：《汉字符号学》，上海古籍出版社 2001 年版，第 146 页。

二 西周金文演变的特征

西周金文形体结构的主要特点表现为两点，一为对甲骨文形体结构的继承上，这表明了文字体系发展的内在联系及传承性。其次表现为文字演变的跳跃性，这是文字体系发展中量的积累产生的质变，即传承中的突破。西周早期金文形体结构继承殷商甲骨文的形体结构是主要的，但同时又不断有新因素的出现和积聚从而促使西周金文形体形成较明显的特征，表现出文字发展过程中的跨越式演变。西周金文的构形特征表现为以下几个方面：

（一）同源字开始分化

在汉字的形成初期由于汉字数量的限制，并且当时通行的象形、指事、会意等具象的造字方法难以表达抽象的事物。早期文字中通常存在用一个字形表示相关联的几种意义的现象。西周金文中这种同源字之间的异字同形现象处于分化过程中。铜器铭文中同源异字同形分化现象可分为三种情况：第一，在甲骨文中异字同形的文字到西周金文中进一步分化，形成判然有别的不同汉字形体。如甲骨文中"正"与"足"字异字同形，西周金文中二字已经分化。"足"字仍沿袭原形体，而"正"字上部则先作填实的圆体或方体，继而演变为一横划，作正。第二种情况是在西周金文中同源的异字同形现象处于分化过程中，表示不同意义的汉字形体已经分化，但字形与所表示意义之间的关系尚未固定，仍会出现交叉混用的现象。如"女"与"母"在西周金文中已经开始分化，甚至有"母"和"女"出现在同一片铜器铭文中，字形判然有别，如女作（Y00679），母作（Y00679），女作（Y00688）（通汝），母作（Y00688）。但也有形体混用的情况，母作（Y00646），女作（通汝）（Y02841）。在同一篇铜器铭文中母作（Y02107）、（Y02107）两种形体。第三类是在西周金文中异字同形字尚未分化，几种不同意义仍共享一个汉字形体。如西周金文中乡（飨、嚮、響、卿），乡（飨）作（Y02674 征人鼎）、乡（嚮）作（Y04287 伊簋），乡（卿）作（Y02595 臣卿鼎），几种意义共用一个字形。异字同形现象还有史（事、史、使）、大（太）、听（圣）等。此类异字同形现象尚未开始分化，其字形所代表的不同意义只能从铜器铭文的上下文语境中判断。

（二）增加偏旁构件、形体趋于完善

甲骨文多为独体的象形字和指事字，合体的会意字、形声字数量相对较少。西周金文的发展表现为合体字的逐渐增多。这种变化过程中偏旁部首的增加起着重要作用。新形体结构的激增，偏旁部首的增加和趋于成熟，形声结构的迅速增长，形成这一时期演变的根本特征。如上表所示甲骨文中的独体象形字到西周金文中往往增加偏旁成为合体的会意字或形声字。与甲骨文时期相比较，西周金文中可以充当偏旁的文字数量增多，偏旁日益成熟，结合成字的能力增强。如在甲骨文中"人、大、文、口、马、犬、鸟、隹、走、今、雨、日"在甲骨文中充当偏旁构成文字的数量很少，西周金文中这些汉字作为偏旁的结合能力大大提高，以此作为偏旁的汉字数量增多。如"旬、复、走、遣、学、禽"在甲骨文中作"🔣🔣🔣🔣🔣🔣"，到西周金文时期则增加偏旁"日、彳、止、辵、子、今"作"🔣🔣🔣🔣🔣🔣"此外，有些字在甲骨文中尚未成为构字偏旁的，在西周金文中发展为构字偏旁，如"车、邑、竹、言、页"等。西周金文中这些新出现的字形以原字形为声符，以增加的表意偏旁为形符构成新的形声字。大量形声结构的涌现，使得西周金文的形声结构比例上升，改变了甲骨文中形声字比例较低的情况，出现了向形声结构方向发展的趋势。象形的造字方法日益减少，甚至基本不使用了。

偏旁的较快增加和成熟、形声结构的大量涌现，就是西周铜器文字结构演变的主要特征。这些方面是互相联系、互为影响的。形体增加，必然采用形声结构的方式，形声结构的大量使用，必然在实践中使形声结构更加成熟，这种成熟化最突出的一点就是偏旁增加和成熟。反之，偏旁的增加和成熟，就能更好高效率地形成大量新形体，从而构成新层次的循环。同时形声结构的激增，从横向看，制约了象形字和会意字的增长，会意字处于辅助地位，象形字已基本上不再产生。不仅如此，形声结构还深入影响到它们的内部结构，促使一部分会意结构向形声结构转变，象形结构也有一部分向形声结构靠拢。文字的演变中充满了互相联系、互相制约的辩证关系。

（三）合文数量及种类比商代甲骨文减少

合文作为古文字中的一种特定文字现象，学界多有论及。关于合文的定义，陈梦家先生首先提出"所谓合文者指两个字相合为一个文字单位"。① 曹锦炎先生在《甲骨文合文研究》中提出"所谓合文，就是把两个或两个以上的字合写在一起，构成一个整体，好像一个字，实际上代表两个或两个以上的字，也就是说它读两个或两个以上的音节（这在小篆以后极少见）。它和后世汉字一字一个音节有着明显的区别"。随着古文字研究的不断深入，学界对合文的界定也日益精确。对于合文的性质和出现条件，闻宥先生在《中国文字本质的研究》一文中认为合文的出现"都不是偶然的，因为以字数而论，固然是二字或三字；而以词性而论，确大多数是一词，把它们合写起来，正像近人所主张的词类连书"。② 汤余惠先生则认为"合文是把前后相连的两个或几个字合写在一起，但事实上并非随便哪几个字都可以合书。构成合文的，不仅要前后相连，而且必须是语言中的固定词语，如数量词、地名、职官、复姓之类。这是构成合文的基本条件"。③

由此可见，合文是由"两个或多个字"组成的，形式上是占有"一个文字单位"也即"一个构形单位"。其性质应是用一个文字记录语言中的复合词（或词组），也即是一个字读两个音节的现象。合文所记录或代表的应该是固定词语、复合词或惯用语。对于合文的定义、归类以及具体对象的认定，根据学界已有的相关研究成果界定，所谓合文需要具备三大要素：位置、字数以及表词特征。位置上是"一个字的位置"，字数上是"两个或多个字"，表词上要记录"固定词语"。"合文"在西周金文中仍然大量存在，但与甲骨文时期的合文相比，又有明显的不同之处。甲骨文合文数量大种类多，据《汉语古文字合文研究》统计，甲骨文各类合文

---

① 陈梦家：《殷墟卜辞综述》，科学出版社1988年版，第106页。
② 闻宥：《中国文字本质的研究》，《"国立"中山大学语言历史学研究所周刊》（第十一集），国家图书馆出版社2011年版。
③ 汤余惠：《略论战国文字形体研究中的几个问题》，《古文字研究》（第十五辑），中华书局1986年版，第89页。

加起来总共 376 个①。甲骨文合文从种类上主要分为：干支合文、数词加名词构成的合文、祖先类合文、神祇类合文、官职类合文、方国或地名类合文、数字类合文、天气类合文、时间类合文。

西周金文中合文与甲骨文相比较，数量和种类明显减少。西周金文的种类主要有形容词加名词构成的合文，如白金、彤弓、灵䠱；量词加名词构成的合文，如秬鬯；动词加名词构成的合文，如内（入）门 📷 （Y02814）；祖先合文，如且辛 📷 （Y03644）；时间类合文，如二年 📷 （Y02818）、二月 📷 （Y02756）、五月 📷 （Y02776）、百世 📷 （Y02791）；数字类合文，如五十 📷 （Y00252）、二百 📷 （Y06015）；数词加量词构成的合文，如四匹 📷 （Y02787）、三两 📷 （Y02831）、五十朋 📷 （Y05433）、三朋 📷 （Y02499）；动词加介词的合文，如孝于 📷 （Y00746）；特殊合文如亚某；西周金文各类合文总计 76 个，数量较甲骨文合文大大减少。在甲骨文中占主要比例的干支合文、数字加名词合文、祖先合文、数字类合文在西周金文中逐渐减少。数字加商代甲骨文三字合文占有相当比例，而西周金文中合文以两字合文为主。

合文是文字原始性的体现，是存在于早期汉字中不规范的文字现象。"从文字发展的眼光来看，合书是文字发展过程中出现的一种特殊现象，是逐渐消失的，最终是要被析书形式所取代的。"② 这是由汉字作为记录语言的工具这一特性决定的。文字作为记录语言的符号，为了更准确地记录语言，表达语义，必然要求文字和语言自身的音节相一致。

（四）省简相同重复构件

汉字是以象形为基础的表意文字体系。早期汉字通过描绘事物外部特征来表意成字，因而造成字形结构复杂，形体繁复。为了便于书写，简化是汉字演变发展的一条重要规律。西周金文逐渐摆脱其前代汉字的象形性质，逐渐向线条化符号化的简化方向演变。省简相同重复性构件即为其简

---

① 刘海琴：《甲骨文"合文"判断方法的初步研究——以花园东地甲骨"合文"为例》，《传统中国研究集刊》（第四辑），上海人民出版社 2008 年版。

② 陈炜湛：《郭沫若〈释五十〉补说》，《中华文史论丛》（总第 16 辑），上海古籍出版社 1980 年版。

化演变的一个重要途径。

省简字	省简前字形	省简后字形	省简构件
陸	（Y01359） （Y03621）	（Y03619）　（Y5081） （Y3619）	阜
逆	（Y01888）　（Y06133）	（Y02487）　（Y03747）	彳
光	（Y02055-6） （Y03441）	（Y2709）　（Y1025） （Y8161）	卩（人形）
綌	（Y1538）	（Y01538）　（Y02830）	糸
霍	（Y10270）	（Y02413）	隹
秦	（Y10582）　（Y468）	（Y3867）　（Y3867）	禾
束	（Y7052）	（Y4195）	口
對	（Y04046） （Y2835）	（Y4273）　（Y2841）	又
弔	（Y01568） （Y03183-4）	（Y3605）　（Y01924）	弔
來	（Y01619）	（Y09299）	來
㠱（子）	（Y02009）	（Y0260）	囗
羊	（Y05585）	（Y06171）　（Y02410）	羊
冊	（Y02328）　（Y02490） （Y03433）　（Y03523）	（Y02504） （Y04272）	冊

　　相同重复构件的省简分为两类，一类所省简的构件是汉字形体的一个组成部分，为达到简化的目的省简繁复的相同部分，如上表中"陸、逆、光、綌、霍、秦、束、對"等字形的简化就属于此类情况。另一类简化不是汉字内部结构的简化，所简化的相同繁复部分都单独成字。铜器铭文中常出现相同字形对称使用的情形，如上表"弔、來、㠱、羊、冊"等字的省简前字形。铜器铭文中此种特殊的字形排列方式的出现有两种因素，

首先，汉字本身是象形文字有图画性质的孑遗，加上铜器纹饰的对称性质的影响；其次，民族文化心理的影响，追求对称性的美感效果，这在铜器纹饰和汉字内部构件的相同构件对称性中都有所体现。这种特殊的字形排列方式在铜器铭文中增强协调性，与纹饰的对称性相吻合。

综上所述，西周金文属于早期文字，其字形尚处于发展分化的过程当中。在字体风格上早期金文还残留商代文字的孑遗，仍然具有很强的象形特征。金文书体从早期的"波磔"体演化为"玉箸"体，字形逐渐向线条型的方块字体转化，通过省略相同构件或形体繁复部分达到简化字形的目的。同时随着文字的不断发展，金文中的异体同体的同源现象开始分化。与商代甲骨文相比较，西周金文由于增加偏旁构件因而形体趋于完善，成字偏旁增加，结合成字能力增强。西周金文中仍保留一些原始文字的特征，"合文"、"倒书"、"误铸"等原始文字现象说明当时的文字使用仍然不规范。

参考文献

曹锦炎：《甲骨文合文研究》，《古文字研究》（第十九辑），中华书局 1992 年版。

陈梦家：《殷墟卜辞综述》，科学出版社 1988 年版。

陈炜湛：《郭沫若〈释五十〉补说》，《中华文史论丛》（总第 16 辑），上海古籍出版社 1980 年版。

黄亚平、孟华：《汉字符号学》，上海古籍出版社 2001 年版。

刘海琴：《甲骨文"合文"判断方法的初步研究——以花园东地甲骨"合文"为例》，《传统中国研究集刊》（第四辑），上海人民出版社 2008 年版。

汤余惠：《略论战国文字形体研究中的几个问题》，《古文字研究》（第十五辑），中华书局 1986 年版。

闻宥：《中国文字本质的研究》，《"国立"中山大学语言历史学研究所周刊》（第十一集），国家图书馆出版社 2011 年版。

作者简介

王瑞英，南昌师范学院中文系副教授，四川大学汉语言文字学专业博士，学位论文《西周金文文字研究》（2010）。

助词"了"语法化过程中的音义互动关系

江西师范大学　李小军

摘　要：语法化演变中义变与音变存在一种象似性，随着语义的虚化，语音形式往往也随之弱化。"了"的音变既可以从历时层面观察，也可以从共时的方言材料观察。方言中不仅仅是动词"了"与助词"了"语音形式有差异，就是动态助词"了"内部与事态助词"了"内部也存在差异，这种差异往往是语义及句法差异的表现。音变既可以巩固语法化演变成果，同时也可以推动语法化的进行。

关键词：语法化；动态助词；事态助词；音变；义变

北方方言中普遍存在着动态助词"了$_1$"与事态助词"了$_2$"的区别，关于它们的来源及功能有很多讨论。"了$_1$"源于"完结"义动词"了"的虚化，这毫无异议，其形成标志，大家基本认同王力（1958/1980：304）提出的"紧贴着动词而且放在宾语的前面"这一标准，不过其具体演变过程目前却还没有定论。至于事态助词"了$_2$"的来源，目前也没有定论，或认为源于动态助词"了$_1$"的进一步虚化，或认为直接源于动词"了"的虚化，或认为源于"了也"的合音。至于"了$_1$"与"了$_2$"的语义及句法功能，目前也有不少争议。

一个简单的"了"，让我们如此爱恨难舍。诚如洪波（1995）所说，最主要的原因是普通话里"了"只有一个读音形式，写在书面上只有一个"了"。不同功能、不同意义的"了"有时候分开来，有时候合在一起，合在一起的时候按照"同形简约"原则，只出现一个"了"，这就把不同功能、不同意义的"了"弄得混沌一片，让语法学家不易把握了。

本文试图换一个角度，从方言材料入手，通过梳理同一方言中"了"的语音弱化、分化、强化现象，从音义互动的角度来观察"了"的语义演变及句法分布。

一　动词“了”与助词“了”的语音分化

　　动词“了”演变为动态助词“了₁”，在演变结果非常清楚的情况下，仍引起许多的讨论，关键在于缺乏显性的形式标记。如果动词“了”在虚化的过程中语音随之弱化，特别是在每个演变阶段都有不同的语音表现形式，那么所有的问题都将迎刃而解。由于汉字的非表音性，口语中的语音变化没有很好地通过文字体现出来，因此“了”的每一步语义演变是否伴随着音变、义变与音变是否同步，我们现在无从得知。北京话中动词“了”与助词“了”语音截然不同，但这只是一种演变的结果。因为［li-au²¹⁴］何时变为［lə］、音变过程中是否还存在其他步骤，目前不是很清楚。

　　不过，共时的分布正是历时演变的累积，虽然从共时角度看现代汉语方言，我们看到的只是一种演变结果，但仍可以为我们提供一些历时演变的信息。比如福建莆仙方言，据蔡国妹（2006：80—82），“我买了三张票”中的“了”读为［lieu⁴⁵³］，为动词补语，动词性很强；另有［lɒ⁴⁵³］，为完成动词“了”虚化为体标记的一个过渡阶段；［lieu⁴⁵³］和［lɒ⁴⁵³］还可以连用。如：

　　　　（1）A：汝做了［lieu⁴⁵³］未？B：了［lieu⁴⁵³］了［lɒ⁴⁵³］。

　　而完成体标记则读为阴入的［lɒʔ²¹］，已然体标记则读为阳入的［lɒʔ⁴］。莆仙方言“了”的四种语音形式［lieu⁴⁵³］、［lɒ⁴⁵³］、［lɒʔ²¹］、［lɒʔ⁴］正好对应四种不同的语义功能，语义功能的强弱与语音形式的强弱也正好存在一种象似性——语义功能最强的动词“了”音系形式也最长（［lieu⁴⁵³］），介于动词与体标记之间的“了”语音有一定弱化（读为［lɒ⁴⁵³］，韵母缩短），而语义功能最弱的体标记语音形式也最弱（读为［lɒʔ²¹］、［lɒʔ⁴］，不但韵母缩短，声调都促化了）。莆仙方言“了”的演变似乎可以为北京话“了”从［liau²¹⁴］到［lə］的音变提供一点注解：北京话“了”在语法化过程中语音应该也是一步步弱化的，并且每一步弱化可能都跟语义的虚化及主观化紧密相关。

南宁平话口语中助词"了"的音义形式也可以为我们提供一个活的参照。据杨敬宇（2004），南宁平话的动词"了［liu¹³］"表"完毕；结束"，"了₁"表动作的完成，"了₂"表事件的结束，"了₃"肯定情况已经出现了变化，口语中总是与语气词"呃［ə］"或"啊［a］"同时出现。如：

(2) 我过乡下住了₁一段时间（我到乡下住了一段时间）。

(3) 电视台映了₂旧屋子又再来映我哋（电视台拍了旧屋子又来拍我们）。

(4) 阿妈去北京了₃呃（妈妈去北京了）。

语义虚实上，"了"的等级如下：了₍动₎＞了₂＞了₁＞了₃。语音强弱上，"了₍动₎"平均音长为 222.08 毫秒，"了₁"平均音长为 143.35 毫秒，"了₂"平均音长为 198.6 毫秒，"了₃"平均音长为 127.93 毫秒，等级也为：了₍动₎＞了₂＞了₁＞了₃。两者体现出高度的象似性。遗憾的是，这种通过仪器来测量音长的手段，只适用于活语言，对于历史语料却无能为力。但可以推测，其他方言中动词"了"在语法化的过程中，肯定也伴随着音长及音强的变化，北京话从［liau²¹⁴］到［lə］，就是长时期语流音变固化为历史音变的结果。

有意思的是，布依语完结义动词"leu⁴²"借自汉语的"了"，在布依语中后来也经历了与汉语同样的变化——虚化为动态助词和事态助词，语音则弱化为［leu⁰/lo⁰/lə⁰］。完结义动词演变为完成体标记，语音形式随之变化，这一现象在民族语中也多见，如木仕华（2003）提到，纳西语中完结义动词"se³³"后来也演化为完成体助词，语音则变为"ze³¹"，声母浊化，声调从平调变为降调，这正是语音弱化的典型特征。

总的来说，我们现在观察到的大多只是历史音变的结果——"了"共时义变与音变的分布，其具体的音变过程、音变特征及音义互动关系还有赖于历史材料的发掘。

二　"了₁"与"了₂"的语音分化

助词"了"语义及句法的多样性，最大一点体现为"了₁"与"了₂"

的差异，即动态助词与事态助词的分别。与此相应的是，很多方言中"了"的语音分化，也体现为"了$_1$"与"了$_2$"的分化。下面先来看一些方言材料。

　　山西方言：（据侯精一、温端政，1993：129—131）

	了$_1$	了$_2$		了$_1$	了$_2$
大同	ləʔ^{32}	la	山阴	ləʔ	lAʔ
天镇	lə	la	忻州	lɔ	la
原平	liɔ	liE	文水	lau^{31}	lia^{35}
怀仁	lE	la	陵川	ləu	lA
清徐	lou^{43}	lE^{43}	长治	lɔ^{545}	la
平遥	lɔ^{31}	la^{21}	和顺	lou	læ
介休	lɔi^{423}	la	临县	lou	lei
太谷	ləɯ31	lie^{31}	洪洞	lio	lia
祁县	lau^{31}	li^{31}	汾西	lou	la
寿阳	lɔ^{423}	le^{31}	新绛	lao^{31}	la^{31}

　　上表显示，山西方言多地"了$_1$"与"了$_2$"语音形式不同，与语音形式不同对应的是语义差异也非常明显。再如山西定襄方言"了$_1$"读为［lou^{214}］，"了$_2$"读为［lia^{214}］。（参见陈茂山，1995）万荣方言动词"了"音［liau^{55}］，动态助词"了$_1$"为轻声的［lau］，事态助词"了$_2$"为轻声的［la］。（参见吴云霞，2006）

　　山东中西部方言：（参见岳立静，2006：102）

	了$_1$	了$_2$		了$_1$	了$_2$
潍坊	liɔ	lə	临朐	liou	lia
寿光	lɔ	l$\tilde{æ}$	利津	li	la
无棣	liou	liã	宁津	liou	lia
滨州	li	lã	德州	liou/liɔ	lia/liə
淄川	ə	liã	博山	ə	liã
章丘	lɔ	lia	济南	lɔ	lia
新泰	lao	liao/lie	汶上	lɔ	lɑ
临沂	lə	la	曲阜	lɔ	la
济宁	lɔ^{55}	lə	阳谷	lo	la
聊城	lou	la	临清	lɔ	la

此外高晓虹（2010）也列举了山东方言一些点"了$_1$"与"了$_2$"语音二分的材料。高文同时认为"了$_1$"位置上的不同语音形式多为语音弱化所致，而"了$_2$"位置上的不同语音形式除了弱化，还可能来自"了$_2$"与句尾语气词的合音。从我们收集到的材料来看，这一分析颇为有理，不过"了$_2$"与后面的语气词合音，一个前提条件是语气词必须为零声母。

其他如河北冀州方言，"了$_1$"读为"咾〔lau〕"，"了$_2$"读为"兰〔l$\tilde{æ}$〕"。普通话中的"说了就好了"，冀州要说成"说咾就好兰"。（参见刘淑学，1996）内蒙古托克托县方言"了$_1$"和"了$_2$"则分别读为"嘞〔lə〕"和"兰〔lE〕"。（参见杜若明，1996）吴方言区如浙江天台方言，动态助词为"阿〔aʔ〕"，事态助词为"佬〔lau^{214}〕"或弱化的"勒〔ləʔ〕"。

值得注意的是，天台方言动态助词为零声母，事态助词则为边音〔l〕，很显然动态助词的语音形式要更弱于事态助词。天台方言似乎表明，事态助词"了$_2$"不太可能源于动态助词"了$_1$"的进一步语法化，否则语音形式的强弱难以解释。再如山西和山东很多方言点也是如此，如天镇、淄川、临沂、博山等。

三　"了$_1$"内部的语音弱化和分化

"了$_1$"主要接在动词或形容词后面，作为补语形式的"了$_1$"很容易受前面动词或形容词的影响，而动词和形容词又可以分成不同的类，这样，"了₁"在使用过程中语义与句法功能进行分工就存在可能。而分工一旦出现，就有可能在语音上体现出来，当然也有可能是语音分化促使语义分工，下面具体讨论。

孔祥卿（2001）提到河北辛集话的动态助词"了"有三个语音形式，分别读作［li］、［liɑ］、［lau］。"了［li］"用于句中动词之后，后面必须有数量补语或带数量定语的宾语。"了［liɑ］"分布于句尾，兼有动态助词和语气助词的双重功能，实际是动态助词"了［li］"与语气词"啊［a］"的合音。"了［lau］"用于有后续小句的前一小句，不能单独成句，表示前一动作完成的时间就是后一动作开始的时间，或前一情况是后一情况的假设条件。如：

动态助词"了₁"语音一分为三，这正是语义及句法功能分化在语音上的体现。据陈鹏飞（2005），河南林州方言的动词"了"为上声的［li-au⁵⁵］，动态助词"了"也有三个音变形式：［lʌʔ］、［ləʔ］、［lau］。三者的具体区别如下：［lau］用于背景事件句，而［lʌʔ］用于前景事件句。如果动词短语表达的是持续情状，词尾的"了"为［ləʔ］；如果是非持续情状，则为［lau］。此外，陈鹏飞（2005）还列举了其他一些方言点"了₁"的语音分化情况：河南开封方言分为［lau］和［lʌ］，洛阳方言分为［liau］、［lə］和［lau］，济源方言分为［liau］和［lɛ］，原阳及温县方言都分为［lɔ］和［lʌ］。进而陈鹏飞（2007）依据语音表现形式将"了"的语音弱化分为三个阶段。第一阶段：［liau（lia/liɔ/lio）］，第二阶段：［lau（lɔ/ləu/lou/ləɯ/lao）］，第三阶段：［ləʔ（lɣ/ləʔ/lʌʔ/əʔ/lɛ）］。第一阶段语音表现为声韵齐全，介音保存，只是声调变为轻声；第二阶段表现为介音失落，但韵母仍然是元音；第三阶段表现为韵母单元音化、央化，在有入声的地区甚至带上［ʔ］尾巴，有的方言中声母受前一音节韵尾的影响，声母在语流音变中失落。

以上谈到了"了₁"的语音分化问题，总体来说，"了₁"的语音分化往往是以语音弱化为前提的，也即"了₁"的不同语音形式之间存在着一定的衍生关系。以林州方言的三个语音形式［lʌʔ］、［ləʔ］、［lau］为例。［lau］显然源于［liau⁵⁵］的弱化——介音脱落、轻声化，而［lʌʔ］则是［lau］的进一步弱化——韵母音系形式缩短、声调促化。至于［ləʔ］，可能是［lʌʔ］的弱化——韵母央化，也有可能是［lau］的弱化——韵母音系形式缩短并央化、促化。目前所见，"了₁"语音分化现象多见于河南、河北一些方言点。"了₁"的语音弱化并分化，其主要作用就是别义，不同的语音形式对应于不同的语义功能，间接起到了巩固语法化成果的作用。

不过"了₁"语音进一步弱化的方言点很多，但不一定所有的方言点都有别义作用，有时几个弱化的语音形式并不构成对立互补——不管语音怎么变，都是同一个"了"。比如山东德州方言，"了₁"有［liou］和［liə］两个语音形式，但属于自由变体。再如山东淄川方言，"了₁"多说成［ə］，不过亦有说成［liə］的。

为什么有时语音弱化、分化没有别义作用呢？我们认为语音弱化和分化也存在层次问题。基本上所有的历史音变都源于共时的语流音变，一个语义功能弱化的语法词，在口语中是很容易发生语流音变的，这种语流音变最初是一种临时的、随机的变化，虽然这种音变总是朝着语音弱化方向演变，因而这时的语流音变往往没有别义的作用。经过一段时间，语流音变逐渐凝固为历史演变，口语中同一个词的两个或多个语音形式都成为常态了，这时人们在使用时就存在一个选择性问题，是用 A 形式还是 B 形式（或者 C 形式、D 形式……）呢？这种选择性慢慢就成为一种语言习惯，进而形成一种分工——a 语境或句法条件下使用 A 形式，b 语境或句法条件下使用 B 形式……这样，不同语音形式的别义功能就出现了。从这个角度来说，语音变化不仅仅能巩固语法化的成果——将不同的语义及句法功能从语音上区分开来，同时还对词汇项语义及句法功能的演变具有一种促进作用。功能主义学派认为，语法其实就是语用法，或者说是语用法的凝固，这一观点很有道理。人们口语中的不同选择一旦凝固下来，就成为一个词汇项不同语义及语法功能的表现。

"了₁"语音弱化过程中，如果声母脱落、韵母央化，就会出现所谓的"儿化"表完成现象。如：（参见岳立静，2006：102；高晓虹，2010；宫钦第、栾瑞波，2010）

（5）吃儿饭了。（山东牟平、淄川、博山）

（6）开儿锅了。（山东荣成）

（7）明日你把这些衣裳洗儿［ʃir³⁴］它吧。（山东莱阳）

"了₁"声母脱落还有另一种音变结果，即"了₁"与前一音节合音。

这方面的材料很多，限于篇幅就不举例了。

四 "了₁"语音弱化与 D 变韵 D 变调

河南很多方言点存在一种动词变韵表完成现象。如郑州方言：（参见王森，1998，文中称为 K 变韵）

(8) 他卖菜卖ᴷ［mɛ³¹］拾块钱。（卖［mai³¹］了）

获嘉方言如：（参见贺巍，1982、1989）

(9) 摆ᴰ［pɛ⁵³］个阵势儿 ‖ 拜ᴰ［pɛ¹³］个老师儿 ‖ 做ᴰ［tʂɤ⁵³］一身儿新衣裳 ‖ 煮ᴰ［tuɤ⁵³］一锅豆 ‖ 踹ᴰ［tʂʰuɛ¹³］他两脚 ‖ 推ᴰ［tʰuɛ³³］三车土 ‖ 包ᴰ［pɔ³³］一包药 ‖ 编ᴰ［piã³³］一个筐 ‖ 转ᴰ［tʂuã⁵³］走了 ‖ 穿ᴰ［tʂʰuã³³］个新鞋

再如河南浚县方言，据辛永芬（2006b），D 变韵有三种功能：表完成、表持续、表终点。表完成的 D 变韵，大致相当于北京话的"V+了₁"。如：

(10) 他吃ᴰ一碗饭他吃了一碗饭。

从历史音变角度来说，表完成的 D 变韵其实就是动词与完成体标记"了"语音融合为一，导致动词韵母发生变化，而不是如王森（1998）所说省掉了某些词语。两个音节因为合音而缩减为一个，这属于典型的语音弱化现象。关于 D 变韵，我们认为有两个问题值得探讨，一是 D 变韵的具体形成过程，二是 D 变韵与一般的"V+了"有无区别。

先来探讨 D 变韵的具体形成过程。在获嘉方言和浚县方言中，开尾韵［F/a］收尾和以ʔ收尾的动词都是零形式 D 变韵。陈鹏飞（2007）发现，河南林州方言中虽然没有 D 变韵，但是获嘉方言和浚县方言中能够变韵的动词带"了"时，"了"常有语流音变现象，表现为声母［l］的失落及韵母的央化。而零形式 D 变韵的那部分动词，在林州方言中带

"了"时，"了"不能失去辅音声母 [1]。这似乎表明，获嘉方言和浚县方言中的"了"很可能也有过林州方言的音变形式——声母脱落、韵母央化。

长葛方言的情况也可以为此种推测提供一些佐证。上举浚县方言所有的韵母都可以变韵，有些为零形式变韵，如 [a/ia/ua/ɜ/iɜ/uɜ/yɜ/ə/uə/yə/ɿə/ɥə/ər] 13 个韵母就是零形式变韵。与浚县方言不同的是，长葛方言共有 43 个韵母，但是 [a/ia/ua/o/ə/uo/yo/ɛ/iɛ/uɛ/yɛ/ʯ] 12 个韵母不能变韵。长葛方言中不变韵动词在表达完成时必须加"了"，如"他刚打了孩子一顿"，而浚县方言中则可以说成"他刚打ᴰ孩子一顿"。这似乎表明，长葛方言的 D 变韵还处于一种演变状态中，而浚县方言则已经很成熟了。贺巍（1992）提到，变韵这类现象主要分布在河南北部，黄河以南的郑州、开封、中牟、扶沟等地部分名词也能变韵。山西省东南部、河北邢台等地也有这类现象，不过变韵的范围都较小。变韵范围最大的是获嘉方言，名词、量词、动词、形容词、副词、象声词等都可以变韵，不过以名词、动词的变韵较为普遍。

从目前方言所反映的情况来看，除了 D 变韵，还有 D 变调或 D 变韵和变调同时发生的现象。地域也不仅仅限于河南。D 变调的如山东长山、莒县：（转引自艾红娟，2008：87）

（11）我搬 [pa²¹³⁻³²¹] 一张桌子了。我搬了一张桌子。

再如山东临清助词"了"为轻声，还可以进一步弱化为零音节，只能从声调上的变化感知，有些伴有前一音节的相对延长。如：（张鸿魁，1990：27）

（12）a. 吃唠饭就走。　　b. 吃~饭就走。

陕西西安也有 D 变调。如：（转引自史有为，2005）

（13）我 洗 [çi³³⁻⁵²³¹] 澡咧，你 洗 [çi³³⁻⁵²³¹] 没有？我洗了澡了，你洗了没有？

　　此外如山东平度方言（于克仁，1992）、山东阳谷方言（董绍克，2005）、云南方言（云南省语言学会，1989：494）、江西石城方言（温昌衍，2006）等都有 D 变调。从语音弱化的角度来看，D 变调其实就是"了"的声母、韵母都已经弱化为零形式，只剩下声调与前面的动词融合，或者说"了"的音长保留了下来，这样动词的音长就要延长。

　　D 变韵又可以分为两种类型：长音型、[u] 尾型。（参见曹牧春，2007）艾红娟（2008：84—87）在前人研究的基础上，将助词"了"的弱化音变分为如下类型：一是保持独立形式，在书面上占一个字的位置；二是不再独立，与前面动词合音。"了"弱化音变的完整过程为：（1）"了"变轻声；（2）"了"的声韵发生弱化；（3）"了"与前面词合音，使前字变韵变调；（4）"了"与前面词合音，使前字变调。

　　总的来说，动态助词"了₁"的语音弱化形式在同一种方言中可能只有一两种或三种，但如果放到汉语方言的大背景下，"了₁"的语音弱化现象就极其繁复。儿化、D 变韵、D 变调等现象很多学者看作是通过语音屈折表完成，从现代汉语共时平面来看，确实可以这样说，不过从历时演变的角度来看，不把它们看作是语音屈折可能更好，更有利于我们对完成体标记历史演变的认识，更有助于揭示汉语音节特点及语法化演变中的音义关系。

　　下面简单谈谈 D 变韵与"V + 了"之间语义及语用的差异。浚县方言动词重叠表示动作完成时，两个动词都要变韵，而普通话不能说"V 了 V 了"。如：

　　（14）我试ᴰ试ᴰ这件儿衣裳我试了试这件衣裳。

　　动词带补语时，补语与动词结合得紧，则补语发生变韵，否则就是动词变韵。如：

　　（15）他摔烂ᴰ一个碗他摔烂了一个碗。——结合紧
　　（16）你嘞名儿报ᴰ上了 [liau⁵⁵] 了你的名字已经报上了。——结合松

　　从上面数例可见，浚县方言 D 变韵并不是动词与"了"的简单加合，语音格局的变化，往往会影响到语义表达及句法格式。北京话中动词带宾

语，宾语前没有数量短语或其他成分时，可用可不用"了₁"，而浚县方言一定要用动词变韵，同时句尾要用"了"，否则句子不成立。如：

（17）a. 他都娶^D媳妇儿了。　　　　b. ＊他都娶^D媳妇儿。

再如河南长葛方言，口语中表完成时是用"V＋了"还是 D 变韵并没有严格的限制，但用"V＋了"语气显得稍微郑重一些，而用 D 变韵则显得更口语化，因此日常交谈时 D 变韵表完成更常见。（参见赵清治，1998）舞阳方言情况与长葛方言完全相同，用"了"表完成更加郑重，而用 D 变韵表完成则比较口语化。（参见刘雪霞，2006：163—189）

长葛和舞阳方言的情况说明了两点：一是变韵源于口语中动词与"了"的语音融合，因而口语更常见；二是语音强度与表义强度具有象似性，D 变韵在音系上是二合一，显然要弱于两个音节，因而语义强度也要弱。

音变与义变存在一种互动关系，一旦语音弱化到一定程度（如合音、D 变韵、D 变调、声韵调消失动词元音拉长等），语义也随之磨损，磨损到一定程度就可能导致该语法形式语义功能不足，这时口语中就需要进行补偿。比如要强调完成时，人们往往史喜欢用"V＋了"的形式，或用其他表示完成的词如"罢"、"毕"，而不是儿化、D 变韵、D 变调等。有时候，人们在使用 D 变韵 D 变调时还会再加上一个表完成的词汇项，这就会造成复标。

五　"了₂"的语音弱化和分化

相对而言，"了₂"的语音虽然繁复，其实更多是与后面的语气词合音所致。表义方面，参与合音的语气词不同，语义功能自然也出现差异。比如"了啊"合音为"啦"、"了哦"合音为"啰"、"了也"合音为"咧"，"啦"、"啰"、"咧"的语义差异更多表现为"啊"、"哦"、"也"的差异，而非"了"本身。

不过"了₂"的语音分化并不全是与不同语气词合音所致，张宝胜（2011）提到河南汝南话中，事态助词"了₂"有两个读音三种分布："了_行"为［lɛ］，"了_知"为［lɛ］或［lə］，"了_言"则为［lə］。如：

（18）a. 他闺女学习可好，今年考上北大了_行 ［lɛ］。

　　　b. 你知道呗，他闺女学习可好，今年考上北大了_言 ［lə］。

　　　c. 当兵，这孩子年纪太大了_知 ［lɛ/lə］。

　　汝南话"了₂"的两个读音支持"行、知、言"三域，构成如下连续统：了_行 ［lɛ］ → 了_知 ［lɛ］／［lə］ → 了_言 ［lə］。最近邓思颖（2013）提到粤语中"了₂"也存在这种三分情况。"了_行"念阴去调的［la³³］；"了_知"念阴去调的［la³³］或阴平调的［la⁵⁵］，阴平调的"啦［la⁵⁵］"语气比较肯定，而且要拉长来念，而阴去调的［la³³］则表示推动和猜想；"了_言"也是阴平调或阴去调都可以，具体则受制于不同的语言行为。

　　目前北京话中"了₁"与"了₂"的语音形式相同，都为轻声的［lə］。不过据陈刚（1957）的考察，北京话助词"了"本来也有"lou［ləu］"和"1e［lə］"的区别，如下面一例：

　　　　（19）弄破了，咱赔他一个。

　　"了"如果读为"lou［ləu］"，表示假设实现；如果读为"le［lə］"，表示已经实现或还未实现。不过目前北京话中这种语音区别已经消失。关于北京话中"了"语音区别性何以会消失，岳立静（2006：106）认为，用一种语音形式还是两种主要取决于这种语言系统本身的功能意义是不是区分，如果在一种语言系统中两种功能并不具有区别性特征，那么，表示这两种功能的语音形式就没有必要分化。与北京话不同的是，在山东中西部方言中，表示主观性将然事态的变化和表示已然或非主观性将然事态的变化，这两种功能是一个非常明显的区别性特征，因而语音形式往往二分。

　　具体见下表：

	了₂若然	了₂将然		了₂若然	了₂将然
寿光	［lɔ］	［l æ̃］	德州	［liɔ］	［lia］
章丘	［lɔ］	［lia］	济南	［lɔ］	［lia］

续表

	了_{2若然}	了_{2将然}		了_{2若然}	了_{2将然}
新泰	[lao]	[liao]	汶上	[lɔ]	[la]
曲阜	[lɔ]	[la]	聊城	[li]	[lia]
菏泽	[lou]	[la]	东明	[lo]	[la]

　　上表方言中"了_2"不同语音形式的来源是什么呢？我们认为有两种可能，一种可能是自我分化，另一种可能是与语气词合音，不过合音的可能性更大。因为在带有很浓山东方言味的《醒世姻缘传》、《聊斋俚曲集》中，表已然事态变化用"了"，表将然事态变化则是"了+哩/呀"等。如：

　　（20）a. 郭总兵名字叫做郭威，广西失了机，拿进京去了，怎得来此？（《醒世姻缘传》第99回）——已然

　　b. 女菩萨，你还有一件站不得的病，略站一会，这腿就要肿了哩。（《醒世姻缘传》，第40回）——未然

　　c. 没的放那老砍头的臭屁！俺闺女臭了么？瘸呀？瞎了呀？再贴给一个！（《醒世姻缘传》，第72回）——未然

　　至于参与合音的语气词有哪些，刘勋宁（1985）曾提到陕西清涧话中句尾语气词"了"读[lɛ]，是"了也"的合音，不过从现代山东中西部方言"了_2"的读音来看，参与合音的语气词并不只是一个。

　　比较特别的是湖北英山方言，动态助词"了_1"和事态助词"了_2"都读作轻声的[lia]，不过还有一种重读的[liau^{34}]，既可以作动词，也可以附于句尾或在句中作焦点标记词，表达已然义。如：（项菊，2006）

　　（21）他走了[liau^{34}]，你快点儿去。‖ 我昨儿喝了[liau^{34}]酒。

　　从来源上看，我们认为助词"了[liau^{34}]"很可能源于动词"了"的语法化，但不排除这一可能：助词"了_1"或"了_2"通过语音强化的方式再分化出"了[liau^{34}]"。不管是哪一种来源，"了[liau^{34}]"的语

音形式都有不同程度的强化。这是一种很有意思的现象,从我们收集到的材料来看,语法化演变中的语音强化现象比较少见。安徽安庆方言与湖北英山方言类似,据鲍红(2007),动态助词"了"仍读[liau],表完成的"着"和"了"可以共现。如:

(22)作业做好着——作业做好着了

有时为了格外强调完毕义,以引起听话人注意,"了"要重读为[li-au²¹³],否则为轻读的[liau⁰]。这种现象原理似乎很简单,语义表达与语音形式存在一种象似性,重要的语义内容往往交给明晰的语音形式,语义功能越强,音系形式往往越复杂,反之亦然。不过具体而言,这其实是一个很复杂的问题,因为语义功能的强弱本比较复杂,如果每一步语义变化都需要语音形式来匹配,那么口语中的语音形式就会无限多。此外,声韵调属于单字音,句子还有句调和句重音,这些混在一起,也无形地给语音强弱分析增加了难度。

六 湘赣方言"了"语音少有分化的原因

湘方言、赣方言中助词"了"的语音形式非常单一,大多音变为"哩[li]",亦有读作[lə]的,同时没有"了₁"与"了₂"的区分。原因在于,北京话的"了₁"在湘、赣方言中多用"过(嘎/呱)"等表达。比如"吃饭了"在北京话中有歧义,既可以表示"吃完饭了",也可以表示"(可以)开始吃饭了"。但是在湘赣方言中却需要分别说成:(以邵阳话为例)

(23)吃饭哩开始吃饭了。‖吃嘎饭哩吃完饭了。‖吃嘎哩吃完了。

形式与内容是一个辩证统一的关系,语音的多元化往往源于语义的多元化,反过来,语音分化往往可以将语义及句法的分工固定下来或者促使语义分化。湘赣方言中既没有"了₁"与"了₂"的分工,就是事态助词"了"的功能也非常单一——表事态出现了变化。因而,语音的分化也就无此必要了。

参考文献

艾红娟：《山东长山方言语音研究》，博士学位论文，浙江大学，2008 年。

蔡国妹：《莆仙方言研究》，博士学位论文，福建师范大学，2006 年。

曹广顺：《试论汉语动态助词的形成过程》，《汉语史研究集刊》（2），巴蜀书社 2000 年版。

曹牧春：《河北威县方言的 D 变韵》，《语言学论丛》（36），商务印书馆 2007 年版。

陈刚：《北京话里 lou 和 le 的区别》，《中国语文》1957 年第 12 期。

陈茂山：《定襄方言的"咾"和"唡"》，《语文研究》1995 年第 3 期。

陈鹏飞：《林州方言"了"的语音变体及其语义分工》，《南开语言学刊》2005 年第 1 期。

陈鹏飞：《组合功能变化与"了"语法化的语音表现》，《河南社会科学》2007 年第 2 期。

邓思颖：《再谈"了₂"的行、知、言三域——以粤语为例》，《中国语文》2013 年第 3 期。

董绍克：《阳谷方言研究》，齐鲁书社 2005 年版。

杜若明：《内蒙古托克托县话的助词"嘞"与"兰"》，《语文研究》1996 年第 4 期。

高晓虹：《助词"了"在山东方言中的对应形式及相关问题》，《语言科学》2010 年第 2 期。

官钦第、栾瑞波：《山东莱阳话的几种语音屈折形式》，《中国语文》2010 年第 2 期。

贺巍：《获嘉方言韵母的分类》，《方言》1982 年第 1 期。

贺巍：《获嘉方言研究》，商务印书馆 1989 年版。

贺巍：《汉语方言语法研究的几个问题》，《方言》1992 年第 3 期。

侯精一、温端政：《山西方言调查研究报告》，山西高校联合出版社 1993 年版。

洪波：《从方言看普通话"了"的功能和意义》，《安庆师院学报》1995 年第 1 期。

孔祥卿：《从方言口语看动态助词"了"的不同功能和意义》，《汉语言文化研究》(8)，天津人民出版社 2001 年版。

李仕春、艾红娟：《山东莒县方言动词的合音变调》，《语言科学》2008 年第 4 期。

刘丹青：《语法化理论与汉语方言语法研究》，《方言》2009 年第 2 期。

刘淑学：《普通话中的某些歧义句在冀州话中能得到分化》，《语文研究》1996 年第 2 期。

　　刘雪霞:《河南方言语音的演变与层次》,博士学位论文,复旦大学,2006 年。

　　刘勋宁:《现代汉语词尾"了"的来源》,《方言》1985 年第 2 期。

　　木仕华:《论纳西语动词的语法化》,《民族语文》2003 年第 5 期。

　　沈慧云:《晋城方言的助词"兰"和"咾"》,《语文研究》2003 年第 4 期。

　　盛银花:《安陆方言语法研究》,博士学位论文,华中师范大学,2007 年。

　　史有为:《汉语方言"达成"类情貌的类型学考察》,《汉语研究的类型学视角》,北京语言大学出版社 2005 年版。

　　王力:《汉语史稿》,中华书局 1958/1980 年版。

　　王琳:《安阳方言中表达实现体貌的虚词》,《语言科学》2010 年第 1 期。

　　王森:《郑州荥阳(广武)方言的变韵》,《中国语文》1998 年第 4 期。

　　王自万:《开封方言变韵的几个问题》,《汉语学报》2011 年第 2 期。

　　温昌衍:《江西石城(高田)方言的完成变调》,《中国语文》2006 年第 1 期。

　　吴云霞:《万荣方言动词体貌考察》,《语言科学》2006 年第 2 期。

　　项菊:《英山话的"了[liau34]"字句》,《汉语学报》2006 年第 4 期。

　　辛永芬:《河南浚县方言的子变韵》,《方言》2006 年第 3 期。

　　杨敬宇:《南宁平话体标记"了"的轻读分析》,《语言科学》2004 年第 2 期。

　　于克仁:《平度方言志》,语文出版社 1992 年版。

　　岳立静:《〈醒世姻缘传〉助词研究》,博士学位论文,北京语言大学,2006 年。

　　云南省语言学会:《云南省志·方言志》,云南人民出版社 1989 年版。

　　张宝胜:《也说"了₂"的行、知、言三域》,《中国语文》2011 年第 5 期。

　　张鸿魁:《临清方言志》,中国展望出版社 1990 年版。

　　赵清治:《长葛方言的动词变韵》,《方言》1998 年第 1 期。

　　周国炎:《布依语完成体及其体助词研究》,《中央民族大学学报》2009 年第 2 期。

基金项目

　　国家社会科学基金项目"汉语语法化演变中语音弱化及结构省缩研究"(10BYY057)。

作者简介

　　李小军,江西师范大学文学院教授、博士研究生导师,北京师范大学汉语言文字学专业博士,学位论文《先秦至唐五代语气词的衍生与演变》(2008)。

"挖掘"概念场主导词的历时递嬗

南昌工程学院　孙淑娟

摘　要：在古代汉语的历史上，表示"挖掘"概念的词先后发生了"掘"取代"凿"与"穿"，"挖"取代"掘"的两次更替。"掘"替换"凿"与"穿"始于魏晋，在《入唐求法巡礼行记》中，"掘"已占据绝对优势，由此可大致推断，至迟到9世纪中期"掘"已演变成"挖掘"概念场的唯一主导词。"挖"始见于唐代，它对"掘"的替换当不晚于18世纪中后期。文章对与之相关的其他问题也进行了探求和讨论。

关键词：古汉语；"挖掘"概念词；历时递嬗；词汇史

表示"挖掘"这一意义，现代汉语口语中主要用"挖"。在汉语的历史上还曾出现过"掘"、"凿"、"穿"等词。本文将从历时的角度考察"挖"产生之前汉语"挖掘"义的用词情况，以及"挖"产生后与其同义词"掘"的更替情况①，并论及与此相关的问题。

一　先秦时期

先秦典籍中表达"挖掘"这一概念一般用"掘"、"凿"、"穿"，总体而言，"掘"最为常用。② "掘"之本义为"挖掘"。《说文·手部》：

---

① 董玉芝简单论述过"挖掘"义动词的演变，认为：先秦为"掘"的鼎盛期与"凿"、"穿"、"扪"的兴起期；两汉至唐宋为"掘"、"凿"、"穿"的并驾齐驱期；清代为"挖"对"掘"、"凿"、"穿"的取代期。董先生所作的定量与定性分析，部分是正确的，本文通过全面调查和定量与定性分析，对董先生的某些结论进行修正。

② 先秦文献中，表"挖掘"义的还有"湾"与"坅"。前者例如《礼记·檀弓下》："杀其人，坏其室，湾其宫而猪焉。"孔颖达疏："谓掘湾其宫使水之聚积焉。"后者例如《仪礼·既夕礼》："甸人筑坅坎。"郑玄注："穿坎之名一曰坅。"不过不常见，与"掘"、"凿"、"穿"不可相提并论。

"掘，抐也。"此期，其支配的对象主要为池、穴、井、地、墓、坎及植株等；性质较单一，主要是名词性的；句法位置也较单一，主要作宾语，例如：

（1）越伐吴，乃先宣言曰："我闻吴王筑如皇之台，掘渊泉之池，罢苦百姓，煎靡财货，以尽民力，余来为民诛之。"（《韩非子·外储说左上》）（$S_{1.2}$）①

（2）树木而途之，鼠穿其间，掘穴托其中。（《韩非子·外储说右上》）（$S_{1.2}$）

（3）有为者辟若掘井，掘井九轫而不及泉，犹为弃井也。（《孟子·尽心上》）（$S_{1.2}$）

（4）乃掘地，遂得水。（《韩非子·说林上》）（$S_{1.2}$）

（5）掘褚师定子之墓，焚之于平庄之上。（《左传·哀公二十六年》）（$S_{1.2}$）

（6）且臣闻之曰："削柱掘根，无与祸邻，祸乃不存。"（《战国策·秦策一》）（$S_{1.2}$）

"凿"本是"凿子"的意思，故通过工具转指动作，"凿"可引申出"挖掘"义。就目前所知，战国已见其表达本概念的用例，如"请为君复凿二窟"（《战国策·齐策四》）。此期其所施及的对象主要为池、穴、井等；性质单一，主要是名词性的；句法位置单一，主要作宾语。酌举数例：

（7）左右以谏曰："君凿池，不知天之寒也，而春也知之。"（《吕氏春秋·分职》）（$S_{1.2}$）

（8）樗里疾，秦之将也，恐犀首之代之将也，凿穴于王之所常隐语者。（《韩非子·外储说右上》）（$S_{1.2}$）

（9）凿井传城足，三丈一，视外之广陕而为凿井，慎勿失。

---

① 从论元结构来看，"挖掘"概念词也属于二元谓词，根据客体论元的性质及其在句中的句法位置，我们将代词宾语例、名词宾语例、量词宾语例及主语例分别码化为 $S_{1.1}$、$S_{1.2}$、$S_{1.6}$ 及 S_4，详细情况请看参看颜洽茂、孙淑娟（2012，第63—70页）中的相关论述。

（《墨子·备穴》）（$S_{1.2}$）

"穿"本是"穿透"之义。《说文·穴部》："穿，通也。"故通过结果专指动作，"穿"可引申出"挖掘"义。用于此义的"穿"目前所见最早的文献记载为《吕氏春秋》。此期其支配的对象主要为地窖、井等；性质也单一，主要为名词性的，句法位置也单一，主要作宾语。例如：

（10）建都邑，穿窦窌，修囷仓。（《吕氏春秋·仲秋》）（$S_{1.2}$）
（11）及其家穿井，告人曰："吾穿井得一人。"（《吕氏春秋·察传》）（$S_{1.2}$）

质言之，先秦时期，"挖掘"概念场典型成员更具优势的是"掘"，一是其义域要较"凿"与"穿"广；二是其见次率要较"凿"与"穿"高（6种先秦文献中"掘"、"凿"、"穿"三者的单个出现比例为 19：5：4，具体数据详参表1）。

表1 六种先秦文献中表"挖掘"义的"掘"、"凿"、"穿"的出现次数

词项	文献 用例	《诗经》	《左传》	《孟子》	《韩非子》	《吕氏春秋》	《战国策》	总计
掘	单	1	2	3	10	2	1	19
	连	0	0	0	0	0	0	0
凿	单	0	0	1	1	2	1	5
	连	0	0	0	0	0	0	0
穿	单	0	0	0	0	4	0	4
	连	0	0	0	0	0	0	0

二 两汉时期

两汉时期，"挖掘"概念场最明显的变化就是"凿"、"穿"的迅猛发展，与"掘"形成并存竞争之势。

与先秦时期相比，两汉时期，"掘"出现了如下变化：一是义域有所扩大。此期其所支配的对象除了先秦已见的池、穴、井、地、墓及植株外，还可以是土、坎及埋于地下之物等；除了无生命之物外，还可以是有

生命之物，如"（武）掘野鼠去草实而食之"（《汉书·苏建传附苏武传》）；二是对象的性质更多样，除了名词性成分外，还可以是代词性成分；三是对象的句法位置亦更灵活，除了作宾语外，还可以作主语，新添了 $S_{1.1}$ 和 S_4 用法。酌举此期部分用例：

　　（12）孔子曰："夫土者，掘之得甘泉焉。"（《韩诗外传》卷七）按，"之"指代"土"。（$S_{1.1}$）

　　（13）宅掘土而立木，田凿沟而起堤，堤与木俱立，掘与凿俱为。（《论衡·譋时》）（$S_{1.2}$）

　　（14）伏苓掘，兔丝死。（《淮南子·说林训》）（S_4）

　　与"掘"一样，此期"凿"的义域亦有扩大之势。与其匹配的对象除了池、穴、井外，还可以是江河、沟渠、山、地、道路等；除了具体事物之外，还可以是抽象事物，如"喉中有病，无害于息，不可凿也"①（《淮南子·氾论》）；除了是无生命之物外，还可以是有生命之物，如"断已然，凿已发者，凡人也"②（《盐铁论·大论》）。伴随着义域的扩大，对象的性质也更多元，除了名词性成分外，还可以是代词性成分；句法位置也更灵活，除了充当宾语外，还可充当主语，新生了 $S_{1.1}$ 与 S_4 用法。此外，还出现了"以+工具+凿+对象"的新形式，如"以锸凿地"（《论衡·率性》）。略举数例：

　　（15）凿之而不深，填之而不浅。（《淮南子·原道》）按，"之"指代"道"。（$S_{1.1}$）

　　（16）深凿高垄以尽其力。（《淮南子·道应》）（$S_{1.2}$）

　　（17）颜渊曰："愿得明王圣主为之相，使城郭不治，沟池不凿，阴阳和调，家给人足，铸库兵以为农顺。"（《韩诗外传》卷九）（S_4）

　　与"凿"一样，两汉时期为"穿"的快速发展期，呈现如下特点：

---

① "凿"的对象"病"承前省。

② "已发者"即"已经暴露的坏人"之谓。

一是义域的扩大。此期，其所支配的对象除了先秦已见的地窖、井外，还可以是池、墓、江河、沟渠、山、地、坑、土等。二是用法的增加。此期，其所支配对象的性质除了名词性成分外，还可以是代词性成分；支配对象除了作宾语外，还可作主语，新加了 $S_{1.1}$ 与 S_4 用法。各举一例：

（18）议者常欲求索九河故迹而穿之，今因其自决，可且勿塞，以观水势。（《汉书·沟洫志》）按，"之"指代"九河"。（$S_{1.1}$）

（19）补缮邑□，除道桥，穿陂池，治沟渠，斩奴苑。（《二年律令》"徭律"413 简）（$S_{1.2}$）

（20）灵轵渠，武帝穿也。（《汉书·地理志上》）（S_4）

概之，两汉时期，"掘"、"凿"、"穿"三者的义域和用法均有所扩大和完善，但"凿"与"穿"的迅猛之势却给"掘"反戈一击，使整个概念场的格局由前期的"掘"独占鳌头变为如今的鼎足三分（10 种两汉文献中"掘"、"凿"、"穿"三者的单个出现比例为 60：69：87，具体数据见表 2）。

表2　十种两汉文献中表"挖掘"义的"掘"、"凿"、"穿"的出现次数

词项	文献 用例	《史记》	《淮南子》	《氾胜之书》	《盐铁论》	《张家山汉简》	《论衡》	《金匮要略》	《太平经》	《汉书》	《七处三观经》	总计
掘	单	15	9	2	0	0	8	1	2	22	1	60
	连	0	0	0	0	0	0	0	1	8	0	9
凿	单	6	15	0	4	0	27	0	7	10	0	69
	连	0	1	0	0	0	3	0	11	0	0	15
穿	单	20	2	0	3	0	9	0	6	46	0	87
	连	0	1	0	0	0	3	0	10	0	0	14

三　魏晋至晚唐五代

魏晋至晚唐五代，"挖掘"概念场发生了如下明显变化："掘"主导词地位的确立、"凿"与"穿"的渐趋萎缩及新成员"挖"的出现。

尽管两汉时期"掘"一度受到"凿"与"穿"的强力推挤，但凭借

其自身语义的单一性在此期谋得了高位重权。一是义域进一步扩大。此期其支配的对象除了前见的池、穴、井、地、墓、植株、坎、土及埋于地下之物外，还可以是地窖、山、水、沟渠、墙壁、石头等；二是出现了诸如"以锹合土掘移之"这样的"以+工具+掘+对象"新形式，如"又以锹掘底"（《齐民要术》卷五"种榆、白杨"条）；"以手掘地"（《佛本行集经》卷41，3/846a）。三是与新兴语法形式共现，呈现出强大的竞争力。①与趋向动词"出"共现，表示动作的结果，如"掘出一兽"（《水经注》卷三一"滍水"条）；②与表结果的动态助词"得"和"着"共现，前者例如"掘得丹砂及钱数十万"（《洛阳伽蓝记》卷一"修梵寺"），后者例如"（王景融）于隧道掘着龙窟，大如瓮口"（《朝野签载》卷五）；③与数量宾语共现，新生了 $S_{1.6}$ 用法。下面是此期的部分用例：

(21) 又刮以杂巨胜为烛，夜遍照地下，有金玉宝藏，则光变青而下垂，以锸掘之可得也。（《抱朴子·仙药》）按，"之"指代金玉宝藏。（$S_{1.1}$）

(22) 王莽末，南方饥馑，人庶群入野泽，掘凫茈而食之，更相侵夺。（《后汉书·刘玄传》[1]）（$S_{1.2}$）

(23) 旁掘数十丈，遇一石门，固以铁汁，累日洋粪沃之方开。（《酉阳杂俎·尸穸》）（$S_{1.6}$）

(24) 采药空求仙，根苗乱挑掘。（王寒山《有人》）（S_4）

魏晋时期，"凿"的义域扩中有缩，此期其支配的对象除了是穴、井、江河、沟渠、山、地、道路外，还可以是文字、石头、人体部位等，但未见抽象概念及有生命之物。南北朝时期，始见于魏晋时期的人体部位未见施及；且使用语域也受限，主要见于文辞典雅的史书中。隋唐五代时期，其义域进一步萎缩，未见江河、沟渠、道路等。下面分时段酌举部分用例：

---

① 史书语料性质比较复杂，我们采取方一新、王云路（2004，第147—148页）的观点，将其分成原始资料和其他资料，原始资料反映史书所记时代的语言面貌，其他资料则反映撰者所处时代的语言概貌，下同。

（25）甫欲凿石索玉，剖蚌求珠，今乃随、和炳然，有如皎日，复何疑哉！（《三国志·蜀志·秦宓传》）（S₁．₂）

（26）童子恚曰："不还吾珠而为淫视，吾凿汝目。"（《六度集经》卷4，3/18b）（S₁．₂）

以上为魏晋时期的用例，南北朝的用例如：

（27）昔禹治洪水，山陵当水者凿之，故破山以通河。（《水经注》卷四"河水四"条）按，"之"指代挡水的山陵。（S₁．₁）

（28）郡领银民三百余户，凿坑采砂，皆二三丈。（《宋书·良吏传·徐豁》）（S₁．₂）

（29）龙门未辟，吕梁未凿，河出孟门之上，大溢逆流，无有邱陵高阜灭之，名曰洪水。（《水经注》卷四"河水四"条）（S₄）

隋唐五代的用例有：

（30）李斯领徒七十二万人作陵，凿之以韦程，三十七岁，固地中水泉，奏曰"已深已极，凿之不入，烧之不燃，叩之空空，如下天状。"（《酉阳杂俎·诺皋记下》）（S₁．₁）

（31）辟（譬）如凿井向高源（原），见彼土干知水远。（《敦煌变文校注·解座文二首》）（S₁．₂）

（32）长波逐若泻，连山凿如劈。（白居易《自蜀江至洞庭湖口有感而作》）（S₄）

此期，"穿"由显而微，主要表现在：一是义域的萎缩。魏晋南北朝时期，其支配的对象主要为井、池、穴、地、山、江河及沟渠，未见其与地窖及墓的匹配；隋唐五代时期则再次萎缩为仅对井、穴、沟渠的施及；二是用法的萎缩。魏晋南北朝时期，所施及的对象主要作宾语，未见充当主语例（S₄用法）；隋唐五代时期，所施及的对象主要为名词性成分，未见代词性成分（S₁．₁用例）。列举此期部分用例：

（33）议者常欲求九河故迹而穿之，未知其所。（《水经注》卷五

"河水五"条）按，"之"指代九河故迹。（S$_{1.1}$）

　　（34）遂遣武士，殿前穿一方丈火坑，满坑着火，令推新妇并及孩子入于火坑。（《敦煌变文校注·太子成道经》）（S$_{1.2}$）

　　"挖"① 本是"挖掘"的意思。《字汇补·手部》："挖，挑挖也。"就目前所知，其文献用例当不晚于唐代出现，如"来龙高冈有窟，窟中有突，突顶正葬，须从穴前挖开，下面吞进，突下安穴"（《葬法倒杖·附二十四砂葬法》），但见次率很低（如在我们所检索的 7 种唐五代文献中，仅 2 见）。就现有用例来看，其支配的对象主要为穴与地，前者例如上举"须从穴前挖开"；后者例如"牝象死，共挖地埋之，号吼移时方散"（《酉阳杂俎》续集卷八）。

　　约之，魏晋至晚唐五代时期，"凿"与"穿"的优势不再。前者尽管于魏晋时期义域有部分扩大，但也出现了部分萎缩，南北朝以后，其义域再度萎缩，渐入退隐期；后者则义域与用法一直处于萎缩状态，丧失了此前的竞争力。"掘"则优势再现。不仅义域较前期有所扩大，用法也较前期丰富。"挖"是本概念场的新成员，势单力薄，还不具备竞争力。就此我们可以推测，原先"掘"、"凿"、"穿"三足鼎立的格局已被打破，"掘"已演变为"挖掘"概念场的唯一主导词。这里有两种典型语料能很好地说明这一问题：一种是三部汉译佛经（《贤愚经》、《杂宝藏经》、《佛本行集经》）中，"挖掘"概念的表达概用"掘"（共 20 见），如"（净饭王）即掘火坑，以佉陀罗木，积于坑中，以火焚之"（《杂宝藏经》卷 10，4/497a）。另一种是日僧圆仁的《入唐求法巡礼行记》（838—847 年）中，"挖掘"义的表达亦只用"掘"（共 9 见），如"爰潮水强遄，掘决舶边之淤泥，泥即逆沸，舶卒倾覆，殆将埋沉"（卷一）。这就让我们有理由相信："掘"战胜"凿"与"穿"，晋升为本概念场的主导词，当不晚于 9 世纪中期。此外，表 3 中的 23 种魏晋至晚唐五代文献中"掘"、"凿"、"穿"、"挖"的单个出现比例（四者单个出现比例为223∶107∶39∶2）也可佐证我们的推测。

---

　　① "挖"古籍中或作"穵"，《广韵·黠韵》："穵，手穵为穴。"《正字通·穴部》："穵，凿地成穴也。与掘、穿字别义通。"《西游记》第一回："只见海边有人捕鱼、打雁、穵蛤、淘盐。"

表3　　　　　二十三种魏晋至晚唐五代文献中表"挖掘"义的
"掘"、"凿"、"穿"、"挖"的出现次数

词项	用例	抱	三	法	陶	六	生	妙	四	洛	齐	经	宋	贤	杂	佛	白	王	签	葬	酉	敦	入	祖	总计
掘	单	9	12	1	1	6	5	0	26	9	24①	18	22	4	6	10	2	1	13	1	36	9	5	3	223
	连	0	6	0	0	0	0	0	0	0	0	3	2	0	0	0	0	0	0	0	1	0	1	0	13
凿	单	1	18	1	0	2	1	0②		5	0	2	41	16	0	0	4	0	3	2	9	0	2	0	107
	连	0	1	0	0	0	0	0		0	0	0	1	0	0	0	1	0	0	0	0	0	2	1	9
穿	单	2	3	0	0	0	0	0	1	0	1③	18	8	0	0	0	0	0	0	0	4④	0	2	0	39
	连	0	0	0	0	0	0	0	0	0	0	1	1	0	0	0	0	0	0	0	2	0	2	1	7
挖	单	0	0	0	0	0	0	0	0	0	0	0	0	0	0	0	1	1	0	0	0	0	0	0	2
	连	0	0	0	0	0	0	0	0	0	0	0	0	0	0	0	0	0	0	0	0	0	0	0	0

四　宋元明清时期

　　宋代开始，"凿"主要见于具有南方方言背景的文献中，如《五灯会元》与《朱子语类》中指称本概念的单用"凿"分别为2见与9见；《南村辍耕录》中指称本概念的"凿"为3见；《水浒全传》及《西游记》中指称本概念的"凿"分别为2见与1见。就《五灯会元》与《朱子语类》两书中11例"凿"使用者的方言背景来看，其中有10例使用者的方言所属为南方方言，1例使用者是否有过南方方言影响的经历尚不确定⑤；《南村辍耕录》属于南方文献；《水浒全传》及《西游记》则以江淮方言为背景，故五书中所呈现的或"掘、凿并用"，或"挖、凿并用"可能是方言背景的结果。这一发展差异甚至延及现代，如福州话及海口话

---

　　① 另有2例引自《氾胜之书》未计入。

　　② 《妙法莲华经序》中有1个表达本概念的单用例未计入。

　　③ 另有1例引自《礼记》未计入。

　　④ 另有1例引自《仙经》未计入。

　　⑤ 《五灯会元》与《朱子语类》中指称本概念的"凿"例句使用者的籍贯及现代方言区：前者"凿"的使用情况：山东籍官话区者：三祖法宗（1）；福建籍闽语区者：甘露达珠（1）。后者"凿"的使用情况：浙江籍吴语区者：叶贺孙（2）；福建籍闽语区者：黄卓（1）、连履孙（1）；福建籍闽语与客家话过渡者：廖德明（1）；江西籍赣语区者：包扬（1）、黄义刚（1）。

中"掘"、"凿"并用，南宁平话中则"挖"、"凿"并用。此外，由于言文分化，有的文人出于仿古的需要，偶尔也会使用旧词，所以在近代汉语文献中，还偶见"凿"表"挖掘"的用例，如"（道君皇帝）遂即京城东北隅，大兴工役，凿池筑固，号寿山银岳"（《勘皮靴单证二郎神》）。

与"凿"一样，两宋时期，"穿"也主要是行用于具有南方方言背景的文献中，如《五灯会元》中指称本概念的单用"穿"1见①，《朱子语类》中指称本概念的"穿"4见②，且所支配的对象主要为井。元代以后，其已基本从本概念场退出。

随着"凿"与"穿"的淡出，"挖掘"概念场主导词资格的竞争主要在"掘"与"挖"之间进行，其发展格局大致是宋元明时期"掘强挖弱"，清代以后则变为"挖强掘弱"。下面分宋元明、清两个时期详细论述其更替过程。

（一）宋元明时期

这一时期，"掘"的义域与魏晋至晚唐五代时一致，但其主体不仅可以是人，还扩大到动物，如"时人目为'猪嘴'，以其状似猪以嘴掘土"（《朱子语类》卷一三〇《本朝四》）。此外，与一些新兴语法现象的出现和使用保持同步性与兼容性，显示出强大的竞争力。①与"被"字句共现，如"（庙宇）被人掘凿损坏，于是不复有灵"（《朱子语类》卷三《理气》）；②与"把"字句共现，如"把妇人尸首掘出"（《金瓶梅词话》第八八回）；③与趋向补语共现，除了沿用前代的"出"外，还发展出了"开"、"下"、"起来"、"下去"等；④与动态助词"了"共现，如"四面掘了壕堑"（《水浒全传》第六八回）。酌举此期部分用例：

（35）攸曰："此必有宝于地下"。操下楼令人随光掘之。（《三国演义》第三三回）按，"之"指代宝。（$S_{1.1}$）

（36）神策军苑内古长安城中修汉未央宫，掘池获白玉床，长六尺。（《太平御览》卷一一四"敬宗昭愍皇帝"条）（$S_{1.2}$）

---

① 该例使用者为英州观音和尚，其籍贯为海南，该地现代方言区属闽语。

② 该4例使用者的籍贯及现代方言区分别为：浙江籍吴语区者：叶贺孙（1）；福建籍闽语区者：郑可学（1）；江西籍赣语区者：胡泳（2）。

（37）此物不生深土，浮生地面，深者掘下三尺即止，各省直皆有之。（《天工开物·陶埏第七》"白瓷"条）（$S_{1.6}$）

（38）闷弓儿常拽，愁窖儿频掘。（无名氏《离恨》）（S_4）

尽管"挖"唐代已见，但宋元时期其见次率仍不高，我们仅在《全元曲》、《元杂剧》及元小说《灯草和尚》中各索得1例：

（39）你看那秦代长城替别人打，汉朝陵寝被偷儿挖。（《小石调·归来乐》）

（40）何用剜墙挖壁，强如黑夜偷儿。（《琵琶记》）

（41）天已日出，明元走起，催芳树起来。送他一个耳挖，喜喜欢欢的走来。（《灯草和尚》第十二回）

明代开始，其在文献中的用例逐渐增多，呈现出扩张之势。一是主体的多元。此期其主体除了是人外，还可以是动物，如"（媚姨）见二鸡相斗，复抓竹根边泥土，两头相碰，四爪齐爬，霎时间挖成一个深坑"（《禅真后史》第五十三回）；二是义域的扩大。此期其支配的对象除了前见的地、穴、坟墓、墙壁外，还可以是池沼、植株、坑、埋于地下之物、山、江河、沟渠、道路、矿藏、文字、泥土、人体部位等；三是用法的丰富。此期其对象的性质除了名词性成分外，还可以是代词性成分及数量短语，新生了$S_{1.1}$及$S_{1.6}$用法。四是与新兴语法形式共现，呈现出旺盛的生命力。①与动态助词"了"共现，表示动作的完成，如"早挖了地道，待蜀兵至时，于中取事"（《三国演义》第一一三回）。②与动态助词"着"共现，表动作的结果，如"想是你家原物，被他挖着了"（《初刻拍案惊奇》卷三五）。③与趋向动词"出"、"开"、"下"等共现，表示动作的结果，如"挖出土沟埋在里面"（《智囊全集》），"挖开泥来"（《二刻拍案惊奇》卷二一），"挖下战坑擒彪豹"（《封神演义》第四二回）。④与"被"字句共现，如"果然被他挖个墙洞"（《初刻拍案惊奇》卷三五）。⑤与"把"字句共现，如"把四字挖下"（《二刻拍案惊奇》卷四十）。酌举部分用例：

（42）师父！你不看见他口中含着一个铜钱。我如今要挖他出

来。(《逍遥游》)按,"他"指代铜钱。(S$_{1.1}$)

(43)妲己又奏曰:"陛下可再传旨,将蛋盆左边掘一池,右边挖一沼。"(《封神演义》第一七回)按,"掘"、"挖"对举义同。(S$_{1.2}$)

(44)想是这骷髅当初晦气,撞着那一个爱钱挖肋筋的,将他肋骨都挖去了三根。(《逍遥游》)(S$_{1.2}$/S$_{1.6}$)

要之,尽管"挖"的义域与用法在明代均获得了很大发展,但使用频率仍不高(如在我们所检索的 8 种明代文献中,指称本概念的"挖"11 见);"掘"则凭借其用法与数量优势仍占据着本概念场的主导词位次。这里有两个统计数据能支撑我们的说法:一是朝鲜时代的汉语口语教科书《朴通事谚解》中,"挖掘"概念的表达均用"掘",如"(放债财主)开着一座觧当库,但是直钱物件来当时,便夺了那物,却打死那人,正房背后掘开一个老大深浅地坑,屓在那里头"(《朴通事谚解》中);"将铁杴和鑺(镰刀)来掘土,这里和泥"(《朴通事谚解》下)。二是十四种宋元明文献中,"掘"与"挖"的单个出现比例为 131∶12(详细数据参见表 4),前者近乎后者的 11 倍。不过"挖"的义域要比"掘"宽:前者侵入了"凿"的部分义域,如人体部位、道路、文字等,这是"掘"一直所无法涵盖的。义域的宽泛为其日后主导词地位的确立奠定了基础。

表 4　十三种宋元明文献中表"挖掘"义的"掘"、"挖"的出现次数①

词项	文献用例	五	朱	朝	南	元	水	演	训	朴	西	金	天	明	总计
掘	单	10	18	1	13②	3	25	37	1③	2	3	3	14	1	131
	连	0	5	0	7	0	0	6	0	0	0	1	0	0	19
挖	单	0	0	0	0	1	0	2	0	1	3	4	1	0	12
	连	0	0	0	0	0	0	0	0	0	3	0	0	0	3

---

① 十三种宋元明文献调查篇目:《五灯会元》、《朱子语类》、《三朝北盟会编》、《南村辍耕录》、《新校元刊杂剧三十种》、《水浒全传》、《三国演义》、《训世平话》、《朴通事谚解》、《西游记》、《金瓶梅词话》、《天工开物》明民歌。

② 其中 2 例引自前代,未计入。

③ 其中原文有 4 例单用"掘"表达本概念,未计入。

（二）清代

此期，"挖"的义域进一步扩大，用法更趋完备，使用频率进一步提高，逐步实现对"掘"的取代，晋升为"挖掘"概念场的主导词；"掘"则义域渐趋衰微，用法逐渐萎缩，使用频率日渐减少，渐入退隐期。

"掘"义域的衰微实际在明代初期就已见端倪。如在《训世评话》中，原文表达本概念的"掘"4见，译文中则变为1见，具体情况为：

（45）原文：吾家有酱一瓮，米一斗五升，窖于地中，可掘取之，以代吾夫。

　　译文：我家里有一个酱瓮儿和一斗五升米，埋在地下。我如今便去刨开将来，赎我这汉子的性命。

（46）原文：掘之果然。

　　译文：到明日刨开看，便是女子告说相同，别无差误。

（47）原文：忽见舟至，乘到泉城岛，遇其夫未死，掘啖草根。

　　译文：忽然小船风浪里到来，这妇人连忙上船，漂到一个泉城道的海岛，撞见她的丈夫，还活在那里，挑草根吃。

（48）原文：寿掘楼下，埋妾并婢，取财物去。

　　译文：龚寿自手掘开楼下五六尺深地坑，把小女、致富颩在坑里，把土盖了。

上述4组例子用词的变化给我们透露出：在当时的口语中，原先由"掘"所支配的地与植株义域已分别卸给"刨"与"挑"了。《训世评话》作为给外国学生学习汉语的教科书，理应是当时口语的真实反映，所以像这种译文直接改动原文用词的现象，很能说明问题，它客观地反映了"掘"在当时口语中的使用实况。

只不过由于书面语言的滞后性，这种变化到清代才得以显现。我们调查了清代6部具有代表性的白话文献（见表5），"掘"共出现9次，除《歧路灯》中见1例"掘地"搭配外（此例"掘地"搭配出现在回名中，故不排除仿古的可能），其余8例的支配对象分别为土、井、墓、坑、坎及埋于地下之物，未见对地、植株、池、穴、山、水、沟渠、墙壁、石头等的涉及。伴随着义域的衰微，其用法也出现了萎缩，未见 $S_{1.1}$、$S_{1.6}$ 及 S_4 用法。

　　较之于"掘"的由显而微，"挖"则显现出强势，表现如下：第一，与新兴语法形式共现，呈现出强大的竞争生存能力。①产生了"V—V"和"VV"的重叠式，并且可与尝试态助词"看"连用。如"我替你挖一挖好么"（《孽海花》第五回）；"等我去挖挖看"（《官场现形记》第四八回）。②与复合趋向动词"上来"、"起来"、"下来"等共现，表示事物由低处到高处或动作的结果，如"两岸的土都是从河底挖上来的"（《二十年目睹之怪现状》第九三回）；"恨不在地下挖那做官的起来"（《豆棚闲话》第四则）；"你将这小影儿全挖了下来，我要咽下肚去"（《红楼复梦》第二六回）。③与动量短语共现，如"门也堵住了，怎么出去？难道再扒挖一次么"（《恨海》第七回）。第二，构词能力的加强。可与"掘"、"挑"、"刨"、"抠"同义连文构成"挖掘"、"挑挖"、"刨挖"、"抠挖"等固定组合。第三，义域的进一步扩大。除了此前已有的对地、穴、墓、墙壁、植株、坑、埋于地下之物、山、江河、沟渠、道路、矿藏、文字、泥土、人体部位外，还可以是地窖、井、砖、堤坝、窗户、烟袋锅儿等。第四，句法位置更灵活。所支配的对象除了作宾语外，还可充当主语，新增了S_4用法。列举此期部分用例：

　　（49）循龙口挖之，浅者一二丈，深者四五丈，有焦路如灶土然，斯矿苗也。（《广东新语·货语》"银"条）（$S_{1.1}$）

　　（50）刮榆树之皮，挖地梨之根。（《歧路灯》第九四回）（$S_{1.2}$）

　　（51）不知碱之地挖去三尺，必无咸味，飞沙之地挖去三尺，必有湿气。（《熙朝新语》）（$S_{1.6}$）

　　（52）那窟窿便越挖越大。（《二十年目睹之怪现状》第九三回）（S_4）

　　简而言之，现代汉语"挖"字所具有的语法功能，在清代已基本齐备了。这标志着"挖"在清代已经取代"掘"成为"挖掘"概念场的主导词，并侵入了"凿、穿、掘"等词的义域。这里有两种材料可以证明我们的结论：一是在朝鲜时代汉语口语教科书《老乞大新释》中①，"挖

---

　　① 汪维辉（2005）指出："《老乞大新释》不分卷，边宪编，刊行于1761年（朝鲜英祖37年，清乾隆二十六年）。"

掘"义只用"挖"，如"你不知道，这几年我们那里挖棒槌的不少，所以价钱狠贵了"。这就让我们有理由相信，"挖"取代"掘"当不晚于18世纪中后期（《老乞大新释》时代）。二是六种清代文献中，指称本概念的单用"挖"41见，几近"掘"的5倍（具体数据见表5）。

表5　　六种清代文献中表"挖掘"义的"掘"、"挖"的出现次数

词项	文献 用例	儒林外史	红楼梦①	老乞大新释	三侠五义	儿女英雄传	歧路灯	总计
掘	单	1	3	0	1	0	4	9
	连	0	0	0	0	0	0	0
挖	单	5	3	1	8	4	20	41
	连	1	1	0	2	3	0	7

综上所述，表示"挖掘"这一意义，先秦文献中更具优势的是"掘"；两汉时期，"凿"、"穿"迅猛发展，与"掘"形成并存竞争之势；9世纪中期左右（《入唐求法巡礼行记》时代）"掘"打破三足鼎立格局，演化成本概念场的唯一主导词。18世纪中后期左右（《老乞大新释》时代），"掘"又让位于始见于唐代的"挖"，此种格局一直持续到现代汉语。

五　由"挖掘"概念场主导词历时递嬗所引发的思考

（一）主导词替换中的新旧质更替原因

在古代汉语的历史上，表示"挖掘"概念的词先后发生了"掘"取代"凿"与"穿"，"挖"取代"掘"的两次更替。之所以会这样，是词义系统和词汇系统合力的结果。"掘"所以能打破三足鼎立的格局，当与其语义负担轻有关。"掘"除本义"挖掘"外，没能发展成多义词；而"凿"与"穿"则各自在本义的基础上引申出了很多义项，其中前者达13项之多，后者达12项之多。二者语义负担过重，势必影响它表义的明

---

① 此列为前80回的统计结果，后40回"掘"与"挖"均无用词。

晰性。语言既有模糊的要求，又往往要求明确。这就促使其将某些职责卸给其他的词，以求系统内部的平衡。所以"掘"取代"凿"与"穿"是词义系统自我调节的结果。语言使用者舍"掘"用"挖"则与其"喜新厌旧"的心理有关。"掘"先秦已见，而"挖"唐代才见。据统计，5 种唐代文献中，单用的"掘"53 次，而"挖"仅出现 2 次（具体数据见表3）。两相比较，"掘"的使用频率比"挖"高得多。一般而言，使用频率最高的，也就是用得最长久的。"挖"、"掘"一新一旧，很是泾渭分明。但从语言信息的观点来看，一个语言成分越是新的、使用时间越是短的，它所传达的信息也就越大，也就越受到人们的欢迎。所以"挖"取代"掘"是词汇系统内部更新的结果。

（二）主导词替换中的语料选择和语料分析

关于语料的选择，太田辰夫先生曾有过精辟的论述："在语言的历史研究中，最主要的是资料的选择。资料选择得怎样，对研究结果起着决定性的作用。"[①] 太田先生所说的"资料选择"，主要是材料的可靠性问题。汉语史研究的语料除了可靠性外，还需口语性[②]，因为"我们所研究的汉语史就是口语发展史"[③]。由于汉语历史文献语言性质十分驳杂，纯口语资料很难找到，所以语料分析应"剥离口语成分"和"重视典型语料"[④]。董玉芝云："两汉至唐宋，'掘'、'凿'、'穿'三足鼎立，并驾齐驱，……是一组常用同义词。"[⑤] 董玉芝又云："'挖'……最终在晚清白话小说《儿女英雄传》和《二十年目睹之怪现状》中完全取代'掘'、'凿'、'穿'一统天下，完成了历时更替。"[⑥] 这些说法与语言事实不符，究其根底，主要是其在语料分析时未"剥离口语成分"和"重视典型语料"。两汉至唐宋时期，董文考察了 17 种语料，其中史书 9 种，且都作为

---

① 参看太田辰夫（2003，第 373 页）。

② 汪维辉先生（2000b，第 152—153 页）指出："用于汉语史研究的语料有两个基本要求：一是口语性，二是可靠性。"

③ 参看汪维辉，胡波（2013，第 359 页）。

④ 汪维辉先生（2013，第 360 页）认为："语料的分析至少应该包含这样四个方面：一是确认有效例证，二是剥离口语成分，三是分析统计数据，四是重视典型语料。"

⑤ 参看董玉芝（2011，第 129 页）。

⑥ 参看董玉芝（2011，第 130 页）。

撰者写作时代的语料来使用。由于史书材料不具有同质性①，所以对其进行"一锅煮"式的统计，必定会影响结论的科学性。此外，汉魏六朝时期，口语性极高的汉译佛经未见采用，近代汉语时期口语化极强的王梵志诗、白居易诗、《入唐求法巡礼行记》、朝鲜时代汉语教科书（《训世评话》、《朴通事谚解》、《老乞大新释》）等也未见采用。董文语料选择和语料分析上的这些缺陷是导致其结论偏颇的主要原因。因为只有"尽可能多地挖掘和利用口语性资料，并把口语成分和文言成分'剥离'开来，这样才能最大程度地逼近事实真相。"②

总之，常用词演变研究是一项复杂而艰巨的工作，"尽可能多地占有材料，恐怕仍是讨论问题的必要前提"③，因为"手中掌握语料的多少，亦往往直接关系到推论的正确与否"④。

参考文献

董玉芝：《汉语"挖掘"义动词的历时演变》，《北京燕山大学学报》（哲学社会科学版）2011 年第 3 期。

董志翘：《再论"进"对"入"的历时替换——与李宗江先生商榷》，《中国语文》1998 年第 2 期。

方一新、王云路：《六朝史书与汉语词汇研究》，《中古汉语研究》，商务印书馆2000 年版。

太田辰夫：《中国语历史文法》（修订译本），蒋绍愚、徐昌华译，北京大学出版社 2003 年版。

汪维辉：《东汉—隋常用词演变研究》，南京大学出版社 2000 年版。

汪维辉：《〈周氏冥通记〉词汇研究》，《中古近代汉语研究》第 1 辑，上海教育出版社 2000 年版。

汪维辉：《汉魏六朝"进"字使用情况考察——对〈"进"对"入"的历时替换〉一文的几点补正》，《南京大学学报》（哲学·人文科学·社会科学版）2001 年第 2 期。

汪维辉：《朝鲜时代汉语教科书丛刊》（全四册），中华书局 2005 年版。

---

① 方一新和王云路先生（2000，第 146 页）指出："在利用史书进行词汇研究时，必须注意鉴别所用语料的年代。这是因为史书材料在断代问题上相当复杂，不可等闲视之。"

② 参看汪维辉、胡波（2013，第 369 页）。

③ 参看汪维辉（2001，第 116 页）。

④ 参看董志翘（1998，第 155 页）。

汪维辉、胡波:《汉语史研究中的语料使用问题——兼论系词"是"发展成熟的时代》,《中国语文》2013 年第 4 期。

颜洽茂、孙淑娟:《汉语"忧虑"概念场主导词的历时替换》,《福州大学学报》(哲学社会科学版) 2012 年第 2 期。

项目基金

2013 年度江西省高校人文社会科学基金项目"基于现代语义学视角的古汉语手部动作词汇系统研究"(YY1319)。

作者简介

孙淑娟,南昌工程学院人文与艺术学院讲师,浙江大学汉语言文字学专业博士,学位论文《古汉语三个心理活动概念场词汇系统及其演变研究》(2012)。

"个"字构式演化的认知机制及相关问题

九江学院　李向华

摘　要：现汉中从典型量词"个"到助词"个"的变化，反映了构式上的两条承继路径。这既可以看成是"个"词性的演化导致了构式的承继，也可以看成是构式压制对词性的影响，二者在不同维度上表现出系统关联，并规定着构式义和相关成分的准入。这说明了不仅动词和副词对构式有压制作用，汉语中的量词同样对构式有压制作用。

关键词：构式；承继路径；认知；情态意义；组配

本文考察以下这组构式：

(1) 我们来拿个笔
(2) 我们来画个肖像
(3) 我们来做个庄
(4) 我们来玩个太极
(5) 我们来喝个痛快
(6) 我们来说个明白
(7) 我们忙个不停
(8) 他们说个不休
(9) 你个淘气鬼
(10) 你个倒霉蛋

这组实例构式可以抽象为"Np（代）＋（来）＋（V/A）＋（数）＋个＋C"图式构式。该构式的特征如下：

① "Np(代)"指人称代词的单复数形式。

②"来"为表示情态意义的用法，不指实义用法。

③"V"为功能上的变项，兼容动词、形容词和零形式。

④"个"为常项，但在不同组合中功能上有差异。

⑤"C"为补足性成分，包含了名词、动词和形容词等。

现有的文献大多分析"个"性质的演化以及与之相关的句式特点。侧重于从词汇角度的个案考察，缺乏从句法或构式角度来考察句式或构式和词语之间的相互影响的关系。本文试图从认知构式语法角度对相关带"个"的构式作统一的、宏观的思考和解释。不仅要归纳这些子构式的构式义和相互之间的共性，也分析了它们各自的特点和相互之间的不同。从而拓宽了"个"字构式的研究角度和理论层次。

一　常变项演化与构式功能承继之间的关联

按照构式语法的观点，一个图式构式是一个构式集，在这个集中各个子构式通过传承关系（Inheritance Relation）连接起来，形成一个网络。这个网络叫传承网络（Inheritance Network）或者叫传承层级（Inheritance Hierarchies）结构。前面的例（1—10）之间也是通过特定的连接联系在一起，形成了一种传承层级关系。

例（1—6）是一种形式上的平行性结构，但都有歧义。这主要是由词汇"来"和"个"后续成分的多义造成的。"来"有两种意义：一为实义动词，表示一种趋向动作，在这种意义上，这几个构式均为连动的双核结构，不具有情态意义；二为情态词，有点类似于英语中的"Will"，在这种情况下，该构式为单核构式，表示将来的"时"意，具有特殊的构式义，本文主要考察后一种情况。另外，"个"后续成分因词汇的多义性也会造成歧义，例（3—4）就是这种情况。但是，实际情况也并非逻辑上的关系。例（1—2、5—6）有两种意义，当排除了"来"的实义用法时，也只有一种用法。例（3—4）应该是"2×2＝4"种意义，因为除了"来"有两种意义之外，"个"的后续成分也有两种意义。但是，实际上例（3—4）只有两种意义，因为排除了"来"为实义动词的用法，只剩下"来"为虚义情态动词的用法。

"来"为实义用法时，例（3—4）也还是只有一种用法。造成这种现象的原因是，当"来"为实义动词时，该构式主观情态义消失，从而使句子仅仅表示一种客观的陈述。这种客观陈述显然没有体现行为主体主观上的期望或结果，抑或超常规的期望或结果，进而阻断了隐喻产生的诱因，使"个"的后续成分隐喻义无法凸显。道理很简单，当人们客观陈述某种现象或某物时，一般很少用隐喻表达。只有在有特殊的语用需要时，人们才会通过引申来实现构式的特殊语用价值。

但是，当"来"表示情态意义时，构式表示行为主体有意愿实施某种动作或通过发出某种动作来达到期望的结果，无论是动作还是结果，都是主观的，不一定符合现实，也可以是难以实现的超常规的结果。当"个"的后续成分表示一种复杂的隐喻意义时，正是人的主观期望的超常规的结果通过构式在词义中的延伸。显然，这种隐喻义所表达的行为或事件远远要难于这些词的具体意义所反映的行为，正是因为难以达到，所以在人的认知上才带有主观期望性。因此，在这种情况下，构式就可以表示两种意义。

例（5—6）为"个"后带了形容词性成分。这里的"痛快"和"明白"是"喝"和"说"动作的结果，表示的是一种状态，这是同一事物的两个不同方面。状态是无界的，而结果却是有界的，正是因为这个原因它们才可以和有界的非典型量词"个"相组合构成一种特殊的"个 + A"构式。因为，这里的形容词凸显的是结果义。

例（7—8）和例（9—10）又分属于两个不同的类别。例（7—8）中，"来"不再可以出现了，这说明该构式表示"意愿"的情态义变弱而评价义加强了。① 尽管该构式"个"后面带的是动词性成分，但是该动词性成分是一个带有否定标记的表示一种动作状态的成分。因此，从本质上说，它和前面的例（5—6）是一致的，所不同的是前面的例（5—6）体现的是状态，表示的是结果，而例（7—8）中的"不停"和"不休"失去了"结果"义，凸显了"状态"义。这正好和"个"后带形容词的构式形成互补。

这样语义变化导致的结果是："个"受到其后动词否定形式的影响，已经由一个有界成分变成了一个无界成分了。当"个"变成了一个纯粹的无界成分时，"个"也就丧失了作为量词最本质的特征，由量词就质变为典型的助词了，从而彻底完成了词类的转化。其句法标志是"个"的

---

① 如果将该构式的主语换成客观成分，这种变化体现得非常明显，例如"雨下个不停"。

前面不再能够加上任何数词。

例（9—10）中，成分"来 + V + 数"整体脱落。这里的"个"仍旧带有非典型量词的特征，这可以通过在"个"的前面加上近指代词"这"形成"你这个淘气鬼"构式看出。该构式的特别之处在于"个淘气鬼"不再是动词的后续成分，用来表示动词所发动作的作用对象、结果或方式等，而直接充当了该构式的中心成分表示话语主体对该构式话题成分的主观认定和评价等。这说明该构式仍旧以主观情态为主，表示一种贬义或调皮、可爱等色彩。和前面构式不同的是，这个构式的评价主体在句外，不充当句法成分。因此，该构式仍旧可以看作是"个"字构式中心意义的多义扩展。只是，该构式已经演化成一种纯粹的评价构式，不再含有表"意愿"的功能了。

结合上面的分析，我们可以把"Np$_{(代)}$ +（来）+（V/A）+（数）+个 + C"构式的内部子构式分为五个大类：例（1—2）为 A 类；例（3—4）为 B 类；例（5—6）为 C 类；例（7—8）为 D 类；例（9—10）为 E 类。如果从静态平面考察这五大类构式，就会发现它们之间在"V/A"、"个"、"个"后续成分以及构式的语用功能等方面具有互补关系。并且在语用功能上可以看出明显的由表"意愿"到表"评价"的演化关系。可以列表如下：

表 1

类别	"个"的性质	"个"后续成分的性质			构式语用功能
		对象	结果	状态	
A	典型量词	+	－	－	意愿
B	典型量词	+	－	－	意愿
C	非典型量词	－	+	－	意愿 + 评价
D	助词	－	－	+	评价
E	非典型量词	+	－	－	评价

表 1 中的三个大列反映了构式中三个不同维度的纵向变化，可以看到，A 类到 D 类有严整的演化关系："个"由典型量词变成非典型量词；"个"后续成分由具体的"对象"虚化成"状态"；构式的语用功能由表"意愿"到表"评价"。比较特殊的是，E 类似乎是个孤类，无法和 D 类衔接。但是，换个思路去看，如果将 E 类放到 C 类的位置上，其和 B 类

又可以衔接上。这又是一个从典型量词到非典型量词，以及由意愿到评价的过程。将这两种情况归纳，就可以得出两条清晰的演化路径。如下：

路径一：由 A 到 D 的演化：

$$A \quad > \quad B \quad > \quad C \quad > \quad D$$

"个"：典型 $M_1$①　　　典型 M_2　　　非典型 M　助词

后续 C：N_1（具体）N_2（抽象）　　A　　　不 V

路径二：由 A 到 E 的演化：

$$A \quad > \quad B \quad > \quad E$$

"个"：典型 M　　　典型 M　　　非典型 M

后续 C：N_1（具体）　N_2（抽象）　　N_3（抽象）②

以上的推演基于认知语法中的认知方式的语法化理论：词义的发展遵循由实到虚的过程；功能遵循由具体到泛化的过程；结构上遵循由繁到简的过程。构式中变项的这种演化反映了构式准入条件的放宽导致的子构式的衍生或承继。理论上讲，这种演化反映的是构式发展的历时脉络，是可以得到验证的。

根据北大语料库和其他语料库搜索的古汉语语料的例证，该构式最早出现的年代为战国时期，这时"来"还没有完成情态化功能，动词性还比较强，也没有跟"个"搭配起来。例如：

（11）秦誓曰，若有一个臣，断断兮，无他技。（《大学》）

（12）君有楚命，亦不使一个行李告于寡君。（《左传》）

大约到唐朝，"个"后带含有抽象意义名词的 B 类构式就已经出现。此时，"个"已经有一定程度的功能泛化，逐渐在向非典型量词扩展。例如：

（13）设汝见得，只是个照境底心。（《佛语录·黄檗山断际禅师传心法要》）

---

① 这里的"M"代表量词，下标数字表示类别。

② 这里"N_3"凸显对象的某种属性，该属性就是言者主观评价的结果，因此，表面看对象是具体的，实际上还表示一种抽象的范畴。因此，它表示的对象属性和 A/B/C 类都有交叉。

（14）让曰，总未见人持个消息来。（《佛语录·马祖语录》）

大约在唐朝时，出现了 E 类构式，但仅发现一例。到了宋朝，该格式已经大量在口语中使用且使用范围非常广泛。这说明该格式的正式形成时期应为宋代。例如：

（15）阿你个罪人不可说，累劫受罪度恒沙，从佛涅盘仍未出。（《敦煌变文》）

（16）不当道你个日光菩萨，没转移好教贤圣打。（《西厢记诸官调》）

在唐朝时也出现了"个"后带形容词的 C 类用法。例如：

（17）欲识个中意，一老一不老。（《佛语录》）

（18）缘愁似个长。（《李白诗全集·唐诗》）

在宋朝时出现了"个"后带动词否定的 D 类用法，繁荣期在元明时期，并持续至今。例如：

（19）本侍者参禅许多年，逐日只道得个不会。[《五灯会元（疏校本）》]

（20）须是真个不昧，具得众理，应得万事。（《朱子语类》）

上面的语料，我们可以推导出下面的结论：

①C 类和 E 类都为唐代出现，说明它们是从 B 类分化而来。

②D 类最抽象，所以出现得最晚。

这样看来，古汉语语料和认知上推导的结果大致吻合，可以相互印证。我们发现，在现代汉语中该构式各个子构式的用法和使用范围远没有在宋元时期那么广泛。这反映出了一个构式产生之初都有一个使用范围的扩张和功能泛化的过程，在演化的过程中逐渐调整并成熟，最终保留了那些有特殊语用价值的构式。

二　"个"字构式的构式义对词项的压制

按照 Adele E. Goldberg 的说法，形式和意义/功能的匹配体且这种形式或意义/功能的一些方面不能从已有的构式或该构式本身的组成部分中完全推知，该匹配体就是构式。因此，构式是语言使用者习得的原生态结构体。从经济性和功能角度看，语言中所有结构体都承担了某种独有功能或意义，以实现其自身存在的价值，没有两个完全相同的结构体，即使是最严格的同义结构也如此。因此，语言中所有结构体都是构式。

前面一节主要是论述了例（1—10）之间的承继网络以及每个构式的个性特征，目的是证明它们为同一个图示构式"Np$_{(代)}$ +（来）+（V）+（数）+个+C"下的子构式。分析到此，仅仅是做了描写，而没有解释为什么这些构式可以统摄在一起，以及它们的共性特征是什么。要解决这些问题，就涉及一个统摄整个构式的构式义。该构式义制约着各个子构式外部功能和内部相关位置上成分的准入。通过对该图示构式大量实例的分析，可以将其构式义表述为：

　　　　言者对某个对象（行为、状态或人等）主观上的期待或评价。

这个构式义反映了言者的两类角色：

第一，言者为事件的直接参与者，在构式中凸显，充当了主语位的论元角色，表示言者的某种期待意义；

第二，言者为事件的间接参与者，不在构式中凸显，处于幕后观察者的位置，表示对某个对象的某种评价。

无论是主观的期待还是评价，其共同的特征都是强调言者主观上对现实的反映。这样的构式义决定着该构式有着特别的语法特征。这种特征首先表现在构式对其变项的选择性，即面对相同词类[①]或类词的单位，有的可以进入，有的就不可以。其原因就是构式义的制约。我们可以将该构式的制约条件表述为：

----

① 我们还是倾向于 Langacker 的基本观点，将构式视为"≥2 个象征单位"的结构。词还是用"词"去表示。

条件（1）：进入该构式中的成分不改变该构式主观性的核心属性，否则就不可以进入。

条件（2）：进入构式的动词性成分必须是可控的；形容词性成分必须和"个"后成分构成评价关系，否则构式不成立。

这可以统一解释诸多例子的合法与不合法。如例（1—4）中，成分"来"的删除会使构式失去了表示"意愿"的主观情态义，可构式中又没有其他相关时态成分来替代，因而，构式可接受度较差。

条件（2）主要是针对进入构式的"V/A"而言，无须赘言。如果进入该构式的成分不违反上面的两条，那么构式就可接受该成分。例如：

（21）我们来轻轻地拿个笔
（22）我们来悄悄地画个肖像
（23）我们来轻松地来做个庄
（24）我们来巧妙地玩个太极
（25）我们来偷偷地喝个痛快
（26）我们来细细地说个明白
（27）我们整天地忙个不停
（28）他们喋喋地说个不休

这组例子的中心成分"V/A"前面全部加上了一个表示状态或方式的修饰性成分，句子仍旧成立。这是因为，这些成分在该构式中仅仅和后面的中心成分"V/A"发生关系，描述"V/A"的方式或状态，并没有影响到整个构式，也没有改变构式的主观情态意义。因此，它就没有违反该构式的允准条件，从而可进入该构式，构式仍旧合法。

但是，如果进入该构式的成分影响的是整个构式且和构式义相冲突，则这个成分就不可以进入该构式。这又可分为两种情况：

①情态范畴的冲突。在一个构式中，表示主观的情态和表示客观的情态是相互对立的，一般不可共现，否则构式不成立。在"个"字构式中，就表现在"V"后带体标记"着、了、过"的情况。看下例：①

---

① 文中的三角号表示该构式不成立或可接受度较低。

（29）我们来拿个笔　　我们来做个庄　　我们来喝个痛快

（30）我们来拿了个笔　我们来做了个庄　我们来喝了个痛快 △

（31）我们来拿着个笔　我们来做着个庄　我们来喝着个痛快 △

（32）我们来拿过个笔　我们来做过个庄　我们来喝过个痛快 △

　　从结构上看，体标记为"V"后黏附性成分，"了"表示已经实现的完成体；"着"表示进行体；"过"表示经历体。这三个词是一个动作过程不同阶段的反映，具有客观陈述的性质，而"来"表示的是主观情态，且这二者同时指向"V"，从而造成了情态的不兼容，因此违反了条件（1）。解决这样矛盾的途径就是这两种相反的情态只保留一个。比如：

（33）我们来拿个笔　　我们来做个庄　　我们来喝个痛快

（34）我们拿了个笔　　我们做了个庄　　我们喝了个痛快

（35）我们拿着个笔　　我们做着个庄　　我们喝着个痛快

（36）我们拿过个笔　　我们做过个庄　　我们喝过个痛快 △

　　这里，例（33—35）可以找到用例，是成立的，例（36）找不到用例，是不成立的。例如：

（37）我该怎么办，谁<u>来拿个</u>主意。

（新浪论坛，http：//club. baby. sina. com. cn/thread － 3413637 － 1 － 1. html）

（38）我们觉得雪人不够完美，我<u>拿了个</u>小桶，做雪人的帽子。

（《堆雪人》，小精灵儿童网站，http：//new. 060s. com/article/2013/ 09/06/796505. htm）

（39）你整天<u>拿着个</u>相机照美国、照日本、照印度，恨不得把别人扒个精光用镜头仔细查一千一万遍。

（腾讯微博，http：//t. qq. com∕p∕t∕264784057332794？ apiType = 14）

现在的问题是，为什么例（36）不成立？通过仔细考察发现，该构式中的动作必须与表示"现在"的时意义相关联，前面的三个例子均符合这个制约条件；例（36）表示的是经历体，与"现在"的时意义不关联，所以该组例子不能成立。

②时态范畴的冲突。在一个构式中，表示未然的时态和表示已然的时态是相互对立的，一般不可共现，否则构式不成立。在"个"字构式中，就表现在"V"为动结式的情况。看下例：

（40）我们来拿走个笔　我们来做满个庄　我们来喝死个痛快 Δ
（41）我们来拿掉个笔　我们来做全个庄　我们来喝醉个痛快 Δ
（42）我们来拿去个笔　我们来做好个庄　我们来喝倒个痛快 Δ

上面的例（30—32）和这里的例（40—42）都不合法，二者在"时"和"体"上都有交叉又各有侧重，前者侧重于"体"的差异；后者侧重于"时"的不同。"来"表示将来时，动结式表示的是完成时，而这两种"时"又有着共同的施加对象，进而产生对立，造成构式不合法。由于矛盾类别不同，解决办法也有差异，仅仅将两个"时"删去一个，构式依旧不成立。例如：

（43）我们拿走个笔　我们做满个庄　我们喝死个痛快 Δ
（44）我们拿掉个笔　我们做全个庄　我们喝醉个痛快 Δ
（45）我们拿去个笔　我们做好个庄　我们喝倒个痛快 Δ

造成这种现象的原因出在"个笔"上，动结式中的补语性成分是将动词性成分所表达的动作行为有界化，而"个 + C"构式是一个无界成分，所以二者不能组合。① 我们可以通过将"个 + C"构式中的"C"有界化，从而使二者可以组合。例如：

---

① 前面的例（33—35）和这儿的例（43—45）相似，但是，前者成立而后者不成立。可以这样解释：前者也是一个小句，而不是一个句子，它需要有其他成分补充才可以独立，因此具有一定的可接受度；后者可接受度较低，基本不合法。本质上这二者在可接受度上也只是个程度问题。

（46）我们拿走一个笔　　我们做满一个庄
（47）我们拿掉一个笔　　我们做全一个庄
（48）我们拿去一个笔　　我们做好一个庄

如果将这里的数词"一"换成"二"以上的数词，构式的可接受性会更加明显。同样，把上面这组例子中的补语换成体标记句子仍然成立。但是下面这组仍然不可以组合：

（49）我们喝死一个痛快 △
（50）我们喝醉一个痛快 △
（51）我们喝倒一个痛快 △

动词性成分带体标记的构式也不成立，例如：

（52）我们喝了一个痛快 △
（53）我们喝着一个痛快 △
（54）我们喝过一个痛快 △

而例（36）中的前面两个例子又可以成立了，例如：

（55）我们拿过一个笔
（56）我们做过一个庄

这种构式合法性的复杂分布可以用主观性作统一解释，这恰恰可以证明前面对构式义归纳的准确性。在这个构式中，受到构式的压制，"个"后成分具有了较大兼容性，可以将形容词有界化后受"个"修饰。但是，当该构式因动结式中的补语性成分加入而失去了主观性进而转向现实构式时，构式随之也就失去了压制"个"后成分的能力，从而形容词无法有界化，也就不可以被"个"修饰。其结果就是构式的不成立。从另一个角度来看，形容词受到"个"的影响，表示动作的结果，而动结式中的补语性成分也表示结果，这违反了构式语法的单路径限制原则（Unique Path Constraint），因而也是不合法的。

三 "来"和"个"反向压制的理论思考

上面一节中仅仅对例（1—6）进行了分析，用来说明构式义对进入构式相关位置的词的选择性，以及例外情况的解释，并没有涉及例（7—10）。表面上，例（7—10）似乎是特例，和前面例子之间没有关系，因为这里承担主观情态意义的"来"已经消失了。现在的问题是，为什么前者"来"的消失会使构式义消失，而后者却不会？

要回答这个问题，需要回过头来看表（1），表（1）中的 D 类、E 类和前面几类之间最明显的不同就是语用功能的差异：前面几类表示的是"意愿"；后面两类表示的是"评价"。根据上面的分析知道，例（1—6）中，这种表示"意愿"的意义主要由"来"承担，失去了"来"，这种意义就不存在了，从而构式不合法。因此，"来"的辖域为这个构式的整体；而"个"仅仅对后续成分起作用。尽管二者都是必需的，但重要性有差异。再来看例（7—10），由于没有"来"，这种表示"评价"的意义主要由"个"承担，失去了"个"，这种意义也就不存在了，从而构式不合法。

由此，我们可以得出这样的结论：这个图示构式中，"来"的功能主要是表示"意愿"；"个"的功能主要表示"评价"。"来"由于统辖全局，所以在优先级上强于"个"。因此，当"来"和"个"同时出现时，"来"起主要作用，当"来"删去了，"个"就起主要作用。① 这样的选择主要取决于语用功能的表达需要。例（1—6）由于表示"意愿"意义，所以就需要有"来"的出现；例（7—10）由于表示"评价"，所以就需要删去统辖整个构式的"来"，取消"意愿"义，让位于表示"评价"意义的"个"。从而达到构式的语用功能和内部相关词之间的协调匹配。这种现象，可以看作是构式语用功能对内部词项的选择；也可以看作是构式内部词项对构式语用功能的影响。二者是一种双向互动的关系。

王寅（2009）将词汇对构式的影响称为"词汇压制"。他认为"在一个语句中可能是构式起主导作用，就叫构式压制；也可能是词汇起主导作用，甚至是不可或缺的，则可称为'词汇压制'"。这种压制在语言中也

---

① 这时，"个"依旧统辖后续成分，所以例（7—10）语义重心在构式的后面成分上。

是处处存在的，例如否定词的压制作用、频度副词的压制作用等。这里涉及情态动词和量词对构式的反向作用。这起码可以得出以下两点思考：

①语言中的所有词类在特定构式中都可能成为压制因子，影响着整个构式的语用功能和其他变项的准入。

②词汇压制和构式压制是一种互动关系，并不是一种单纯的可分离的两个类别。任何的构式压制都是构式自身和特定词汇共同作用的结果；反过来，任何的词汇压制没有构式的制约也是不可能完成的任务。

四　余论

根据上文的分析，"Np$_{(代)}$ +（来）+（V/A）+（数）+个 + C"构式的子构式的扩展主要在"个"后成分的变化（当然，不仅仅这一个方面）。这种变化受多种因素的影响，文中并没有全部展开。其中最重要的影响因素之一就是"个"由量词向助词的演化。伴随着这种演化，"个"的位置也发生了转移，由后向依附向前向依附转移。这种依附性的转移主要是由两个原因造成的：

①"个"量词功能弱化。"个"本身为量词，前面一般带有数词，但是当数词经常为"1"或脱落时，就为轻读，从而导致量词功能的弱化，最终会造成"个"与后面名词性成分之间结合由紧变松，这为"个"向前面成分的游离提供了前提，同时也为后续成分的扩展提供了可能；

②构式内部结构的不稳定性。一般来说，当一个词发生虚化时，就具有依附性。该构式有两个单音节功能词："来"和"个"，且形成了一个以"V"为支点极度不稳定的"来 + V + 个"结构，前者"来"后向依附；后者"个"前向依附。这种不稳定主要来自韵律的压迫，而解决这种压迫的方法就是"V"为一个单音节成分，这样无论是前者还是后者都会和它组成一个稳定的双音节结构。这解释了构式中的中心动词"V"为什么一般是单音节，双音节的可接受度差。例如：

A	B
（57）我们来调查个案例	（57）′我们来查个案例
（58）我们来打扫个房间	（58）′我们来扫个房间
（59）我们来设计个圈套	（59）′我们来设个圈套

总的来看，前面 A/B 两组例子中"个"的性质是一样的，之所以 A 组构式不太自然而 B 组自然主要是 A 组中的"个"没有办法依附于前面的成分，处于游离状态。因为"个"的前面已经有了一个双音节的稳定单位，韵律处于饱和状态。B 组的构式由于前面的成分是单音节，本身就具有韵律上的吸引力，当遇到了一个符合其吸引条件的"个"时，很自然地将之吸引过来，形成一个稳定的音步，从而使整个构式处于稳定状态。

本文主要从整体上讨论一组"个"字构式之间的承继关系，它们之间功能上的差异以及内部结构的特征，并从历时角度加以考察，印证认知推导的科学性。在此基础上，论证了统辖这组构式的构式义，以及由该构式义制约的构式内部成分的准入。最终，从词汇和构式的双向互动中给予解释。文章的中心观点认为：无论是构式压制还是词汇压制，都不是一个单纯的过程，当中的每一个成分都承担了相应的价值，它们之间以及它们与构式之间，构式与构式之间构成了一个有机的整体，相互协同，共同作用，决定着构式中任何位置上成分的进入与意义和功能的变化。本文受多种原因的制约，并没有将这些因素全部展开，仅仅选择了几个明显的、有代表性的方面加以描写和解释，以一斑窥全豹，以期为"个"字构式研究寻找新的思路。

参考文献

陈昌来：《现代汉语动词的句法语义属性研究》，学林出版社 2002 年版。

陆俭明、沈阳：《汉语和汉语研究十五讲》，北京大学出版社 2004 年版。

李向华：《"我们来喝个痛快"与"雨下个不止"中"个"的性质与关系》，《宁夏大学学报》（哲学社会科学版）2005 年第 3 期。

牛保义：《构式语法理论研究》，上海外语教学出版社 2011 年版。

沈家煊：《语用法的语法化》，《福建外语》1998 年第 2 期。

王寅：《构式语法研究（上卷）：理论思索》，上海外语教学出版社 2011 年版。

王寅：《构式压制、词汇压制和惯性压制》，《外语与外语教学》2009 年第 12 期。

王吉辉：《词义的虚化及虚化的类别》，《语文研究》1997 年第 3 期。

袁毓林：《词类范畴的家族相似性》，《中国社会科学》1995 年第 1 期。

Adele E. Goldberg：《构式论元结构的构式语法研究》，吴海波译，北京大学出版社 2007 年版。

作者简介

李向华，九江学院文学与传媒学院副教授，上海师范大学对外汉语学院语言学及应用语言学专业博士，学位论文《汉语语用移情的句法语义属性研究》（2011）。

也说汉语变化形容词

南昌大学　徐采霞

摘　要： 汉语形容词在表示动态与静态能力上呈现出非匀质特点，不同形容词在句法和语义上的差异与形容词所述程度量的变化相关。变化形容词的自变性特点是事物自然发展规律经过人类认知理解后在语言上的投射，其句法表现的语义基础是摹状性的增加与磨损。语用焦点凸显和语用等级序列是形容词动态用法的功能动因。

关键词： 变化形容词；程度量；语用等级；焦点凸显

学界有观点认为，根据形容词所述性状与时间的疏密程度，可以把现代汉语形容词分为性质、状态和变化三类，这三类形容词“在句法和语义上的差异是因受情状类型不同而感染的后果”。[①] 我们认为，变化形容词表现的是形容词的动态和静态差异。形容词的基本性质是描写事物的性质与状态，与动词范畴不同，性状范畴的动态与静态体现了一定语用条件下形容词所述事物的性质与状态之间量变与质变的依存与辩证关系。变化形容词的实质是形容词进入动态表达构式而引发的一种语用法。动态表达构式能有效凸显形容词所述性质的变化，从而成为认知的焦点。本文从语义、句法方面分析变化形容词的特点，并从语用功能角度对这些特点进行解释。

一　对变化形容词的初步考察

学界既往研究根据形容词表述事物性状变化的能力标准，提出了

---

① 张国宪：《性质、状态和变化》，《语言教学与研究》2006 年第 3 期。

"变化形容词"这一形容词次范畴，并讨论了变化形容词的判断标准。变化形容词可以与时间副词"已经"（显示时间特征）和体标记"了"（体现动态情状）同现，可用否定副词"没"否定。张国宪（2006）根据以上标准，对《形容词用法词典》中1066条形容词进行鉴别，得出典型变化形容词和非典型变化形容词两个词表。① 我们先考察这两份词表的一些特点。

（一）变化形容词与性质形容词的关系

上述词表中，典型变化形容词89个（按义项统计，同一形容词若有两个不同的形容词性义项，则记为两个形容词）。其中单音形容词83个，占变化形容词总数的93.3%；双音形容词6个，占6.7%。从音节上看，典型变化形容词基本为单音节。单音节形容词是典型性质形容词，这是学界的共识。双音形容词情况比较复杂，其中既有性质形容词，也有状态形容词。那么典型变化形容词词表中的双音节形容词是否都是性质形容词？我们对典型变化形容词表中出现的6个双音节形容词［词的义项序号、释义均根据《现代汉语词典》（第6版）注释］进行分析：

糊涂$_1$：不明事理，对事物的认识模糊或混乱。
灰心：（因遭到失败苦难等）意志消沉。
骄傲$_1$：自以为了不起，看不起别人。
落后：发展水平较低。
马虎：草率，敷衍，疏忽大意，不细心。
明白：内容意思等使人容易了解。

以上这6个双音节形容词均可受程度副词修饰，均可用"不"或"没"来否定，且可充当定语。据此可判定为性质形容词。可见，典型变化形容词都是性质形容词。

以上词表中的非典型变化形容词共85个。其中双音节形容词81个，占总数的95.3%；单音节形容词4个，只占4.7%。可见，非典型变化形容词以双音节形容词为主。双音节形容词进入动态表述句法槽"已经+

① 张国宪：《现代汉语形容词功能与认知研究》，商务印书馆2006年版。

形容词 + 了"的概率很高，但因为无法进入"没 + 形容词"否定句法槽
而被归入非典型变化形容词。我们认为这与双音形容词所述性状的程度量
的变化有关，本文将在第三部分对此进行详细分析。综上所述，从形容词
所述性状特点看，变化形容词基本上都是性质形容词，性质和状态，典型
变化与非典型非变化，是依据不同标准对形容词分类得到的结果。

（二）变化形容词词表中的不对称现象

反义词是意义相反的一组词，互为反义词的形容词在表示变化的能力
上应该是相同的。观察典型变化形容词词表，可以发现不少这样的例子，
如："糊涂$_1$—明白、钝—快$_1$、扁—圆、长—短、潮—干、臭—香$_1$、肥
（胖）—瘦"等，互为反义词的一对形容词同属于变化形容词。但也存在
一些反例，如："骄傲$_1$、大$_1$、旧$_2$、粗"等位于变化形容词之列，其反义
词"谦虚、小、新、细"等却未被列入变化形容词。根据上面所述对变
化形容词的鉴定标准，这类互为反义的形容词对中，只有一个能够进入动
态句法槽，而反义词却无法进入该句法槽，不符合变化形容词要求。如，
可以说"衣服旧了"，一般却不说"衣服新了"；可以说"衣服没旧"，
但一般不说"衣服没新"。究其原因，我们认为这跟事物的自然变化规律
相关。人的认知经验的形成是以对客观事物性状的认识为基础的。通常情
况下，随着时间的推移，客观事物的性状自然变化过程是从新到旧的，而
相反的从旧到新的过程，除非外力干预，可能性极小。当形容词表示人们
对事物的主观评价时，人类常规价值取向在话语表达中就会潜移默化地起
作用。如"谦虚"是言语交际的礼貌原则的体现，是维持良好交际过程
的基本态度，而"骄傲"是令人不快的、可能导致交际中断或者失败的
态度，故描述变化终结状态的形容词"骄傲"可以进入典型变化形容词
之列，而描写起始状态"谦虚"却不能。据此判断"骄傲"是变化形容
词，而"谦虚"为非变化形容词。[①] 表示人的主观评价的"糊涂$_1$—明白"
同属变化形容词，是因为这一对互为反义词的形容词，二者所述状态具有
双向可逆性改变的特点。根据人们的认知经验，一个人的状态可以有时糊
涂有时明白，并不存在从起始状态到终结状态的单向变化要求。此外，
"钝—快$_1$、扁—圆、长—短、潮—干、臭—香$_1$、肥（胖）—瘦"等意义

---

① 张国宪：《现代汉语形容词功能与认知研究》，商务印书馆 2006 年版。

相反的形容词都是典型变化形容词，因为这几对形容词所述均为事物的客观属性，事物在这些性状上具有双向可逆变化的可能性。

综上所述，变化形容词表中出现的互为反义的一对形容词，一个是变化形容词，而另一个却无法进入变化形容词之列，主要的原因在于形容词所述事物的性状特点。人们对事物性状改变的心理期待是单向还是双向的，直接影响形容词进入动态表达的句法槽的可能性。变化形容词表中显现的这种反义形容词句法功能的不对称，是形容词深层语义特点的表层反映。

二　变化形容词的语义特点

（一）形容词的词义扩展动因分析

学界有观点认为，汉语部分动态形容词和静态形容词的分野具有词汇意义的支撑，因为表示变化会使形容词的词义分化为不同义项。[①] 我们认为，变化形容词的义项分化是形容词所述对象范围的拓展变化的结果。以形容词"好"为例，《现代汉语词典》对其第一个义项的释义为"优点多的，使人满意的，跟'坏'相对"。请看下面的例子：

> （1）A. 好的生活条件，带来了好的心情。
> 　　　B. 生活条件好了，心情也好了。

例（1）A、B 两个句子中，形容词"好"都表达"使人满意的"意思，A 句所述为静态性质，B 句所述为性状的改变。我们认为变化的表述来自形容词与时体标记"了"组合而成的动态表达构式。不仅形容词进入"已经＋X＋了"可以表达变化之义，名词也可进入该构式从而表达变化。邢福义（1984）详尽分析了"NP＋了"句式，指出进入该构式的名词或名词性短语必须是随着时间推移而变化的一个序列，且 NP 不能位于该变化序列的起点。[②] 网络语言调查显示，当前的语言使用正在突破这个限制，朝着更加自由的方向发展。在百度搜索"悲剧了"得到 640 条语

---

① 张国宪：《现代汉语动态形容词》，《中国语文》1995 年第 3 期。

② 邢福义：《说"NP＋了"句式》，《语文研究》1984 年第 3 期。

料，如：

> （2）A. <u>悲剧</u>了，我的途观漏油。
>   B. <u>悲剧</u>了，手机不能充电了。
>   C. 住在我上铺的兄弟<u>悲剧</u>了。

而输入"真相了"得到语料 270 条。如：

> （3）A. 好了，终于<u>真相</u>了。
>   B. <u>真相</u>了！他的媒人是丈母娘！
>   C. 这也太<u>真相</u>了！

尽管名词或名词性短语可能以常规或超常规的方式进入"X + 了"构式，并不能据此判定这些名词是变化名词，也不能说这些名词具有动态性，因为在这些语言表达中，变化义是名词或名词性短语进入构式而表达出来的，本无动态性的名词性短语进入该构式后，临时具有了表示变化的功能。

形容词"好"在《现代汉语词典》中的第 5 个义项是"（身体）健康，（疾病）痊愈"。在这个意义上，下面的两种表达都可以成立：

> （4）A. 他身体一直很<u>好</u>。
>   B. 经过一年体力劳动，他的身体居然<u>好</u>了。

例（3）A 句是静态描写，B 句表达状态的改变，但是两句中的"好"意义相同，都表示"身体健康"的意思。可见，形容词的同一个义项，既可表示静态性质，也可表示动态变化。动态和静态的意义，并未固化在形容词的词义上，而是由形容词所述对象的特点决定的。形容词义项的分化与增添，是形容词所述对象的扩展结果。

（二）不同语言中性状恒常性与临时性的表达方式

形容词的主要功能是表示事物的性质和状态，而事物的性状，如果从时间的维度上考察，具有恒常性或者临时性。与形态手段丰富的西班牙语的对比研究表明，某一形容词所述性状同时具有恒常性和临时性两种可能，其中哪种可能性转化为表达中的现实性，即句法编码的落实，同语境条件密切相关。西班牙语的形容词不能独立充当谓词，需要与系动词配合使用，而与形容词配合使用的有 ser，estar 两个系动词。当形容词与 ser 配合使用时，形容词所述性状具有恒常性；而与 estar 连用时，则凸显临时性特点。如：

（5）A. *Estas*　　　　　*guapo　hoy　por　　la　nueva　traje.*
estar（第二人称单数变位）　帅　今天　因为　定冠词　新　领带
汉语直译：你好帅今天因为新领带。
B. *soy*　　　　　　*guapo siempre, no　solo　hoy.*
ser（第一人称单数变位）　帅　始终　不　仅仅　今天
汉语直译：我帅总是，不仅仅今天。

　　例（5）A 句描述的是"今天"系新领带的状态很"帅"，除了采用时间词"今天"来强调状态的临时性，主要是用系动词 estas（estar 的第二人称变位）表示性状的临时性，从而达到表示变化的意味。而 B 句使用了表示稳定属性的系动词 soy（ser 的第一人称变位），并用时间副词"siempre"（总是）凸显性状的恒常性。

　　在形态手段丰富的西班牙语中，同一形容词通过与不同系动词 estar（表示临时、外显状态）和 ser（表示恒常的、内在稳定的状态）的组合，所述性状的恒常性和临时性一目了然。西班牙语形容词几乎都具有与 estar 和 ser 两个不同的系动词组合的可能性，这与形容词所述性状同时具有临时性和恒常性直接相关。

　　英语形容词表示性状的恒常性和临时性的情况与西班牙语非常相似。表示稳定属性的形容词与系动词 be 连用，而凸显性状变化的形容词都与 become 或 turn to 连用。跨语言的对比分析表明，形容词表示变化是通过形容词与其他句法手段配合使用的结果，尽管不同语言在形容词表示变化义时所使用的语法手段各不相同。

（三）形容词所述性状的程度量变化

　　并非所有形容词都能进入表达变化的构式，我们认为，性质形容词，无论是单音节还是双音节，除了表示极量的，均可进入"已经 + 形容词 + 了"构式。形容词表示变化能力的高下之分，关键在于该形容词所述性状的程度量。

朱德熙（1956）把现代汉语形容词分为性质形容词和状态形容词，这是语义分类，同时具有句法上的判断依据，故这一分类标准为学界广泛接受。然而，性质与状态之间并没有截然的鸿沟。邢福义（2009）把形容词分为性状形容词和定质形容词，明确指出性状形容词均具有程度量。李宇明（1996）进一步指出，性质和状态之间随时可以相互转化，并分析了性质形容词向状态形容词转化的三种常见方式：形容词前加程度副词、形容词后运用"了，着"等时体手段和形容词自身重叠。我们认为，无论是词汇手段还是形态手段，其实质都是增加摹状性，是形容词所述性状的程度量的增加。

现代汉语双音节形容词所述性状的程度量的情况比较复杂，从历时角度分析，主要原因有二：一是汉语双音化带来的双音节形容词的程度量增加；二是双音节形容词在长期使用过程中，程度量的磨损程度。

邢福义（2009）指出，有些"X + 形容词"结构的双音形容词自身已经具有了表示程度的语素，如"雪白"、"通红"、"冰凉"等。这类双音节形容词一般不能再通过加程度副词来凸显其程度量，也无法通过自身重复来增加摹状性。但语料调查显示，语言交际中已出现了状态形容词加"很"的情况，如"很雪亮"、"很通红"、"很幽香"等。这是因为状态形容词的摹状性在长期使用过程中被磨损减弱，需要通过一定的方式来重新增强摹状性。但由于不同类型的双音节复合形容词在使用过程中的磨损程度不同，而且形容词所述程度量带有主观性色彩，不同的人在对双音节形容词所述性状的主观量的感知上存在差异。我们考察下面一组句子：

    （6）A. 叶子已经<u>黄</u>了。

         B. 叶子已经<u>枯黄</u>了。

         C. *叶子已经<u>杏黄</u>了。

对例（6）中三个句子的差异，不仅在形容词的音节数方面，更有其深层原因。在由单音节转变为双音节的过程中，形容词所改变的不仅仅是音节长度，其功能也随之有所变化。在双音化过程中，形容词所增加的音节，其主要功能是为了增加摹状性。因而新添语素的性质、该语素与单纯性质形容词之间的组合方式、新旧语素的语义融合度等，都会影响形容词程度量。例（6）A 句中"黄"是性质形容词，所占量幅最大，语义最抽象，表示变化的能力最强；B 句中"枯黄"是状态形容词，是两个形容词性语素的并列组合，这样的组合方式并未改变构词语素的性质，描述的是"枯"和"黄"两种相关的性状，具有一定的抽象性，所以"枯黄"比较容易表达变化；C 句中"杏黄"添加的"杏"是一个名词性语素，添加新语素之后的词所表示的程度量被固化在一个确定的值上，故变化的难度增大。从复合形容词内部的语素结构分析可见，形容词的动性是以其所述性状程度量的增减为语义基础的。

双音化是增强摹状性的一种叠添手段。石锓（2010）从历时的角度对形容词重叠形式的研究为此提供了证据。先秦单音形容词中有一部分是状态形容词，通过添加来增强摹状性。现代汉语中某些表示性质的双音形容词，从历时角度看，也是单音形容词通过叠添而得到的摹状词，如"灿烂"、"悠久"、"苍白"等，但在长期的使用过程中，因摹状性衰减而变化为性质形容词。可见，双音节形容词不是汉语表达性状最初始的形式，而是在单音节形容词的基础上发展而来的。

正因如此，现代汉语双音节形容词在归属性质形容词还是状态形容词问题上，呈现出比较复杂的局面。沈家煊（2011）指出："从动态发展的观点来看，汉语的形容词无论是在古代还是现代，有两个随时可能进行的变化：一是属性词通过各种叠添手段来增强摹状性。二是状态词的摹状性减弱，向属性词漂移，从而通过新的叠添手段来增加摹状性。"① 历时研究证明，一般双音性质形容词都是后起的，增加音节是为了增强摹状性。而摹状性的增强，意味着程度量的增加。在语言的长期使用中，增加的摹状性又将不可避免地经历不同程度的磨损减弱，但总体上看，双音节形容词仍不同程度地保留了程度量。

形容词所述性质和状态的变化是由量变到质变的过程，当程度量渐变达到某个关键节点时，性质的变化就会发生。极量形容词因为已经达到了量级的最高点，所以进入变化表达构式的可能性就削减到了最低。形容词表示变化的能力，与形容词所述性状的程度量之间存在着深刻的相关性。

---

① 沈家煊：《从韵律结构看形容词》，《汉语学习》2011 年第 3 期。

三 变化形容词的肯定否定表达与语用功能

（一）肯定表达与焦点凸显

变化形容词和非变化形容词的显著区别是是否能进入表示变化的动态表达句法槽"已经＋形容词＋了"。如"凉"是典型变化形容词，可以说"馒头已经凉了"，但"冰凉"不是变化形容词，"馒头已经冰凉了"的说法似乎就不合法了。查北京大学 CCL 语料库，"已经冰凉了"在实际语言表达中存在，如：

> （7）A. 她把自己还泡在盆里的双脚拿出来，这时才感到盆里的水已经冰凉了。
>
> B. 桌上的饭菜已经冰凉了。

百度搜索的结果也证明"已经冰凉了"这个说法是被广泛接受的。为什么具有一定程度量的形容词可以进入"已经＋形容词＋了"格式？或者说表示变化的"已经＋形容词＋了"句法槽为什么可以容忍一定的量？我们认为是语用焦点凸显的结果。

单音节性质形容词进入表示变化的句法槽，话语的焦点在于表述性质的变化。如"馒头已经凉了"强调的是馒头由热到凉的属性改变，用性质形容词"凉"所表达的信息量已经足够了。当说话人强调的焦点是"凉"的程度量，而不仅仅是性质改变时候，就需要用带有程度量的"冰凉"来凸显焦点。如例（7）可能是通过描写"热水"、"饭菜"变得冰凉的程度，凸显时间的长度。根据言语交际的适量准则，话语信息量必须符合交际的需要，不能多，也不能少，否则将影响信息传递。单音节形容词表述事物的性质，双音节形容词在描述事物性质的基础上增加了程度量信息。另外，采用双音节形容词"冰凉"，是通过形式的复杂化来表达性质加程度量的更加复杂的信息，也可以视为语言象似性的一个表现。

（二）否定表达与语用等级

非典型变化形容词可进入"已经＋形容词＋了"句法槽，却不能用"没"来否定，换言之，否定句法槽对量有很强的抵抗力。的确，带有程度量的状态形容词不仅不能与"没"组合，也不能与"不"组合。如：

（8）A. 树叶<u>不黄</u>。－＊树叶<u>不枯黄</u>。
　　　B. 树叶<u>没黄</u>。－＊树叶<u>没枯黄</u>。

　　形容词所述性质和状态之间存在着内在联系，性质形容词凸显的是性质，但也往往隐含着不同的程度量。状态形容词凸显程度量，当然蕴含了基本的性质。因此，当状态形容词进入表示变化的肯定句法槽"已经＋形容词＋了"，在凸显形容词程度量的同时也蕴含了对性质的判断，如"树叶已经枯黄了"蕴含对"树叶已经黄了"的判断。反之，否定了性质形容词所述事物的性质，该性状上的所有程度量自然也就被否定了，如"树叶没黄"，自然不存在"黄"的程度量了，一般不需要说"树叶没枯黄"。借用 Fauconnier 提出的语用等级原则可以较好地解释这个现象。

　　（9）M（最轻）$< x_2 < x_1 < m$（最重）

　　例（9）是个由最轻到最重的等级序列，把事物根据重量分成由最轻的 M 到最重的 m 的系列，其中的不同重量分别用 x_1、x_2 表示，其中 x_1 重于 x_2。沈家煊（1998）对此的解释是：张三如果能举起 x_1，在不需要其他信息的情况下，按照这个等级（x_1 重于 x_2），能推导出张三也能举起 x_2。我们认为，形容词程度量的肯定和否定表达也遵循该语用等级。如果把形容词所述性质的基本量和程度量中的极量作为两端，中间存在不同的程度量等级。肯定形容词所述的性质，即对最低量的肯定，并不意味着对最低量以上的所有程度量的肯定。所以强调程度量的状态形容词仍有进入"已经＋形容词＋了"的语用需求。而当表达由肯定变为否定，语用等级的方向将颠倒过来：否定形容词所述性质的基本量，就意味着否定了该属性上的所有程度量等级。故凸显程度量的状态形容词没有进入否定表达的必要性，这是言语交际中信息适量准则的体现。

四　结论

　　有些形容词偏向表述性质，有些偏向表示状态，这是由形容词语义自身的特点决定的。形容词本身并不具有动态与静态，把变化形容词作为一个独立的类别，与性质形容词和状态形容词并列，既存在分类标准上的非同一性，亦难找到到句法形式上的判断标准。形容词表示变化的能力与形容词所述性状的程度量存在内在联系。性质形容词的程度量是潜在的，最为抽象，变化的可能性大；状态形容词由于程度量凸显和量值的固定，抽象性减弱，变化的自由度相应减弱。在语言使用过程中，形容词摹状性的增加与减损是个动态的、不断变化的过程，故形容词在表述性状变化时呈现出动态多变的特点，与其所处方方面面的语境条件密切相关。

参考文献

李宇明：《非谓形容词的词类地位》，《中国语言》1996 年第 1 期。

沈家煊：《语用法的语法化》，《福建外语》1998 年第 2 期。

沈家煊：《从韵律结构看形容词》，《汉语学习》2011 年第 3 期。

石锓：《汉语形容词重叠形式的历史发展》，商务印书馆 2010 年版。

邢福义：《说"NP + 了"句式》，《语文研究》1984 年第 3 期。

邢福义：《汉语语法 300 问》，商务印书馆 2009 年版。

张国宪：《现代汉语动态形容词》，《中国语文》1995 年第 3 期。

张国宪：《性质、状态和变化》，《语言教学与研究》2006 年第 3 期。

张国宪：《现代汉语形容词功能与认知研究》，商务印书馆 2006 年版。

中国社科院语言研究所词典编辑室：《现代汉语词典》，商务印书馆 2012 年版。

朱德熙：《现代汉语形容词研究》，《语言研究》1956 年第 1 期。

朱德熙：《语法讲义》，商务印书馆 1982 年版。

项目基金

2011 年度江西省社会科学研究"十二五"规划项目"类型学视野下的汉语语用法的语法化研究"（12YY05）。

作者简介

徐采霞，南昌大学客赣方言与语言应用研究中心副研究员、人文学院中国语言文学系副教授，华中师范大学语言学及应用语言学专业博士，学位论文《双音形容词状补功能比较研究》（2015）。

"此 X 非彼 Y" 类格式的语法考察与理据阐释

——兼论语体的倾向性与交融性

井冈山大学　刘禀诚

摘　要：本文研究成对指示代词构成的否定格式即"此 X 非彼 Y"类格式，该格式具有如下特点：(1) X 与 Y 同类属、同词性或同结构，有八种格式类型。(2) 在句法上，该格式属于判断句（主谓句、否定句），主谓之间可停顿可添加成分，有的可直接做某一句法成分，有时格式反复、对举出现。(3) 此类格式的语用义是：X 与 Y 不是一回事，不能混为一谈或相提并论。(4) 在理据上，能从风格一致原则、语频效应原则、不对称与标记论的角度得到解释。(5) 就语频而言，"此 X 非彼 Y"最高，优势明显；"这 X 不是那 Y"其次；"那 X 不是这 Y"最低。(6) 就语体选择倾向而言，该类格式标题用例多适用于真相探究意味的科技语体和新闻语体，非标题用例多适用于轻松娱乐意味的文艺语体、谈话语体和新闻语体。该类格式的语体选择，总体倾向于新闻语体、科技语体。最后，比较了相关格式，讨论了语体的倾向性与交融性。

关键词：指示代词；否定格式；语频；语体

据我们所知，代词构成的格式有三类：一是人称代词构成的格式，如《我运动我健康我快乐》（下划线为笔者所加，下同）。二是疑问代词构成的格式，如《"面子"与卫生孰重孰轻》。三是指示代词构成的格式，如《此"挂帅"非彼"挂帅"》等。

本文只研究成对指示代词"此（这）"与"彼（那）"构成的否定格式"指示代词 1 + X + 非/不是 + 指示代词 2 + Y"，其中 X 与 Y 同类属、同词性或同结构①。本文拟从格式类型、句法特点、语用义、理据阐释、相关格式和余论六个方面进行论述。语料来源方面，标题用例来源于中国知网，非标题用例来源于北京大学 CCL 语料库。

一　格式类型

本文论述的格式类型，既包括"这 X 非那 Y"、"这 X 不是那 Y"、"此 X 非那 Y"、"此 X 不是那 Y"、"此 X 非彼 Y"、"此 X 不是彼 Y"六种格式（"由近及远"），也包括"彼 X 非此 Y"、"那 X 不是这 Y"两种格式（"由远及近"）。在我们的语料库中没有"这 X 非彼 Y"、"这 X 不是彼 Y"这两种格式（"由近及远"），也没有"彼 X 非这 Y"、"彼 X 不是此 Y"、"彼 X 不是这 Y"、"那 X 不是此 Y"、"那 X 非这 Y"、"那 X 非此 Y"六种格式（"由远及近"）。

（一）这 X 不是那 Y

标题用例 36 例（其中期刊用例 33 例，报纸用例 3 例）。例如：

　　（1）这"黄埔"不是那"黄浦"　　（《咬文嚼字》1996/11）
　　（2）这"花儿"不是那"花儿"　　（《中国艺术报》2012 – 11 – 28）

非标题用例较多，有 40 例。根据整散程度，大致可分为三类：第一类是比较紧凑而工整的，只有 10 例。例如：

　　（3）爱社有了很多钱，人们像当年恨五爷吃得开一样恨爱社，恨不能活喝了他。爱社知道人们恨他恨得要死。爱社不气，爱社不怕，爱社早盘算着这一天，爱社心里笑笑，这一回不是那一回，骑驴看唱本——走着看，看看这一回谁哭谁笑。（乔典运《香与香》）

---

　　① 虽然有些格式中的 X 与 Y 从语形上看是一样的，如《此"西厢"非彼"西厢"》，但究其实质是不一样的，因此我们还是区别为 X 与 Y。

第二类是稍微工整一点的，即前后 XY 都有相同的中心语或重点字眼，有 5 例。例如：

（4）见她这么腼腆，周正更加感到<u>这小妇人不是那种风流放荡的女人</u>。暗暗庆幸自己没有干出什么荒唐事。（彭荆风《绿月亮》）

第三类：大多数情况下是前后 XY 语形不同而意义相近相关的，有 25 例。例如：

（5）这是十九世纪一个妓女的书信集。此外还刊载了一篇短篇小说。从第一句话看来似乎又是一篇色情小说。不过从总的来讲，<u>这本杂志并不是那种庸俗的廉价刊物</u>，只是它的基调比较轻松罢了。（《读书》Vol－012）

（二）这 X 非那 Y

标题用例 3 例（其中期刊用例 3 例，报纸用例 0 例）。非标题用例 2 例。例如：

（6）这"淫"非那"淫"　　　　（《咬文嚼字》2002/03）
（7）这"石州"非那"石洲"（《读书》1994/09）
（8）柳宗元笔下的"封建"本与洋文的"封建主义"（feudalism），差可比拟，怎么取消了"feudalism"的秦始皇反倒是"feudalism"了呢？读了郭沫若先生的《奴隶制社会》和《中国古代社会研究》才恍然觉得问题是可以说圆的：因为<u>这"封建"并非那"封建"</u>。（《读书》Vol－166）

（三）此 X 非那 Y

标题用例 12 例（其中期刊用例 12 例，报纸用例 0 例）。非标题用例 2 例。例如：

（9）此"厉"非那"励"　　（《咬文嚼字》1995/10）

（10）此陈世美非那陈世美　　（《江苏社会科学》1988/Z3）

（11）几分钟后，街上就出现了"华东局顾部长重要讲话"的传真件。从此，潮水般的红卫兵一来，就派他去挡。从此，"顾部长"在全机关出了名。加之，他确曾当过县委宣传部长，虽然此"部"非那"部"，谁也不去计较。（邓伟志《华东局"文革"趣事》）

（四）此 X 不是那 Y

标题用例 3 例（其中期刊用例 3 例，报纸用例 0 例）。非标题用例 3 例。例如：

（12）此"臻"不是那"蒸"　　（《咬文嚼字》1997/03）

（13）此罗兰不是那罗兰　　（《新闻战线》1981/06）

（14）俗话说："黄金有价玉无价。"当年秦始皇为求一块"和氏璧"，曾答应以 15 座城池相换。据史籍记载，"和氏璧"其实并不大，赵国特使蔺相如用手就能将它托起。当然此玉不是那玉，很难类比，但如今这四块翡翠（翡翠：玉中上品）比起"和氏璧"大多了，其中最大的一块重 363.8 公斤，中国第一，举世无双！（《读者》）

（五）此 X 非彼 Y

标题用例共 467 例（其中期刊用例 333 例，报纸用例 134 例）。非标题用例 29 例，在此类格式中的比例仅为 6.2%。有时直接浓缩为"此非彼（也）"。例如：

（15）此"提名"非彼"题名"（《咬文嚼字》2007/01）

（16）此红岩非彼《红岩》　　（《北京日报》2005 - 01 - 17）

（17）忽然见到鲜亮的大鱼头无人问津，喜出望外，才一个多马克，特意到中国商店买了豆腐大白菜，回家兴冲冲做了一锅南方名菜：鱼头豆腐汤，腥味把儿子激出老远，千呼万唤再不肯回来。丈夫怜我持家辛苦，不惜血本地投放姜丝，须知姜比鱼头贵呀！我见他老人家吃得两眼翻白，罢了罢了叹气挪开锅，丈夫如获大赦，口称：
"此鱼头非彼鱼头也。"（舒婷《柏林饮食》）

（六）此 X 不是彼 Y

标题用例共 19 例（其中期刊用例 13 例，报纸用例 6 例）。非标题用
例 2 例。例如：

　　（18）此"五音"不是彼"五音"　　（《咬文嚼字》2007/10）
　　（19）此民营不是彼民营　　　　（《发展导报》2003 - 08 -
08）
　　（20）我读此书，忽然异想天开，觉得近来出现的各种读书活
动，是一种公共选择，那么，读书活动中的知识交流（讨论或对
话），也应该是一种交易。J 先生不是希望我们去"读"一下这个社
会吗？我就选一个读书活动来"读"一下，对照布坎南的理论。此
书不是彼书。这是另一种读法了。（《读书》Vol - 152）

（七）彼 X 非此 Y

标题用例共 6 例（其中期刊用例 6 例，报纸用例 0 例）。非标题用例
7 例。例如：

　　（21）彼"紫荆"非此"紫荆"　　（《生物学教学》1997/09）
　　（22）彼"意象"非此"意象"——中西意象论比较　　（《世界
文学评论》2006/05）
　　（23）三分者初智慧字分为三也。今此字轮总取诸字。当知彼三
非此三也。问。又下文云。阿等五字为初。迦等二十为中。罗等八字
是傍点。伊等十二是上尽。印等五字是上点。此诸字皆是助成义。故
名后分（云云）若依此说。（《大藏经》第 75 卷）

（八）那 X 不是这 Y

标题用例共 1 例（其中期刊用例 1 例，报纸用例 0 例）。非标题用例

2 例。例如：

（24）那朱不是这朱（《咬文嚼字》2003/06）

（25）那个牛，咱们这牛街啊，好比不是叫了一天了。这儿叫礼拜寺。是清真寺，就是，牛街清真寺，<u>那会儿的牛街不是这样的牛街</u>，是个大烂摊子。（大烂摊子?）又脏又烂，哪儿都是，除了屎就是脏，就那样。（《1982 年北京话调查资料》）

（九）格式之间可以相互转化

细心的读者也许注意到，我们在前面七种格式中有意保留了《咬文嚼字》的标题用例，并且都"置顶"；除了第七种格式"彼 X 非此 Y"没有用例以外，其他七种格式都有比例不低的用例（以上八种格式在《咬文嚼字》的用例依次为：2，1，5，2，27，2，0，1）。风格各异的七种格式居然都能出现在这个集知识性与学术性于一体的期刊之中，不能不说是个值得注意的语言现象。最具对比意义的还是以下用例：

（26）此"西厢"非彼"西厢"　　（《红楼梦学刊》2001/02）

（27）这"西厢"不是那"西厢"　　（《戏剧文学》1996/01）

（28）<u>此姚葫芦非彼姚葫芦</u>。<u>此姚葫芦不是那个当了汉奸司令的姚葫芦</u>，而是老狗姚三的后裔。后来大家终于弄明白了，当初梁必达之所以给岳秀英家的那条公狗取名姚三，是因为汉奸姚葫芦的爹名字叫姚三。（电视剧《历史的天空》）

这里，例（26）与例（27）相互转化，例（28）的两个句子相互转化，它们分别为三种格式："此 X 非彼 Y"、"这 X 不是那 Y"和"此 X 不是那 Y"。

二　句法特点

（一）判断句（主谓句、否定句）。这类格式是"此 X，非彼 Y 也"这一古汉语用法的继承与发展。不管是在标题中，还是在非标题中，都可出现主谓之间停顿或句尾带"也"的现象。例如：

（29）丹穴、太蒙、反踵、空同、大夏、北户、奇肱、修股之民，是非各异习俗相反，君臣上下，夫妇父子，有以相使也。<u>此之是，非彼之是也；此之非，非彼之非也</u>。譬若斤斧椎凿之各有所施也。（刘安《淮南子》）

（30）"谁找我？"背后有一把声音。十七号说："这位小姐。"芳契转过头去，<u>这位二十八号，不是那位二十八号</u>。她呆呆看着他，过一刻问："先前那位二十八号呢？"那人笑答："我一直是二十八号。""不，那个有女朋友的二十八号，我想见他。"十七号同二十八号同时诧异地看着芳契，"我们这里没有其他的二十八号了。"（亦舒《紫薇愿》）

（31）<u>此蜜雪儿，非彼蜜雪儿</u>　　（《两岸关系》2002/07）

（32）<u>此局长非彼局长也</u>！　　（《新闻记者》2008/12）

（二）有的可直接做某一句法成分。

1. 做宾语。例如：

（33）杜注荥阳中牟县有东氾，襄城县有南氾，知<u>此氾、祭，非彼二氾</u>。（《春秋左传正义》）

2. 做定语。例如：

（34）在《续孽海花》中，瓦德西、赛金花二人之间没有任何苟且的行为，张鸿以<u>此瓦德西非彼（《孽海花》中的）瓦德西</u>的办法，来弥合他与曾朴在这一点上的分歧，虽不免有些牵强，他的用意却很明显是想纠正曾朴《孽海花》所造成的历史假象。（《读书》Vol－023）

3. 做分句。例如：

（35）以争让言之，无条件打倒礼让与遏止争竟是同样的会错，同一让也而<u>此让非彼让</u>，同一争也而<u>此争非彼争</u>。以较若画一的准则控驭蕃变的性情，真是神灵的奇迹，或是专家的本领。（俞平伯《教

育论》）

（三）标题语境下一般是没有后续句的，但有时也会出现后续句，此时主要是起解释阐发作用。例如：

（36）此岛非彼岛，相攀何荒谬   （《解放日报》2013 - 03 - 11）
（37）此证非彼证   混用闹乌龙   （《中国国土资源报》2013 - 01 - 23）

由上可知，X 与 Y 不是一回事，不能"混用""闹乌龙"，否则就是"荒谬"的。

（四）整个格式结构有时不是特别紧凑：主谓之间可停顿，或者在否定词前添加"已、并、恐、显然、当然、完全"等词，或者"非"与"并"、"绝"组成"并非、绝非"等固定词，或者在句尾添加"也"。例如：

（38）AIBA 联赛此职业，非彼职业   （《拳击与格斗》2009/03）
此 NC，非彼 NC——IBM 的网络计算模式   （《软件世界》1996/11）

（39）此"开源"已非彼"开源"   （《中国计算机报》2010 - 04 - 26）

（40）此诽谤完全非彼诽谤   （《科技信息》2009/20）

（41）提起爵士，人们可能会想到爵位，如邱吉尔爵士、包玉刚爵士。但那是英国等欧洲君主国授予有功于党国的非贵族成员的一种封号，英语作 Sir。音译自 jazz 的此爵士并非彼爵士，乃是发轫于美国的一种音乐或舞蹈。（《读者》）

（42）致庸不动声色："大人，生员和乔家既不沾亲，也不带故。生员出身寒门，此乔非彼乔也。"（电视剧《乔家大院》）

（五）有时格式反复、对举出现。最容易反复的是"此 X 非彼 Y"格式，最容易对举的是"此 X 非彼 Y"与"彼 X 非此 Y"，"这 X 不是那 Y"与"那 X 不是这 Y"。它们不管是单个出现，还是反复、对举出现，语体风格都是一致的。例如：

（43）云梦一家电下乡中标企业不正当竞争被查处

此"第一"非彼"第一"此"排序"非彼"排名"（《中国工商报》，2010－11－30）

（44）此白非彼白彼白非此白——关于粤剧五大流派中"白"的争论　（《南国红豆》2011/03）

（45）蓝田县真禅师，僧问："如何是大定门？"师曰："拈柴择菜。"上堂："成山假就于始篑，修途托至于初步。上座适来从地炉边来，还与初步同别？若言同，即不会不迁。若言别，亦不会不迁。上座作么生会？还会么？这里不是那里，那里不是这里。且道是一处两处？是迁不迁？是来去不是来去？若于此显明得，便乃古今一如初终。自尔念念无常，心心永灭。所以道观方知彼去，去者不至方。上座适来怎么来，却请怎么去。参！"（《五灯会元》）

三　语用义

我们论述的"此 X 非彼 Y"类格式，其中存在一个预设前提，即有人把 X 误解成 Y，或者把 X、Y 混为一谈；所以很有必要强调"此 X 非彼 X（Y）"。也可以理解为一个对话框架：你认为"此 X 是彼 Y"，我认为"此 X 非彼 Y"。这里的 X 或 Y 是话题与焦点。总体而言，"此 X 非彼 Y"类格式的语用义就是：X 与 Y 不是一回事，不能混为一谈或相提并论。例如：

（46）此魁阁非彼状元楼（《读书》2004/11）

该文称：《关于魁阁》一文把费孝通曾居住的昆明呈贡县魁阁，与清末云贵总督魏光焘所修整之状元楼相附会了；其实，此魁阁与彼状元楼，本非一阁楼，且相距十数里。

此类格式的语用义，除了通过标题与正文对比来确定以外，还可通过相同内容的不同标题来确定。请看《咬文嚼字》上的两个标题：

（47）此"痔"非彼"痣"　　（《咬文嚼字》2010/09）

（48）此"痣"<u>误为</u>彼"痔"　　（《咬文嚼字》2008/12）

值得注意的是，用"误为"在"中国知网"检索《咬文嚼字》，能检索到30条标题，其中28条有效用例完全可以转换为"此 X 非彼 Y"格式。例如：

（49）"下风"误为"下峰"　　（《咬文嚼字》2011/04）

（50）"入彀"误为"如彀"　　（《咬文嚼字》1998/12）

四　理据阐释

（一）风格一致原则与语频效应原则

这里我们试图运用风格一致原则、语频效应原则来探讨八种格式合理存在的理据。风格一致原则，即周荐（1995：126）所说的"色彩是否谐和"，语体风格、语体色彩的一致性或谐和性是该原则的核心内容。语频效应原则，即邹韶华（1993）所说的"语用频率效应"，指的是语用频率对语言产生的影响。从理论上来说，成对指示代词"此（这）"、"彼（那）"与否定词语（"不是/非"），可以组合的格式有16个（实际出现的只有8个，见字符底纹），风格一致的应有4个（见下划线）：

<u>这 X 不是那 Y</u>	此 X 不是彼 Y	这 X 不是彼 Y	此 X 不是那 Y
这 X 非那 Y	此 X 非彼 Y	这 X 非彼 Y	此 X 非那 Y
那 X 不是这 Y	彼 X 不是此 Y	那 X 不是此 Y	彼 X 不是这 Y
那 X 非这 Y	彼 X 非此 Y	那 X 非此 Y	彼 X 非这 Y

我们通过检索中国知网标题语例、CCL 非标题语例，并经过筛选，得出8个有效格式的风格匹配度及频次：

格式	此/这	非/不是	彼/那	标题用例数	非标题用例数	总用例数
此 X 非彼 Y	+/	+/	+/	467	29	496
这 X 不是那 Y	/ +	/ +	/ +	36	40	76
此 X 不是彼 Y	+/	/ +	+/	19	2	21
此 X 非那 Y	+/	+/	/ +	12	2	14
此 X 不是那 Y	+/	/ +	/ +	3	3	6
这 X 非那 Y	/ +	+/	/ +	3	2	5
彼 X 非此 Y	+（彼）	+/	+（此）	6	7	13
那 X 不是这 Y	+（那）	/ +	+（这）	1	2	3
总用例数				547	87	634

在我们的语料库中没有"这 X 非彼 Y"、"这 X 不是彼 Y"、"彼 X 非这 Y"、"彼 X 不是此 Y"、"彼 X 不是这 Y"、"那 X 不是此 Y"、"那 X 非这 Y"、"那 X 非此 Y"八种否定格式。通过统计，频次最高的当属"此 X 非彼 Y"（496 例），其次为"这 X 不是那 Y"（76 例），最低的为"那 X 不是这 Y"（3 例）。在实际语料中，有效格式只有 8 个，其中最优选的格式当属"此 X 非彼 X（Y）"，其次为"这 X 不是那 X（Y）"，语例各为 496 例、76 例。其中主要理据就是风格一致原则："此、彼、非"都是古语词，"这、那、不是"都是现代词。那么这两个风格如此一致的格式，为何语例相差这么大呢？这不得不提到标题的语体风格："作为书面语体的极致，它简洁庄重，比非标题语言沿袭了更多古代近代汉语的词语和句式，往往具有文言特点"（尹世超，2001：8）。

为了达到风格一致原则并确定优选格式，我们认为大致可以遵循如下优选标准（1—3，标准逐级提高）：

1. 同一格式前后指示代词的语体风格一致。除了"这 X 非那 Y、这 X 不是那 Y、此 X 非彼 Y、此 X 不是彼 Y"以外，还有"那 X 不是这 Y、彼 X 非此 Y"这两种指示代词置换的语序格式。例如：

（51）这"缺德"非那"缺德"（《书屋》2007/07）

（52）这鸭头不是那丫头　　（《红楼梦学刊》2006/1）

（53）那朱不是这朱　　　　（《咬文嚼字》2003/06）

（54）彼三国非此三国　　　（《作家》2011/12）

2. 同一格式前后指示代词与否定词的语体风格一致。只有"这 X 不是那 Y"、"此 X 非彼 Y"符合。

3. 同一格式前后指示代词与否定词的语体风格一致，庄雅度很高。排斥了"这 X 不是那 Y"这一庄雅度不高的格式，只有"此 X 非彼 Y"符合，这是因为庄雅度高的格式往往是书面语色彩或古语色彩浓郁的格式。

总之，就"此 X 非彼 Y"类格式而言，语频效应与语体风格有着紧密的联系：语频效应高的往往是语体风格一致的，语频效应低的往往是语体风格不太一致的。

在强调语频效应的作用时，不应忽视语体的作用。陶红印（1999）在论述"语体分类的语法学意义"时，提出了如下想法："第一，对不同语体所偏爱的句子格式必须结合实际语料分别讨论。第二，讨论必须是统计意义的。第三，利用统计数字时也要谨慎。对不同的句子格式的价值判断（基本、非基本，主要、次要等）必须结合它们在语体中的分布与各自的功能价值，不能单凭出现频率的高低而定，也就是说，对频率的诠释必须在语体类和功能类确定以后。"这段论述颇有见地，语体类和功能类对句子格式是有很强的导向性、选择性或倾向性。通过前面表格数字可见，标题用例非常偏爱"此 X 非彼 Y"这一格式，我们的讨论也是有统计意义的，而这一统计也是在标题与非标题用例区别考察的前提下进行的。

（二）不对称与标记论

当然，仅仅从风格一致原则论述，无法合理解释风格完全一致的"此 X 非彼 Y"、"彼 X 非此 Y"的语频何以如此悬殊，亦即这两个格式在语频上出现了不对称现象。沈家煊（1999：193—194）成功运用标记论描写和解释了反义词的种种不对称，从认知、评价、常规诸方面来解释反义词的标记模式：认知上"显著"因而容易处理和感知的事物是无标记项；认识和评价都倾向"常规"，这是标记模式形成的根本原因。我们论述的格式中"此（这）"与"彼（那）"恰好是"此（这）……非（不是）彼（那）……"这一标记模式中的一组表示对立关系的指示代词。就常规而言，"由此及彼"的"此 X 非彼 Y"格式较之"由彼及此"的"彼 X 非此 Y"格式，更为显著，更为常规。

看了前面的表格数字，也许我们会纳闷：都符合"风格一致"标准，为何"彼 X 非此 Y"、"那 X 不是这 Y"的用例远低于"此 X 非彼 Y"、"这 X 不是那 Y"？宗守云（2003：447—448）认为：熟悉度是一种认知范畴，越是跟自身关系密切的，熟悉度越高；越是跟自身关系不密切的，熟悉度越低。对说话人来说，"这／此"的熟悉度高于"那／彼"。由前可知，"此／这"起头的格式有"此 X 非彼 Y"、"这 X 非那 Y"等 6 种格式，而"彼／那"起头的格式只有"彼 X 非此 Y"、"那 X 不是这 Y"这 2 种格式。因此，"由近及远"的"此 X 非彼 Y"类格式的熟悉度要高于"由远及近"的"彼 X 非此 Y"类格式，用例自然也高。

五　相关格式

（一）相关否定格式：此 X 未必即彼 Y

成对指示代词"此（这）"与"彼（那）"构成的否定格式，除了否定词语由"非、不是"充当的格式以外，还有以"未必即"（未必是）为否定标志的格式。例如：

（55）公孙龙早就说过："人心意所指，则各各相别。此人所指，未必即彼人所指。此刻所指，未必即彼刻所指。"换言之，立说者的初衷与读者的领会未必总是一致的。言传意会之间，恐怕更多时候是有差距的。（《读书》Vol – 195）

（二）相关肯定格式：此 X 便是（便即、即）彼 Y

从理论上讲，成对指示代词构成的肯定格式应该有如下类型：①这 X 便是那 Y；②这 X 便是彼 Y；③此 X 便是那 Y；④此 X 便是彼 Y；⑤那 X 便是这 Y；⑥那 X 便是彼 Y；⑦彼 X 便是这 Y；⑧彼 X 便是此 Y。但在实际语料中只有第 4 种格式存在，比如：

（56）此脊梁，便是彼脊梁。（《中华儿女》，2012/04）

除了"便是",还有以"即、便即（就是）"为标志的。例如：

（57）诸法相即自在门：由此容彼，彼便即此；由此遍彼，此便即彼故。（《佛法概要》）

（58）雍顺以来之世次，先自不确，则凡察之在清祖先中，世次亦安足征信？事实同，命名同，此凡察即彼范察或樊察，当可信。说详后雍顺及肇祖各纪。（《清朝前纪》）

（59）最初看到《廊桥遗梦》，就断定这是一个风雅古典的爱情故事，并且很容易地联想到凄婉绝伦的《魂断蓝桥》。也许，是因为都有"桥"吧。在茫茫人海滚滚红尘之中，心与心的连结，情与情的相睦，爱与爱的唱和，此生即彼生，"桥"是不可或缺的途径，更是彼此契约生死的象征。（《作家文摘》，1995）

在这里成对指示代词构成的肯定格式极其罕见，与成对指示代词构成的否定格式大量用例形成鲜明的对比，形成肯定与否定的不对称现象。

（三）"此 X 非彼 Y"类格式：标题语境与非标题语境

1. 非标题语境的格式可直接做某一句法成分，如做宾语、定语和分句，而标题语境往往以独句形式出现。（参见前文第二部分"句法特点"）

2. 非标题语境中的 X 与 Y 虽然也要求同类属、同词性或同结构，但是在结构的紧凑性上远不如标题语境的强：修饰语较多，甚至还有以"而是"为标记的后续句。例如：

（60）那么，文化发展如何走出这一困境呢？我们的看法是：应当大力提倡批评意识。当然，这里说的批评决不是那种"文化大革命"中的打棍子式的批评，而是平等的、充分说理的批评。（《人民日报》，1995/06）

3. 非标题语境的格式较之标题语境的，除了结构较为松散以外，口语化色彩也更为浓郁：有时在"不是"前加上"就"，在句尾加上"了"。例如：

（61）后来呢，这个，这个，<u>这"粉笔"就不是那粉笔了</u>，这是带引号的……"粉笔"。（李佩甫《羊的门》）

4. 标题语境的格式往往为隐性应答句，非标题语境的格式往往为显性应答句（参见殷树林，2009：61—83）。例如：

（62）货币政策：<u>此稳健不是彼稳健</u>（《证券日报》2010 - 12 - 14）

（63）24 号女嘉宾："男嘉宾，你好！首先我看到你的（时候），我第一感觉我有心跳，然后再看你 VCR 的时候……"主持人孟非："别人来，你的心是不跳的，是吧？"24 号女嘉宾："<u>此心跳非彼心跳</u>。哦，对。然后看你的 VCR，你说你很懂女生，你很温柔，你是我的菜。"（江苏卫视《非诚勿扰》2013 - 09 - 29）

六　余论：语体的倾向性与交融性

研究伊始，我们只考察标题语境中的用例，随着研究的深入，发现非标题语境中的用例也不少，这促使我们将"此 X 非彼 Y"类格式置于所有语境下考察，既考察标题语境的，也考察非标题语境的。

尹世超（2001：5）在谈到如何研究标题语法时认为，"首先要强化语体意识，选择标题体为研究对象。不同的语体有不同的语法特点"。我们认为，"此 X 非彼 Y"类格式就是有着明显"标题体"倾向的句子格式。下面我们就拿"此 X 非彼 Y"、"这 X 不是那 Y"这两种出现频率最高的否定格式来论述。

先说"此 X 非彼 Y"。统计发现，467 个标题用例的适用语体都是科技语体或新闻语体。非标题用例 31 例，其语体分布如下：文艺语体 18 例，新闻语体 7 例，科技语体 6 例。其中新闻语体包含 1 例谈话语体（人物访谈），文艺语体也包含 6 例谈话语体（人物对白），合起来谈话语体就有 7 例。总体而言，"此 X 非彼 Y"格式的语体倾向于新闻语体、科技语体。

再说"这 X 不是那 Y"。统计发现，36 个标题用例的适用语体都是科技语体或新闻语体。非标题用例 40 例，其分布如下：文艺语体 27 例（包含谈话语体 8 例），新闻语体 4 例，科技语体 9 例。总体而言，"这 X 不是那 Y" 格式的语体也倾向于新闻语体、科技语体。

其余 6 种格式，加起来才 53 例，我们姑且不论。通过前面的考察，我们得出如下结论：就语体选择倾向而言，这一主谓宾齐全的 "此 X 非彼 Y" 类格式，其标题用例多适用于真相探究意味的科技语体（侧重学术真相探究）和新闻语体（侧重新闻真相探究），非标题用例多适用于轻松娱乐意味的文艺语体、谈话语体和新闻语体。总之，该类格式的语体选择，总体倾向于新闻语体、科技语体。

前面我们已经提及陶红印（1999）肯定了语体对句子格式是有很强的导向性、选择性或倾向性的。张伯江（2007）也认为，"要在合适的语体里寻找合适的实例，在合适的语体里合适地解释实例"。我们不看重语体的分类，只是粗略地把 "此 X 非彼 Y" 类八种格式置于标题语境和非标题语境来考察。我们更关注的是以语法解释为目的的语体研究，诚如张伯江（2012）所言："以语法解释为目的的语体研究并不看重语体的种类，而是关注某种语法特征何以在某种语体里高频出现，或者说何以带有明显的语体选择倾向。"因此，我们应该思考的是，"此 X 非彼 Y" 类格式何以在新闻语体、科技语体里高频出现，或者说何以带有明显的语体选择倾向（参见前文第四部分 "理据阐释"）。

也有不少学者论及语体的交融性，强调区别表达媒体与表达方式。"一些句式只出现或多出现在口语中，一些多出现在书面语里"。（应学凤，2013）"表达方式可以和表达媒体无关，因此口头的表达方式可以出现在书面的表达媒体上，造成一种口语化的书面风格（如口语化的小说、戏剧作品、书面广告等）；书面语表达方式也可以出现在口语中，有时能造成幽默、轻松的效果。"（陶红印，1999）现在我们再回过头来看看前面提及的 "此心跳非彼心跳"。为什么要在大段直白对话中插入很书面语的句式？这就是陶红印（1999）认为的 "表达方式的混合"，因为单一的表达方式或手段不一定总能满足我们的需要。前面论述中我们还提及，新闻语体包含谈话语体（人物访谈），文艺语体也包含谈话语体（人物对白）。这说明语体间的关系是相互交叉而非严格对应，相互渗透、交融是很普遍的，有很多综合语体（冯胜利等，2008；朱军，2012）。

参考文献

冯胜利、王洁、黄梅：《汉语书面语体庄雅度的自动测量》，《语言科学》2008 年第 2 期。

刘禀诚：《"我 A 我 B（我 C/我 D）"标题格式》，江西省语言学会年会（宜春）论文，2008。

沈家煊：《不对称与标记论》，江西教育出版社 1999 年版。

陶红印：《试论语体分类的语法学意义》，《当代语言学》1999 年第 3 期。

殷树林：《现代汉语反问句研究》，黑龙江大学出版社 2009 年版。

尹世超：《标题语法》，商务印书馆 2001 年版。

尹世超：《语体变异与语言规范及词典编纂——以标题语言为例》，《修辞学习》2005 年第 1 期。

应学凤：《现代汉语语体语法研究述略》，《华文教学与研究》2013 年第 3 期。

张伯江：《语体差异和语法规律》，《修辞学习》2007 年第 2 期。

张伯江：《以语法解释为目的的语体研究》，《当代修辞学》2012 年第 6 期。

周荐：《复合词构成的语素选择》，《中国语言学报》1995 年第 7 期。

朱军：《汉语语体语法研究综述》，《汉语学习》2012 年第 5 期。

宗守云：《"我 V 了"与"他 V 了"》，《语法研究和探索》（十二），商务印书馆 2003 年版。

邹韶华：《语用频率效应刍议》，《语言教学与研究》1993 年第 2 期。

项目基金

江西省社会科学"十二五"规划项目（2011）："基于熟语性语料的代词组构之话语分析"（11WX12）。

作者简介

刘禀诚，井冈山大学人文学院副教授，黑龙江大学汉语言文字学专业博士，学位论文《现代汉语代词组构研究》（2012）。

汉日作定语的指示词与人称代词共现语序类型学比较

江西师范大学　曹跃香

摘　要：指示词①和人称代词在汉语、日语里，都可以修饰名词，作定语，且二者还可以共现，并存在两种语序中。通过对《汉日对译语料库》等语料库中存在的相关现象的考察数据显示：在两种语言里，两种共现语序出现的频率相同，都以"人称代词＞指示词＋中心语"占绝对多数，"指示词＞人称代词＋中心语"则数量较少。经研究发现，"人称代词＞指示词"这种语序与语序类型学共性特征有关，而"指示词＞人称代词＋中心语"语序的存在则与凸显功能等语用因素有关。

关键词：汉日对比；语序；类型学；指示词；人称代词

Greenberg（1966）提出的语言共性理论开创了当代语言类型学，其贡献是在研究对象上突出了语序的重要性。在他提出的45条共性中，与本研究有直接关系有3条：如共性2：使用前置词的语言中，领属语几乎总是后置于中心名词，而使用后置词的语言，领属语几乎总是前置于中心名词。共性18：当描写性形容词前置于名词时，除了偶然出现的情况外，绝大多数情况是指别词和数词也处于名词之前。共性20：当指别词、数词、描写性形容词中两个以上前置于名词之前时，它们总是以这种语序（指别词—数词—描写性形容词）出现。如果它们是后置，语序则依旧，或者完全相反。Greenberg 只是提出相关共性，并没有解释，陆丙甫（1998，2005）根据语义靠近原则、跨类可别度及扩大了的可别度等级等对上述语序共性进行了很好的解释。盛文忠（2009，2010）根据语义靠

---

① 指示词在本文中指单个的"这"、"那"及其加量形式，如"这个、那个、这种、那种、这些、那些"等。

近、可别度领先原则以及音节长短原则等对汉日语中关系小句与指示词、关系小句与形容词共现语序进行比较与解释。

在汉日对比研究中，指示词之间、人称代词之间的翻译及比较研究一直是学者们讨论的热点和重点，研究文献很多，这里不赘述。我们只想在对"汉日对译语料库"等语料库进行统计的基础上，通过对汉日语人称代词与指示词共同修饰中心名词的语序进行分析，找出汉日语之间的差异，并从语言类型学角度探寻其背后的原因和规律。

一 汉语指示词与人称代词共现时语序考察

吕叔湘先生（1985）在讨论"这/那"同其他定语连用时的语序问题时指出，如果领属性定语、时地定语与指示词连用时，"这/那"用得一样多，都要放在后面。吕叔湘先生也仅仅是指出这种现象，并没有具体解释为什么会这样。陈玉洁（2009）指出，汉语表领属类的修饰语，包括人称代词、时间名词、地点名词等，它们与指示词共现时，都位于指示词之前。全部是限制性功能，去掉之后会影响语义表达。据此她得出一个规则：时间名词、领有成分和处所修饰语一般位于指示词之前，起限制性功能。陈玉洁不仅考察了此种现象的存在，而且对此现象进行了解释，比吕先生更进一步。

那么是不是只要指示词与领属语同在修饰中心语前时，所有的指示词必须在领属语之后，或者说，所有领属语都在指示词之前呢？

为此，我们考察了作定语的"指示词"和作定语的"人称代词"共现时，在《汉日对译语料库》中共现时的语序情况，并对相关统计数据进行分析。我们之所以选择这个语料库作为代表，是因为《汉日对译语料库》是北京语言大学汉日研究中心研发的大型语料库，在日语学届很有代表性，而且汉语、日语两种语料均有，还是对译库，所以我们可以一库两用。《北京大学汉语语言学研究中心语料库》（简称北大语料库，CCL）、《青空语文库语料库》这两个语料库是网络上公开的大型汉语、日语专语语料库，人人可查，每个人都可以网上检索。这两个语料库的数据统计帮助我们对上述语料统计数据结果起验证的作用。

（一）《汉日对译语料库》中"人称代词＞指示词"语序情况考察

我们在《汉日对译语料库》中要查找的语料为汉语为原文的汉语语

料中，"人称代词"和"指示词"共现并在指示词之前的语序情况，即"人称代词 > 指示词①"语序，用例如下：

（1）她父亲笑对我说："你看她惯的一点规矩都没有了！<u>我的这几个孩子</u>，也就是她还聪明一点，可惜的是她身体不大好。"[《关于女人》（原文）]

（2）这几本日记就记下了我对你的思念和关切，当然也有怨恨。什么时候，你愿意看看<u>我的这些日记</u>呢？[《人啊，人》（原文）]

（3）张金发说："跟你说心里话，我想买，买下倒挺合适，就怕<u>我这地位</u>，办下这件事，惹闲话，影响不好……"[《金光大道》（原文）]

（4）吕春江扯住高大泉的袖子："大泉哥，来，来，你看看<u>我这个玩意儿</u>。"[《金光大道》（原文）]

（5）船开动了，河岸渐渐地后退着。＋＋＋撑船的人喊着："同志们小心站好哇！"＋＋＋一个穿军装的人拍拍刘祥的肩头："您坐在<u>我这背包上</u>吧，里边没有怕压的东西。"[《金光大道》（原文）]

（6）这一会儿，我觉得怎样也表达不尽<u>我这种欢乐的心情</u>，[《轮椅上的梦》（原文）]

以上各例中都是人称代词在指示词之前，不过有的人称代词后面带"的"，有的没有带"的"。于是我们对《汉日对译语料库》中人称代词与指示词共现的两种情况进行统计。具体数据见表1－1和表1－2。

表1－1　"人称代词（带'的'标记的）>指示词＋中心名词"语序统计

	我的 > 指	你的 > 指	他的 > 指	她的 > 指	合计
这（量）	10	5	22	13	50
那（量）	17	7	19	9	52
合计	27	12	63		102

---

①　指示词的检索条件为：这/那（个｜位｜些｜种｜类｜张｜条｜只｜本｜根｜部）；人称代词为"你/我/她/他"及由"你/我/她/他"组成的相关表领属的语言片段，如"我们、你们、我国、我们国家"等。本文均由"你/我/她/他"代表。

表 1-2 **"人称代词（不带'的'标记的）＞指示词＋中心名词"**
语序统计

	我＞指	你＞指	他＞指	她＞指	合计
这（量）	177	270	113	48	608
那（量）	62	127	328	202	719
合计	239	397		691	1327

比较表 1-1 和表 1-2 可知，汉语人称代词作定语时，以不带标记"的"为常态。这一结论似乎非常像张敏（1998）提出的"可让渡关系"原则，但是张敏先生的这个解释明显不适合用在这里，因为人称代词与中心语之间被"指别词"隔开了。人称代词在指别词前也通常是可让渡的，如例（3）—例（6）中的中心语与人称代词之间都是可让渡关系。按照张敏先生的观点，应该是更容易带"的"，与考察结果事实不符（见表 1-1 和表 1-2 数据）。其实，这种场合下是否带"的"，主要跟定语的指别性/描写性大小有关。"的"是描写性标志，这类在指别词前的代词（包括时间词、处所词）基本都是指别性的，因此通常不带"的"（陆丙甫，1998）。

为了更能清楚地说明统计结果，现合并表 1-1 和表 1-2，得到表 1-3：

表 1-3 **《汉日对译语料库》中"人称代词（＋的）＞指示词＋**
中心名词"语序统计数据

	这（量）	那（量）	合计
我/我的＋指	187（28.4%） （70.3%）	79（10.2%） （29.7%）	266（18.6%） （100%）
你/你的＋指	275（41.8%） （67.2%）	134（17.4%） （32.8%）	409（28.6%） （100%）
他/她/他的/她的＋ 指	196（29.8%） （26%）	558（72.4%） （74%）	754（52.8%） （100%）
合计	658（100%） （46%）	771（100%） （54%）	1429（100%） （100%）

分析上述三个表中的相关数据可知：

1. 从指示词角度看

（1）指示词与第三人称代词共现数量最多，共有 754 条，比第一、二人称代词共现的总和（675 条）还多。其中又以远指指示词"那"与第三人称代词共现数量以绝对多数占优势，共有 558 条，占那系总数 771 的 72.4%。也就是说，远指指示词"那"与第三人称代词相匹配。（2）近指指示词"这"与第一、二人称代词的共现语序远远多于与远指指示词"那"的共现语序（第一人称与这、那的共现比为 187∶79；第二人称与这、那的共现比为 275∶134）。由此可以得到，第一、二人称与近指相匹配。这也符合中国人的一般认知习惯，说汉语的人经常会把对方（听话人）即第二人称纳入自己的范围，来拉近彼此的距离，以包括式的形式出现，如"我们"、"咱们"等进行称代，所以与之相关的人/事物也多用"这"系。另外，多用"这"还与第一、二人称有关的人/事物一般多在谈话现场有关。而第三人称代词与远指相匹配，是因为"那"为远指，第三人称代词也是谈话双方以外的人，无论从实际距离还是心理距离来看，二者都是相匹配的。换言之，与第三人称代词有关的人/事物对听说者来说都是已知的、旧信息，又或者以不在谈话现场居多，所以多用"那"系。

2. 从人称代词角度看

第三人称代词与指示词共现数量占绝对优势，共有 754 条，占了总数量（1429）的 52.8%。其次是第二人称代词与指示词共现的情况，共有 409 条，占总数量（1429）的 28.6%；最少的是第一人称代词与指示词的共现情况，共有 266 条，占总数量（1429）的 18.6%。根据统计数据可知，第三人称代词与指示词组合的数量比第一、二人称代词与指示词组合的总和还多（754∶675）。有关原因分析同上。

为了更好地说明汉语里"人称代词与指示词"的语序问题，我们还检索了北京大学语言学研究中心现代汉语语料库（CCL）中的相关语序情况进行统计，具体统计结果如下：

表1-4　　　　CCL 中"人称代词 > 指示词 + 中心名词"
相关语序数据统计①

其中前 2000 条，作定语的"人称代词与指示词"相关数据				
	我 > 指	你 > 指	他 > 指	她 > 指	合计
这	61	198	77	40	376

① 在北京大学现代汉语语料库中把人称代词分别以"你/我/他/她"与"个丨些丨种丨类丨张丨条丨只丨本丨根丨部"作为检索条件，每个人称代词都有 1 万多条。这里我们只抽取其中的前 2000 条进行排查，到得表 1-4。

其中前2000条，作定语的"人称代词与指示词"相关数据				
那	13	88	88	35	224
合计	74	286	240		600

表1-5　　　　　CCL中"人称代词+的>指示词+中心名词"
相关语序数据统计①

人称代词+的>指示词	我的>指	你的>指	他的>指	她的>指	合计
这（量）	665	269	1767	457	3158
那（量）	314	248	829	292	1683
合计	979	517	3345		4841

为了能与表1-3进行比较，从而更好地说明问题，现合并表1-4和表1-5，得到表1-6：

表1-6　　　　　CCL中"人称代词（的）>指示词+中心名词"
相关语序数据统计

人称代词+的>指示词	我/我的>指	你/你的>指	他/他的/她/她的>指	合计
这（量）	736	467	3241	3534
那（量）	327	336	1244	1907
合计	1036	803	3585	5441

从表1-4、表1-5、表1-6中的相关统计数据看：与《对译语料库》的统计结果大体一致。都是远指指示词与第三人称代词共现占绝对优势，同时说明二者相匹配。反之，第一、二人称代词则与近指指示词相匹配。

（二）北大语料库（CCL）"指示词>人称代词"语序情况考察

在《对译语料库》中没有找到一例真正意义上作定语用且语序为"指示词>人称代词"用例。但我们在北大语料库（CCL）检索到了相关

———————————

① 表1-5在北京大学现代汉语语料库中，以"你的、我的、他的、她的"与"这、那"分别作为检索条件，把检索到的语料进行逐个排查后得到的数据。

用例，如，

（7）据统计，这个我国唯一的海岛边境县，每年废弃各类贝壳4万吨左右。（《人民日报》1995年7月）

（8）八年的"牛棚"生活，审判"四人帮"的详细过程等等。这些我们党和国家的重大历史事件，都是伍老所亲历、亲见、亲闻。（《人民日报》1995年3月）

（9）为在经济发展、人民生活改善的情况下，仍然必须坚持艰苦奋斗，这个我们党的优良传统。（《人民日报》1995年2月）

具体数据统计如下：

表1-7　　　**CCL中语序为"指示词 > 人称代词 + 中心名词"**

相关数据①

指示词＼人称代词	我	你	他/她	合计
这系	50（96.3%）	0	5（62.5%）	55（91.7%）
那系	2（3.7%）	0	3（37.5%）	5（8.3%）
合计	52（100%）（86.7%）	0	8（100%）（13.3%）	60（100%）

总结表1-7可知，

1. 从指示词角度看：（1）当指示词出现在人称代词前面时，使用近指"这"系远远多于使用远指"那"系（二者比为55∶5）。（2）指示词以出现在第一人称代词前为最多，共有52条，占总数（60）的86.7%，其中又以"这"系占绝对多数，共有50条，占"这"系总数（52）的90.9%（"这"与"那"比为50∶2）；其次是出现在第三人称代词前，共有8条，占总数（60）的13.3%，其中也是"这"系占多数，占指示词在第三人称前总数（8）的62.5%（"这"与"那"比为5∶3）。出现在第二人称代词前的指示词均为0条。

2. 从人称代词角度看，（1）当指示词出现在人称代词之前时，第一人称代词使用数量远远多于使用第二、三人称（52∶0∶8）。其中近指远

---

① 注：检索条件同前，并随机考察其中的前500例。

远多于远指，"这"与"那"的比为55∶5。即近指"这"系数量占了绝对多数［共有55条，占总数（60）的91.7%］。另外，又以第一人称代词与近指指示词共现数量占绝对多数（共有50条），其次是第三人称代词与指示词共现（共有5条）。没有找到相关语序的第二人称代词的用例。

《对译语料库》没有检索到一例真正的"指示词＋人称代词"。也就是说，无论是《北大语料库》还是《对译语料库》中"指示词＋人称代词"的语序都非常少或没有找到。相对来讲，"人称代词＋指示词"的语序则都比较多，且占绝对多数。

（三）小结

总结表1－3、表1－6和表1－7可知：

1. 汉语以"人称代词＞指（量）示词＋中心名词"语序为绝对优势。我们考察结果也充分证明吕叔湘先生（1985）、陈玉洁（2009）的结论是正确的，即指示词出现在表领属定语之后，具有强制性。但是，汉语中也有"指示（量）词＞人称代词"的语序存在。

2. 从指示词使用频率上看：当作定语的指示词与人称代词共现时，还是以近指"这"居多。而并非"这"与"那"一样多。

3. 当"指示词＞人称代词"时，用"这"系远远多于"那"系。这是因为，我们认为，"这"与"那"虽然同为指别词，但是因为指别度大小不同，一般是近指比远指大。张振亚（2009）认为从"指示词＞人称代词"语序中"这"、"那"出现的频率上看，似乎说明，指别度越大，越容易前置于代词。或者反过来说，越不容许代词前置。这正如陆丙甫先生（1998）指出的那样：理论上应该以指别词为稳定点。汉语中代词在指别词前后意义相差很大，如"张三那本李四的书"。这种差别是指别性和描写性大小的区别（张振亚，2009）。

二　日语连体修饰语指示词与人称代词共现语序考察

对日语中作连体修饰语的指示词与人称代词共现语序的考察，我们在《汉日对译语料库》中要查找的语料是以日语为原文的日语语料，日语"人称代词"和"指示词"共现并在指示词之前的语序，结果发现，既有

"人称代词 > 指示词① + 中心语"语序。如，

(1) すべてを老師が不問に附したことは、却って<u>私のこの推測</u>を裏書している。[《金閣寺》（原文）]

译文：老师对此事不闻不问，反倒证明了<u>我这一推测</u>。

(2) 先生は<u>私のこの問</u>に答えようとはしなかった。[《こころ》（原文）]

译文：先生对于<u>我这个问题</u>好像不想回答。

(3)「おれには<u>君のその研究</u>というものが、どういうものか判らないが、今時、そんな篤志家があったらお目にかかりたいよ」[《あした来る人》（原文）]

译文："你研究的是何货色，这我不懂。不过，要是现在真有那样的施主，我还想见一见哩!"

(4) 広島で被爆する前は、もともと感傷的な叙情詩人であったが、被爆後、あの恐ろしい原爆のイメージと、続々の被爆者の悲惨な光景が、彼の詩作品の中心テーマとなった。<u>彼のあの沈痛な詩句</u>は、読んでみると悲しい気持ちになる。著作に『原民喜詩集』がある。一九五一年三月十三日、耐え難い生理的苦痛のために、ためらうことなく鉄道自殺した。[《日本戦後名詩百家集》（原文）]

译文：在广岛被爆之前，他本是个多愁善感的抒情诗人，被爆后，那恐怖的原子弹形象和幕幕受害者的惨景，便成为他诗作的中心主题。<u>他那沉痛的诗句</u>，读来哀伤感人。著有《原民喜诗集》。1951 年 3 月 13 日，因不忍生理苦痛，毅然卧轨自尽。

(5) 今は憂鬱に眉根を寄せて苦い薬を飲まされたような、頸を縊められた人のような、神秘な表情をしているのですが、私は<u>彼女のこの寝顔</u>が大へん好きでした。「お前は寝ると別人のような表情になるね、恐ろしい夢でも見ているように」——と、よくそんなことを云い云いしました。[《痴人の愛》（原文）]

译文：她忧郁地紧锁双眉，宛若一个被灌下苦药，勒紧脖子的

① 指示词为"この、その、あの"；人称代词以"わたし、きみ、かれ/かのじょ"为代表。

人。然而我却非常欣赏她这种睡梦中的表情。"你一睡下，那表情就完全变了，就像做了恶梦似的。"我经常这样说。

也有"指示词＞人称代词＋中心语"的语序，如，

　　（6）垣根のほうにまだ近所の着方がいらして、<u>その私の返事</u>を聞きとった様子で、そうか、よかった、よかった、と言いながら、そろそろ引上げて行かれた。[《斜陽》（原文）]
　　　　译文：篱笆那边也还有邻人，他们似乎也听到了<u>我的回答</u>。"这就好啦！这就好啦！"说着都慢慢地回家去了。
　　（7）この時私がそういう社会的偏見を無視し得たのは、極端な例外を知っていたからであったと思われる。そしてこの私の欲望が果して自然であったかどうか、今の私には決定することが出来ない、記憶が欠けているからである。恋人達がその結合の或る瞬間について、記憶を欠くように。[《野火》（原文）]
　　　　译文：此时我得以无视这种社会偏见，是因为我知道这是一个极端的例外。<u>我产生这种欲望</u>是否自然，现在的我是无法判断的，因为我丧失了那段记忆。正如恋人们在结合的一瞬间，往往也会丧失记忆一样。
　　（8）リッチは率直に語る人である。為にする発言をしない人である。<u>その彼の第一印象</u>を初期の通信から並べてみると、まず明帝国について、[《マッテオ・リッチ伝》（原文）]
　　　　译文：利玛窦为人直率，从不做违心之言。我们从他初期书信中摘出<u>其第一印象</u>，首先关于明帝国 [《利玛窦传》（訳文）]
　　（9）そして<u>その彼女の病気</u>はもう誰にもなおせないの。死ぬまでそういう風に病んだままなのね。だから考えようによっては可哀そうな子なのよ。[《ノルウェイの森》（原文）]
　　　　译文：而且<u>她的病</u>谁都无药可医，要一直病死才能解脱。所以，换个角度想，她也是个不幸的孩子。[《挪威的森林》（訳文）]

从以上用例看，日语里当"人称代词"与"指示词"共现时，即有"人称代词＞指示词＋中心名词"语序，也有"指示词＞人称代词＋中心名词"的语序。那么哪种语序会是日语中的优势语序呢？下面我们分别对这两种语序在《汉日对译语料库》中的情况进行考察。结果见表 2 - 1 和表 2 - 2。

（一）《对译语料库》中"人称代词与指示词"语序考察

在《汉日对译语料库》中"人称代词与指示词"共现语序数据统计如下：

表 2 - 1　　《汉日对译语料库》中"人称代词＞指示词＋中心名词"相关数据

指示词 人称代词	この	その	あの	合计
"私の"	14	7	1	22
"君①の"	0	2	0	2
"彼/彼女の"	3	2	1	6
合计	17	11	2	30

表 2 - 2　　《汉日对译语料库》中"指示词＞人称代词＋中心名词"相关数据

指示词	"私の"	"君の"	"彼/彼女の"	合计
この	3	0	1	4
その	2	1	4	7
あの	0	2	0	2
合计	5	3	5	13

总结表 2 - 1、表 2 - 2 两表中的相关数据可知，（1）日语也是以"人称代词＞指示词"为优势语序。与汉语优势语序相同。可见，以"人称代词＞指示词"为优势语序具有类型学的特征。日语指示词在人称代词

---

①　あなた是第二人称尊称，多用于女性指称自己的配偶，且使用率更少。故本文以"君"为代表。

之后时，使用近指、中指、远指的比是 17 : 11 : 2。反之，指示词在人称代词之前时，使用近指、中指、远指的比为 4 : 7 : 2。总之，当日语以"人称代词 > 指示词"语序出现时，近指最多，远指最少；当日语以"指示词 > 人称代词"语序出现时，中指最多，远指最少。总之，在日语中"人称代词与指示词"共现时，指示词与远指共现率最小（与汉语正好相反）。当用来指称远指的人/事物时，一般不用第三人称代词而是直接用与远指人或事物相关的人名来称代。

（2）从指示词角度看

近指与第一、二、三人称代词共现时的比例为 17 : 0 : 4

中指与第一、二、三人称代词共现时的比例为 9 : 3 : 6

远指与第一、二、三人称代词共现时的比例为 1 : 2 : 1

另外，从指示词使用总数量上看：近指、中指和远指的比为 21 : 18 : 4。也就是说，日语中与人称代词共现时，近指使用率多于中指和远指，远指最少。（与汉语正好相反。）

（3）从人称代词角度来看

第一人称代词分别与近指、中指、远指共现时的比例为 17 : 9 : 1

第二人称代词分别与近指、中指、远指共现时的比例为 0 : 3 : 2

第三人称代词分别与近指、中指、远指共现时的比例为 4 : 6 : 1

以上分析可知：在日语中，第一人称代词与近指相匹配，第二人称与中指形成最佳匹配形式，第三人称代词与中指、近指相匹配。在日语中，第一人称与近指匹配、第二人称与中指匹配理解起来比较比较容易，因为，第一人称往往是说话者，指示与说话者有关的人/物时，一般用近指；第二人称往往是听话者，指示与听话者有关的人/物时，一般用中指。所以第一人称代词常与近指、第二人称常与中指相共现是合情合理的。但是，第三人称与中指、近指匹配，让人匪夷所思（见表 2-1 和表 2-2 相关分析），有待我们进一步研究。这里尝试分析，日语中的指示词包括近指、中指、远指三种情况。这三种情况各有所指范围。正如上面分析的那样，第一人称往往是说话者，指示与说话者有关的人/物时，一般用近指；第二人称往往是听话者，指示与听话者有关的人/物时，一般用中指。在交谈时，如果涉及不在场的第三方时，一般用第三人称，当然指示与第三方有关的人/物时，一般用远指指示词。这里又分两种情况，一种是与第三方有关的人/物在谈话现场，另一种是不在现场。在现场时，所指之物距离听说双方有距离的差别，或离说者近或离听者近或者与双方距离一样，无论是离听说双方哪一方近，二者在交谈时都会涉及近指或中指；如果是与双方距离一样，则一般用中指。这也就是第三人称与近中指相匹配的原因。当与第三方有关的人/物不在谈话现场时，才用远指指示词。这种情况一般比较少见。所以在我们考察的语料中出现得也比较少。

另外，日语中无论指示词在人称代词之前还是之后，都是第一人称占多数，第二人称最少。这是为什么呢？（有待进一步研究。）这里我们试作分析，在交谈时，如果是下对上，则日本人更习惯称对方职称、官职等；如果是上对下，则直接称对方的名字。用了第二人称代词反倒有其他特殊含义了。如君・あなた一般是第二人称尊称，当面称自己的配偶，所以使用率比较低。

（二）《青空语料库》中"人称代词与指示词"语序考察

我们检索"青空文库语料库"中的"指示词与人称代词"语序的数据，统计如下：

表2－3　"青空文库语料库"中"人称代词＞指示词＋中心名词"相关数据

指示词＼人称代词	この	その	あの	合计
第一人称代词"私の"	94	38	7	139
第二人称代词"君の"	13	18	8	39
第三人称代词"彼/彼女の"	40	50	2	92
合计	147	106	17	270

表2－4　"青空文库语料库"中"指示词＞人称代词＋中心名词"相关数据

人称代词＼指示词	第一人称代词"私の"	第二人称代词"君の"	第三人称代词"彼/彼女の"	合计
この	57	0	5	62
その	27	2	15	44
あの	6	1	0	7
合计	90	3	20	113

　　总结表 2 - 3、表 2 - 4 中的相关数据可知，（1）日语以"人称代词 >
指示词"语序为优势语序。（2）当"人称代词 > 指示词"时，使用近指、
中指、远指的比为 147：106：17。当"指示词 > 人称代词"时，使用近
指、中指、远指的比为 62：44：7。从中我们可以看出，无论是"人称代
词 > 指示词"语序还是"指示词 > 人称代词"语序，都是近指最多，远
指最少，中指只比近指略少。也就是说，日语中与人称代词共现时，近指
使用率高于中指、远指。远指使用率远远低于近指、中指。（3）从人称
代词使用情况看，第一人称代词分别与近指、中指、远指共现时的比例为
<u>151</u>：65：13；第二人称代词分别与近指、中指、远指共现时的比例为
13：<u>20</u>：9；第三人称代词分别与近指、中指、远指共现时的比例为45：
<u>65</u>：2。于是我们可以得到：第一人称代词与近指相匹配，第二、三人称
代词与中指、近指相匹配。为什么第二、三人称代词与中指、近指相匹配
呢？分析它们出现的语境可以看到，与第二人称有关的人/事物，无论是
跟听者还是跟说者的距离（包括心理距离）远、近相关。而第三人称一
般不在谈话现场，但是与之相关的人/事物或是听说者共知的旧信息或就
在眼前的，只不过距离听说者远近不同而已，所以第三人称一般用中指或
近指，用中指多于近指，是因为与第三人称有关的人或事物在说者看来实
际距离或心理距离都远有关；另外，毕竟是听说双方之外的人或事物，但
又是双方谈论的对象，所以多用中指。

（三）小结

　　由表 2 - 1 至表 2 - 4 可知：

　　（1）日语以"人称代词 > 指示词"为优势语序；没有与どの匹配的
用例。

　　（2）从指示词出现的比例来看，远指最少（远指共有 28 例，而中指
168 例，近指 230 例）。当指示词在人称代词之后时，近指略多于中指，
两表数据统计分别 147：106 和 17：11 即 164：123；当指示词在人称代词
之前时，两个语料库中的比例出现了不一致：两表近指：中指分别为64：
44 和 4：7。但是如果从总量上进行比较（即 68：51）发现，与指示词在
后时一致，都是近指多于中指。也就是说，日语指示词与人称代词互为前
后时，以近指、中指为常，远指最少，这与汉语正好相反——汉语使用远
指"那"远远多于使用近指"这"。

（3）综上分析，

日语中，如果指示词在人称代词之后，则：

第一人称代词与近指形成最佳搭配形式，其次是中指形式。

第二人称代词与中指形成最佳搭配形式。

第三人称代词与近指、中指形成最佳搭配形式。

如果指示词在人称代词之前，则：

第一人称也是与近指、中指相匹配（中指比例上升）；

第二人称与中指、远指相匹配（远指比例上升）；

第三人称则与中指、近指相匹配。

这里有一个问题需要思考：日语三个指示词中，指示词在前时，只有中指、远指指示词可与三种人称代词组配？近指代词不易与第二人称代词组合。为什么？尝试解释：所指事物在眼前时，如用指示词进行指示当然得用近指的最方便，另外，事物可能是说者，也可以是听者或说听者之外的人。所以近指指示词可以与三个人称代词相组配。不过，不易与第二人称代词组配，这是因为，在日语中，第二人称代词所指的人就是听话者，所以，在日语中一般用指称对方的人名或职位或直接用中指指示词更方便。

同样，我们用网络语料库《均衡语料库》对"私の"分别与"この"、"その"、"あの"为关键词进行查找，得到表2-5。其中的相关统计数据显示：与《对译语料库》和《青空文库语料库》的统计结果大体一致。

表2-5　《均衡语料库》中"私の"与"この"、"その"、"あの"的语序相关数据

第一人称代词+指示词	数量	指示词+第一人称代词	数量	合计
私のこの	88	この私の	75	163
私のその	26	その私の	31	57
私のあの	8	あの私の	2	10
合计	122		108	230

三　对比分析及相关解释

（一）对比分析

对比汉、日语里作定语的人称代词与指示词共现时，两种语言都是以它们前置于中心名而存在。并且，"人称代词＞指示词＋中心名词"和"指示词＞人称代词＋中心名词"两种语序均存在，但是又以"人称代词＞指示词＋中心名词"为优势语序。但也存在差别，主要表现在以下几个方面。

首先，当作为优势语序的"人称代词＞指示词＋中心名词"存在时：在汉语中，从指示词方面看，在总量上，近指多于远指，而非前人总结的那样，二者一样多；从人称代词方面看，又以"第三人称代词与远指"占绝对数量，即第三人称代词与远指相配，而第一、二人称多与近指相匹配。在日语里，从指示词方面看，近指、中指占绝对多数；在人称代词方面，则多用"第一人称代词"。

其次，汉、日语里不仅都存在劣势语序"指示词＞人称代词"，而且表现出极强的一致性。如，在汉语"指示词＞人称代词＋中心名词"语序中，指示词多为"这"系，人称代词则多为第一人称代词；同样，在日语中，指示词多为"近指"；人称代词亦为第一人称代词。

最后，日语都存在"人称代词＞指示词"语序，不过，汉语中这种语序的数量远远多于日语相应语序使用的数量。

（二）相关解释

首先，根据语言类型学分类可知：汉语是 SVO 语，日语是 SOV 语。而

SVO　　　NG；DN

SOV　　　GN；DN

也就是说，如果一种语言为"SVO"语，则表示领属的修饰语一般在中心语之后，而表示指代/限定的指示词一般在所指代的成分之前。但是，汉语是不典型的 SVO 语，是 SVO 中的少数派，所以汉语中出现了违反蕴含关系的现象，中心语都在修饰成分的后面，即汉语是 SVO 语，但却呈

现 GN/DN 的语序；而日语因为是典型的 SOV 语，所以修饰语与中心语语序蕴含关系一致，即日语也是 GN/DN 的语序。从而导致汉语与日语在修饰与中心语语序排列上大体相同，即修饰语在前，中心语在后。当这两个成分共现于同一个中心名词之前时，存在两种语序，即"人称代词 > 指示词 + 中心语"和"指示词 > 人称代词 + 中心语"。哪种语序能成为语言中的优势语序呢？我们知道，人称代词表示领有的限定性成分，是不定指的；而指示词则表示指代的限定性成分，是定指的成分。两相比较，定指的成分比不定指的成分语义明确，对中心语语义影响比较大，与中心语语义关系也就密切；而不定指的成分因为只表示中心语的领属范围，语义不确定，所以对中心语语义影响较小，关系相对松散。因此，根据语义靠近原则，"人称代词 > 指示词 + 中心语"语序应该是优势语序。我们对汉日语语料的统计数据可以证明此结论的正确。

其次，表示领属的人称代词远远比表示指代作用的指示词要容易被人们首先感知或辨别，即人称代词可别度比指示词要大。根据可别度领先原则，我们亦能判定"人称代词 > 指示词 + 中心语"应该为优势语序。由此看来，"人称代词 > 指示词 + 中心语"语序既符合语义靠近原则又符合可别度领先原则，这两个原则互相作用，加强了此语序在语言中的优势语序地位，所以，在有二者共现并置于中心语之前的语言中，一定是以"人称代词 > 指示词 + 中心语"语序为绝对优势语序。

第三，在考察过程中，我们也发现了，在绝对优势语序"人称代词 > 指示词 + 中心语"存在的情况下，汉、日语中亦存在着"指示词 > 人称代词 + 中心语"这种劣势语序。这种劣势语序存在的数量虽然少，但是在实际语言中又的的确确存在着，那么它又是凭借什么与已有的优势语序并存的呢？我们认为，与这两个特殊的修饰成分有关。对两个都是限定性的成分的人称代词与指示词来讲，可别度领先原则要比语义靠近原则更起作用。我们不要忘记，语言的最大功能就是用于交际，而交际的环境与交际主体对于交际工具——语言成分的可别度判定会产生很大的影响。当某两个成分共现时，如果使用者"人"认为某个成分的可别度高，那么即使可别度没那么高的成分，也会因人为因素而出现使其位置前移的情况。如"红的那个苹果"中"红"为了凸显而前移，当然位置前移后必须加上定语标记"的"。

另外，从不同指别词出现在代词之前的概率差别看，可以看作是不同指别词的可别度差异的结果。因为一般情况下当然是"近指"比"远指"明显，所以指别度就大，语序上也容易前置于代词。或者反过来说，越不容许代词前置（陆丙甫，个人交流）。再加上从三身人称代词之间的可别度差异上看，也是第一人称代词比第二、三人称代词的可别度要大。所以才有"指示词 > 人称代词 + 中心词"语序中以"近指代词 > 第一人称代词 + 中心名词"居多的情况。总之，"指示词 > 人称代词 + 中心词"语序的存在可以看作是语用凸显作用的结果。有突出强调的作用，亦是指示词之间和人称代词之间可别度大小所致。

此外，对于使用主体——"人"来讲，某成分明确与否，在很大情况下与"人"的主观认知有关，所以这也是出现"指示词 > 人称代词 + 中心语"语序的原因之一。

最后，至于汉语中存在的"人称代词 > 指示词"语序数量远远多于日语相应语序使用的数量的原因，尝试分析如下：

日语的人称代词相当丰富，尤其是第一人称和第二人称多得令人眼花缭乱。但令人惊讶的是，尽管有繁多的人称代词，但在日常交谈中，却很少听到有人使用，而交谈却能顺利地进行，书面语中更是如此。这主要与日本人在言语行动时，充分考虑他人的立场、心情及相互的关系，注意相互间的依存和尊重有关。

正因如此，日本人不会在不考虑别人的想法和感受之前，明确阐明自己的立场和主张，而往往是先察觉他人的想法，去调和自己的行动。而在谈话中使用"私が"、"私は"，有坚持自己的主张，给人不快的感觉。所以，指对方的代词因为有使其身份下降的意思，日本人认为用人称代词呼称对方是失礼的（金田一春彦，1988：160—167），所以尽量避开或者省略它。

另外，由于授受表达、敬语等也能够区别人称，所以，在这些句子中很少涉及人称代词，这也是人称代词使用频率低的原因之一。

四　结语

综上所述，在汉语、日语里，指示词和人称代词都可以作定语，而且二者可以共现，共现时还存在两种语序。通过对《汉日对译语料库》"北京大学汉语语料库"等语料库中存在的相关现象的考察，我们大致可以得到，在两种语言里，都以"人称代词 > 指示词 + 中心语"占绝对多数，

"指示词 > 人称代词 + 中心语"则数量较少。最后我们对两种语序存在的原因进行解释：即，"人称代词 > 指示词"与语序类型学共性特征有关，而"指示词 > 人称代词 + 中心语"语序的存在则与凸显功能等语用因素有关。另外，我们也发现汉语和日语中人称代词作定语时，出现的频率存在差别，即汉语比日语多，对其中的原因也进行了相关解释。

参考文献

陈原：《社会语言学》，学林出版社 1983 年版。

方经民：《日汉亲属的语用情景对比研究》，《语言教学与研究》2001 年第 2 期。

陆丙甫：《从语义、语用看语法形式的实质》，《中国语文》1998 年第 5 期。

陆丙甫：《"的"的基本功能和派生功能——从描写性到区别性再到指称性》，《世界汉语教学》2003 年第 1 期。

陆丙甫：《语序优势的认知解释：论可别度对语序的普遍影响》，《当代语言学》2005 年第（1）—（2）期。

张敏：《认知语言学与汉语名词短语》，中国社会科学出版社 1998 年版。

张振亚：《现代汉语"这/那"研究——从语义到语法、篇章及语法化》，硕士学位论文，南昌大学，2009 年。

周平等：《日本风情录》，知识出版社 1992 年版。

［日］金田一春彦：《日本语》（上、下），［东京］岩波书店 1988 年版。

［日］铃木孝夫：《ことばと文化》，［东京］岩波书店 1992 年版。

［日］杉本つとむ：《ことばの文化史》，［东京］枫社，昭和 59 年。

［日］山本秀樹：《世界諸言語の地理的・系統的語順分布とその変遷》，［東京］溪水社 2003 年版。

［日］盛文忠：《語順に関する日中対照研究——修飾成分を中心に》，博士学位论文，北京大学，2006 年。

［日］盛文忠：《関係節の序列と位置に関する日中対照研究》，《日本語教育論集世界の日本語教育》2009 年第 19 期。

［日］新村出：《辞苑》（第三版），［东京］岩波书店 1991 年版。

［日］真田信治：《日本社会语言学》，中国书籍出版社 1996 年版。

［日］佐久间鼎：《现代日本语の表现と语法》，［东京］くろしお 1988 年版。

作者简介

曹跃香，江西师范大学文学院副教授，湖南师范大学汉语言文字学专业博士，学位论文《现代汉语"V+子/儿/头"结构的多角度考察》（2005）。

从辞格和词族的角度看"风马牛不相及"

赣南师范学院　刘海平

摘　要：主要从辞格和词族的角度来分析"风马牛不相及"的含义。辞格方面，指出使用了转喻和隐喻手法，"风马牛不相及"_{转喻}指距离遥远，"风马牛不相及"_{隐喻}指不相干，平常所指"风马牛不相及"为隐喻义；词族方面，列举了大量风_{情爱}族词来验证"风"可以解释为"牝牡相诱"。

关键词："风马牛不相及"；转喻；隐喻；词族

一　"风马牛不相及"释义

《汉语大词典》（以下简称《大词典》）列"风马牛不相及"条：

【风马牛不相及】（相 xiāng）《左传·僖公四年》："君处北海，寡人处南海，唯是风马牛不相及也。"孔颖达疏引服虔曰："牝牡相诱谓之风……此言'风马牛'，谓马牛风逸，牝牡相诱，盖是末界之微事，言此事不相及，故以取喻不相干也。"一说：风，放逸，走失。谓齐楚两地相离甚远，马牛不会走失至对方地界。后用以比喻事物之间毫不相干。

王力（1981）指出："马牛牝牡相诱也不相及（依孔颖达说）。唯，句首语气词。风，放，指牝牡相诱。这是比喻两国相距甚远，一向互不相干。"杨伯峻（1985）亦云："牝牡相诱谓之风，风马牛不相及者，谓齐楚两地相隔甚远，纵是牛马牝牡相逐，奔逸虽速而远，亦不致互相侵入边界，喻双方互不相干。"我们暂记之为"牝牡相诱"说。

另外还有两种较为有影响的观点①：一种《大词典》已提及，将"风"训释为"放逸"、"走失"，另如北京大学中文系（1962）说："'风'与

---

① 另徐山（2001）、彭小琴（2003）等释"风"为"如风一般的运动"、"如风奔之速"。

'放'通。此指两国相去极远，绝不相干，虽牛马放佚，也无从相及。"持是说者还有何生荣（1989）① 等。暂记之为"放佚"说；另一种观点为马牛见风则背走，释"风"为自然之"风"，此说较有影响的代表人物是宋人俞文豹，其说可见于明周梦旸《常谈考误》："俞文豹有云：'牛马见风则走，牛喜顺风，马喜逆风，南风则马南而牛北，北风则马北而牛南，相去遂远。正如楚处南海，齐处北海也，故曰不相及。'"从此说者还有龚嘉镇（1997）、沈怀兴（2004）等。暂记之为"顺风逆风"说。

我们基本同意"牝牡相诱"说。在"君处北海，寡人处南海，唯是风马牛不相及"中，"唯"是句首语气词，"是"指代"君处北海，寡人处南海"，"唯是风马牛不相及"首先是指北海南海路途遥远，即使发情的牛马也不能相及。动物没有人文意志，生命欲望和交配追求是体现其意志力的主要方面，故以此设喻，用来比喻事物之间毫不相干。《左传》中多有此等生动形象的用喻，聂国栋（1979）说："琳琅满目的歌谣谚语和成语，构成了《左传》语言的又一艺术特色。""生动恰切的比喻，如'唇亡齿寒'、'虽鞭之长，不及马腹'、'皮之不存，毛将焉附'、'宴安鸩毒'、'风马牛不相及'、'一国三公'、'困兽犹斗'……"、"风马牛不相及"即为此等比喻之一。

二 从辞格看"风马牛不相及"

以往学者们在训释"风马牛不相及"时，多从传统的训诂学和语法学等方面来解释，本文拟从辞格的角度引进转喻和隐喻来说明。"转喻"又叫借代，通常被认为是一种修辞手法。② 学者们认为"风马牛不相及"喻指"不相干"，从"风马牛不相及"的使用情况来看，这一点是对的。但穷究其源，"风马牛不相及"最先使用的却是"转喻"修辞法。出典中"风马牛不相及"应该是就空间距离而言的，是指南海到北海距离遥远，

---

① 何生荣（1989）综合了"放逸"说和"顺风逆风"说的观点，但从全文的说解来看，宜将其归入"放逸"说。

② 沈家煊（1999）赞同认知语言学的观点：转喻不是什么特殊的修辞手段，而是一般的语言现象转喻，也不仅仅是语言现象，而是人们一般的思维和行为方式。我们的思和行所依赖的概念系统从根本上说具有转喻的性质。我们暂不就沈先生所指做深究，只讨论转喻作为一种修辞手法的相关方面。

远到即使是发情的牛马牝牡相诱亦不能及，此时"……北海……南海"
还不能缺，缺了的话"风马牛不相及"所要表达的语义就没了着落，倘
若是距离较近的两地，"风马牛"即能相及，正是因为北海南海在空间上
相隔遥远，故而才有"风马牛不相及"。此处"风马牛不相及"说的是
"距离遥远"，这是通常所说的转喻。

　　辞格的运用并不是就此打住，而是接着使用隐喻。一般认为隐喻是比
喻中的一种，大致相当于通常所说的"暗喻"。由于北海南海相距遥远，
说处在这样空间里的"君"和"寡人""风马牛不相及"，"君"与"寡
人"均指人，而此时"风马牛不相及"却是指空间距离而言，虽然古代
交通不发达，但人们之间的空间距离还是可以通过牛马车等来拉近，说
"君……寡人……风马牛不相及"的目的并不是简单地指出"君"和"寡
人"相距遥远，而是在此基础上运用隐喻，赋予"风马牛不相及"新义，
即"不相干"的意思。由"君……寡人……风马牛不相及"喻指"不相
干"，认知范围由空间上的距离遥远转移到人物间的不相干。在转喻这个
层面上，也就是在"北海……南海……风马牛不相及"辞格中，"风马牛
不相及"只是指空间距离上的遥远；只有到了隐喻这个层面上，也就是
到了"君……寡人……风马牛不相及"辞格中，"风马牛不相及"才有了
"不相干"的意思。

　　这两重辞格图示如下：

　　"风马牛不相及"转喻指"距离遥远"，"风马牛不相及"隐喻指"不相
干"。出典中"风马牛不相及"与空间距离（"南海"、"北海"）密切相
关，但同时也与人（"君"、"寡人"）有了联系，这就使得辞格由"转
喻"转向"隐喻"有了可能。"风马牛不相及"同时与空间距离和人物纠
缠在一起，此时"风马牛不相及"到底是转喻义还是隐喻义，还不是非
常清楚，说是"距离遥远"也并非不可，后文云"不虞君涉吾地，何
故"，由此似乎也可把前面的"风马牛不相及"理解为"距离遥远"。后

来"风马牛不相及"一般用来说人或事物，特别是那些抽象的事物，这样的话，"风马牛不相及"一般只用隐喻义，用来专指"不相干"了，有的还直接以"风马牛"喻指"不相干"。例如：

（1）伐鄡之鄡，为虞邑，皆非国号，与史所记嬴国之白、冥，风马牛不相及者，而妄言之若此。（《徐偃王志·论说第五》）

（2）勃氏时并无阁川水，且与此阁水中隔陇山，如风马牛不相及，赵氏误合为一，又误阁为合，此赵氏之巨谬。（《水经注疏》卷十七）

（3）湘曰："相公何望？"植曰："扶风。"湘曰："相公扶风，马湘则风马牛。但且相知，无徵同姓。"亦言与植风马牛不相及也。（《太平广记》卷三三）

（4）臣与张利一风马牛不相及，所以屡言利一者，但欲陛下知事之是非、人之情伪。（《续资治通鉴长编》卷二百三十七）

（5）跋，属并母，固，属见母，更是风马牛不相及。（《云麓漫钞·前言》）

（6）其实民主政治与"散漫无政府状态"是风马牛不相及，乃是一种极寻常的常识。（邹韬奋《揭穿妨碍民主政治的几种论调》）

（7）至于释迦牟尼，可更与文艺界风马牛了。（鲁迅《热风·反对含泪的批评家》）

用例中"风马牛不相及"或"风马牛"都是"不相干"的意思。这种事物间的不相干既可指具体的事物，如例（1）、（3），也可指抽象的事物，如例（5）、（6）。

蒋兆鹄（1985）指出："在这种严肃的外交场所，若将齐、楚两国国际事务以'马牛牝牡不相诱及'作喻，实属不伦不类，必将引起寻衅者的不满，致使外交顿挫，祸由中起。"何生荣（1989）亦云："楚使纵然大胆，楚国虽然强大，也还不至于用牲畜发情之类的比喻来对答尊赫一时的齐侯。"从我们的分析来看，蒋先生、何先生所言似乎有点过了，这并不是直接说"君"与"寡人"即是发情的马牛。真如诸先生所言，把齐侯说成"走失的马牛"或"顺风逆风而跑的马牛"，也仍为不敬不雅之辞，故此我们还是要分析它们在特殊情况下的语用情况。

另外，倘如"放佚"说释"风"为"放佚、跑失"，语用效果将大打折扣。"放佚、跑失"是一种被动的原因，不是主观意志行为，同"牝牡相诱"这种主动性很强的原因相比，语用效果明显赶不上。迷途的牛马也可能在较近的距离内打圈儿，如此则体现不出空间距离之远。

"顺风逆风"说亦似经不起推敲。"牛喜顺风，马喜逆风"，不管是远距离，还是近距离，本来它们就不会迎合在一起，也体现不出南海北海距离之远。再则，把"风马牛"具体限定为马和牛两种不同的动物，将马和牛与"顺风"和"逆风"对号入座，亦似不妥。后代也有"风马"的说法，即指"风马牛"的意思，如《大词典》列"风马"条：

【风马】犹言风马牛不相及。比喻毫不相干的事物。唐刘知幾《史通·断限》："其于曹氏也，非唯理异犬牙，固亦事同风马。"

如此，"顺风逆风"则不好说。也有"牝牡相诱"说把牛马与人物对号入座，说牛马不同类，即使以"牝牡相诱"，也不会迎合在一起。如此理解亦属望文生义。

三　从词族看"风马牛不相及"

我们还准备从词族的角度来验证"牝牡相诱"说。徐山（2001）说："从'风'的名词、动词的诸用法中，'风'在任何一个语义引申环节都找不到'牝牡相诱'的位置。换言之，'风'无'牝牡相诱'之义。"彭小琴（2003）也指出："'牝牡相诱'实和'风'的词义无关。"我们觉得徐、彭所言不符合语言的实际情况，在汉语史中，有这么一系列包含语素"风"的语词，其中"风"均有"牝牡相诱"、"男女情爱"义（按：我们认为"男女情爱"义由"牝牡相诱"义引申而来），我们暂名之为"风情爱"族词，兹胪列一些如下，我们选词依据《大词典》，当然"风"族词并不局限于"牝牡相诱"、"男女情爱"义，但本文只遴选与"牝牡相诱"、"男女情爱"相关的语词。

【风邪】犹言作风不正。《魏书·甄琛传》："〔甄琛〕身居直法，纠摘是司，风邪响黩，犹宜劾纠。"

【风逸】因发情而走失。《左传·僖公四年》："风马牛不相及也"晋杜预注："牛马风逸，盖末界之微事。"孔颖达疏："服虔云：'风，放也。'牝牡相诱谓之风，《尚书》称马牛其风，此言风马牛，谓马牛风逸。"

【风淫】犹言群居淫乱。《后汉书·乐成靖王党传》:"〔刘苌〕出入颠覆,风淫于家,娉取人妻,馈遗婢妾。"王先谦集解引惠栋曰:"风淫犹㛀淫也。古文《尚书》曰:'㛀淫于家。'许慎曰:'淫门内。'风、㛀音相近。一说牝牡相诱谓之风。风淫,《周礼》所谓鸟兽行也。"

【风情】指男女相爱之情。南唐李煜《柳枝》词:"风情渐老见春羞,到处芳魂感旧游。"宋柳永《雨霖铃》词:"便纵有千种风情,更与何人说。"《二刻拍案惊奇》卷十四:"听说世上男贪女爱,谓之风情。"风情亦指色情。徐迟《牡丹》二:"剧中少女是以她的卖弄风情而为君王赏识的。"

【风话】指男女间戏谑挑逗的话。宋石孝友《惜奴娇》词:"你试思量,亮从前说风话。冤家。休直待,教人咒骂。"《水浒传》第二一回:"押司,你不合是个男子汉,只得装些温柔,说些风话儿耍。"

【风流】指男女私情事。宋陈师道《踏莎行》词:"重门深院帘帷静。又还日日唤愁生,到谁准拟风流病。"《二刻拍案惊奇》卷十:"〔莫翁〕少年时节,便有娶妾买婢好些风流快活的念头。"瞿秋白《赤都心史》二八:"我们年轻时,不用说实际上,哪怕没有一件两件风流奇闻,可是终还顾着脸子。"

【风骚】风流放荡。《醒世恒言·一文钱小隙造奇冤》:"那老儿虽然风骚,到底老人家,只好虚应故事,怎能够满其所欲?"明梁辰鱼《浣纱记·见王》:"我为人性格风骚,洞房中最怕寂寥。"有时特指女性举止轻佻。茅盾《动摇》一:"金凤姐已经走到跟前,依旧脸上搽着雪白的铅粉,嘴唇涂得猩红,依旧乜着眼,扭着腰,十分风骚。"

【风流韵事】指男女私情方面的事情。巴金《家》三一:"他常常带着张小桃进出他的律师事务所。他的'风流韵事'还多得很。"

【风言俏语】打情骂俏的话语。《孽海花》第八回:"雯青本是花月总持、风流教主,风言俏语,从不让人。"

【争风吃醋】为争夺男女私情而互相嫉妒。《儒林外史》第四五回:"〔两个婆娘〕争风吃醋,打吵起来。"邹韬奋《萍踪寄语》一一二:"我问男女同学住在一个宿舍,有无争风吃醋的事件发生,据说从来没有。"

以上含"风"的族词,大多是讲男女情爱之事,男欢女爱说的是人,往粗俗里说,也可以理解为"牝牡相诱"所致,风情爱族词大多与"牝牡相诱"义相关或者可以由此辗转引申而来。说"风"跟"牝牡相诱"没有关系，那是不符合语言事实的。

参考文献

北京大学中文系：《先秦文学史参考资料》，中华书局 1962 年版。

龚嘉镇：《也说"风马牛不相及"》，《文史知识》1997 年第 3 期。

何生荣：《论"风马牛不相及"》，《河西学院学报》1989 年第 2 期。

蒋兆鹄：《原是无情作有情》，《语文教学与研究》1985 年第 11 期。

聂国栋：《略谈〈左传〉的语言艺术》，《四川大学学报》（社会科学版）1979 年第 3 期。

彭小琴：《重释"风马牛不相及"之"风"》，《集美大学学报》（社会科学版）2003 年第 3 期。

沈怀兴：《释"风马牛"》，《汉字文化》2004 年第 4 期。

沈家煊：《转指和转喻》，《当代语言学》1999 年第 1 期。

王力：《古代汉语》，中华书局 1981 年版。

徐山：《说"风马牛不相及"》，《文史杂志》2001 年第 1 期。

杨伯峻：《春秋左传词典》，中华书局 1985 年版。

作者简介

刘海平，赣南师范学院文学院副教授，华中科技大学语言学及应用语言学专业博士，学位论文《〈史记〉语序研究》（2009）。

赣东北方言濒危现状述略

南昌大学　胡松柏

摘　要：赣东北地区的方言濒危主要发生在方言岛区域。赣东北方言岛依人口规模和分布状况可以分为三种分布类型。赣东北方言岛的濒危表现在濒危演变的方向和濒危演变的类型两方面。方言岛濒危演变的方向是替换为本地方言或其他的共处移民方言。方言岛濒危演变的类型包括显性濒危和隐性濒危两类。已进入显性濒危阶段的方言岛可以依其濒危程度分为"高度濒危"、"中度濒危"和"低度濒危"三类。赣东北的畲话、官话、广东话、汀州话、浙江话属于严重濒危方言，麻山话、南丰话、建宁话、福建话、河南话属于"轻微濒危方言"。赣东北方言有方言特征消磨、县域通行方言形成和方言地区普通话母语人群形成三种与方言濒危有关的语言演变现象。

关键词：赣东北；方言岛；语言濒危；演变

"汉语方言中无疑存在着并非个别的濒危现象。"方言濒危主要指的是"弱势方言在强势方言的强大冲击下，最终彻底放弃弱势方言，改用强势方言"。① 本文讨论赣东北地区的方言濒危情况。

赣东北行政区域上包括上饶、景德镇和鹰潭 3 个设区市所辖 19 个区和县、市（县级市）。赣东北地区呈连续区域分布的大方言区片有赣语、吴语和徽语，分别分布于铅山县、横峰县、弋阳县、万年县、余干县、鄱阳县、贵溪市、余江县、乐平市和鹰潭市月湖区、景德镇市珠山区、昌江区（赣语），上饶县、广丰县、玉山县和上饶市信州区（吴语），婺源县、德兴市、浮梁县（徽语）。以方言岛形式分布的方言有"福建话"（属于

---

① 曹志耘：《关于濒危方言问题》，《语言教学与研究》2001 年第 1 期。

闽语），"南丰话"、"建宁话"、"麻山话"（属于赣语），"汀州话"、"广东话"和"畲话"（属于客语），以及"浙江话"（属于吴语）、"官话"等，主要分布于赣东北东部的铅山、横峰、弋阳、信州区、上饶县、广丰、玉山、德兴8个县市区。

赣东北地区方言种类多，分布复杂，在方言濒危方面的表现也非常多样且有特点。本文就赣东北方言濒危现状作如下简略报告。

一　赣东北的方言岛及其濒危情况

赣东北地区的方言濒危主要发生在方言岛区域。

（一）赣东北方言岛的分布

1. 闽语方言岛

赣东北的闽语都属于闽南片，方言岛居民绝大多数是旧泉州府籍移民后裔，只有个别村落居民来自浙南苍南和闽北福鼎。使用人口近30万，分布在上述8个县市区的80余个乡镇。

2. 南丰话、建宁话、麻山话方言岛

南丰话、建宁话都属于赣语抚广片，麻山话①实际上是对南丰话和建宁话以及某些同类方言的总称。使用人口近20万，分布在上述8个县市区的100来个乡镇。

3. 汀州话、广东话方言岛

汀州话属于闽西客语，广东话指来自粤东北的客语。赣东北的闽西汀州籍居民和粤东北嘉应州籍居民有5万余人，分布在上述7个县市区（弋阳除外）的50余个乡镇。

4. 畲话方言岛

畲话一般也被认为属于客语。畲话只分布在江西省最早设立的两个畲族乡：铅山县太源畲族乡、贵溪市樟坪畲族乡，使用畲话的人口不足2000人。

5. 浙江话方言岛

主要是淳安话方言岛。在德兴、婺源、铅山、横峰等县市，来自浙江

---

①　说麻山话的居民其先祖迁入赣东北之初主要从事垦山种麻，故以"麻山"称说这些移民所带来的方言。

淳安的千岛湖北库移民在其建村定居地形成了零星的方言岛。此外毗邻浙江的德兴，有龙游、兰溪等地移民所建的村落。

6. 官话方言岛

赣东北的"官话"有多个系属。玉山县怀玉山乡有1000余人说"怀玉山官话"。玉山县紫湖镇、横峰县葛源镇、广丰县洋口镇有个别村落说"官话"。上饶县铁山乡小溪村的一支畲民也说自称"官话"的方言。鄱阳县西北角肖家岭乡有说"河南话"的村落。

7. "铁路话"和"三县岭话"方言岛

这是两处独具特色的方言岛。在铁路浙赣线以上饶站区为中心的中段线路沿线站区的铁路员工社群中，通行一种被称为"铁路话"的方言，使用人口有3万余人。弋阳县三县岭乡，有一种在垦殖场职工中通行的"三县岭话"，使用人口有5000余人。这是分别形成于20世纪30—40年代和50年代的因工业移民和农业移民而形成的社区用语，具有社会方言的性质，其共同特点是融合浙江多个地点方言并受共同语影响。

（二）赣东北方言岛的分布类型

移民在迁入地定居之后，所带来的祖籍地方言能否继续成为居民用语，通常取决于两方面的条件，一是移民的规模，二是分布的环境。大量的人口形成聚居的社区，作为交际工具的功能依然有履行的必要和可能，其祖籍地方言自然能够传承。如果移民与原住的本地居民相比，人口多而且占据的空间更大，处于强势地位的移民方言还有可能拓展成为与祖籍地方言同源的新的方言区片。但如果移民人口少且又分散居住，只能成为被原住居民的本地方言所包围的方言岛。以方言岛形式存在的处于弱势地位的移民方言势必接受本地方言的影响，面临被同化、替代的压力。赣东北方言岛依人口规模和分布状况可以分为三种类型（以下以闽语方言岛为例）：

A：形成大板块的方言岛，例如玉山县紫湖镇（包括新近分出设立的三清山风景名胜区），3万多居民都说福建话，近20个行政村连片形成一处较大范围的福建话方言岛。

B：方言岛与本地方言相错杂，虽不独立成片，但紧密相接形成一个连续的散布地带。例如广丰县的枧底、洋口、鹤山与相邻上饶县的花厅、田墩、黄市、皂头、尊桥、董团等十余个乡镇就是一个福建话方言岛的密布地带。

C：在本地方言的大片区域中分布着相对稀落的少数方言岛村落，例如广丰县南部岭底镇全部 250 个自然村中，只有溪东陈家、下大满岭、黄家、西坞垄等七八个村子是福建话居民村，人口总计也不过 400 余人。

（三）赣东北方言岛的濒危表现

赣东北的方言岛在总体趋势上是走向衰落，呈现濒危的发展态势。但其濒危表现因方言岛的方言系属、分布方式乃至居民的人文背景的差异，以及周边的本地方言、方言岛与周边方言的接触状况等方面的差异而有不同。

1. 方言岛濒危演变的方向

方言岛发生濒危演变的最终结果，是方言岛居民在强势方言的强大冲击之下，最终彻底放弃作为弱势方言的原用祖籍地方言而改用强势方言。依这一语言替换过程中所用以替换的方言的不同，赣东北的方言岛濒危演变方向有以下两种情况：

（1）替换为本地方言

这是方言岛濒危演变的最主要方向。在赣东北的赣语、吴语和徽语区域中的方言岛，其濒危演变方向都各是不同的本地方言。例如，广丰县境内的南丰话方言岛的演变方向是替换为广丰话（吴语），横峰县境内的福建话方言岛的演变方向是替换为横峰话（赣语），德兴市境内的广东话方言岛的演变方向是替换为德兴话（徽语）。

（2）替换为其他的共处移民方言

赣东北地区的方言岛分布情况非常复杂。所谓"共处移民方言"，是指在某些方言岛区域，有不止一种的移民方言共同杂处，或是相邻的村落分别说不同的移民方言，或是一村之中通行不同的移民方言。几种移民方言之间也有相对的优劣之分，某些方言发生濒危演变，是替换为相对优势的另一种移民方言。例如，玉山县紫湖镇有好多徽州移民村落现在说的都是当地处于相对优势的福建话；玉山县怀玉山乡玉峰（行政村），就有南丰籍的居民放弃南丰话而改说"怀玉山官话"。

2. 方言岛濒危演变的类型

（1）显性濒危和隐性濒危

方言岛的濒危其实是与方言岛的整个历史过程相伴生的。方言岛自形成之日起，就在周边的本地方言以及其他的移民方言的影响下发展。方言岛居民的语言制度一旦实行祖籍地方言和本地方言（或其他的移民方言）的"双语（方言）制"，便表明方言岛已经开始了其濒危演变。

但方言岛的濒危演变是一个长期过程。只有当方言岛的居民中最新成长的一代人放弃了其祖籍地方言而只能使用其他方言的时候，方言岛才呈现实质性的濒危演变态势，开始了方言岛的消亡之变。我们称这一状况为显性濒危，而此前的状况则为隐性濒危。

（2）濒危程度

已进入显性濒危阶段的方言岛可以依其濒危程度分为"高度濒危"、"中度濒危"和"低度濒危"三种情况：

高度濒危，指祖籍地方言只在老年人群（60岁以上）中使用，其消失时间将在一代（30年左右）之内。中度濒危，指祖籍地方言还在中年（40岁）以上人群中使用，其消失时间将在两代（50年左右）之内。低度濒危，指祖籍地方言还在青年（20岁）以上人群中使用，其消失时间将在三代（80年左右）之内。

这三类濒危情况都有一个最重要的标志，就是幼童一代都不再使用前辈的祖籍地方言，方言岛在可以预见的未来行将消亡。

3. 方言岛的濒危排序

赣东北的方言岛从整体上看，按濒危状况可以分为两类：

a. 畲话、官话、广东话、汀州话、浙江话

b. 麻山话、南丰话、建宁话，福建话，河南话

a类方言岛属于"严重濒危方言"，b类方言岛属于"轻微濒危方言"。a类方言岛无前述的A类规模分布类型，只有B、C类型，而以C类为多见，全都进入显性濒危阶段。b类方言岛A、B、C三种类型都有，以B类为多见，只有部分方言岛进入显性濒危阶段。

就目前情况看，最先有消亡之虞是畲话，太源、樟坪两个畲族乡虽说畲民人口近2000，但能说畲话的只有老年人了。除了怀玉山官话，其他一些零星的官话方言岛消亡也都迫在眉睫。广东话、汀州话方言岛实际上有不少已经消失（能使用的人口已不足2万），现存的大体上在两三代之后也将不复存在。浙江移民应该说大多数语言已经为本地方言同化，部分单独建村的移民还在使用来自不同地点的"浙江话"，不过也都应归于显性濒危之列。

属于"轻微濒危方言"的麻山话、南丰话、建宁话和福建话，作为赣东北规模较大、人口较多、分布较广的方言岛，虽然也有发生显性濒危甚至已经消亡的情况，但总体上还处在隐性濒危阶段，未来还会长期存续。鄱阳县北部的"河南话"，是其北部和西部鄱阳湖环湖地带十余个县市的"河南话"方言岛（来自豫东南）的一部分，还处在隐性濒危状态。

铁路话和三县岭话的形成发展有相似之处，历史较短，且目前也都处于显性濒危阶段。只是铁路话的濒危程度低于三县岭话，属于低度濒危。

二　赣东北与方言濒危有关的语言演变现象

就赣东北方言的情况看，有以下三种与方言濒危有关的语言演变现象。

（一）方言特征的消磨

方言特征的消磨是从方言的语言系统内部演变来考察的，是指方言在其他方言（或共同语）的影响下而丢失自身那些与众不同的显著特点。

赣东北方言中，方言特征消磨的演变不仅发生在方言岛区域，也发生在成区域分布的赣语、吴语和徽语大方言区片。不过，方言岛在与本地方言的强势影响下，方言特征消磨往往显得更为突出。并且，在发生替换为其他方言的濒危演变过程中，这种方言特征消磨的演变是相伴始终的。

大方言区片发生特征消磨的例子如：部分吴语方言点如上饶话中，古见组字不再有逢细音读舌根音声母 [k、k'(g) ŋ、x] 的特点，都读舌面音声母 [tɕ、tɕ'、(dʑ) n、ɕ] 而与赣语相同；葛源话中，古入声韵字不再有吴语的喉塞音韵尾 [ʔ]，读成阴声韵而与徽语情况相同。方言岛发生特征消磨的例子如：赣东北福建话中，入声韵不再有祖籍地方言泉州话的 [p、t、k] 韵尾，一律读与赣东北吴语、赣语相同的喉塞音韵尾 [ʔ]；德兴市境内的广东话已经完全没有了客语的轻唇声母读重唇的特点，"飞、肥、斧"等字不读 [p、p'] 声母而读 [f] 声母，与徽语德兴话相同。

要注意发生演变的方言中某些特征在消磨过程中往往还会有残留，这尚存的个别现象可以为方言特征消磨的观察提供线索。例如赣东北的南丰话与移民祖籍地的南丰话相比较，基本上已经丢失了精、清、从母读 [t、 t'] 声母的特点，"早、草、槽"等字已读塞擦音声母［ts、ts'］，但在广丰县枧底镇枧底村东坞的南丰话中，其人名的排行用字"在"字还读作［t'ai˧］。

（二）"县域通行方言"的形成

县域通行方言是在一个县的行政区域中所形成的全体居民用于共同交际的方言，是方言相互接触趋同发展的结果。县域通行方言的形成是汉语方言发展过程中一种值得注意的演变现象。

考察赣东北各县市的方言情况，县域通行语方言形成大致有三种类型。

一种情况是县域内各地方言之间相差不大，县域通行方言形成的过程就是各乡镇方言向县城方言逐渐靠拢的过程。另一种情况是县域内各地方言之间相差很大，各次县域方言往往呈鼎足之势。只有当县城方言作为中心次县域方言依赖所在地的经济文化中心地位施与其他边缘次县域方言以有权威的影响，从而成为边缘次县域居民共同的和唯一的第二用语时，县域通行方言才算开始迈上形成的历程。还有一种情况是县域方言在大范围内基本一致，但有大小不同、类型多种的方言岛分布于县域之中。这些方言岛中的居民掌握并使用周围的本地方言而实行双方言制，从而使本地方言成为完全的县域通行方言。

当代尤其是改革开放以来，县域通行方言的形成呈现快速发展的势头，其促成的社会因素是县域社会中政治经济文化统一性的加强和发展速度的加快。这也自然加快了方言濒危演变的发展。

我们注意到，由于共同语日益增长的影响，在赣东北的一些区域发生了越过形成县域通行方言阶段而直接以普通话作为共同交际用语的语言演变。例如德兴市的城区和泗洲镇德兴铜矿矿区。这实际上是方言地区方言濒危演变的终极结果，对于在一个地区内推广普通话、形成最大范围的共同交际用语无疑具有积极的示范作用和借鉴意义。

（三）"方言地区普通话母语人群"的形成

"方言地区普通话母语人群"指成长并生活在方言地区的那些以普通话为母语的社会成员的群体。由于普通话自 20 世纪 50 年代以来被大力推广，在方言地区形成了兼用地域方言和普通话的双语制。在这种双语制下，有部分人群因幼年时语言生活只限于使用普通话的环境，所最先习得的不是当地方言而是普通话，他们在方言地区成长却以普通话为母语。普通话母语人群的形成及其规模日趋扩大，对社会的语言生活产生着重大影响，也从一个方面加速了方言濒危演变的发展。

对于在方言地区的城市中形成普通话母语人群，人们一般也许都会有所感受。但在赣东北，在设区市和县级市的城区以及县城以外，有不少工矿企业社区以至不少乡镇也都有这种语言演变现象发生。这也许是赣东北地区方言歧异大导致有使用普通话交际的较多需求的缘故。

方言地区成长的普通话母语人群在进入社会生活之后，还有可能重新获得方言，这种现象我们称为"方言重归"。共同语的推广和普及催生了普通话母语人群，方言重归则使普通话母语人成为方言使用者。方言重归现象随普通话母语人的形成而发生，并与之相对立。方言重归一方面是方言和普通话的双语制的结果，同时也是这种双语制在方言地区得以保持延续的重要因素。

就与方言濒危演变的联系来看，普通话母语人群形成的结果是影响方言地区语言使用者的语言态度和语言策略发生变化，促使方言在双语制（方言和普通话）语言生活中的地位和功能发生演变，方言的主要使用空间发生转移以至有所萎缩。而双语者的方言使用能力相对弱化，也导致方言发生语言结构的变化，从而使方言特征渐趋消磨，方言朝着与普通话趋同的方向发展。

参考文献

曹志耘：《关于濒危方言问题》，《语言教学与研究》2001 年总第 1 期。

胡松柏等：《赣东北方言调查研究》，江西人民出版社 2009 年版。

胡松柏、林芝雅：《铅山方言研究》，中国社会科学出版社 2008 年版。

胡松柏、胡德荣：《铅山太源畲话研究》，中国社会科学出版社 2013 年版。

胡松柏：《江西上饶县铁山乡多方言情况考察》，《双语双方言（七）》，香港汉学出版社 2001 年版。

胡松柏、孙玉卿：《试论县域通行方言的形成》，《语言运用与语言文化》，香港择时发展有限公司 2004 年版。

胡松柏、张向阳：《"方言地区普通话母语人群"与方言地区双语制性质的演变——以江西省南昌市区为例》，《双语双方言（九）》，香港汉学出版社 2006 年版。

胡松柏、张向阳：《南昌市"普通话母语学生"语言状况调查》，《中国社会语言学》2007 年总第 2 期。

胡松柏:《赣东北闽南方言略说》,《方言》1998 年第 2 期。

胡松柏:《赣东北铜山闽南话的语音特点》,《第五届国际闽方言研讨会论文集》,暨南大学出版社 1999 年版。

胡松柏:《〈汇音妙悟〉音系在赣东北闽南方言中的表现》,《中国音韵学研究会第十一届学术讨论会、汉语音韵学第六届国际学术讨论会论文集》,香港文化教育出版社有限公司 2000 年版。

胡松柏:《汉语入声消失过程在赣东北闽南话中的表现》,《语言研究》1994 年增刊。

胡松柏:《赣东北闽南语的文白异读及其演变》,《台湾语文研究》第 5 卷第 1 期《第七届台湾语言及其教学国际学术研讨会论文选集》,2010 年。

胡松柏:《江西横峰县姚家闽语中的赣语性成分》,《上饶师范学院学报》2002 年第 4 期。

胡松柏:《客家移民和客家方言在赣东北的流播》,《江西社会科学》2006 年第 11 期。

胡松柏:《赣东北铁山“汀州腔”记略》,《客家方言研究——第四届客家方言研讨会论文集》,暨南大学出版社 2002 年版。

胡松柏:《赣东北的嘉应客家移民与嘉应“广东话”》,《南方语言学》第二辑,暨南大学出版社 2010 年版。

胡松柏、孙刚:《赣东北铅山县太源畲话记略》,《客赣方言研究——第五届客方言暨赣方言首届研讨会论文集》,香港霭明出版社 2004 年版。

胡松柏:《江西上饶铁山小溪畲民官话的形成与发展》,《双语双方言(八)》,香港汉学出版社 2005 年版。

胡松柏、胡德荣:《江西铅山太源畲话动词动态体貌的考察》,《赣学》第 2 辑,江西教育出版社 2009 年版。

胡松柏、刘存雨:《赣、吴、徽语交接地带横峰葛源话的特点和性质》,《上饶师范学院学报》2008 年第 4 期。

胡松柏:《赣东北“麻山话”中的促声舒化》,《首届晋方言国际学术研讨会论文集》,山西高校联合出版社 1996 年版。

林芝雅、胡松柏:《浙赣边界官话方言岛略考》,“第四届中国语言学国际学术研讨会”,广州,2005 年。

胡松柏、张向阳:《赣北“河南话”述略》,“第四届官话方言国际学术研讨会”,安康,2007 年。

胡松柏:《浙赣线“上饶铁路话”形成与发展》,《南方语言学》第三辑,暨南大学出版社 2011 年版。

胡松柏：《"上饶铁路话"和"弋阳三县岭话"：赣东北两处浙江官话方言岛的比较考察》，"第七届中国社会语言学国际学术研讨会"，西宁，2010年。

胡松柏：《江西弋阳"三县岭话"多方言融合和双方言制考察》，《双语双方言（十）——第十届双语双方言研讨会（国际）论文选集》，海天出版社2011年版。

［附记］本文初稿曾提交"首届濒危方言学术研讨会"（广州·2009）宣读，改定稿提交"首届赣鄱语言学博士论坛"（南昌·2013）宣读。

项目基金

2000年度国家社会科学基金项目"赣语、吴语、徽语、闽语、客家话在赣东北的交接与相互影响"（00BYY004）；2010年度国家社会科学基金项目"语言地理学视角下江西徽语现状及历史调查研究"（10BYY021）。

作者简介

胡松柏，南昌大学客赣方言与语言应用研究中心研究员，人文学院中国语言文学系教授、博士研究生导师，暨南大学汉语言文字学专业博士，学位论文《赣东北汉语方言接触研究》（2003）。

赣方言浊音走廊语音概况

江西师范大学　陈　凌

摘　要：赣方言有一个分布较广的浊音带，姑且称之为"浊音走廊"。从语音现状看，该浊音走廊内部有相当大的一致性；从分布情况看，它又与吴语和湘语形成"一担挑两头"现象，很有研究的价值。

关键词：浊音走廊；赣方言；幕阜山

赣方言浊音走廊，以幕阜山为中心，以赣方言为主要方言。该方言区主要集中在东经113°至117°、北纬29°至30°之间，东起鄱阳湖东岸，西至洞庭湖东岸，南濒九岭山北麓，北抵长江南岸，是一个由东北向西南倾斜的狭长地带，有似一条狭窄的长廊。

该方言区横跨赣鄂湘三省，东向瓷都景德镇，西靠名楼岳阳，南近洪城南昌和星城长沙，北望九省通衢之武汉。此地三水如锦，鄱阳湖、长江与洞庭湖从东北西三面连绵缠绕，分割与外界的陆路交通；二山似龙，中部幕阜山蜿蜒横亘，鼎立三省难通的格局，南部九岭山断然堵截，遮隔南向广阔的云天；京九京广二线若楔，由武汉出发于东西两端纵贯，意在打破幕阜山封闭千年的沉寂。优越的地理环境造就了这里的风流人物，演绎了这里的风云业绩；封闭的地形地貌形成了这里与众不同的赣方言特点，保存着古香古色的语言特色。

赣方言浊音走廊，集中在江西省九江市、湖北省咸宁市和湖南省岳阳市，共22个县市：江西省的都昌县、彭泽县、湖口县、九江县、九江市、星子县、瑞昌市、德安县、永修县、武宁县、修水县，湖南省的临湘市、平江县、岳阳县、岳阳市、汨罗市和湖北省的阳新县、通山县、赤壁市、崇阳县、通城县、咸宁市。

我们将它们分作四个方言区：

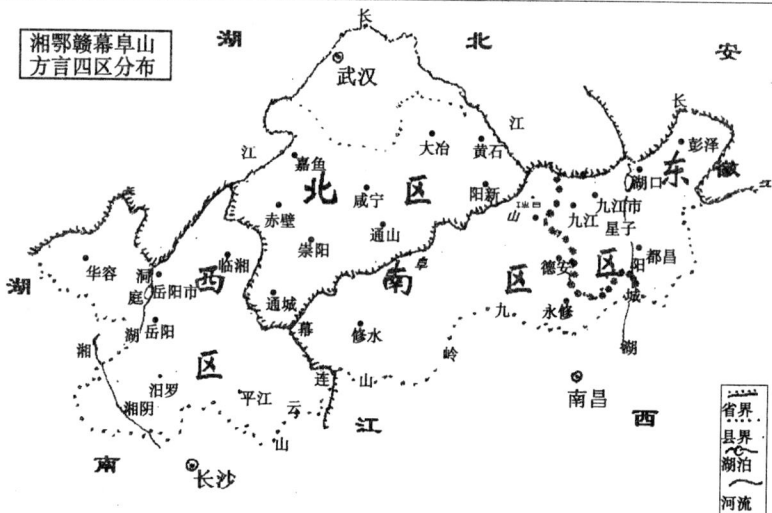

东区都昌至星子一线，集中在九江地区（为统一称呼，县级市才称市，下同）东部，主要有都昌县、湖口县、彭泽县、九江市①、九江县和星子县六个县市。该区脱离了幕阜山，但离幕阜山不远，而且语音特色具有较大的相似性，故此特作一区共同研究。

南区德安至修水一线，集中在江西省九江地区的西部，主要有瑞昌市、永修县、德安县、武宁县和修水县五个县市。

西区临湘至平江一线，集中在湖南省岳阳地区东部，主要有临湘市、岳阳县、平江县、汨罗市和岳阳市②五个县市。

北区阳新至通城一线，集中在湖北省咸宁地区及黄石地区，主要有阳新县、通山县、咸宁市、赤壁市、崇阳县和通城县六个县市。

该方言区袁家骅称之为"湘鄂赣方言"，詹伯慧认为称作"湘赣方言"，董为光称之为"湘鄂赣三界方言"。该区22个县市，除了九江市全部及九江县和瑞昌市部分乡镇为江淮官话之外，皆为赣方言，因此姑且名之为"赣方言浊音走廊"，如下列举最突出的语音特点。

---

① 九江市仅指九江市区。本文县以上的"市"级行政单位不称"市"而称"地区"，下同。

② 岳阳市仅指君山区和岳阳楼区，其他各乡镇仍按原行政区划归入周围各县市，如东北归临湘市，南部归岳阳县，西部归华容县等。

　　1. 古次清和全浊声母今读浊音声母，这是该方言区声母最突出的特点。浊音声母主要集中在湖口、都昌、星子、修水、通城、崇阳、赤壁和临湘八县市，如：

	湖口	都昌	星子	修水	通城	崇阳	赤壁	临湘
爬並	b ʻa^{211}	b ʻa^{35}	b ʻa^{223}	b ʻa^{213}	b ʻa^{22}	b ʻɑ^{213}	b ʻɑ^{13}	b ʻa^{212}
屠定	d ʻu^{211}	lu^{35}	d ʻu^{223}	d ʻu^{213}	d ʻɛu^{22}	d ʻɛu^{213}	d ʻɛu^{13}	d ʻɛu^{212}
材从	dz ʻai^{211}	dz ʻai^{35}	dz ʻai^{223}	dz ʻɛi^{213}	dz ʻai^{22}	dz ʻæ^{213}	dz ʻai^{13}	dz ʻæ^{212}
除澄	dʐ ʻy^{211}	dʐ ʻu^{35}	d ʻu^{223}	d ʻu^{213}	dʐ ʻy^{22}	d ʻu^{213}	dʐ ʻʮ^{13}	dʐ ʻy^{212}
锄崇	dz ʻu^{211}	dz ʻu^{35}	dz ʻu^{223}	dz ʻɿ^{213}	dz ʻɿ^{22}	dz ʻɿ^{213}	dz ʻɛu^{13}	dz ʻɛu^{212}
船船					d ʻə^{213}		d ʻɛn^{13}	dʐ ʻyɛn^{212}
裙群	dʐ ʻyn^{211}	dʐ ʻin^{35}	g ʻuin^{223}	g ʻuiɛn^{213}	dz ʻən^{22}	vin^{213}	dʐ ʻʮn^{13}	dʐ ʻyn^{212}
瓠匣	g ʻu^{13}	g ʻu^{35}	g ʻu^{31}					βu^{33}
辞邪	dz ʻɿ^{211}	dz ʻɿ^{35}	dz ʻɿ^{223}	dz ʻɿ^{213}	dz ʻɿ^{22}	dz ʻɿ^{213}	dz ʻɿ^{13}	dz ʻɿ^{212}
城禅	dzʐ ʻən^{211}	dzʐ ʻəŋ^{35}	d ʻəŋ^{223}	d ʻəŋ^{213}	d ʻən^{22}	d ʻən^{213}	d ʻən^{13}	dz ʻən^{212}
铺滂	b ʻu^{42}	b ʻu^{44}	b ʻu^{33}	b ʻu^{212}	b ʻu^{22}	b ʻu^{22}	b ʻu^{33}	b ʻu^{24}
偷透	d ʻɛu^{42}	lɛu^{44}	d ʻɛu^{33}	d ʻɛi^{22}	d ʻiau^{212}	d ʻio^{22}	d ʻiau^{33}	d ʻɛu^{24}
粗清	dz ʻu^{42}	dz ʻu^{44}	dz ʻu^{33}	dz ʻɿ^{22}	dz ʻɿ^{212}	dz ʻɛu^{22}	dz ʻɛu^{33}	dz ʻɛu^{24}
初初	dz ʻu^{42}	dz ʻu^{44}	dz ʻu^{33}	dz ʻɿ^{22}	dz ʻɿ^{212}	dz ʻɿ^{22}	dz ʻɛu^{33}	dz ʻɛu^{24}
抽彻	dzʐ ʻɛu^{42}	dzʐ ʻəu^{44}	dzʐ ʻɛu^{33}	d ʻu^{22}	dz ʻɛu^{212}	d ʻɛu^{22}	dz ʻɛu^{33}	dz ʻɛu^{24}
车昌	dzʐ ʻa^{42}	dzʐ ʻa^{44}	d ʻa^{33}	d ʻa^{22}	dz ʻa^{212}	d ʻɑ^{22}	d ʻa^{33}	dz ʻa^{24}
枯溪	g ʻu^{42}	g ʻu^{44}	g ʻu^{33}	g ʻu^{33}	u^{212}	u^{22}	g ʻu^{33}	g ʻu^{24}
轻溪	dʐ ʻiaŋ^{42}	dʐ ʻiaŋ^{44}	dʐ ʻiaŋ^{33}	dʐ ʻiaŋ^{22}	dʐ ʻiaŋ^{212}	dʐ ʻiaŋ^{22}	dʐ ʻiɑ^{33}	dʐ ʻiaŋ^{24}

　　其他县市（如武宁、德安、岳阳、平江、瑞昌）个别乡村保存浊音，或在"清音浊流"中残存浊音痕迹，或在语流中清音和浊音可以自由变读。

　　值得注意的是：浊音在蓄势阶段都有一个模糊的同部位的鼻音出现，即［b ʻ］前带有［m］，［d ʻ］前带有［n］，［g ʻ］前带有［ŋ］，［dz ʻ］前带有［n］，［dʐ ʻ］前带有［ɳ］，［dʐ ʻ］前带有［ȵ］，如湖口方言：

白	塔	茶	车	曲	温
^{m}b ʻa^{13}	^{n}d ʻa^{213}	^{n}dz ʻa^{211}	^{ɳ}dʐ ʻa^{42}	^{ȵ}dʐ ʻiu^{213}	^{ŋ}g ʻun^{42}

2. 定泥来三母分混，定来二母洪分细混，而泥来二母洪混细分。

（1）定来二母洪音分明（定母念 [d‘] 来母念 [l]）而细音混同念 [d‘]。

然而，有些方言洪细都混同，洪音念 [l] 细音念 [d‘]，如湖口县流芳乡和都昌县：

	驮	罗	屠	炉	头	楼	谭	蓝	唐	郎	筒	笼
湖口	lo²¹¹		lu²¹¹		lɛu²¹¹		lan²¹¹		lɔŋ²¹¹		luŋ²¹¹	
都昌	lo³⁵		lu³⁵		lɛu³⁵		lan³⁵		lɔŋ³⁵		luŋ³⁵	

（2）泥来二母，除了东区之外，其他各区细分洪混，具体音值为：

南区			北区			西区		
修水	武宁	德安	通城	崇阳	赤壁	临湘	岳阳	平江
l	l	l	n	n	n	n	l	l

东区今读没有相混现象，南区泥来都念 [l]，西区岳阳县和平江县都念 [l]，而临湘市却念 [n]，正好与相邻的北区相同。然而，一县之内情况并不完全相同，如修水渣津镇等地念 [n]，武宁宋溪镇伊山一带泥来二母洪细都不混。

湖口县北部的彭泽县之外来户（如祖籍安徽桐城人）泥来今读无论洪细都不分，一律念 [l]，如：[lan³⁵] 难 = 蓝、[li³⁵] 尼 = 梨、[lian³⁵] 年 = 莲。

3. 知章组今读念 [f] ／ [k] 组音，如星子、修水、德安、通城、崇阳和岳阳等县市：

	猪知	锤澄	朱章	吹昌	税书	水书	树禅	瑞禅
星子					fi⁴⁴			
修水					fi⁴⁴	fi³¹		fi²¹¹
德安					fi³⁵	fi³¹		
通城		vɛi²²						fi³⁵
崇阳	vi²¹³			vi²²	fi¹³	fi⁴²		fi³³
岳阳	ky³³	kui²¹³	ky³³	k‘y³³	fi³⁵	fy⁴²	vy²¹¹	vi²¹¹

知章组尤其是章组之昌书禅三母，在遇蟹止三摄读［f］／［k］组音。五县市中表现最突出的是岳阳县，其次是崇阳县，再次是修水县和德安县，而星子县和通城县只有个别字念［f］组音。

4. 知章组保存"古无舌上音"、"章系归端"现象，如修水、崇阳、星子和赤壁等县市：

	涨知	畅彻	潮澄	掌章	唱昌
修水	tɔŋ³¹	d'ɔŋ³⁵	d'au²¹³	tɔŋ³¹	d'ɔŋ³⁵
崇阳	taŋ⁴²	d'aŋ¹³	d'ɔ²¹³	taŋ⁴²	d'aŋ¹³
星子		d'ɔŋ²¹⁴	d'au²²³		d'ɔŋ²¹⁴
赤壁		d'œʔ²¹²	d'ɑu¹³		d'œʔ²¹²

"古无舌上音"和"章组归端"现象，都出现在洪音前面，在赣方言浊音走廊中修水和崇阳二县表现最为突出。星子县知章二组三等只有次清及全浊声母念［d'］，赤壁市知章之次清和全浊声母今读［d'］，但与［dʐ'］可以自由变读。

此外，两种特殊现象：

（1）武宁县出现章组读如见组现象，如：章＝姜、昌＝枪、伤＝箱、壤＝仰。

（2）瑞昌市西南部和武宁县东北部有［tɕ］组音，如瑞昌市南义镇小坳村，［tɕ］组音主要分布在知章精见四组声母中。

5. 日母"儿"／"二"／"耳"和"乳"／"儒"／等儿系列字多念零声母，如：

	儿	耳	二	乳	如	入	日
湖口	l²¹¹	l²³³	l¹³	l²³³	y²¹¹	i⁴⁵	ȵi²³
都昌	l³⁵	l⁴⁵²	l³¹³	lu⁴⁵²	lu³⁵	lɛ⁴³	ȵi³³
星子	ə²²³	ə⁴²	ə³¹	lu⁴²	lu²²³	lɛ³⁵	ȵi³⁵
修水	ə²¹³	ə³¹	ə²¹¹	ə³¹	ə²¹³	əl²³	əl²³
武宁	ɛ²¹¹	ɛ⁴²	ɛ¹³	lu⁴²	lu²¹¹	i⁴⁵	ȵi⁴⁵
德安	ɛ⁴⁴	ɛ³¹	ɛ²²	lu³¹	lu⁴⁴	lɛ⁴⁵	ȵi⁴⁵
通城	y²²	y³¹	y³⁵	y⁴²	y²²	yn⁴⁵	ȵin⁴⁵
崇阳	ə²¹³	ə⁴²	ə³³	ə⁴²	ə²¹³	d'ə⁴⁵	nin⁴⁵

续表

	儿	耳	二	乳	如	入	日
赤壁	or^{13}	or^{31}	or^{22}	or^{45}	ʮ^{31}	ʮ^{13}	ʮ^{45}
临湘	yɛ^{212}	yɛ^{51}	yɛ^{33}	y^{51}	y^{212}	y^{45}	n̠i^{45}
岳阳	ə^{213}	ə^{42}	ə^{211}	y^{42}	y^{213}	yø^{22}	n̠i^{22}
平江	y^{324}	y^{15}	y^{22}	y^{15}	y^{324}	yə^{43}	yə^{43}

其中，湖口和都昌二县比较特殊，零声母是辅音韵 ［l］。

6. 溪母开口遇洪音不念 ［g'］而念 ［h］，如湖口县、修水县、通城县和崇阳县：

	可	考	口	刻	揩	敲	坑
湖口	ho^{233}	hau^{233}	hɛu^{233}	hɯ^{212}	hai^{42}	hau^{42}	haŋ^{42}
修水	ho^{31}	hau^{31}	hɛi^{31}	hγ^{23}	hai^{22}	hau^{22}	haŋ^{22}
通城	ho^{31}	hau^{31}		hɛ^{45}	hai^{212}		haŋ^{212}
崇阳	ho^{42}	hɔ^{42}		hɛ^{45}	hæ^{22}		haŋ^{22}

四县市方言溪母念 ［h］的字多在开合一二等。开口一二等整齐划一，除个别字几乎都念 ［h］；而合口一二等，湖口方言和修水方言都念 ［g'］，而通城方言和崇阳方言多念零声母，有些也念 ［h］。

其他赣方言也有该语音现象，但是没有该方言区分布得如此集中。

7. 晓影二组今读多为喉擦音或零声母，但也有些方言读舌根浊塞音 ［g'］，如湖口、都昌、星子等县市：

	瓠	画~画	环	威	温	稳	腕	豌
湖口	g'u^{13}	g'ua^{13}	g'uan^{211}	g'uɛi^{42}	g'un^{42}	g'un^{233}	g'uan^{233}	
都昌	g'u^{35}		g'uan^{35}					g'uɔn^{44}
星子	g'u^{31}		g'uan^{223}			g'un^{42}		g'uan^{33}

从地域上看，该现象多发生在东区；从音韵地位上看，这些字多在匣影二母假山臻三摄合口一三等。

8. 非晓二母混同，或晓组混入非组念 ［f］类音或非组混入晓组读 ［h］类音。

	飞非	峰敷	房奉	灰晓一	花晓二	虚晓三	血晓四	回匣一	槐匣二	惠匣四
湖口	fi⁴²	fuŋ⁴²	fɔŋ²¹¹	hui⁴²	hua⁴²	çy⁴²	çyɛ⁴⁵	hui²¹¹	huai²¹¹	hui¹³
都昌	ɸi⁴⁴	ɸuŋ⁴⁴	ɸɔŋ³⁵	ɸi⁴⁴	ɸa⁴⁴	çi⁴⁴	çiɛ⁴⁵	ɸɛi³⁵	ɸai³⁵	ɸɛi³¹³
星子	ɸi³³	həŋ³³	ɸɔŋ²²³	ɸi³³	ɸa³³	ɸi³³	ɸiɛ³⁵	ɸi²²³	ɸai²²³	ɸi³⁵
修水	fi²²	fəŋ²²	fɔŋ²¹³	fi²²	fa³³	fi²²	fiɛl²³	fi²¹³	fai²¹³	fi²¹¹
武宁	fi²⁴	həŋ²⁴	fɔŋ²¹¹	fi²⁴	fa²⁴	çy²⁴	çyɛ⁴⁵	fi²¹¹	fai²¹¹	fi¹³
德安	fɛi²¹²	fəŋ²¹²	fɔŋ⁴⁴	fi²¹²	fa²¹²	fi²¹²	çiɛ⁴⁵	fi⁴⁴	fai⁴⁴	fi²²
通城	fi²¹²	fəŋ²¹²	fɔŋ²²	fi²¹²	fa²¹²	çy²¹²	sɛn⁴⁵	fi²²	fai²²	fi³⁵
崇阳	fi²²	fən²²	faŋ²¹³	fi²²	fɑ²²	fi²²	fie⁴⁵	fi²¹³	fæ²¹³	fi³³
赤壁	fi³³	fən³³	fœ？¹³	fi³³	fɑ³³	ʂ̩³³	çiɛ⁴⁵	fi¹³	fai¹³	fi²¹²
临湘	ɸɛi²⁴	həŋ²⁴	βɔŋ²¹²	ɸɛi²⁴	ɸa²⁴	çy²⁴	çiɛ⁴⁵	βɛi²¹²	βæ²¹²	βɛi³³
岳阳	fi³³	həŋ³³³	vɔʋ²¹³	fi³³	fa³³	fy³³	çiɛ⁴⁵	vi²¹³	væ²¹³	vi²¹¹
平江	fi⁴⁴	fəŋ⁴⁴	foŋ³²⁴	fai⁴⁴	fa⁴⁴	çy⁴⁴	çyɑ⁴³	fi³²⁴	fai³²⁴	fi²²

湖口方言多不混，但其武山镇亦混读为〔ɸ〕，一如都昌县。

9. 双介音〔iu〕／〔ui〕承担〔y〕的功能，如都昌、星子、修水、德安、崇阳和平江等县市：

	−a	−ɛ	−ɛn	−ən
都昌		缺 iuɛl⁴³ 月 ȵiuɛl⁴⁵	全 dzˈiuɛŋ³⁵ 拳 iuɛn³⁵	
星子	茄 gˈuia²²³	缺 gˈuiɛ⁴⁵ 月 uiɛ⁴⁵	拳 gˈuiɛn²²³ 圆 uiɛn²²³	军 kuin³³ 裙 gˈuin²²³
修水		缺 gˈuiɛl²³ 月 uiɛl²³	拳 gˈuiɛn²¹³ 元 ŋuiɛn²¹³	军 kuin²² 裙 gˈuin²¹³
德安		越 uiɛ⁴⁵ 粤 uiɛ⁴⁵	元 uiɛn⁴⁴ 院 uiɛn²²	军 kuin²¹² 裙 gˈuin¹³
崇阳	茄 viɛ⁴⁵	圆 uiɛ²¹³ 缺 uiɛ⁴⁵		军 kuin22 永 vin42

无论〔iu〕还是〔ui〕，从功能上都相当于北方官话的撮口呼〔y〕；从音韵地位看，双介音多分布于精见二组山臻二摄合口三四等。

10. 入声字带〔−l〕／〔−n〕／〔ŋ〕韵尾，这是该区最突出的韵母特点。〔−l〕韵尾分布在湖口、都昌、修水、通城、平江等县市，而〔−n〕韵尾分布于通城和修水二县，〔−l〕／〔−n〕韵尾可以自由变读，〔ŋ〕韵尾仅存于通城县，五县入声韵如下：

湖口	– ʔ	iʔ	yʔ	aʔ	uaʔ	ɛʔ	iɛʔ	uɛʔ	yɛʔ		ɔʔ		
	– l	il	yl	al	ual	ɛl	iɛl	uɛl	yɛl		ɔl		
都昌	– ʔ	iʔ		aʔ	uaʔ	ɛʔ	iɛʔ	uɛʔ		ʅʔ	ɔʔ		
	– l	il		al	ual	ɛl	iɛl	uɛl		ʅl	ɔl		
修水	– ʔ	iʔ	uiʔ	aʔ	uaʔ	ɛʔ	iɛʔ	uɛʔ	uiɛʔ	əʔ	ɔʔ		
	– l	il	uil	al	ual	ɛl	iɛl	uɛl	uiɛl	əl	ɔl		
	– n	in	uin	an	uan	ɛn	iɛn	uɛn	uiɛn	ən	ɔn		
通城	– ʔ	iʔ	yʔ	aʔ	uaʔ	ɛʔ	iɛʔ	uɛʔ	yɛʔ	əʔ	ɔʔ	ɛuʔ	iuʔ
	– l	il	yl	al	ual	ɛl	iɛl	uɛl	yɛl	əl	ɔl		
	– n/ŋ	in	yn	an	uan	ɛn	iɛn	uɛn	yɛŋ	əŋ	ɔŋ	ɛuŋ	iuŋ
平江	– ʔ	iʔ	yʔ	ɒʔ	uɒʔ	ɛʔ	iɛʔ	uɛʔ	yɛʔ	əʔ	ɔʔ	oʔ	ioʔ
	– l	il	yl	al	ual	el	iel	uel	yel	əl	ɔl	ol	iol

有时候边鼻音韵尾、喉塞韵尾甚至元音 [i] 韵尾之间可以自由变读，如通城方言：

	塔	擦	插	獭	窄	杀	八	扎	鸭
– l	tal^{45}	dzʻal^{45}	dzʻal^{45}	nal^{45}	tsal^{45}	sal^{45}	pal^{45}	tsal^{45}	ŋal^{45}
– n	tan^{45}	dzʻan^{45}	dzʻan^{45}	nan^{45}	tsan^{45}	san^{45}	pan^{45}	tsan^{45}	ŋan^{45}
– ʔ	taʔ^{45}	dzʻaʔ^{45}	dzʻaʔ^{45}	naʔ^{45}	tsaʔ^{45}	saʔ^{45}	paʔ^{45}	tsaʔ^{45}	ŋaʔ^{45}
– i	tai^{45}	dzʻai^{45}	dzʻai^{45}	nai^{45}	tsai^{45}	sai^{45}	pai^{45}	tsai^{45}	ŋai^{45}

通城县城关方言四种韵尾都存在，但是人们日常只习惯于其中某个韵尾，或作另种变读，即不会四种韵尾随意使用。

11. 遇止二摄合口念舌尖元音，如星子、修水、通城、崇阳、赤壁、平江等县市：

星子	追 tʂʅ^{33}炊 dzʻʅ^{33}垂 dzʻʅ^{223}睡 ʂʅ^{214}瑞 ʂʅ^{214}
修水	租 tsʅ^{22}粗 dzʻʅ^{22}苏 sʅ^{22}酥 sʅ^{22}阻 tsʅ^{31}楚 dzʻʅ^{31}础 dzʻʅ^{31}助 dzʻʅ^{211}数 sʅ^{35}
通城	租 tsʅ^{212}粗 dzʻʅ^{212}祖 tsʅ^{31}做 tsʅ^{214}醋 dzʻʅ^{214}初 dzʻʅ^{212}锄 dzʻʅ^{22}梳 sʅ^{212}
崇阳	初 dzʻʅ^{22}锄 dzʻʅ^{213}梳 sʅ^{22}
赤壁	女 ɳʮ^{31}徐 ʂʮ^{13}猪 tʂʮ^{33}书 ʂʮ^{33}睡 ʂui^{212}瑞 ʂui^{22}税 ʂui^{212}吹 dzʻʮ^{33}槌 dzʻʮ^{13}
平江	苏 sʅ^{44}酥 sʅ^{44}祖 tsʅ^{15}组 tsʅ^{15}诉 sʅ^{35}初 tsʻʅ^{44}锄 tsʻʅ^{324}楚 tsʻʅ^{15}础 tsʻʅ^{15}助 tsʻʅ^{22}

展唇舌尖化分布在精庄组（星子县在知章二组），圆唇舌尖化分布在泥精知章四组。

12. 蟹摄文读出现三合韵母［iai］类音，如德安、彭泽、九江和赤壁等县市：

	皆					佳			
	阶	介	界	戒	械	街	解	鞋	崖
德安	tɕiai²¹²	tɕiai³⁵	tɕiai³⁵	tɕiai³⁵	tɕiai²²				
彭泽	tɕiai³³	tɕiai²¹³	tɕiai²¹³	tɕiai²¹³					
九江	tɕiæi³³	tɕiæi²¹²	tɕiæi²¹²	tɕiæi²¹²	tɕiæi²¹²				
赤壁	tɕiai³³	tɕiai²¹²	tɕiai²¹²	tɕiai²¹²	tɕiai²¹²	tɕiai³³	tɕiai³¹	ɕiai¹³	iai¹³

这些字都属于见系开口二等文读音。

13. 效流二摄混读，或流摄读如效摄，如武宁、通城、赤壁、崇阳、岳阳：

	标效三	焦效三	超效三	雕效四	聊效四	萧效四	头流一	楼流一	走流一
武宁	piau²⁴	tɕiau²⁴	tɕ'iau²⁴	tiau²⁴	liau²¹¹	ɕiau²⁴	tiau²¹¹	liau²¹¹	tɕiau⁴²
通城	piau²¹²	tɕiau²¹²	dz'au²¹²	tiau²¹²	ȵiau²²	ɕiau²¹²	d'iau²²	ȵiau²²	tɕiau³¹
崇阳	piɔ²²	tɕio²²	d'ɔ²²	tio²²	d'io²¹³	ɕio²²	d'io²¹³	d'io²¹³	tɕio⁴²
赤壁	piau³³	tɕiau³³	d'au³³	tiau³³	d'iau¹³	ɕiau³³	d'iau¹³	d'iɑu¹³	tɕiau³¹
岳阳	piau³³	tɕiau³³	ts'au³³	tiau³³	liau²¹³	ɕiau³³	tau²¹³	lau²¹³	tsau⁴²

或效摄读如流摄，如都昌和德安：

	冒效一	貌效二	招效三	娇效三	浇效四	茂流一	周流三	纠流三
都昌	mau³¹³	mau³¹³	tʂɛu⁴⁴	tɕiɛu⁴⁴	tɕiɛu⁴⁴	mɛu³¹³	tʂɤu⁴⁴	tɕiəu⁴⁴
德安	mau²²	mau²²	tsau²¹²	tɕiɛu²¹²	tɕiɛu²¹²	mau²²	tsɛu²¹²	tɕiɛu²¹²

按照归并原则，在开合口相同的情况下通常是一二等对一二等、三四等对三四等。

效摄混同流摄，除了知章组，都是效摄三四等混同流摄三等。流摄混同效摄，却呈现另一种演变规律，即流摄一等总是和效摄三四等混同，而不会与效摄一二等混同。

14. 臻曾梗一二等出现 ［i］介音，如武宁、通城、崇阳、赤壁、临湘等县市：

	臻			曾			梗		
	吞	跟	痕	灯	能	层	生	庚	耕
武宁	t'iɛn²⁴	kiɛn²⁴	hiɛn²¹¹	tiɛn²⁴	liɛn²¹¹	tɕiɛn²¹¹	tɕiɛn²⁴	kiɛn²⁴	kiɛn²⁴
通城	d'iɛn²¹²	kiɛn²¹²	hiɛn²²	tiɛn²¹²				kiɛn²¹²	kiɛn²¹²
崇阳	d'iɛ²²			tiɛ²²	niɛ²¹³	dʐ'iɛ²¹³			
临湘	d'iɛn²⁴			tiɛn²⁴	niɛn²¹²			kiɛn²⁴	

在音韵地位上，多分布在臻曾二摄开口一等端组见组以及梗摄开口二等庄组见组。

15. 送气分调较为突出，这是该方言区最突出的声调特点，如湖口、都昌、星子、修水、德安、永修、岳阳等县市：

	阴平		阳平		阴去		阴入	
	全		次		全		次	
湖口					35	213	45	212
都昌							45	43
星子					35	214	45	214
修水					44	35		
德安			13	44	35	214		
永修	35	24	233	23	55	445		
岳阳					35	225		

从调类看，送气分调多在去声，尤其是阴去；从古声母来看，多分布于次清和全浊：滂透清彻初昌溪并定从澄崇船裙；从今读声母看，送气调声母有两类，即送气清声母 ［p'］/［t'］/［k'］/［ts'］/［tʂ'］/［tɕ'］/［h］和送气浊声母 ［b'］/［d'］/［g'］/［dz'］/［dʐ'］/［dʑ'］。

送气分调大致如上表所示，但一县之内不尽相同，如：

	湖口		都昌		修水			德安		永修		
	武山	双钟	土塘	都昌	义宁	渣津	白岭	蒲亭	江益	九合	三角	吴城
平				阳平	阴平			阳平	阴平	阴阳	阴阳	阳平
去	阴去	阴去			阴去	阴去	阴去	阴去	阴去	阴去	阴去	
入	阴入		阴入	阴阳			阴入		阴入		阴阳	

例如，湖口县武山镇阴去和阴入都送气分调，而双钟镇只有阴去送气分调。

赣方言浊音走廊，向东与徽语相邻，与吴语浊音遥遥相望；向西与新湘语穿插，和老湘语浊音似断犹连；向南和赣方言交错一处；向北与江淮官话和西南官话唇齿相依。就浊音而言，与吴语和湘语形成"一担挑两头"之态。

从总体上观察，赣方言浊音走廊语音最突出的特色：（1）在声母上，全浊和次清声母今读都是真浊音；（2）在韵母上，出现了边音/鼻音韵尾；（3）在声调上，出现送气分调现象。此外，还有一些方言特色，如匣母念舌根浊塞音、溪母念喉擦音、知章念浊塞音、流臻曾三摄一等出现[i]介音、部分县市出现双介音以及覃谈不同、咍泰有别等。正是该方言区有着诸多迷人的特征，因此国内外不少语言学家都有一探其中奥秘之愿望。

参考文献

陈昌仪主编：《江西省志·方言志》，方志出版社2005年版。

陈立中：《论湘鄂赣边界地区赣语中的浊音走廊》，《汉语学报》2004年第2期。

陈凌、汪平：《江西省武宁话知系三等今读》，《苏州大学学报》2009年第5期。

陈凌：《幕阜山方言浊音走廊概况》，《东方语言学》2011年第九辑。

董为光：《湘鄂赣三界方言的"l"韵尾》，《语言研究》1987年第1期。

黄群建：《鄂东南方言音汇》，华中师范大学出版社2002年版。

李如龙、张双庆：《客赣方言调查报告》，厦门大学出版社1992年版。

汪平：《方言平议》，华中科技大学出版社2003年版。

颜森：《江西省方言的分区（稿）》，《方言》1986年第1期。

杨时逢：《湖南方言调查报告》，"中研院"历史语言研究所，1974年。

袁家骅：《汉语方言概要》，文字改革出版社1988年版。

詹伯慧：《现代汉语方言》，湖北教育出版社1981年版。

赵元任、丁声树等：《湖北方言调查报告》，商务印书馆 1948 年版。

朱晓农：《内爆音》，《方言》2006 年第 1 期。

朱晓农、刘泽民、徐馥琼：《自发新生的内爆音》，《方言》2009 年第 1 期。

项目基金

国家社会科学基金项目"赣方言浊音走廊语音研究"（12BYY028）。

作者简介

陈凌，江西师范大学国际教育学院副教授，苏州大学语言学及应用语言学专业博士，学位论文《幕阜山方言语音研究》（2009）。

赣语修水话语音的内部差异

南昌大学　卢继芳

摘　要：修水县位于江西西北部，修水的主体方言为赣语，内部差异较大；根据语音特点的地理分布，修水赣语可分白岭声、布甲声、修水声、庙岭声、黄港声五小片；修水赣语语音的地理差异体现了修水方言的历时演变规律，而地理差异的形成同其历史行政、自然地理、方言接触以及语音自身发展有着密切联系。

关键词：修水方言；语音；内部差异

一　引言

修水县位于江西省西北部，三省（湘、鄂、赣）九县（靖安、奉新、宜丰、铜鼓、平江、通城、崇阳、通山）在这里交界接壤，总面积4504平方公里，是江西省幅员最广和九江地区人口最多的县。修水县另一特色是山区县，全境群山环绕，北有幕阜山同湘鄂相界，南有九岭山同靖安、奉新、宜丰、铜鼓县分水。全县现有36个乡镇，从西到东分别为[①]：黄沙镇、黄港镇、上奉镇、何市镇、黄坳乡、庙岭乡、太阳升镇、四都镇、义宁镇、宁州镇、征村乡、山口镇、漫江乡、复原乡、竹坪乡、杭口镇、上杭乡、新湾乡、东港乡、石坳乡、渣津镇、马坳镇、西港镇、溪口镇、港口镇、布甲乡、余塅乡、上衫乡、大桥镇、古市镇、路口乡、大椿乡、水源乡、黄龙乡、白岭镇、全丰镇。

修水境内汉语方言主要有两种，一是本地话，二是怀远话，其中怀远话是明清时代闽粤移民迁居带来的，方言归属客家话，主要居修水东南一

---

① 《修水县志》编纂委员会：《修水县志》，海天出版社1991年版，第41页。

隰；"本地话"则是指修水本地人所讲的土著方言，归属赣语昌都片。无论从持用人数还是分布地域来讲，"本地话"都是修水县内的主体方言。由于高山阻隔，以往这里的人们同外界交际不多，所以修水方言能在相对封闭状态下发展至今，同赣语昌都片其他各县方言相比，能保留相对较早的语言现象。本文拟分析赣西北修水县赣语语音特点及内部差异，并结合当地历史人文因素对其进行解释。

根据以往发表的方言材料及当地人的语感，2012 年我们课题组在修水县选取了 42 个调查点，对修水赣语语音的内部差异进行了田野调查，调查合作人为世代居住当地的本地人，年龄均在 60 岁以上。这 42 个调查点分别为：义宁镇西摆社区，宁州镇，庙岭乡小山口村、戴家村，太阳升镇三都农科所、三都村、坳头村，黄坳乡谭溪村、塘排村，黄港镇安全村，何市镇大里村，上奉镇石街村，竹坪乡山峰村、竹坪村，征村乡熏衣村，马坳镇石溪村，杭口镇厚家源村，山口镇上桃村、来苏村，新湾乡新湾村、小流村，溪口镇义坑村、围丘村、田仑村，港口镇港口村、界下村、大源村，布甲乡洪石村、横山村，渣津镇长潭村，白岭镇白岭村、邓家咀，全丰镇南源村、半坑村小山界，黄龙乡沙墩村、黄龙村金家园新村，大桥镇沙湾村、界下村、大桥村，余墩乡余墩村、上源村，复原乡雅洋村。

我们从中国社会科学院语言研究所《方言调查字表》（修订本）选取1332 个常用字对各点语音进行调查，并根据当地语音特点制定音类专项调查表进行了差异重点调查，同时为了解方言间的接触影响，我们另外还选取太阳升镇三都农科所、黄港镇安全村、何市镇团山村、征村乡车联村、山口镇柘蓬村、复原乡双港村 6 个点的"怀远话"进行了语音调查。

二　修水赣语语音内部差异

根据 1991 年版修水县志，修水"本地话"可以分为"上边声"、"修水声"、"奉乡声"、"泰乡声"四种口音，其中"上边声"主要指渣津镇以西直至白岭镇、全丰镇等区域，"修水声"则是以义宁镇为中心的修水腹地。"奉乡、泰乡"取名于武宁唐代行政区划八乡之名〔唐德宗贞元十六年（800）分武宁县西八乡（高、崇、奉、武、仁、西、安、泰）设分宁县（修水古县名）①］。"奉乡音"主要指今黄港镇、黄沙镇、何市镇、上奉镇一带。"泰乡音"则包括今宁州镇、太阳升镇、庙岭镇、四都镇一带，分片基本上是从当地人语感出发的。从我们的实地调查的结果来看，这种划分不完全符合修水"本地话"的语音事实。我们认为从语音差异及地理分布来看，修水境内的赣语分为五个区域：渣津镇以东直至义宁镇以西的中部及南部共为一区域，东北部、东南部、西北部、北部自成独立区域。中部、南部差异小，东北部、东南部、西北部、北部差异大。

（一）修水赣语语音的基本特点

当地人将修水县城话即义宁镇口音称为"修水话"，而其他各乡镇的方言则称为白岭话、全丰话、渣津话等，从音位归纳及语音系统来看，义宁镇口音基本上可以代表修水"本地话"的语音系统。（发音合作人：吴冬香，女，1952 年生，义宁镇西摆社区人，字下划线表示白读）

1. 声母（23 个）

p 布保鞭壁	b 婆片抱拍	m 墓亩慢麦	f 火扶水黄
t 多朝针隻	d 大兔赵春	n 糯耐蓝龙	l 梨劳镰六
ts 租邹斩桌	dz 坐菜床插	s 苏烧森肾社	ʂ 书世屎熟
tʂ 制纸湿织	dʐ 池耻齿植	tɕ 姐鸡轻脚	dʑ 襦丘奇枪
ȵ 惹泥牛娘	ɕ 写戏寻粟	k 哥改根格	g 茄劝葵哭
ŋ 我袄愿恶	h 河开厚汉	ø 音二雾王	

声母说明：t、d 发音部位靠后，接近于 ʈ、ɖ，tʂ、dʐ 只拼舌尖元音 ɿ 和舌面元音 u。

2. 韵母（68 个）

ɿ 租刺死师	ʅ 世知纸试	i 徐灰被肥	u 补煮锤手
a 马花车稗	ia 姐爹夜惹	ua 瓜寡挂话	ɛ 儒舐二锯
iɛ 去	ɜ 茄瘸	ɔ 多坐火破	uɔ 锅课禾窝
ai 灾排街外	uai 块拐怪乖	ei 胎害走瘦	ui 举雨卫贵
au 保交溲赵	iau 猫敲桥腰	iɛu 表小跳浇	iu 刘酒舅幼
an 谭咸懒奸	uan 关湾惯万	en 深真本顺	uen 滚温稳闻
ɛn 森展砖根	iɛn 镰店浅牵	ue 软权劝元	ɔn 男汉盘穿
uɔn 官款换碗	in 林进旬军	uin 群裙鲅	aŋ 彭冷生声
iaŋ 平请腥兄	uaŋ 梗横	ŋ 朋灯增孟	eŋ 蒸升胜棚

① 《修水县志》编纂委员会：《修水县志》，海天出版社 1991 年版，第 564 页。

iŋ 蝇杏幸停	əŋ 东冬风钟	iɐŋ 穷胸用松	ɔŋ 帮床上窗
iɔŋ 娘香腔筐	uɐŋ 光王忘矿	m̩ 姆_{妈妈}	n̩ 你
ŋ̍ 五吴孔共	ŋ̍ɭ 卒	ɿ 湿十实	il 急笔七桔
al 塔夹辣发	ual 袜刮滑挖	el 不佛侄	uel 骨杌核物
ɛl 入折执舌	iɛl 接碟热切	uɛl 月缺决	ɔl 答割钵刷
uɔl 阔活括	il 掘屈	ɿʔ 植食织职	iʔ 力极碧席
aʔ 百客麦隻	iaʔ 壁迹锡吃	ɛʔ 北德色责	ɔʔ 薄勺缚捉
iɔʔ 削脚药略	uɔʔ 郭扩握	uʔ 木哭粥烛	iuʔ 肉六玉局

韵母说明：a 在后鼻音及喉塞尾前实为后元音 ɑ，en－ɛn，ɛŋ－eŋ－əŋ 均为对立音位，"孔共"实际音值是 hŋ̍，带有强送气。古咸深山臻四摄入声字韵尾在个别字（急、笔）上读作 t 尾，大部分字在发音时并非舌尖而是舌面前部上顶接触硬腭前端，音色上没有 t 尾干脆、短促，本文记作 l。

3. 声调（8 个）

阴平 23	阳平 214	上声 51	阴去₁35
高猪专偏婚	穷平神人云	古走好染网有	盖对世送放
阴去₂325	阳去 22	阴入 43	阳入 2
痛唱菜怕汉	近是大饭让	急七湿白袜	木六叔绿肉

声调说明：阳入来自通摄部分浊入字，带有喉塞尾。

从方言归属来看，修水"本地话"归赣语昌都片，具有昌都片语音共性特点[①]：古全浊塞音、塞擦音声母与次清声母读不送气浊音；咸山蟹一二等主要元音有别，鱼虞个别字韵母有区分痕迹，梗摄二等字有文白对立，白读 iaŋ 或 uaŋ。古声母的清浊及送气与否影响调类分化，入声分阴阳，阴入高，阳入低。同时修水方言还保留一些特殊语音现象：溪母开口洪音韵字读喉擦音 h，知三章组字大部分读 t、d，书禅母个别字读清擦音 f。

（二）主要语音特点的地理差异

在调查基础上，我们深入了解修水语音系统及古今音韵演变规律，下面从声韵调三方面选择 9 种主要音类现象对其语音特点及差异的地理分布进行阐述。

---

① 刘纶鑫：《客赣方言比较研究》，中国社会科学出版社 1999 年版，第 22 页。

1. 古次清与全浊声母今读

修水全境古奉母、邪母、船母、禅母、匣母今多读清擦音，而中古次清与全浊声母今读有差异。义宁镇西摆社区，宁州镇，黄坳乡谭溪村及塘排村，征村乡熏衣村，竹坪乡山峰村及竹坪村，山口镇上桃村，马坳镇石溪村，杭口镇厚家源村，溪口镇义坑村及田仑村，渣津镇长潭村，新湾乡新湾村，复原雅洋村，大桥镇沙湾村、界下村及大桥村，黄龙乡沙墩村及黄龙村金家园新村，余墩余墩村及上源村，何市镇大里村，上奉镇石街村，白岭镇白岭村及邓家咀，全丰镇南源村及半坑村小山界中古次清与全浊声母合流今读浊塞及塞擦音现象。新湾乡小流村，溪口镇围丘村，港口镇界下村及大源村，布甲乡洪石村及横山村，庙岭乡小山口村及戴家村，太阳升镇三都农科所及三都村，黄港镇安全村中古次清与全浊声母合流今读送气清音。

	偏滂	平並	天透	唐定	草清	才從	陈澄	抽彻
白岭镇白岭村	⊂biɛn	⊆biaŋ	⊂diɛn	⊆dɔŋ	⊂dzau	⊆dzai	⊆dẽn	⊂du
布甲乡洪石村	⊂pʻiɛn	⊆pʻiaŋ	⊂tʻiɛn	⊆tʻɔŋ	⊂tsʻau	tsʻai	⊆tʂʻẽn	⊂tʻu
义宁镇西摆社区	⊂biɛn	⊆biaŋ	⊂diɛn	⊆dɔŋ	⊂dzau	⊆dzei	⊆den	⊂du
庙岭乡小山口村	⊂pʻiɛn	⊆pʻiaŋ	⊂tʻiɛn	⊆tʻɔŋ	⊂tsʻau	⊆tsʻoi	⊆tʻen	⊂tʻu
黄港镇安全村	⊂pʻiɛn	⊆pʻiaŋ	⊂tʻiɛn	⊆tʻɔŋ	⊂tsʻau	⊆tsʻai	⊆tʻen	⊂tʻu

	初初	床崇	丑昌	扶奉	徐邪	神船	是禅	寒匣
白岭镇白岭村	⊂dzʅ	⊆dzɔŋ	⊂du	⊆fu	⊆dʑi	⊆sẽn	sɛ²	⊂hɔn
布甲乡洪石村	⊂tsʻʅ	⊆tsʻɔŋ	⊂tʻu	⊆fu	⊆si	⊆sɛn	ʂʅ²	⊂hɔ̃n
义宁镇西摆社区	⊂dzʅ	⊆dzɔŋ	⊂du	⊆fu	⊆ɕi	⊆sɛn	ʂʅ²	⊂hɔ̃n
庙岭乡小山口村	⊂tsʻu	⊆tsʻɔŋ	⊂tʻu	⊆vfu	⊂tsʻi	⊆sɛn	ʂʅ²	⊂hɔn
黄港镇安全村	⊂tsʻu	⊆tsʻɔŋ	⊂tʻu	⊆fu	⊆si	⊆se	ʂʅ²	⊂hɔn

2. 知三章组今读

知三章组（除止摄外）中知彻澄及章昌五母今读塞音是修水方言语音特色，但此语音现象不覆盖北部一些调查点。如新湾乡小流村、溪口镇围丘村、港口镇界下村及大源村、布甲乡洪石村及横山村多读塞擦音。

	车章	猪知	纸章	齿昌	赵澄	招章	超彻
白岭镇白岭村	ｃda	ｃtu	ｃtɛ	ｃdɛ	dɛu²	ｃtɛu	ｃdɛu
布甲乡洪石村	ｃtʂʻa	ｃtʂu	ｃtʂɿ	ｃtʂʻɿ	tʂʻau²	ｃtʂau	ｃtʂʻau
义宁镇西摆社区	ｃda	ｃtu	ｃtʂɿ	ｃdzʐ	dau²	ｃtau	ｃdau
庙岭乡小山口村	ｃtʻa	ｃtu	ｃtsɿ	ｃtsʻɿ	tʻɛu²	ｃtɛu	ｃtʻɜu
黄港镇安全村	ｃtʻa	ｃtu	ｃtʂɿ	ｃtʂʻɿ	tʻau²	ｃtau	ｃtʻau

	占章	针章	穿昌	趁彻	张知	郑澄	钟章
白岭镇白岭村	ｃtɛn	ｃtẽn	ｃdɛ̃n	dɛn⁼²	ｃtɒŋ	dɛn²	ｃtɔ̃ŋ
布甲乡洪石村	ｃtʂɛ̃n	ｃtʂẽn	ｃtʂʻɛ̃	tʂʻɛn⁼²	ｃtʂɒŋ	tʂʻaŋ²	ｃtʂɒ̃ŋ
义宁镇西摆社区	ｃtɛn	ｃten	ｃdɔn	dɛn⁼²	ｃtɒŋ	daŋ²	ｃtɒŋ
庙岭乡小山口村	ｃtɔn	ｃtɛn	ｃtʻɔn	tʻɛn⁼²	ｃtɒŋ	tʻaŋ²	ｃtɒŋ
黄港镇安全村	ｃtɛn	ｃten	ｃtʻɔn	tʻɛn⁼²	ｃɔŋ	tʻaŋ²	ｃtɒŋ

3. 来母细音今读

以往发表的材料均指出修水方言来母细音今读塞音，我们调查发现这个特点在全境没有。昌都片来母拼细音主要来自：遇合三、止开三、蟹开三四、蟹合一、效开三四、流开三、咸开三、深开三、山开三四、山合三、臻开三、臻合一三、宕开三、曾开三、梗开四、通合三。其中修水竹坪乡山峰村、复原乡雅洋村。渣津镇长潭村、黄龙乡沙塅村、大桥镇沙湾村、余塅乡余塅村、白岭镇白岭村及邓家咀村、全丰镇南源村及半坑村小山界、黄龙乡黄龙村遇合三（缕屡庐驴）、蟹开三（例历）、臻合三（伦沦轮）、通合三（龙陇垅）来母字韵母今读洪音，故其来母与泥母洪音相混读 n。马坳镇石溪村、杭口镇厚家源村遇合三、止摄、蟹摄、山开四来母字声母读 ȵ 与泥母细音相混，此外大部分乡镇来母细音字读 d、lᵈ、l 三种情况与泥母保持分立。来母细音读音具体有六种类型：①d：黄龙乡黄龙村；②d、lᵈ：竹坪乡竹坪村、渣津镇长潭村、黄龙乡沙塅、大桥镇沙湾村、余塅乡余塅村、白岭镇白岭村及邓家咀、全丰镇南源村及半坑村小山界；③d、lᵈ、l：竹坪乡山峰村、溪口镇义坑村及田仑村；④d、l：马坳镇石溪村、杭口镇厚家源村；⑤l、lᵈ：山口镇上桃村及来苏村；⑥l：义宁镇西摆社区，宁州镇，黄坳乡谭溪村及塘排村，庙岭乡戴家村及小山口村，太阳升镇三都农科所及三都村，征村乡熏衣村，新湾乡新湾村，何市镇大里村，上奉镇石街村，黄港镇安全村，港口镇港口村及大源村、布甲乡洪石村，复原乡雅洋村。

4. 泥母洪音今读

修水全境泥母细音都读 ȵ，洪音情况有地理差异，根据泥来母洪音分混情况看，泥母洪音有三种类型：①完全相混。在具体音值上有三种情况：第一种情况是泥来洪音全部读成 n，如大桥镇大桥村、白岭镇白岭村及邓家咀、全丰镇南源村及半坑村小山界、余塅乡余塅村、竹坪乡竹坪村、马坳镇石溪村、杭口镇厚家源村、渣津镇长潭村、黄龙乡沙塅村及黄龙村金家园新村、大桥镇界下村及大桥村、复原雅洋村。第二种情况是泥来洪音全部读成 l，如新湾乡小流村、溪口镇围丘村。第三种情况泥来洪音有些韵摄都读成 n，有些韵摄字都读成 l，有些字 n 与 l 两可。如溪口镇义坑村及田仑村、余塅乡上源村。②部分混。即在个别韵摄（果摄、遇摄、蟹摄、效摄、山摄、通摄）中泥来母洪音字相混，其中义宁镇西摆社区相混读 n，宁州镇、大桥镇沙湾村相混读成 l。其他韵摄不混，泥母洪音读 n，来母洪音读 l。③完全不混，泥母洪音全读 n，来母洪音读 l。如庙岭乡小山口村及戴家村、太阳升镇三都农科所及三都村、黄港镇安全村、港口镇界下村及大源村、布甲乡洪石村及横山村、黄坳乡谭溪村及塘排村、征村乡熏衣村、山口镇上桃村及来苏村、新湾乡新湾村、余塅乡余塅村、何市镇大里村、上奉镇石街村。

5. 溪母今读喉擦 h 情况

溪母今读喉擦音 h 现象出现的音韵条件是果开一、假开二、蟹开一二、效开一、流开一、咸开一二、山开一、臻开一、江开二、宕开一、曾开一、梗开二、梗开三、通合一等。《方言调查字表》收录溪母字共 143 个，符合上述音韵条件的字共有 47 个：可搕开凯慨揩楷考烤靠犒抠岖口叩扣寇堪龛坎勘磕鹄恰掐嵌看刊渴垦恳康糠慷抗炕囥坑确榷壳肯刻客空孔控。通过实地调查，我们调查后发现这 47 个溪母字在修水除了庙岭乡小山口村、太阳升镇三都村、太阳升镇坳头村、新湾乡小流村、港口镇大源村读 k '外，其他各乡镇均读 h 现象。

6. 遇摄精庄知章组字韵读

修水方言中遇摄精庄组字韵读存在两种模式：①模（以平赅上去）韵精组与鱼虞韵庄组合流韵为 ɿ，鱼虞韵精组韵读 i，知章组合流韵读 u。

②模韵精组与鱼虞韵庄知章组合流韵读u，鱼虞韵精组韵读i。调查43个点中除了庙岭乡小山口村、太阳升镇三都村、太阳升镇坳头村属模式②，其他各点都属于模式①。

7. 蟹开一等今读韵母现象

修水蟹开一等今读韵母存在对立，对立的含义是指来自同一古韵不同声母或声调的不同字，及同声母同声调的不同字今读不同韵母，如灾tsai，菜dzei。《方言调查字表》蟹开一等共收字77个，调查后发现修水蟹开一等今读韵母对立分五种类型。①ai与ei对立。如义宁镇西摆社区、宁州镇、黄坳乡潭溪村、黄港镇安全村、何市镇大里村、竹坪乡山峰村、征村乡薰衣村、马坳镇石溪村、杭口镇厚家源村、山口镇上桃村、新湾乡新湾村、港口镇港口村、溪口镇义坑村及田仑村、渣津镇长潭村属此类型；②ai与oi对立。庙岭乡小山口村、太阳升镇三都村及坳头村属此类型；③ã与ẽ对立。新湾乡小流村、溪口镇围丘村、港口镇界下村及大源村、布甲乡横山村属此类型；④ã与ei对立。布甲港石村属此类型；⑤全读ai。上奉镇石街村、全丰镇南源村及半坑小山界、白岭镇白岭村、黄龙乡沙墩村及黄龙村、大桥镇沙湾村、余墩乡余墩村、复原乡雅洋村属此类型。

蟹开一等ai与ei对立是昌都片普遍现象。对应上述修水各种类型数量对比来看，ei、ẽ、oi读法占多数，结合各乡镇蟹开二等均读ai或ã可以推断修水蟹开一等字韵母的本来读法应是ei、ẽ、oi，而ai与ã读法是后起的。

8. 韵母带鼻化现象

修水北部新湾乡小流村、溪口镇围丘村、港口镇界下村及大源村、布甲乡洪石村及横山村，西部的大桥镇沙湾村及大桥村、白岭镇白岭村及邓家咀、全丰镇南源村及半坑村小山界古咸深山臻宕江曾梗通摄的韵母有鼻化现象，这也是这些点的方音区别于别处的典型特征。

西部与北部的鼻化程度不同，西部调查点韵母鼻化色彩阳声韵来自咸深山臻宕江曾梗通9个古阳声韵摄的舒声字，但并不彻底，今读前鼻韵尾主要元音带鼻化的有深摄、山开三的章组字，山开一及合口、臻摄、曾摄、梗摄一二等。今读后鼻韵尾主要元音带鼻化色彩的有江摄、梗摄三四等白读个别字、通摄。北部韵母鼻化发展更完善，除了今读阳声韵的咸深山臻宕江曾梗通9个摄的舒声韵带鼻化色彩外，个别阴声韵则完全演变为鼻化韵，如新湾乡小流村、溪口镇围丘村、港口镇界下村及大源村、布甲乡横山村蟹开一二等读 ã、ẽ。修水西北白岭一带主要同湖北通城县、崇阳县交界，北部布甲乡一带主要同湖北通山县、崇阳县交界。通城县、崇阳县、通山县从方言归属来看是湖北境内的赣语，但又自有特点。在中华民国 37 年出版的《湖北方言调查报告》中，吴宗济先生记录的通山方言中咸摄、山摄及臻开一等端见组、曾摄一等为鼻化韵，崇阳方言咸摄、臻一等端组见系及曾摄一等为鼻化韵，而通城方言中没有鼻化韵[①]。所以修水北部韵母的鼻化现象同湖北通山、崇阳方言自然相接，西北部距鼻化韵的发源地较远故韵母鼻化不如北部完善，这些语音现象正说明修水北部及西北方言是昌都片赣语向湖北大通片赣语的自然过渡。

9. 古声调今读演变的地理差异

修水今调类总数从 6 个到 9 个不等，总的特点是古声母清浊及送气与否影响调类分化。一般情况是古平声按清浊分阴平、阳平，古全清上及次清上今读上声，浊上归去，清去按送气与否分两类，全清为阴去 1，古次清去及今读清擦音的字归阴去 2，古次浊去与全浊去归阳去。入声保留，有些地方分阴阳入两类，也有个别入声字归向舒声的阳去调，入声韵尾有两类，咸深山臻为 l 尾，江宕曾梗通为 k 或 ʔ 类。古今调类今读地理差异主要体现为三点：

（1）浊上归向

在我们调查的修水方言点中，庙岭乡庙岭村、戴家村及太阳升三都村、坳头村 4 个点外均为浊上归去。庙岭乡小山口村、戴家村及太阳升三都村、坳头村古清上为阴上调，次浊上与全浊上合流今读阳上调。

（2）古清去按送气分调

黄坳乡塘排村及潭溪村、马坳镇石溪村、征村乡熏衣村、杭口镇厚家源村、山口镇来苏村及上桃村、复原乡雅洋村、何市镇大里村、上奉镇石街村、布甲乡横山村、溪口镇上庄村、港口镇界下村及大源村古清去今读一个阴去调。其他各点古清去中全清去为阴去 1，次清去及全清中今读擦音的字为阴去 2。

（3）古入声今读调类数

①三个入声调

① 赵元任、丁声树：《湖北方言调查报告》，商务印书馆 1948 年版，第 1226—1323 页。

黄坳乡塘排村及潭溪村、马坳镇石溪村、白岭镇白岭村、全丰镇南源村、大桥镇沙湾村、黄龙乡沙塅村、余塅乡余塅村属此类。入声1来自古全清入，入声2来自古次清入及部分浊入字，入声3来自古浊入部分字。

②两个入声

义宁镇西摆社区、宁州镇、竹坪乡竹坪村及山峰村、新湾乡新湾村、港口镇港口村、渣津镇长潭村、黄龙乡黄龙村、大桥镇大桥村及界下村、余塅乡上源村、何市镇大里村、布甲乡洪石村属此类。入声1来自全清入，入声2来自次清与浊入。

③一个入声

溪口镇义坑村及南田村、征村乡熏衣村、杭口镇厚家源村、山口镇来苏村及上桃村、复原乡雅洋村、庙岭乡小山口村及戴家村、太阳升三都村及坳头村、黄港镇的安全村、上奉镇的石街村、布甲乡横山村、新湾乡小流村、港口镇界下村及大源村属此类。

根据以上修水赣语语音的地理差异，我们将修水赣语分为五种口音：修水声、布甲声、白岭声、黄港声、庙岭声。修水声包括义宁镇、宁州镇、黄坳乡、征村乡、竹坪乡、山口镇、马坳镇、杭口镇、上杭乡、溪口镇东部及南部、港口镇东部及南部、渣津镇、石坳乡、东港乡、新湾乡西部及南部、复原乡、大桥镇东部及南部、黄龙乡、余塅乡、水源乡、何市镇、上奉镇、漫江乡；庙岭声包括庙岭镇、四都镇、太阳升镇；黄港声包括黄沙镇、黄港镇。布甲音包括港口镇北部及西部、布甲乡、溪口镇西部及北部、新湾乡东部及北部，白岭声包括白岭镇、全丰镇、路口乡、古市镇、大桥镇西部及北部乡村。此外，余塅乡上源村及小坪村、黄龙乡、水源乡、上衫乡同湖南平江接壤处村民多为湖南平江移民，其持方言实际就是平江方言。1991年版《修水县志》将黄港、黄沙、何市、上奉一带都归为"奉乡音"，我们这次调查发现何市镇、上奉镇在古全浊声母今读演变及语音系统同修水声基本一致，故从语音分片上将其归为修水声。

从修水境内本地话的方音特点及古今语音演变规律来看，五种口音语音区别性特征归纳如下：（＋为有此特征，－为无此特征）

古音类	今读	白岭声	布甲声	修水声	庙岭声	黄港声
古全浊声母	浊音	＋	－	＋	－	－
	清音	－	＋	－	＋	＋

续表

古音类	今读	白岭声	布甲声	修水声	庙岭声	黄港声
溪母	读 h	+	+	+	−	+
模韵精组与 鱼虞韵庄组	韵读 ɿ	+	+	+	−	+
中古阳声韵	韵母鼻化	+	+	−	−	−
浊上	归去声	+	+	+	−	−
	阳上	−	−	−	+	−

三　修水赣语语音特点及内部差异形成的原因

从地理语言学角度，方言共时平面的差异正是语言的历史演变的反映。修水各乡镇语音差异的地理分布正是修水方言语音特点及其演变趋势的动态呈现，这些差异的形成是经过漫长的历史沉积而成，在这个过程中，语言自身的发展机制、当地历史人文因素都起着重要的作用。

（一）语言系统内部的平衡发展是语音演变的根本内因

语言是一种符号系统，各个成分是互相联系与影响的。方言的语音系统的平衡发展是语音演变的根本内因，当平衡被打破时，语音系统就会自我修复与重建，"语音发展的结果，破坏了旧的系统同时就形成了新的系统"[1]，如来母细音读塞音 d 现象在修水只是在个别乡村保留较好，如黄龙乡黄龙村，其他乡镇都在进行着由 d 到 l 的演变。这种演变的根本原因在于音节内部平衡发展。浊塞音 d 同细音 i 相拼，i 是舌面前高元音，人们出于发音上省力和方便的要求，引起声母 d 发音动作的改变，浊塞音 d 弱化前化为 l。而语言的交际功能决定着语音的变化大多采用渐变的方式，所以 d 最初是变为 1^d，然后由 1^d 变为 l。如竹坪乡竹坪村止摄及效摄来母拼细音读 d，其他韵摄读 1^d，布甲乡洪石村、港口镇港口村、大源村全部读 l，修水境内来母细音今读的地理差异正是语音历时演变过程动态呈现。

---

[1]　王力：《王力论学新著》，广西人民出版社 1983 年版，第 8 页。

（二）历史行政地理奠定修水"本地话"赣语归属

"历史上的行政地理对方言区的形成有十分重要的作用，特别是二级行政单位——府（或州、郡）内部政治、经济、文化、交通各方面的一体化自然会促使方言的一体化"①，修水地处赣湘鄂三省交界处，同湖北通山县、通城县、崇阳县及湖南平江县等地都毗邻相接，但从历史行政沿革来讲自古属赣地，同赣地邻县有密切交往。秦统一天下，分中国三十六郡，修水与今武宁、永修、安义统称艾邑，并同湖口、都昌、星子、德安、新建、南昌一起属九江郡。汉高祖六年（前201），今江西境内设豫章郡，郡治南昌县，统十八县，今修水、武宁属艾，同海昏县（今永修、安义）、鄡阳县（今都昌、湖口、彭泽部分地区）、柴桑县（今星子、九江部分地区）、历陵县（今德安）、南昌县（今南昌、新建）等地同属豫章郡。历史上共同的行政地理为修水同昌都片其他各县方言的一致性奠定基础。

学术界认同唐代是赣语格局奠定时期，我们也发现今天赣方言格局同唐宋的州和元代的路、明清的府分划相当，唐朝江西地区有8州、37县，今修水同今武宁、永修、安义一起归建昌县，同豫章（今南昌县及新建县）属洪州总管府，武后长安四年（704）分建昌设武宁县，武宁县名自此始，唐德宗贞元十六年（800）观察使李巽上疏，将武宁八乡（高、崇、奉、武、仁、西、安、太）设分宁县（即今修水、铜鼓），这是修水有独立行政名称的开端，宋代江西境内共13个州军，管辖68个县，今南昌、新建、奉新、丰城、分宁、武宁、靖安、进贤八县共属洪州。元代确定行省制度，全国各地先后划分11个行中书省，简称行省，行省之下分设路、州、县，江西地区大部分属江西行省，小部分属江浙行省。修水称分宁县，同武宁县、南昌县共属江西行省龙兴路。明代自朱元璋、陈友亮鄱阳湖决战之后，废行中书省，洪武九年六月改江西行省为江西承宣布政使司，下辖13府、1州、77县。修水称宁州，同武宁、南昌、新建同属洪都府，后来改名为南昌府。清嘉庆六年（1801）仁宗赐名义宁州。民国3年，义宁州改称修水。民国21年（1932），江西划为13个行政区，修水、武宁、铜鼓、奉新、靖安、安义、永修、南昌、进贤、新建归第一

---

①　周振鹤、游汝杰：《方言与中国文化》，上海人民出版社1998年版，第60页。

行政区。修水自唐至明清，从行政区划来看，同武宁、永修、安义、南昌、新建等地有较长的共属历史，小农经济的封建社会里，一般百姓厮守田庐，除非战祸或天灾，活动很少超出本府之外，同一行政区内各县方言自然会趋向一致，修水方言归属赣语昌都片同其历史行政地理有着重要关系。

（三）自然交通地理是修水"本地话"差异形成的重要原因

自然交通条件对方言形成有重要的作用，如果两地交通便利，方言也容易接近，交通隔阂则方言也难相通。修水"本地话"的地理差异同修水自然交通地理有密切联系。修水西北部有幕阜山脉，东南部有九岭山脉，均为东北—西南走向，幕阜山脉从西部黄龙山逶迤到北部太阳山，横跨白岭镇、全丰镇、大椿乡、溪口镇、港口镇、布甲乡，全长约90公里，形成修水县与湖北通城县、崇阳县、通山县的天然屏障。东南部的九岭山脉横跨黄坳乡塘排村、黄港镇、上奉镇，全长40公里，将修水与靖安、奉新、宜丰3县隔断，而其西端有支脉沿修水、铜鼓至复原西部与幕阜山脉一支脉相接，西北幕阜山脉与东南九岭山脉呈抱合之势，使修水腹地构成向东北开口的盆地。鄱阳湖水系五大河流之一的修河自西向东流贯其间，流经渣津镇、马坳镇、西港镇、杭口镇、竹坪乡、义宁镇、太阳升镇等乡镇，于太阳升镇港口村入武宁县，再经永修汇赣江注入鄱阳湖。修水及其一级支流两岸发育为河谷阶地，阶地往往形成狭长河谷平原，是重要的农业生产基地。

现代交通主要靠铁路与公路，在古代，河流更具重要性，在山区或丘陵地带，若有河流，百姓凭借舟楫溯流上下，而且河流沿岸往往是可开垦的山谷平地，所以沿河地域常会形成一个经济区，在同一个经济区，方言容易接近，并常能保持相对独立性。修水本地话中，西起渣津东至义宁镇包括义宁镇、宁州镇、黄坳乡、征村乡、竹坪乡、山口镇、马坳镇、杭口镇、上杭乡、溪口镇东部及南部、港口镇的东部及南部、渣津镇、石坳乡、东港乡、新湾乡西部及南部、复原乡、大桥镇东部及南部、黄龙乡、余塅乡、水源乡、何市镇、上奉镇、漫江乡广大区域的方言趋同性同修河及其支流航运沟通有着直接关系。

西北白岭镇、全丰镇与北部布甲乡一带同湖北通城、通山、崇阳交界毗邻，虽然有幕阜山作为天然屏障，但其间有许多山径小路相通，人们反而有更多的交往，如我们调查的全丰镇半坑小山界是处在修水与湖北崇阳县交界的小山脑上，沿山间小路往下走，半小时就能走到位于山下的湖北崇阳高枧乡小山村，半坑村与小山村村民之间婚姻互通，交往密切，所以语言上也自然互有影响。从本地人语感来说，修水本地话中白岭声、布甲声同湖北口音相仿，从语音特点分析，白岭声、布甲声有着与湖北赣语相仿的韵母鼻化现象。

布甲声中古全浊声母今多读送气清音也与湖北通山、崇阳县方言有关。我们在调查中发现，布甲乡洪石村发音人对同一字发音有浊音与送气清音两读现象，而更邻近湖北通山县、崇阳县的新湾乡小流村、溪口围丘村、港口镇界下村及大源村、布甲横山村则完全读成送气清音，吴宗济先生记录湖北通山方言全浊与全清合流为不送气清音，次清为送气清音，崇阳方言次清与全浊合流为送气清音。所以布甲声中古全浊声母今多读送气清音现象也应同湖北大通片赣语地理相连有关。

（四）客赣方言接触融合加速东部中古全浊声母今读送气清音的进程

修水境内分布大量的"怀远人"，南昌大学历史系教授万芳珍 20 世纪 90 年代在《南昌大学学报》发表多篇论文论证"怀远人"主要是明中叶后至清前期由闽粤赣三省交界地迁出的移民，其民系归属客家，如历史文献记载："迨自康熙三十年，国家生齿日繁，闽广诸省之人散处四方，分宁地广人稀，因而诸省之人扶老挈幼负耒而至。"万芳珍根据谱牒材料统计，修水闽粤基础村共 696 个，其中明初至宣德年间迁入的有 9 个，正统至明末 36 个，清初至乾隆年间迁入 389 个，嘉庆至清末年间迁入 262 个。① 我们调查了三都农科所、黄港安全村、何市团山（何家咀）、征村车联、山口镇柘蓬村、复原双港村 6 个点的"怀远话"，其语音系统基本一致，都具有学术界认同的客家话特点，如语音方面，中古全浊与次清声母今合流读送气清音，"暖网有买有"等次浊上字与"近柱坐淡厚社"等全浊上字归阴平，去声不分阴阳，阴入低、阳入高，另外根据修水客家文化研究会所编的《客家人在修水》第五编中记录"怀远话"语音、词汇、语法材料，怀远话归属"客家话"应是符合事实的。

修水境中古次清与中古全浊塞音、塞擦音合流今读送气清音现象主要

---

① 万芳珍：《江西客家人入迁原由与分布》，《南昌大学学报》（社会科学版）1995 年第 2 期。

分布在布甲声、庙岭声、黄港声区域，相较而言，庙岭声、黄港声送气清音的读法更为稳定和彻底。我们认为布甲声中送气清音受湖北崇阳、通山方言影响，而东部送气清音现象则更多与客赣方言接触有关。万芳珍曾对修水客家人分布的自然村数量进行统计：何市 51 村，黄沙 114 村，黄沙港 77 村，黄沙港林场 19 村，汤桥 70 村，漫江 98 村，此外三都镇、庙岭乡、黄坳乡、新湾乡、上杭镇、杭口镇、竹坪乡、马坳镇、溪口镇、渣津镇、白岭镇等地也有分布，但从数量及集中程度上都不及黄沙镇、黄港镇一带。客家人与本地人往往插花居住，如黄港镇共有 8 个行政村，每个村都有客家人，有些村客家人数还超过本地人，如黄港镇安全村客家人就占有 80%，同一行政村中客家人往往归为一个生产组。语用情况大致是客家人在自己家庭或遇到客家人时说客家话，同本地人交谈时说本地话；公共场合客家人居多数时，本地人也会跟着说客家话。从万芳珍统计数字来看，修水东南部是客家人主要集居地，黄港声正处于客家人集居的东南部，庙岭声距其不远。两种方言长期接触，互相融合，客家话中古次清与全浊合流今读送气清音强流推动着东部中古全浊声母今读送气清音的进程。

人类是生物上和文化上不断进化的种群，因此"文化发生时的那种原初的状态，随着人类的进步与发展已然不在，这种意义上的原生态文化，从某种意义上说，是不存在的"。①

方言是属于民俗文化内容，具有同样的特性。由于地处偏僻的山区，修水同赣语昌都片其他各县相比，保留较多赣北语言早期特点；但从其方言语音特点地理分布，我们可以看到其方言并不是在完全封闭状态下自行发展，在不同时代都不可避免受到外来文化的影响。从修水方言特点及地理差异中，我们可以感知到今天赣北语言文化的格局是经过不同历史时代不同文化融合发展而成，它具有多层次叠置的特征。

参考文献

刘纶鑫：《客赣方言比较研究》，中国社会科学出版社 1999 年版。

赵元任、丁声树等：《湖北方言调查报告》，商务印书馆 1948 年版。

王力：《王力论学新著》，广西人民出版社 1983 年版。

---

①　余达忠：《农耕社会与原生态文化的特征》，《农业考古》2010 年第 4 期。

周振鹤、游汝杰：《方言与中国文化》，上海人民出版社 1998 年版。

卢继芳：《都昌方言与邻县方言的关系及成因》，《南昌大学学报》（人文社会科学版）2012 年第 1 期。

万芳珍、刘纶鑫：《客家入赣考》，《南昌大学学报》（人文社会科学版）1994 年第 1 期。

万芳珍：《江西客家人入迁原由与分布》，《南昌大学学报》（社会科学版）1995 年第 2 期。

余达忠：《农耕社会与原生态文化的特征》，《农业考古》2010 年第 4 期。

许怀林：《江西史稿》，江西高校出版社 1993 年版。

《星子县志》编纂委员会：《星子县志》，江西人民出版社 1990 年版。

《修水县志》编纂委员会：《修水县志》，海天出版社 1991 年版。

《彭泽县志》编纂委员会：《彭泽县志》，新华出版社 1992 年版。

《瑞昌县志》编纂委员会：《瑞昌县志》，新华出版社 1990 年版。

《湖口县志》编纂委员会：《湖口县志》，江西人民出版社 1992 年版。

《武宁县志》编纂委员会：《武宁县志》，江西人民出版社 1990 年版。

《永修县志》编纂委员会：《永修县志》，江西人民出版社 1987 年版。

《都昌县志》编纂委员会：《都昌县志》，新华出版社 1993 年版。

项目基金

江西省高等学校教学改革研究省级课题"'研究性教学'视角下构建《古代汉语》专业课程创新教学模式研究"（JXJG - 14 - 1 - 54）；南昌大学 2014 年科研训练项目"语言学视角下赣西北客家民俗文化变迁研究"（20140442）。

作者简介

卢继芳，南昌大学客赣方言与语言应用研究中心副研究员，人文学院中国语言文学系副教授，湖南师范大学汉语言文字学专业博士（在读）。

湖北通城石南方言的语音特点

江西师范大学　张勇生　邱　莹

摘　要：本文描写通城石南方言的声韵调系统，归纳其音韵方面的特点。并对一些特殊的语音现象进行讨论，主要包括古全浊声母的演变、溪群母按等呼分化演变、疑影母的分合、入声韵尾的演变、气流分调，等等。

关键词：赣语；石南方言；语音特点

一　概说

通城县地处湖北省东南部边陲，幕阜山脉北麓。地跨东经 113 度 36 分至 114 度 4 分，北纬 29 度 2 分至 29 度 4 分。县境东南与江西修水县交界，南与湖南省平江县接壤，西和西北与湖南省岳阳县、临湘市毗邻，北和东北与湖北省崇阳县相邻。全县总面积 1141 平方公里，人口 40 余万。

通城建县始于北宋。周为楚地，秦属南郡。汉高祖六年（前 201），分南郡置下隽县，通城为下隽属地。隋开皇十二年（554），并入蒲圻县，属荆州江夏郡。唐天宝元年（742），分蒲圻南境置唐年县（今崇阳、通城两县地域），属鄂州。五代吴杨行密（902—903）改唐年县为崇阳县。北宋熙宁五年（1072），分崇阳县南上隽、乐化、天宝三乡 22 里置通城县。明、清属武昌路。1958 年 11 月，通城、崇阳两县复合并。1961 年 12 月，恢复通城县，时属孝感专员公署。今属湖北省咸宁市，辖隽水、沙堆、四庄、塘湖、关刀、麦市、马港、五里、石南、北港、大坪等 11 个乡镇。

通城方言属赣语大通片，但不同地区语音差别显著，其内部大体可分为三个方言小片：中片以城关隽水话为代表，包括五里、马港、九岭等地；东片以麦市话为代表，包括陈塅、盘石、黄龙、唐湖、黄袍等地；西片以石南话为代表，包括北港、大坪等地。

吴宗济曾于 1936 年调查了通城县十里市方言（赵元任等，1948），十里市今为五里镇石板铺村，位于县城南部 5 公里。曹志耘（2011）记录了麦市方言。在本文的写作过程中，我们也到石板铺和麦市做了粗略调查，两地差异主要表现在语音上。例如，古知三章母字石板铺读 [ʦ] 的，麦市话多读 [t]；遇摄鱼虞韵石板铺读 [y] 的，麦市话读 [ou]、[ei] 或 [uei] 等；流摄侯韵石板铺读 [iau] 的，麦市多读 [ieu]；此外还有一些非系统性的差异，如部分书禅母及晓匣母字中片的 [ç] 对应东片的 [f]，石板铺的 [−n] 尾，麦市话读 [−l] 或 [−n]。石南镇位于县西北方向约 25 公里处，与湖南临湘、岳阳毗连。石南话与石板铺话、麦市话差别较大。

本文描写石南方言的语音特点。调查地点为石南镇虎岩村，调查时间分别为 2010 年 8 月，2011 年 12 月，发音人是：①袁细球，男，1954 年生，石南镇虎岩村出生。小学、初中、高中均在石南镇念。蒲圻师范毕业后在虎岩小学教书 18 年。1998 年调至花亭小学，现为花亭小学教师，说地道的本地话。②袁方，男，1991 年生，石南镇出生。小学在石南镇虎岩村念，初中高中在县城念。调查时为通城县实验中学高三学生。除会说本地话外，还略懂通城县城话及普通话。两位发音人口音略有差别，本文以袁细球的材料为准。

二　声韵调

（一）声母

声母 19 个，包括零声母在内。

p 布班兵八	b 怕爬病白	m 马毛命麦	f 飞书树灰活
t 多胆冻答	d 体桃夺连	n 老脑软月	
ʦ 租知专军		s 丝衫伸实	z 菜抽春茶床船拳
ʨ 九酒	ȵ 年热银	ç 修休	ʑ 全权
k 高	ŋ 牙安	h 好开	ʁ 科葵
ø 问衣夜温云用药			

说明：

① [b]、[d] 有较强的气流。

②来母细音前的 [d]，实际音值为 [¹d]。

③ [n] 发音部位靠后，如 [ɲ]。

④ [z]、[ʐ] 有时还带有塞音色彩，如 [dz]、[dʐ]。

⑤ [h] 的气流较强。

⑥ [ʁ] 有时还发成 [g]，读得较快时也读作零声母 [ø]。

（二）韵母

韵母72个，包括自成音节的 [n]、[m]、[ŋ] 在内。

ɿ 师初~一	i 衣鸡醉	u 古富	y 猪
ʮ 如耳鱼			
ɑ 茶车瓦砖~加白	iɑ 加文写爷白靴	uɑ 瓜夸	y 惹
o 多鹅坐火		uo 过果科窝	
ɛ 且社	iɛ 爷文野文	uɛ 茄	
		ui 煨跪	
ai 开排街败		uai 怪快歪	
au 保高饱交白	iau 笑桥走狗		yau 饶扰绕尧
ou 租初~中数抽	iu 酒旧油纠		
øn 蚕干~燥搬短		uøn 官罐完碗	
an 惭间房~班胆		uan 关惯顽湾	
ɛŋ 占扇权曾	iɛn 盐年灯横文		yɛn 然圆远渊
ən 针真蒸征	in 心新病文	un 滚捆稳问	yn 军云
ɑŋ 冷硬	iɑŋ 病白井醒	uɑŋ 横~直	
ɔŋ 糖床双	iɔŋ 姜秧降投~	uɔŋ 光广筐王	
əŋ 东风	iəŋ 兄用		
ɿʔ 秩质直织组~	iʔ 急极锡~文	uʔ 谷屋	yʔ 欲
ʮʔ 玉			
aʔ 白尺锡白轭	iaʔ 恰压轧辖	uaʔ 刮括又	yaʔ 曰
oʔ 托郭壳	ioʔ 削确药学	uoʔ 握	
ɛʔ 折铡北色	iɛʔ 猎叶灭铁	uɛʔ 国	yɛʔ 阅
aiʔ 答鸭辣八			
əuʔ 毒叔	iəuʔ 六畜		
ønʔ 盒割抹活		uønʔ 阔括白	
ɛnʔ 月	iɛnʔ 接业节热		yɛnʔ 越
ənʔ 十不食适	inʔ 日力	uənʔ 骨物	yn 人
n 你	m 母	ŋ 五	

说明：

① ［ouo］中的［o］较展。

② ［au iau yau］实际音值为［aɔ caɔ yaɔ］。

③ ［y－］列中的［y］有时带有舌尖化色彩，在零声母音节中更为明显。

④ ［iɛʔ］韵和唇音声母相拼时，［i］介音不明显。如"篾［miɛʔ⁵⁵］"听起来是"［mɛʔ⁵⁵］"。

⑤紧喉鼻韵尾［－nʔ］的鼻尾［n］弱化，多读为鼻化韵，有的人发音鼻化色彩比较弱。

⑥［n］尾后的［ʔ］表示一种紧张的色彩，不是独立的喉塞音。

（三）声调

单字调6个。

阴平	［313］	东该通开，动罪后，洞地饭卖路硬
阳平	［33］	门龙牛油，铜皮糖红
上声	［42］	古鬼懂苦讨统，买老五有
去声	［213］	怪半冻快寸痛
全入	［55］	谷百急节，罚十，辣热麦鄂，叶越
次入	［35］	拍出曲，毒白择，立历六

说明：

①阴平调前半段降的幅度不大，后半部分升的幅度较大，可记为［324］。

②阳平调较平，略低于［33］。

③全入调［55］较短，次入调［35］调升的幅度不大，近［45］。

三　音韵特点

（一）声母特点

1. 古次清声母和全浊声母合流，今读浊塞音、浊擦音。浊塞音带有弱气流，听起来有点像送气音。浊擦音包括［z ʐ ʁ］三个，分别由［ʥ ʤ g］弱化而来。例如：

今读浊塞音：铺～床＝步［bu³¹³］｜天＝电［diɛn³¹³］｜拍＝白

$[\text{b}\alpha\text{ʔ}^{35}]$。｜塔＝达 $[\text{dai}\text{ʔ}^{35}]$。

今读浊擦音：操＝造 $[\text{zau}^{313}]$｜千＝渐 $[\text{ziɛŋ}^{313}]$｜切＝捷 $[\text{ziɛʔ}^{35}]$｜亏 $[\text{ʁui}^{313}]$＝葵 $[\text{ʁui}^{33}]$。

周边地区有的 $[\text{z ʑ ʁ}]$ 还读 $[\text{ʤ ʥ g}]$，例如，蒲圻洋楼洞：茶 $[\text{ʤa}^{33}]$｜贼 $[\text{ʤɤʔ}^{55}]$｜近 $[\text{ʥin}^{43}]$｜杰 $[\text{ʥiɛʔ}^{55}]$｜葵 $[\text{guei}^{33}]$（材料引自张勇生，2011），等等。

通城方言中的浊音声母是后起的。曹志耘（2011）指出："通城方言按古声母清浊分调的平、上、去三类字，调值都表现出"阴低阳高"的现象，这是在声母"清—浊"对立消失之后才会发生的变化。也就是说，通城的全浊声母曾经应该有过消失（即清化）的时期，今天的浊音是后起的。"因此，其历史演变过程可以描述为：古全浊声母先和次清声母发生合流读送气清音，然后在某种语音机制的作用下再次发生浊化，如图1所示（以 $[\text{b}]$ 为例说明）：

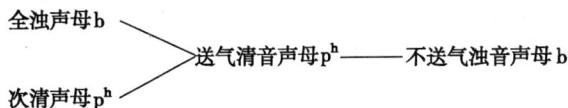

图1　石南方言古全浊声母的演变

2. 精组声母洪音前与知庄章合流，读 $[\text{ts}]$ 组声母，如脏＝张＝庄＝章 $[\text{tsɔŋ}^{313}]$；精组细音前读 $[\text{tɕ}]$ 组声母，与见组声母合流，例如：齐＝奇 $[\text{zi}^{33}]$｜蕉＝骄 $[\text{tɕiau}^{313}]$｜秋＝丘 $[\text{ziu}^{313}]$｜修＝休 $[\text{ɕiu}^{313}]$｜想＝响 $[\text{ɕiɔŋ}^{42}]$｜节＝结 $[\text{tɕiɛʔ}^{55}]$。

3. 泥、来母洪音韵母前相混，读 $[\text{n}]$，例如：卢＝奴 $[\text{nu}^{33}]$｜老＝脑 $[\text{nau}^{42}]$｜嫩＝论 $[\text{nən}^{33}]$。在今细音前，泥来母有别，泥母读 $[\text{ɲ}]$ 声母，例如：泥 $[\text{ɲi}^{33}]$｜尿 $[\text{ɲiau}^{313}]$｜扭 $[\text{ɲiu}^{42}]$｜念 $[\text{ɲiɛn}^{313}]$｜年 $[\text{ɲiɛn}^{33}]$｜娘 $[\text{ɲiɔŋ}^{33}]$；来母读 $[\text{d}]$，与端组相混，例如：礼＝体 $[\text{di}^{42}]$｜连＝田 $[\text{diɛn}^{33}]$｜猎＝铁 $[\text{diɛʔ}^{35}]$。调查过程中也发现有个别泥来母字在细音前不分，例如：料＝尿 $[\text{diau}^{313}]$。

4. 日母字读音可分三类。洪音前读 $[\text{n}]$，例如：软 $[\text{nɛn}^{42}]$｜瓤 $[\text{nɔŋ}^{33}]$｜扔 $[\text{nəŋ}^{313}]$。但 $[\text{ʮ}]$ 韵母前读零声母，例如：儿 $[\text{ʮ}^{33}]$｜二 $[\text{ʮ}^{313}]$｜耳 $[\text{ʮ}^{42}]$。齐齿呼前一般读 $[\text{ɲ}]$，例如：染 $[\text{ɲiɛn}^{42}]$｜热 $[\text{ɲiɛʔ}^{42}]$｜日 $[\text{ɲin}^{55}]$｜让 $[\text{ɲiɔŋ}^{313}]$，等等。齐齿呼前也有少数读

零声母的，例如：柔［iu³³］｜绒［iəŋ³³］｜茸［iəŋ³³］。撮口呼前读零声母，例如：惹［ya⁴²］｜绕［yau⁴²］｜入［ynʔ⁵⁵］｜然［yɛn³³］｜闰［yn³¹³］。

5. 溪群母根据等呼的不同而有不同的读音。具体表现如下：

来自开口一二等的，溪群母字读［h］声母，例如：可［ho⁴²］｜开［hai³¹³］｜抠［hiau³¹³］｜砍［høn⁴²］｜刊［høn³¹³］｜垦［hiɛn⁴²］｜糠［hɔŋ³¹³］｜肯［hiɛn⁴²］｜刻［hɛʔ⁵⁵］｜抗［hɔŋ²¹³］｜客［haʔ³⁵］。

来自开口三四等的溪群母字读［ʑ］声母，例如：溪［ʑi³¹³］｜桥［ʑiau³³］｜舅［ʑiu³¹³］｜谦［ʑiɛn³¹³］｜件［ʑiɛn³¹³］｜杰［ʑiɛnʔ³⁵］｜牵［ʑiɛn³¹³］｜轻［ʑin³¹³］｜吃［ʑiaʔ³⁵］。

来自合口一二等的溪群母字读［ʁ］声母，例如：科［ʁuo³¹³］≠窝［uo³¹³］｜枯［ʁu³¹³］≠乌［u³¹³］｜葵［ʁui³³］≠维［ui³³］｜捆［ʁun⁴²］≠稳［un⁴²］｜哭［ʁuʔ⁵⁵］≠屋［uʔ⁵⁵］。也有个别字已读作零声母，例如：款＝碗［uøn⁴²］｜狂＝王［uɔŋ³³］。通摄合口一二等舒声字同开口一二等字，读［h］声母，例如：空［həŋ³¹³］｜孔［həŋ⁴²］｜控［həŋ²¹³］。

来自合口三四等的溪群母字读［z］声母，例如：区［zʅ³¹³］｜圈圆~［zɛn³³］｜拳［zɿ³³］｜倦［zɛn³¹³］｜劝［zɿ²¹³］｜缺［zɛʔ³⁵］｜群［zən³³］。通摄合口三等字例外，例如：穷［ʑiəŋ³³］｜恐［həŋ³¹³］｜共［həŋ³¹³］。

溪群母的读音在通城各方言里的表现不一，看"可客溪舅科葵区缺"八字在石南、隽水、麦市三地的读音情况（注意与蒲圻羊楼洞方言比较）：

表1　　　　　　　　　通城方言溪群母的读音

	可	客	溪	舅	科	葵	区	缺
石南	ho⁴²	haʔ³⁵	ʑi³¹³	ʑiu³¹³	ʁuo³¹³	ʁui³³	zʅ³¹³	zɛʔ³⁵
隽水	ho⁴²	haʔ⁵⁵	ʑi²¹²	ʑiu²¹⁴	uo²¹²	ui³³	zy²¹²	dʑɛʔ⁵⁵
麦市	ho⁴²	haʔ³⁵	ʑi³¹³	ʑiu³⁴	uo³¹³	ui³³	uei³¹³	yɛʔ³⁵
洋楼洞	go³¹	gaʔ⁵⁵	dʑi²⁴	dʑiɛu⁴³	go²⁴	guɛi³³	dʑy²⁴	dʑyɛʔ⁵⁵

差异主要表现在合口字，合口一二等石南读浊擦音［ʁ］，隽水、麦市读零声母；合口三四等石南读［z］、隽水读［dʑ］，麦市读零声母。

从历史演变的情况来看，开口一二等的［h］声母应来源于［kʰ］＞［h］。［kʰ］＞［h］是粤语、客家话中较为普遍的现象。周边地区有的方言还读［kʰ］，如平江县三墩方言（董同龢先生1935年调查）。汪平等（1988）记平江县长寿方言溪群母读音也是［kʰ］，并指出："［kʰ］的实际音值还可以是［x χ h］，其中念［h］机会最多。"可以认为，平江的［kʰ］及其变体就是通城［h］声母的前身（转引自曹志耘，2011）。

开口三四等的［ʑ］是［dʑ］声母擦音化的结果，即［dʑ］＞［ʑ］。全浊声母的擦音化是通城、崇阳等地浊音声母一种普遍性的音变现象（详见张勇生，2011）。合口一二等的［ʁ］也是［g］声母擦音化的结果。通城其他地区溪群母合口一二等大多脱落读零声母，可见，通城的［g］声母的脱落过程为：［g］＞［ʁ］＞［ø］。同理，溪群母三四等的［ʑ］的前身也应是［dʑ］。

6. 晓、匣母合流，来自古合口的大部分字今读［f］声母，例如：火［fo⁴²］｜花［fa³¹³］｜许［fɥ⁴²］｜训［fin²¹³］｜荒［foŋ³¹³］｜血［fiɛnʔ⁵⁵］以上晓母字，祸［fo⁴²］｜坏［fai³¹³］｜活［fønʔ⁵⁵］｜玄［fiɛn³³］｜黄［foŋ³³］｜横［fiɛn³³］以上匣母字。与非组合流，例如：虎＝府［fu⁴²］｜胡＝符［fu³³］｜灰＝飞［fi³¹³］｜毁＝匪［fi⁴²］｜婚＝分［fən³¹³］｜魂＝坟［fən³³］｜荒＝方［foŋ³¹³］｜黄＝房［foŋ³³］｜红＝冯［fəŋ³³］，等等。

7. 疑母按等呼分读，开口一二等及部分合口一二等字与影母合流。

开口一二等读［ŋ］声母，例如：饿［ŋo³¹³］｜牙［ŋɑ³³］｜熬［ŋau³¹³］｜眼［ŋan⁴²］｜鄂［ŋoʔ⁵⁵］。

合口一二等部分读［ŋ］声母，部分读零声母。例如：讹［ŋo³³］｜卧［ŋo³¹³］｜瓦名［ŋɑ⁴²］｜五［ŋ̍⁴²］｜外［ŋaiᵃ³¹³］；瓦动［ua³¹³］｜午［u⁴²］｜顽［uan³³］。

开口三四等读［ȵ］声母，例如：牛［ȵiu³³］｜验［ȵiɛn³¹³］｜业［ȵiɛnʔ⁵⁵］｜迎［ȵin³³］，等等。

合口三四等读［n］声母，例如：鱼［nɥ³³］｜元［nɛn³³］｜愿［nɛn³¹³］｜月［nɛnʔ⁵⁵］，等等。

影母开口一二等字读［ŋ］声母，例如袄［ŋau⁴²］｜案［ŋøn²¹³］｜恶凶～［ŋoʔ⁵⁵］，与疑母合流。

影母其他情况读零声母。例如：衣［i³¹³］｜妖［iau³¹³］｜厌

［iɛn²¹³］｜秧［ioŋ³¹³］｜约［ioʔ⁵⁵］｜蛙［ua³¹³］｜乌［u³¹³］｜弯
［uan³¹³］｜冤［yɛn³³］｜怨［yɛn²¹³］｜渊［yɛn³¹³］。

（二）韵母特点

1. 遇摄合口一等端组、合口三等（鱼虞韵）庄组声母和流摄三等
（尤韵）读音相混，例如：粗＝抽［zou³¹³］｜锄＝愁［zou³³］｜租＝周
［zou³¹³］｜数名词＝兽［sou²¹³］｜红＝冯［fəŋ³³］。

2. 鱼虞两韵在精组、庄组、章组、见组中有部分字相分。例如：

鱼韵：蛆［zʯ³¹³］｜初～一［zʅ³¹³］｜锄［zʯ³³］｜梳［sʅ³¹³］｜
处～所［zʯ³³］｜锯［kɛ²¹³］｜去［ʑiɛ²¹³］。

虞韵：趋［ʑi²¹³］｜数名词［sou²¹³］｜枢［ʐy³¹³］｜句［zʯ²¹³］｜
具［zʯ³¹³］。

3. 古流摄一等（侯韵）读［iau］韵，与效摄相混。例如：亩＝秒
［miau⁴²］｜兜＝雕［tiau³¹³］｜楼＝聊［ȵiau³³］｜走＝剿［tɕiau⁴²］｜
钩＝骄［tɕiau³¹³］｜欧［ȵiau³¹³］＝妖［iau³¹³］，等等。

4. 覃谈两韵舒声字（非见系字）今还相区分。其中覃韵主元音为
［ø］，谈韵主元音为［a］。例如：贪［døn³¹³］≠坍［dan³¹³］｜南
［nøn³³］≠篮［lan³¹³］｜蚕［zøn³³］≠惭［zan³³］。见系字覃谈韵均读
［øn ønʔ］，与山摄一等见系字表现相同。

5. 山摄合口一二等韵相分。合口一等主元音为［ø］，二等主元音为
［a］。例如：

山摄一等：官［kuøn³¹³］｜款［ʁuøn⁴²］｜换［føn²¹³］｜豌
［uøn³¹³］。

山二等：关［kuan³¹³］｜顽［uan³³］｜幻［fan³¹³］｜弯［uan³¹³］。

6. 阳声韵尾的分合情况是：

①咸深山臻曾梗（限文读音）六摄合流，读［n］尾。这导致了深臻
曾摄部分字读音相同。例如：恒＝痕［hɛn³³］｜针＝真＝蒸
［tsən³¹³］｜深＝身＝升［sən³¹³］｜林＝邻＝凌［lin³³］。

②宕江通三摄合流，读［ŋ］尾。例如：张［tsɔŋ³¹³］｜江
［kɔŋ³¹³］｜东［təŋ³¹³］｜松［səŋ³¹³］。

③梗摄白读音也读［ŋ］尾，例如：冷［naŋ⁴²］｜硬［naŋ³¹³］｜命
［miaŋ⁴²］｜影［iaŋ⁴²］｜整［tsaŋ⁴²］｜声［saŋ³¹³］｜横［uaŋ³³］。梗

摄文读音读［ñ］尾，例如：争［tsɛn³¹³］｜星［çin³¹³］｜病［bin³¹³］｜轻［ʑin³¹³］｜横［fɛn³³］，等等。

7. 入声韵今读［-nʔ］、［-iʔ］、［-ʔ］三类韵尾。

① ［-nʔ］尾咸山深臻曾梗五摄部分入声字读［-nʔ］尾。分别是咸山摄的［ɛnʔ］、［iɛnʔ］、［ønʔ］、［uønʔ］和深臻曾梗摄的［ənʔ］、［uənʔ］、［ynʔ］、［inʔ］。如表 2 所示。

表 2　　　　　　　　　石南方言入声韵尾［-nʔ］的分布

咸摄	山摄	深摄	臻摄	曾摄	梗摄
接［tɕiɛnʔ⁵⁵］	杰［ʑiɛnʔ³⁵］	执［tsənʔ⁵⁵］⁵	佛~祖［fənʔ⁵⁵］	织［tsənʔ⁵⁵］	适［sənʔ⁵⁵］
业［ɲiɛnʔ⁵⁵］	热［ɲiɛnʔ⁵⁵］	湿［sənʔ⁵⁵］	突［dənʔ³⁵］	食［sənʔ⁵⁵］	释［sənʔ⁵⁵］
协［tɕiɛnʔ⁵⁵］	钵［pønʔ⁵⁵］	十［sənʔ⁵⁵］	实［sənʔ⁵⁵］	识［sənʔ⁵⁵］	笛［dinʔ³⁵］
盒［hønʔ⁵⁵］	阔［ʁuønʔ⁵⁵］	入［ynʔ⁵⁵］	日［ninʔ⁵⁵］	饰［sənʔ⁵⁵］	敌［dinʔ³⁵］

各摄含［-nʔ］尾的字数不一，在调查到的 456 个入声字中，各摄分布的［-nʔ］尾的字有：

咸摄 15 个，分别是：「杂鸽喝合盒磕聂接捷摄劫业胁协乏」；

山摄 32 个，分别是：「萨割葛抹，薛泄热杰孽揭歇，切截钵泼末沫抹掇脱夺捋括阔活刷雪绝月越血穴」；

深摄 5 个，分别是：「执湿十拾入」；

臻摄 15 个，分别是：「实室日不勃没突卒骨术窟忽佛物勿」；

曾摄 6 个，分别是：「力织食蚀识饰」；

梗摄 4 个，分别是：「适释笛敌」。

通摄也发现有个别字入声字读［-nʔ］尾，例如：秃［dənʔ⁵⁵］。此外，上述字包括两读的情况，例如：杂［zønʔ³⁵］／［zaʔ³⁵］，括［kønʔ⁵⁵］／［kuaʔ⁵⁵］，卒［tsənʔ⁵⁵］／［tsʅʔ⁵⁵］，等等。

值得一提的是［-nʔ］尾在［ɛnʔ］、［iɛnʔ］两个韵母中多读鼻化韵。［ønʔ］、［uønʔ］、［ənʔ］、［uənʔ］四韵中的［-nʔ］尾也有弱化的倾向。［ynʔ］、［inʔ］两韵中的［-nʔ］尾最为稳定。这表明通城石南话中［-nʔ］尾的弱化与主要元音的高低有关，低元音前的［-nʔ］尾比高元音前的［-nʔ］尾更容易发生弱化。

② ［-iʔ］尾

咸山摄开口一二等帮组、泥组入声字、合口三等非组入声字多读

［－iʔ］尾，例如：答［taiʔ⁵⁵］｜纳［laiʔ⁵⁵］｜塔［daiʔ³⁵］｜法
［faiʔ⁵⁵］｜达［daiʔ³⁵］｜辣［laiʔ⁵⁵］｜八［paiʔ⁵⁵］｜发［faiʔ⁵⁵］｜袜
［uaiʔ⁵⁵］。

　　石南方言的［－iʔ］尾与部分方言的［－nʔ］（或［－iʔ］尾）形成
整齐的对应关系。如表3所示。

表3　　　　通城方言［－iʔ］尾与［－nʔ］（或［－iʔ］）的对应

		石南	麦市	隽水	五里	马港	九岭
咸摄	答	aiʔ	alʔ	anʔ	anʔ	anʔ	anʔ
	法	aiʔ	alʔ	anʔ	anʔ	anʔ	anʔ
山摄	达	aiʔ	alʔ	anʔ	anʔ	anʔ	anʔ
	辣	aiʔ	alʔ	anʔ	anʔ	anʔ	anʔ

　　这种对应关系只限于［a］类韵字，由此可见，石南方言的［－iʔ］
尾可以看成是"［－nʔ］＞［－iʔ］"的一种条件音变的结果。笔者调查
过程中发现，通城北港、大坪等地的［i］还带有微弱的鼻化色彩（如
［ⁱnʔ］，而马港、九岭咸山摄［a］韵后的［n］则刚刚显露出腭化倾向
（如［ⁱnʔ］），这是［n］＞［i］最直接的证明。［n］＞［i］的音变在音
理上也讲得通，曹燕芬（2009）指出，在发音特征上，汉语方言中作为
韵尾的［n］并非一个完整的鼻音……所以在实际发音过程中，往往和前
面的元音构成一个整体。主元音的元音色彩作用于韵尾的鼻辅音，使其辅
音性质减弱，在这种情况下，鼻音韵尾自然就很容易带上腭化音色彩。可
以想象，如果［n］本身处于弱化的阶段，这种音变就更容易发生了。
　　③［－ʔ］尾
　　宕江通摄字以及咸山深臻曾梗摄部分字读［－ʔ］尾，例如：昨
［tsoʔ⁵⁵］｜脚［tɕioʔ⁵⁵］｜握［uoʔ⁵⁵］｜谷［kuʔ³⁵］｜毒［dəuʔ³⁵］｜
族［zəuʔ³⁵］，等等。以下是咸深山臻曾梗摄读［－ʔ］尾的例字：捷
［ziɛʔ³⁵］｜贴［diɛʔ³⁵］｜习［ɕiʔ⁵⁵］｜蘖［ȵiɛʔ⁵⁵］｜揭［tɕiɛʔ⁵⁵］｜
穴［ɕiɛʔ⁵⁵］｜吉［tɕiʔ⁵⁵］｜北［pɛʔ⁵⁵］｜踢［diaʔ³⁵］｜锡［ɕiʔ⁵⁵］。
　　通城方言入声韵尾的历史演变情况可参考（张勇生，2012）。

　　（三）声调特点

　　石南方言古今调类的分合情况，如表4所示。

表4　　　　　　　　　　　石南方言古今调类的分合

中古调类		阴平 313	阳平 33	上声 42	去声 213	全入 55	次入 35
平	清	东该开春					
	浊		铜皮牛油				
上	清			古九苦草			
	浊	动罪近后		买老五有			
去	清				半冻快寸		
	浊	洞地路硬					
入	清					谷百节黑	哭拍塔切
	浊					麦月叶	毒白六

1. 古平、去声按古声母清浊各分为阴阳两类。

2. 古清上和次浊上为一类，全浊上归阴平。

3. 古清去今读去声，浊去归入阴平。

通城石南话没有阳上和阳去调，这两个调今全部并入阴平调中。所以今阴平调实际有三个来源。通城其他地方还有阳去调，如麦市（曹志耘，2011）和隽水（黄群建，2002），阳去调中还包括来自古全浊上声字，由此可见，通城石南话的全浊上很可能也是先同阳去合并之后，再一起并入阴平。

4. 古入声分两类：

①今不送气清塞音、清塞擦音、清擦音、鼻音、零声母字读全入 [55]，例如：八 [pai$ʔ^{55}$]｜割 [køn$ʔ^{55}$]｜桌 [tso$ʔ^{55}$]｜节 [tɕiɛn$ʔ^{55}$]｜熟 [sou$ʔ^{55}$]｜黑 [hɛ$ʔ^{55}$]｜蔑 [miɛ$ʔ^{55}$]｜辣 [nai$ʔ^{55}$]｜月 [ŋiɛn$ʔ^{55}$]｜鄂 [ŋo$ʔ^{55}$]｜越 [yɛn$ʔ^{55}$]。

②今浊塞音、浊擦音声母字读次入 [35]，例如：拍 [ba$ʔ^{35}$]｜白 [ba$ʔ^{35}$]｜托 [do$ʔ^{35}$]｜叠 [diɛ$ʔ^{35}$]｜六 [diu$ʔ^{35}$]｜擦 [zai$ʔ^{35}$]｜贼 [zɛ$ʔ^{35}$]｜七 [zi$ʔ^{35}$]｜绝 [ziɛ$ʔ^{35}$]。

分调的条件是不是声母的清浊，从其来源来看，第2类声母除来母细音字外，均来自古次清和古全浊声母，其中浊塞音带送气成分，浊擦音来自 [dʑdʑ]，它们的前身为送气音（[p^h t^h ts^h tɕ^h] 或 [b^h d^h dz^h dʑ^h]）。从赣语其他方言的情况来看，可以断定通城入声的分调条件是声母的气流，今天的局面是早期气流分调演变的结果（曹志耘，2011）。

参考文献

曹志耘：《湖北通城方言的语音特点》，《语言研究》2011 年第 1 期。

黄群建：《鄂东南方言音汇》，华中师范大学出版社 2002 年版。

《通城县志》编纂委员会：《通城县志》，通城县方志局编印，1985 年。

汪平等：《平江长寿方言的语音语法特点》，《语文论集》（三），外语教学与研究出版社 1988 年版。

赵元任、丁声树、杨时逢、吴宗济、董同龢：《湖北方言调查报告》，商务印书馆 1948 年版。

张勇生：《鄂东南赣语语音研究》，博士学位论文，北京语言大学语言研究所，2011 年。

张燕芬：《中古阳声韵韵尾在现代汉语方言中的读音类型》，博士学位论文，山东大学，2009 年。

张勇生：《鄂东东南通城方言入声韵尾演变研究》，《语言科学》2012 年第 6 期。

项目基金

国家社科基金青年项目"语言接触视角下的鄂东南赣语地理语言学研究"（14cYY005）；江西省社会科学规划项目重点项目"赣鄱方言与民俗文化研究"（13yy01）。

作者简介

张勇生，江西师范大学文学院副教授，北京语言大学语言学及应用语言学专业博士，学位论文《鄂东南赣语语音研究》（2011）。

江西抚州南部方言古透定母今读擦音现象

南昌大学　　汪高文

摘　要：本文先详尽考察抚州南部方言古透定母今读的擦音化情况，即部分古透定母字今读为擦音 [h、ç、f] 的现象。通过比较五个县的材料，分析其特点、归纳其类型。在此基础上，明晰该地区方言擦音化的发展路径和地理演变趋势。

关键词：抚州南部；古透定母；擦音化

一　引言

万波《赣语声母的历史层次研究》① 中记录道："透定母擦音化现象在赣语中分布较为广泛，30 来个县市都有这种现象。尤其在东部抚广片，几乎各县市都属于这种读音类型。如抚州市、临川、南城、崇仁、宜黄、乐安、黎川、资溪、东乡、进贤、南丰、广昌、高安、上高、清江、新干、吉安、峡江、泰和、莲花、新余（以上为江西省）、攸县、洞口、绥宁、隆回（以上为湖南省）、建宁、光泽、邵武、泰宁（以上为福建省）"，详见图 1。

综上，江西境内 24 个地点有擦音化的现象。境外的周边省份的情况，

---

① 在万波的《赣语声母的历史层次研究》第四章 "端组声母的今读类型" 中，永丰属于 "端组均读舌尖塞音声母，端母读 [t]，透定读 [tʰ/dʰ/d]" 类型。而在刘纶鑫《客赣方言比较研究》和孙宜志《江西赣方言语言研究》中，永丰县恩江镇属于 "端母不论洪细读 [t]，透定母逢洪音读 [h]，逢细音读 [tʰ]" 类型。有可能万波先生专著中的永丰并非指恩江镇，那么，说明在永丰县有些乡镇存在透定母擦音化现象，而有些乡镇则没有。

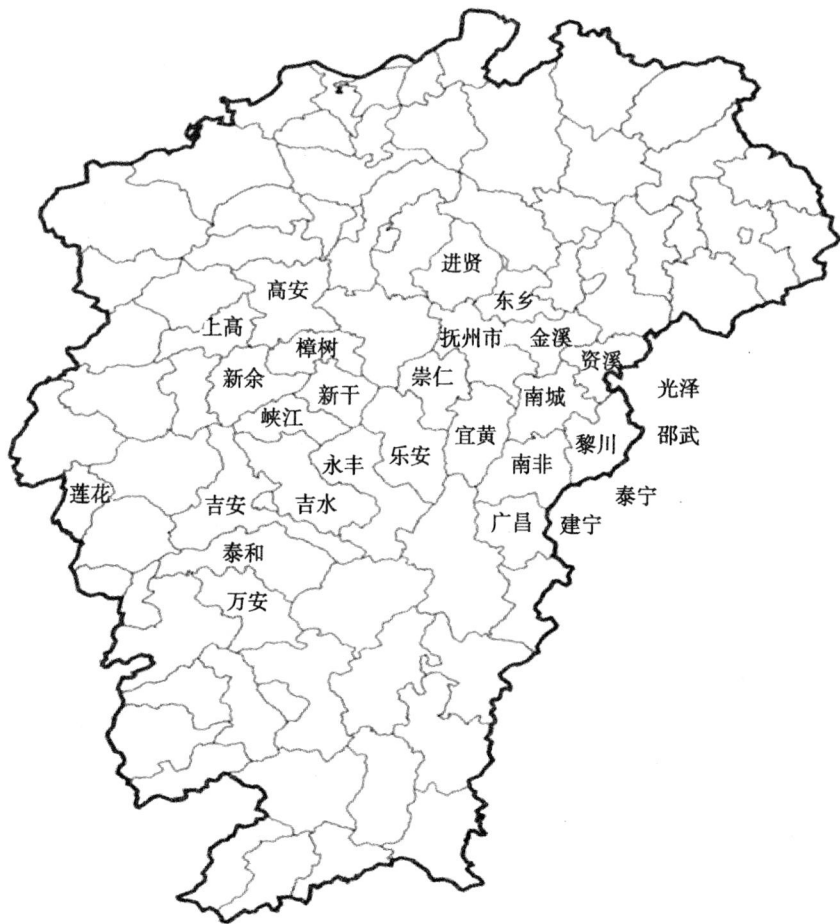

图1 江西省透定母擦音化分布

说明：1. 标出地名的，即为有擦音化现象的方言点。2. 临川县已经划入抚州市，不再另外标出。3. 清江县即今天的樟树市。4. 万波虽在陈述类型的时候没有包括"吉水县"，但在后文举例中有，故列入。5. 孙宜志《江西赣方言语音研究》多出"万安、永丰、金溪"三个点，故列入。本人调查时也发现永丰君埠乡确有擦音化的现象。

湖南省4个，福建省4个。上图只标出了抚州市附近的福建省的四个方言点。古透定母擦音化现象也出现在一部分闽语及粤语中，不在本文讨论范围内。

江西境内古透定母擦音化的今读情况多有报道。以往的研究表明，无论是从字数上，还是从密集程度上来看（抚州的每个县都有擦音化现象），抚州至少可以说是"透定母擦音化的核心地区"。因此笔者试结合自己调查所得及其他书籍中的材料，具体透视抚州有关地区透定母擦音化的详细情况。以往的众多研究多为关注中古至今的历时变化，本文则更多地关注和考察现时的音值情况。

笔者于 2011 年 8 月去往江西省抚州南部地区调查时，发现抚州南部地区古透定母的音值呈现出擦音化的多种形态，折射出赣语中"古透定母擦音化"的丰富类型。且从地理分布上，展示了"擦音化"现象清晰而又完整的历时演变链条。本文的"抚州南部"是指江西省抚州市南部的五个县，即广昌、南丰、黎川、宜黄、乐安。（下文中擦音化都专指古透定母而言，不再赘述）

二 抚州南部方言的擦音化情况

为了更加明晰该地区的擦音化情况，笔者将五个县古透定母读音材料列表如下，以兹比较。下表的顺序为：黎川日峰镇、南丰白舍镇、广昌高虎脑乡、宜黄、乐安牛田镇（从东至西排列），其中宜黄材料据万波《赣语声母的历史层次研究》①、黎川材料据颜森《黎川方言研究》② 整理而来。

---

① 《赣语声母的历史层次研究》中宜黄方言的材料是作者万波据 1989 年出版的《宜黄县志》而得。

② 《黎川方言研究》中黎川方言的材料是作者颜森 1984 年秋调查所得。距离笔者调查的时间（2011 年）已经 27 年。

表1　　　　　　　　　　　抚州南部擦音化情况比较

四呼 / 地点	开	齐	合	撮
1. 黎川	拖 ho^{22} 驼驮动词陀线 ～砣秤～ho^{35} 胎苔 hai^{22} 台～湾抬 hai^{35} 态太泰 hai^{53} 待怠代袋台～甫大～小 hai^{13} 推 hoi^{22} 腿 hoi^{44} 退蜕虫～hoi^{53} 袋 hoi^{13} 滔叨讨 hou^{44} 桃逃涛陶淘汤～饭 hou^{35} 道盗导 hou^{13} 偷 hɛu^{22} 头投 hɛu^{35} 敨～气 hɛu^{44} 套 hou^{53} 透 hɛu^{53} 豆逗 hɛu^{13} 贪淡 ham^{22} 潭谭谈痰鐔 ham^{35} 毯 ham^{44} 探 ham^{53} 滩摊 han^{22} 檀坛弹 han^{35} 坦 han^{44} 叹炭 han^{53} 诞但蛋弹 han^{13} 断 hon^{22} 团 hon^{35} 段缎 hon^{13} 吞 hɘn^{22} 钝 hɘn^{13} 汤 hɔŋ^{22} 堂棠唐糖塘 hɔŋ^{35} 倘躺 hɔŋ^{44} 趟烫 hɔŋ^{53} 腾誊藤 hɛŋ^{35} 邓 hɛŋ^{13} 动通 hŋ^{22} 桐铜童瞳筒 hŋ^{35} 桶 hŋ^{44} 痛 hŋ^{53} 洞 hŋ^{13} 塔 hap^{3} 踏 hap^{5} 达 hai/^{5} 脱 hoi/^{3} 夺 hoi/^{5} 托 hɔ/^{3} 特 hɛ/^{5}	弟 hi^{22} 题提蹄啼 hi^{35} 体 hi^{44} 替 hi^{53} 挑 hiau^{22} 笤～昑条调～和 hiau^{35} 跳粜 hiau^{53} 调～仔 hiau^{13} 添簟 hi-am^{22} 甜 hiam^{35} 垫 hi-am^{13} 天 hiɛn^{22} 田填 hiɛn^{35} 电殿奠佃 hiɛn^{13} 厅听～到了 hiaŋ^{22} 亭廷庭 hiŋ^{35} 艇挺 hiŋ^{44} 锭 hiŋ^{13} 帖贴 hiap^{3} 牒谍碟 hiap^{5} 铁 hiE/^{3} 踢 hia/^{3} 敌 hi/^{5} 獭 hia/^{3} 籴 hia/^{5}	肚～饥 hu^{22} 徒屠途涂姓涂图茶～縻花度 hu^{35} 镀渡 hu^{13} 土 hu^{44} 吐 hu^{53} 独读牍毒 hu/^{5}	突 hyŋ^{5}
2. 南丰	贷大 hai^{213} 代 hai^{11} 推 hoi^{23} 腿 hoi^{11} 退 hoi^{213} 桃 hau^{34} 道盗 hau^{213} 贪淡 han^{23} 塔榻达 hal^{23} 檀 han^{34} 叹弹子～蛋 han^{213} 断 hon^{23} 吞 hen^{23} 誊藤 hen^{34} 邓 hen^{213} 汤 hɔN^{34} 唐糖塘 hɔN^{34} 蜕托 ho/^{5} 铜桐筒童瞳 hN^{34} 桶捅 hN^{11} 动 hN^{23} 痛洞 hN^{213}	题 hi^{34} 提 hia^{34} 啼弟第 hi^{23} 帝递剃屉地 hi^{213} 调头投 hiau^{34} 跳透豆逗 hiau^{213} 偷 hiau^{23} 敨添舔天填电殿佃 hien^{23} 甜田 hien^{34} 帖贴叠碟牒谍铁 hiel^{23} 垫 hien^{213} 听厅 hiaN^{23} 亭停 hin^{34} 订 hiaN^{213} 定 hin^{213} 踢籴 hia/^{5} 笛 lia/^{5} 蝶 iel^{23}	徒 hu^{34} 肚吐兔渡 hu^{213} 独毒 hu/^{5} 钝 fun^{213}	ɕyn^{34}

续表

四呼 地点	开	齐	合	撮
3. 广昌	拖 ho^{13} 舵妥椭惰唾 ho^{314} 驮～子 ho^{24} 大 hai^{44} 抬 hai^{24} 贷代太泰 hai^{314} 袋 hoi^{31} 桃 hau^{24} 道 hau^{314} 偷 heu^{13} 敨 heu^{31} 透 heu^{314} 豆 heu^{44} 贪 ham^{13} 塔 hat^{45} 吞 hen^{13} 邓 hen^{314} 汤 hɔŋ^{13} 堂棠螳唐糖塘 hɔŋ^{24} 托 hɔ/^{45} 腾誊藤 hen^{24} 同铜 hŋ^{24} 动 hŋ^{13} 痛 hŋ^{314} 洞 hŋ^{44}	弟 hi^{13} 天填 hien^{13} 田 hien^{24} 电殿奠 hien^{314} 粜跳 ɕiau^{314} 添 ɕiam^{13} 甜 ɕiam^{24} 帖叠碟 ɕiap^{45} 垫 ɕiem^{314} 铁 ɕiet^{45} 听 ɕiaŋ^{13} 厅 ɕiŋ^{24} 踢 ɕia/^{45} 敌狄 ɕi/^{4} 籴 ɕia/^{4}	兔 fu^{314} 独毒 fu/^{4}	
	钝 fen^{44}	笛 lia/^{4} 牒 iap^{45}		
4. 宜黄	拖 hɔ^{22} 陀 hɔ^{53} 舵 hɔ^{13} 胎 hai^{22} 抬 hai^{53} 太 hai^{42} 大 hai^{13} 推 hei^{22} 腿 hei^{242} 退 hei^{42} 待 hei^{13} 托 hɔ/^{2} 桃 hɔu^{53} 讨 hɔu^{242} 道 hɔu^{13} 偷 hɛu^{22} 头 hɛu^{53} 透 hɛu^{42} 豆 hɛu^{13} 贪 ham^{22} 潭 ham^{53} 探 ham^{42} 滩 han^{22} 弹 han^{53} 炭 han^{42} 蛋 han^{13} 断 hɔn^{22} 团 hɔn^{53} 段 hɔn^{13} 吞 hen^{22} 塔踏 hap^{2} 达 hat^{5} 脱夺 hɔt^{5} 特 het^{5} 通 hŋ^{22} 铜 hŋ^{53} 桶痛 hŋ^{242}	弟 ɕi^{22} 题 ɕi^{53} 地 ɕi^{13} 挑跳 ɕiau^{42} 条 ɕiau^{53} 添 ɕiam^{22} 甜 ɕiam^{52} 垫 ɕiam^{13} 天 ɕien^{22} 田 ɕien^{52} 电 ɕien^{13} 听 ɕiaŋ^{22} 定 ɕiaŋ^{13} 厅 ɕiŋ^{22} 挺 ɕiŋ^{242} 铁 ɕiet^{2}	图 fu^{53} 土 fu^{242} 度 fu^{13} 毒读 fu/^{5}	

续表

四呼 地点	开	齐	合	撮
5. 乐安	驼驮 ho³³ 大 hai³¹² 台 hoi³³ 贷 hoi³¹² 苔抬代袋胎 hoi³⁴ 桃 hau³³ 讨 hau³¹ 枭 heu³¹² 偷 heu³⁴ 头投 heu³³ 敨 heu³¹ 豆 heu³¹² 天 hen³⁴ 田填 hen³³ 电 hen³¹² 吞 hen³⁴ 贪 han³⁴ 毯 han³¹ 淡 han³¹² 铁 hE/³¹ 脱托 hɔ/³¹ 夺 hɔ/⁵ 汤 hɔŋ³⁴ 糖塘 hɔŋ³³ 藤 hen³³ 邓 hen³¹² 铜桐筒 hŋ³³ 动 hŋ³⁴ 痛 hŋ³¹²	弟 çi³⁴ 剃地 çi³¹² 甜 çiEn³³ 听厅 çiaŋ³⁴ 亭 çin³³ 踢 çia/³¹	读独 fu/⁵ 徒 fu³³ 土 fu³¹ 肚 fu³⁴ 兔 Vu³¹² 吐 lu³¹ 推 tsHuei³⁴ 屠 tsHu³³	

在以上五个方言点中，都发生擦音化现象的字有 17 个"大弟电豆贪桃天田甜铁厅听铜痛偷吞托"。在四个方言点中，发生擦音化现象的字有 24 个"代袋弹道邓垫动毒独塔抬汤塘糖藤踢添填跳亭头敨透拖"。在三个方言点中，发生擦音化现象的字有 36 个"达贷淡蛋籴地殿调碟洞读徒肚断钝夺胎台太唐讨题条枭帖桐桶筒投土推腿退脱驮兔"。在两个方言点中，发生擦音化现象的字有 46 个"待盗敌佃奠谍叠牒定逗度渡段舵踏苔泰滩潭檀毯叹炭探堂棠特腾誊啼提剃挑贴挺通童瞳图涂吐团蜕豚陀驼"。只在一个方言点中，发生擦音化现象的字有 58 个"怠但诞叨导狄帝递第簟订锭牍镀锻惰獭榻态摊坛谈痰谭镡坦螳倘躺烫趟涛滔逃陶淘套誊蹄体屉替舔笤廷庭停艇同捅突荼途屠砣妥椭唾"。可以说，至少三个方言点中都发生擦音化的字，在图 1 的其他方言点中发生擦音化的概率也应该是较大的。

《方言调查字表》中收录的透母字有 86 个、定母字 145 个，共 231 个。上述五个方言点中，透定母发生擦音化现象涉及 181 个字，超出大半，说明古透定母字大都有发生擦音化的可能。大体来看，在两个及两个以上方言点中都发生擦音化的字比只在单个方言点中发生擦音化的字，口语中更为常用。而常用字因口语使用频率高，往往其擦音化的读法普遍表现得更为顽固。

黎川日峰镇透定母擦音化的字数最多，有 161 个。全部读为 [h]，后接韵母有开、齐、合、撮四呼；南丰白舍镇透定母擦音化的字数次多，

有 93 个。绝大部分读为［h］，后接韵母有开、齐、合三呼。个别字读
［ɕ］、［f］；广昌高虎脑乡透定母擦音化的字有 67 个。大部分读为［h］，
后接韵母有开、齐二呼。还有一部分今齐齿呼字在前高元音［i］前，声
母腭化为［ɕ］。少数今合口呼字在圆唇元音［u］前，声母唇齿化为
［f］；总体来看，宜黄、乐安牛田镇透定母擦音化情况近似，分别有 62、
53 个。大部分读为［h］，后接韵母只有开口呼。今齐齿呼字在前高元音
［i］前，声母都腭化为［ɕ］。少数今合口呼字在圆唇元音［u］前，声母
唇齿化为［f］。宜黄方言中发生腭化和唇齿化的字要稍多一些。另外，据
《赣语声母的历史层次研究》，南城透定母发生擦音化的字有 41 个，建宁
有 84 个。

从以上数据和分析可得：黎川透定母发生擦音化现象的字最多，充当
着"腹地"的角色。似乎以它为中心，该现象如同波浪一样向外扩散开
去。离中心越远的地方发生擦音化的字数越少，且［h］后接的韵母类型
越单一。例如抚州的邻市（吉安市）的永丰君埠乡透定母擦音化的字有
25 个，吉安官田乡只有 5 个，类型都单一，擦音化后皆读为［h］，且后
接韵母只有开口呼。纵观之下，抚州南部方言发生擦音化的字数呈现出由
东北往西南方向的递减趋势。从整个江西中东部来看，擦音化的核心区可
以锁定在黎川、南丰、建宁、广昌形成的周圈内。

三　特点和类型

从上表和数据可见，抚州南部方言透定母擦音化的特点如下：

1. 开口呼字最多，齐齿呼字次多，合口呼字较少，撮口呼字最少。

2. 发生擦音化现象的字中，齐齿、合口、撮口呼字由于韵母的影响，
容易发生进一步的"分流演变"，而开口呼字则往往最"固执"。所谓
"分流演变"，即某些方言点在擦音化为［h］的主流之余，部分字独自继
续演变为［ɕ］、［f］。

3. 常用字和非常用字均有擦音化现象发生。非常用字如：倘
［hɔŋ⁴⁴］、獭［hiaʔ³］、镀［hu¹³］、突［hyʔ⁵］等。

4. 从语音学的角度来说，透定母擦音化是一种语音的弱化①。表1中个别字的特殊读音，呈现出进一步弱化的多种可能性形态，提供了一种辅证。从而，对学界公认的"构拟图"（见图2）提供了一些补充。

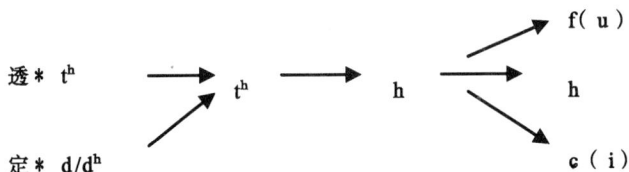

图2　万波（1998：94）构拟的赣语中透定母的演变过程

粗略说来，一个强度较强的音演变为一个强度较弱的音的过程，即为弱化。先来看一下两位学者的观点，如下。

①潘悟云（2002）认为：

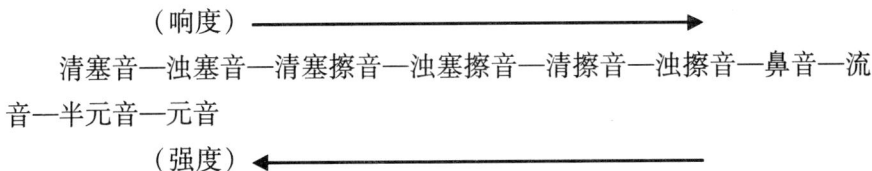

（响度）————————————————————→

清塞音—浊塞音—清塞擦音—浊塞擦音—清擦音—浊擦音—鼻音—流音—半元音—元音

←———————————————————— （强度）

②夏俐萍（2009）构拟了汉语浊辅音的弱化顺序：

浊塞音—浊塞擦音—浊擦音—鼻音—边音—流音—闪音—零声母

正如图3所示，抚州南部方言古透定母都经历了从清塞音 [tʰ] 到清擦音 [h]（[ç]、[f]）的弱化过程，强度上大跨度地降低。从个别的特殊读音中，我们看到了进一步弱化的迹象。有广昌"笛 [lial⁴]、牒 [iap⁴⁵]"，南丰"笛 [lial⁵]、蝶 [iel²³]"，乐安"吐 [lu³¹]、兔 [vu³¹²]、推 [tsᵏuei³⁴]、屠 [tsᵏu³³]"。比如"兔"字，南丰白舍镇读 [hu²¹³]、广昌高虎脑乡中受韵母元音 [u] 的影响读 [fu³¹⁴]、乐安牛田镇中则读为 [vu³¹²]。再如：广昌高虎脑乡"牒 [iap⁴⁵]"与同音韵地位的"叠 [çiap⁴⁵]、碟 [çiap⁴⁵]"，南丰白舍镇"蝶 [iel²³]"与同音韵地位的"叠 [hiel²³]、碟 [hiel²³]、牒 [hiel²³]"相比较，似乎透露出

---

① 莱尔·坎贝尔《历史语言学导论》（第二版，2008）"弱化是一个相对比较松散的概念。它可以指不同类型的语音变化，这些变化后的语音在发音上跟原有的语音相比，程度有所减弱。典型的弱化包括诸如塞音、塞擦音变成擦音；辅音合二为一再变成流音 [j] 或 [w]；在某些环境中辅音由不带音变成带音等等，弱化还可以包括语音成分的彻底丢失……"

[ɕ]、[f] 有可能进一步弱化为零声母的信息。借鉴上述两位学者的观点来看，从清擦音 [h]（或 [ɕ]、[f]）到无擦通音 [v]、边音 [l]，再到弱化的终极零声母 [∅]，在强度上是步步弱化。那么，抚州南部古透定母进一步弱化的可能性形态如下：（按强度排序）

清塞音—清塞擦音—清擦音—无擦通音—零声母

（强度）◄━━━━━━━━━━━━━━━━━

5. "在词汇扩散理论看来，语音的变化是突然的、离散的，但这种突然的变化在词汇中的扩散却是逐渐的、连续的，即开始的时候可能只在某些词中有变化，而随着时间的推移，首先在少数词中发生的变化逐渐扩散到所有有关的其他词……未变、变化中、已变……音变在词汇中的扩散以音类为单位，就汉语来说，就是音节中的声、韵、调……它的变化只能通过词语读音的改变而零散地表现出来。"（徐通锵，2001：278；283）抚州南部方言透定母的擦音化，特别是广昌方言直接提供了词汇扩散鲜活的实例。

我们注意到，透定母读擦音的字，其音节的主元音一般都为 [a e ɛ o ɔ] 几个，其中主元音是 [a o \ ɔ] 类字最多，[e \ ɛ] 类字数相对较少。如果音节中有 [i u] 介音的话，则另当别论。[h] 是喉擦音，发音部位是最靠后的。我们知道，[t \ tʰ] 是舌尖前清塞音，[e \ ɛ] 是舌面前半高元音，而 [o \ ɔ] 是舌面后元音，[a] 是舌面最低元音。若以中古透定母的拟音 [t \ tʰ] 为起点的话，舌尖前 [t \ tʰ] 与舌面前 [e \ ɛ] 拼合音节时，发音动程较短，舌头一直处于前位，所以声母 [t \ tH] 相对没那么容易变化。舌尖前 [t \ tʰ] 与舌面后元音 [o \ ɔ] 相拼时，或是与舌面最低元音 [a] 相拼时，发音动程更长，舌位会发生从前至后，或从高到低的变化。整个音节的发音动程越长，发生变化的概率也会越大。所以，发生擦音化的情况以主元音是 [a o \ ɔ] 类的音节字数为最多。

即使在受高元音 [i u] 影响的后续演变中，主元音为 [a] 类字的发生变化也更多。从广昌方言的情况来看，一些字会先发生腭化。笔者注意到，未发生腭化的齐齿呼字，其主元音是舌位较高的 [i] 或 [e]；而发生腭化的字，其主元音多为舌位较低的 [a]。[a] 的开口度比 [i] 或 [e] 更大，这也是可以影响哪些字先腭化的因素之一。这从音理上容易理解，从喉擦音 [h] 经过 [i] 介音再到前低元音 [a]，整个音节发音动程较长。腭化为舌面前的 [ɕ] 后，可以缩减动程。很明显，[ɕ] 到

[i] 比 [h] 到 [i] 的距离更短。

6. 古通摄合口一等字在抚州南部方言中普遍读作 [oŋ] 韵，但有些字没有主元音，成了声化韵。例如"痛"字在五个县无一例外地读作 [hŋ]，只是声调有别。再如黎川的"动 [hŋ²²]"、乐安的"铜 [hŋ³³]"等。[h] 是喉擦音，而舌根鼻音 [ŋ] 和舌面后半高元音 [o] 的发音部位是相同的。因此，[h] 和 [ŋ] 之间的 [o]，是很容易被排挤掉的。

7. 在乐安牛田镇方言中，开口四等字今读一般都有 [i] 介音，但有些字没有，如"天"读 [hen³⁴]。而在相邻的其他县，广昌高虎脑乡"天"读 [hien¹³]、南丰白舍镇"天"读 [hien²³]、宜黄"天"读 [ɕien²²]。

传统观点一般认为"从反切下字来看，古一二四等字没有介音，三等字有介音"。那么，有可能 [hen] 是更早的语音形式。但就共时层面来说，乐安牛田镇的演变路线不太一样。既不像广昌高虎脑乡、南丰白舍镇那样，继续保持 [h] 声母和 [i] 介音共存的状态，也不像宜黄那样，被 [i] 介音的力量拉动腭化成 [ɕ]，而是脱落 [i] 介音，使得整个的发音动程缩短。

以往研究成果还未报道过该地区正在发生"分流演变"的材料，广昌高虎脑乡恰好共现了擦音化某段历史链条。南丰的"钝 [fun²¹³]"也显示了"分流演变"的端倪。总体来看，黎川、南丰是发生擦音化的一端，广昌已经出现了"分流演变"，而宜黄、乐安则呈现了"分流演变"的结果，是擦音化继续发展的另一端。

由此，五个方言点的情况可以大致分为三小类：黎川、南丰为一类，广昌为一类，宜黄、乐安为一类。暂且称之为 A 型、AB 型、B 型，即"黎川、南丰 > 广昌 > 宜黄、乐安"。A 型指纯 [h] 型，AB 型表示正在发生"分流演变"的 [h]、[ɕ]、[f] 混存型，B 型表示完成了进一步"分流演变"的 [h]、[ɕ]、[f] 分立型。

笔者田野调查时，注意到抚州南部地区老年人口语中透定母字擦音的读法，年轻人一般不说了。一是受普通话的强势影响，二是因为年轻人持"本地话很土"的语言态度。很明显，该地区透定母字的擦音读法都正在渐渐让位于文读 [tʰ]，只是各地速度有别。黎川、南丰也很可能来不及像其他三点一样进一步发生 [h] → [ɕ]、[f] 的"分流演变"，而是从现阶段直接跳跃式地读为 [tʰ]。

参考文献

刘泽民：《客赣方言历史层次研究》，甘肃民族出版社 2005 年版。

龙安隆：《透定二母今读晓匣的考察》，《福建师范大学学报》2005 年第 4 期。

潘悟云：《流音考》，载《中年语言学家自选集·潘悟云卷》，安徽教育出版社 2002 年版。

孙宜志：《江西赣方言语言研究》，语文出版社 2007 年版。

万西康：《简论古透定二纽在临川白话音中的变读原理》，《抚州师专学报》1985 年第 2 期。《古代透定二母在宜黄方言中的塞音擦化》，《抚州师专学报》1989 年第 1 期。

万波：《赣语声母的历史层次研究》，商务印书馆 2009 年版。

王士元：《语言的演变》，《语言学论丛》第 11 辑，商务印书馆 1983 年版。

徐通锵：《历史语言学》，商务印书馆 2001 年版。

夏俐萍：《汉语方言古全浊声母演变研究》，博士学位论文，北京语言大学，2009 年。

颜森：《黎川方言研究》，社会科学文献出版社 1993 年版。

Lyle Campbell, *Historical Linguistics: An Introduction*, 2nd Edition, Edingburgh University Press, 2008.

项目基金

江西省社会科学“十二五”规划项目“江西境内客赣交界地带方言研究”（14YY20）；2014 年度江西省高校人文社会科学研究项目“彭泽方言综合研究”（YY1408）。

作者简介

汪高文，南昌大学客赣方言与语言应用研究中心助理研究员、人文学院中国语言文学系讲师，北京语言大学语言学及应用语言学专业博士，学位论文《江西客赣交界地带方言语音研究》（2013）。

《客法词典》声调系统及其特点

宜春学院　　田志军

　　摘　要：巴黎外方传教会神父 Charles Rey 所编《客法词典》（中国台湾、中国香港等地学者也译为《客法大辞典》），记录了 20 世纪初叶的粤东嘉应客家方言。在对《客法词典》及其他材料进行分析的基础上，对《客法词典》所记嘉应客话语音的声调系统作出描写、构拟，并揭示其相关的一些特点。

　　关键词：客家；方言；《客法词典》；声调

　　巴黎外方传教会神父赖嘉禄（Charles Rey，1866—1943）是法国巴黎外方传教会（Missions étrangères de Paris，简写为 M. E. P.，拉丁文为 Societas Parisiensis missionum ad exteras gentes）的来华教士。赖嘉禄神父于 1889 年来华，在粤东嘉应、潮汕客属地区传教五十余年，且终老于揭阳客乡。1901 年编成《客法词典》（*Dictionnaire chinois-français*；*dialecte hacka*；*précédé de quelques notions et exercices sur les tons*，港澳学者也译为《客法大辞典》）初版，正文为 360 页。1926 年进行增订，出第二版，正文增至 1441 页。篇幅上超过了英国长老会传教士纪多纳、玛坚绣等人所编的《客英词典》。

　　本文分析《客法词典》所记嘉应客话语音的声调系统及其所揭示的特点。《客法词典》运用声调符号①对声调作了调类的划分，但限于当时的历史条件，未对调值作详细的描写。我们根据材料所揭示的声调类别，充分利用历史方言文献，对照现代粤东客音，推断其调类，拟定《客法词典》所记音系的调值。

---

　　① 《客法词典》所有声调符号在罗马字音节中均能切分出来，和声韵分离。

一 调类及其拟测

《客法词典》用了 6 个符号，区分了 6 个调类，并且其"声调说明"部分相应说明了各调类的名称，列表表示如下：

表 1 《客法词典》声调

调序	中文调名	对应法文译名	例字	标调
1	上平	plein haut（高平）	夫	foū
2	下平	plein bas（低平）	湖	foû
3	上声	montant（上升）	虎	foù
4	去声	descendant（下降）	父	foú
5	上入	rentrant haut（高入）	复	foǔc
6	下入	rentrant bas（低入）	福	foûc

应该说明的是，这里的法文并非对六个调类的描摹、说明，而是中文名的相应直译。所以汤培兰（1999：24—25）在误以为是调类描摹、说明之后，对其中上声描写为"montant"（上升），而今梅县上声却是个低降调表示疑惑不解，"但是上声部分梅县是个低降调，《客法大辞典》却形容是个'上升调'"。另外还是因为这样的误读，汤将"rentrant haut"、"rentrant bas"也误译成了连自己都琢磨不透的"高凹调"、"低凹调"，于是说"《客法大辞典》对于入声的描述很抽象，我们无法掌握高凹调、低凹调的意义"①。实际上"rentrant haut"、"rentrant bas"就是对"上入"、"下入"的直译，"rentrant"就是"入"的直译。

从莱普夏斯（Lepsius）《标准字母》（1863）一书附录的新安客话《新约》罗马字标调说明及《客英词典》、《客法词典》有关声调的说明中我们都只能得到当时所分的调类，而无法确知当时各个调类的具体调值。《客英词典》作者纪多纳还明确告诉读者"要正确掌握这些声调的发音，除了随时向老师学习外，没有别的办法可循"（The pronunciation of these tones cannot be properly learned except from the living teacher）。

---

① 见汤培兰《〈客法大辞典〉音韵研究》，硕士学位论文，台湾暨南国际大学中文系，1999 年。

客家话的平声、入声被分成两类，在《客英》、《客法》标调说明中汉字调名、客语罗马字调名都是标的"上"、"下"，而对应的英文、法文注解则是用的"upper，lower"和"haut，bas"，莱普夏斯（Lepsius）《标准字母》（1863）则是用的"high，low"。这些外文词无疑都是表示高、低之别。反推过来，我们也可推断中文名中的"上、下"也即"高、低"之意，且在现代客话中"服、复"属阳入字、"福"为阴入字，阳入调值高，阴入调值低，《客英》、《客法》标调说明中，"服复"两字排在前面，为上入；"福"字列后头，为下入。由此可以看出，中古四声中的平声、入声在客家话中均一分为二，当年可能以声调的高低来区分各自所分化出来的两个调类。听感上调值高的则名之为"上"，调值低的则谓之"下"。

二　调值构拟

巴色会传教士毕安（C. Piton，1880）在评论英国外交官庄延龄（E. H. Parker，1880）的声调模拟做法时，特别指出庄延龄像处理本地话（粤方言）那样，区分客家话上声为上上、下上两个，去声为上去、下去两个。他说"我自己研究这个方言已经15年了，还有别人（笔者按：可能指像黎力基这样的巴色会先驱）研究了双倍于我的时间，我们从来都未发现有这个不同。我肯定地说这个区别根本不存在。客家话都只有一个上声、一个去声。只不过有许多地方的去声字中，本地（按：广府人，即粤方言中）读下去的，那些地方的客家人也读为上声，造成那些地方读上声的字数量上要远远超过去声"。

至于声调调值的比较，毕安也就客家话和本地话（粤方言）提出了自己的看法。但要注意的是他所说的客家话，应该是嘉应州客话，而非新安客话。为什么这样说呢？一是因为毕安在论文甫开篇便说：

"客家胜地莫过于粤省东北的嘉应州，到那里我们可找到最纯粹的客家话。虽说其他各地客家大都系自嘉应州迁至临近州府，但在那儿生活久了之后多少都会和本地（按：指广府人）、鹤佬（按：指潮汕人）混同，其语言也必定受到影响——或者说败坏了自己的语言。新安县的情况更是如此，在新安客家仅占人口的三分之一，甚或还要更少些。"①

从这里我们可以看出，毕安对嘉应客话、新安客话所持的截然不同的态度。另外他对新安客话和嘉应客话都素有研究，他曾参与编写新安客话的罗马字《新约》及汉字本客话《新旧约全书》。他还在嘉应传教，文中他自己说在嘉应州居住了多年（lived many years in the *Ka-ying* Prefecture)②。作为一个研究客话多年的"学者型"传教士，又在嘉应多年，再加上他以嘉应客话为纯正客话的鲜明的语言态度，他显然要比较的是嘉应客话而不可能是新安客话了。

下面我们来看他对嘉应客话和粤方言的比较，他说：

"至于广州话和客家话的调值的比较，我认为广州的上去和客家的上平相同，广州的下去和客家的下平一致，广州的上平和客家的去声相同，而两个入声却正好相反。"③

我们也按他的原意转成如下等式，并分别加上今梅县、广州相关声调调值，以便参考：

客家上平（今44）＝广州上去（今33）
客家下平（今11）＝广州下去（今22）
客家去声（今52）＝广州上平（今53、55）
客家上入（今5）＝广州下入（今5）

① 原文为"Now the Hakka-country par excellence is the prefecture of Ka-ying-chao（嘉应州）in the N. E. corner of the province of Canton, to which then we are to look for the purest form of that dialect. For although the Hakkas have extended from Ka-yingchao to the neighbouring Prefectures, they are living there more or less mixed up with Puntis and Hoklos, whose language must necessarily have influenced or-so to say deteriorated their own one. This must be the case especially in the Sin-on（新安）district, where the Hakkas form only about one third or even less of the population"。见 Ch. Piton, Remarks on the Syllabary of the Hakka Dialect by Mr. E. H. Parker, *The China Review*, *or notes & queries on the Far East*（《中国评论》），1880, Vol. 8, No. 5, p. 316。

② 毕安1864年来华，随即与边得志驻长乐县（今广东省长乐市）大田乡樟村，1869年起又至长乐县长埔（今作长布）乡源坑里。主要活动地区都在今五华县。

③ 原文为"As regards the comparative value of the tones in the Cantonese and the Hakka, I think that the Cantonese 上去 is the same as the Hakka 上平, the Cantonese 下去 is the same as the Hakka 下平, the Cantonese 上平 is the same as the Hakka 去声, and the two 入声 are simply inverted"。见 Ch. Piton, Remarks on the Syllabary of the Hakka Dialect by Mr. E. H. Parker, *The China Review*, *or notes & queries on the Far East*（《中国评论》），1880, Vol. 8, No. 5, p. 318。

客家下入（今1）＝广州上入（22、2）

毕安比较了嘉应客家话上平、下平、去声、上入、下入五个调类，上声没有比较，说明他非常严谨，宁缺毋滥。梅县客家两个平声现在是高、低平之别，相对应的广州阴上和广州阳去今天也还是中平、低平之别。梅县去声和广州阴平今天仍是高降，广州阴平今天有读高平55 的，但从庄延龄和毕安两人的比较看来，这个高平读法应该是后来才有的①。从客家话的两个入声的比较看来，毕安显然意识到了客家话阴入调值低、阳入调值高的特点，因为他注意到了客家入声的调值正好和广州的相反。我们根据毕安的比较，拟定嘉应的声调调值如下：

上平33　下平11　上声31　去声53　上入5　下入2

上声的调值，毕安未做比较，但是我们根据现代梅县的上声调值，并考虑上声与所拟其他调值的区别关系，我们拟当时嘉应的上声为低降调，调值31。

我们从历史背景和文献方言本身论定《客法词典》的基础音系是嘉应方言（另文讨论）。且赖嘉禄在《客法词典》的《声调说明》（les tons）最后也说：

"此外，相同的字在不同的地方并非调都一样，这就使人乍一听，以为是两种互有区别的方言。在本书中所标注的是嘉应州的声调"②。

由此，我们可以进一步确定《客法词典》的声调必为嘉应声调无疑。

我们依据以上调类拟测和调值构拟的结果，得出《客法词典》声调

---

① 施其生曾根据 J. Dyer Ball（波乃耶）的两本粤语教材 *Cantonese Made Easy*（1883）和 *How to Speak Cantonese*（1912）研究广州话阴平调两个调值53、55 的来源。他发现1883 年本几乎只有本调53，而1902 年本两个调都有。施氏认为"可能是编写1883 年本时作者忽视两读，凡能读本调的都记本调，也可能是阴平变读55 的情况当时刚刚发端，何种原因尚有待其他材料证实，估计前一种的可能性较大"。见施其生《一百年前广州话的阴平调》，《方言》2004 年第1 期。我们根据1880 年庄延龄、毕安对客话去声和广州话阴平的模拟反推，认为后一种的可能性大些，即在1880 年左右阴平变读55 的情况当时刚刚发端，故尚未引起波乃耶等三人的注意。

② 原文为 "De plus, les mêmes mots n'ont pas toujours le même ton dans tous les pays, c'est ce qui fait paraître de prime abord deux patois si différents l'un de l'autre. Dans cet ouvrage on a indiqué les tons du langage de Ka-yn-tchou."

系统的调类和调值，列表如下：

表2 《客法词典》声调

今调类名	阴平	阳平	上声	去声	阴入	阳入
旧调类名	上平	下平	上声	去声	下入	上入
拟定调值	33	11	31	53	2	5
例字	青舅冷毛	详囚来茞	表跪女震	店谢道染	迹曲六术	白别力宿

三　声调特点

目前对于客家话声调，已经总结出了全浊上归阴平、次浊上归阴平、次浊平归阴平、次浊入部分字归阴入部分字归阳入、次浊去归清去[①]等特点，且这些字的归派，在各地客家话中往往比较一致。

这些特点看上去杂乱，实际在表述上还可更为精练一些，许多学者也从这里再次寻找规律。刘纶鑫最早做到了这点[②]，他表述为（一）浊上部分归阴平、（二）次浊部分随清流。但我们觉得从影响面来说，次浊声母字的分化涉及古平上去入所有声调，而浊上字的分化只涉及两个古声调。从整体与部分关系角度看，"次浊部分随清流"这个特点明显比"浊上部分归阴平"这个特点更为突出。所以"次浊部分随清流"是客家方言声调的最大的特色，其次才是"浊上部分归阴平"，这是我们一个新的思考。

下面我们就从这两大规律来逐一检视晚近粤东客话声调的情况，并对各个特点略作分析。

（一）古平声次浊声母字两分

古平声次浊声母字在晚近粤东客话中均两分，部分读入阴平，大部仍读阳平。《客法词典》17字读入阴平，次浊平总字数为379字，所占比例为4.48%。例字如下：

妈毛［明］；蚊［微］；拈拿［泥］；擂聋轮鳞篮笼［来］；戎瓤

---

① 本文所涉晚近或现代粤东语料，去声均已合流，已然不见"次浊去归清去"，但笔者推测粤东客话早期当去声二分，具次浊去归清去的特点，留待进一步研究。

② 参见刘纶鑫《江西客家方言概况》，江西人民出版社2001年版，第105—123页。

［日］；研［疑］；捐［以］；于援［云］。

（二）古上声次浊声母字两分

古上声次浊声母字在晚近粤东客话中也两分，部分读入阴平，大部归于上声。《客法词典》65 字读入阴平，次浊上总字数为 210 字，所占比例为 31.00%。例字如下：

免勉卯恼敏某母每满猛亩皿码秒美买马［明］；尾晚武侮_白挽_{又读}［微］；乃你奶恼暖［泥］；冷吕岭懒拢橹理礼里里领鲁鲤卤两_{斤～}［来］；忍扰软惹_白［日］；仰蚁语雅咬我［疑］；也以引痒与酉野养允_白［以］；友往有禹矣_{又读}［云］；

晚近粤东次浊上读入阴平的字数量比较大，按数量对比的话当是读入阴平的全浊上字的两倍左右，是中古上声转入阴平的主体。在全部次浊上字中，大致占 1/3，也即读阴平的次浊上字和读入上声与清上为伍的次浊上字是 1∶2 的比例。次浊上读阴平在数量上、比例上来看是极其引人注目的。

（三）古入声次浊声母字两分

古入声次浊声母字在晚近粤东客话中也两分，部分读入阴入，大部归于阳入。《客法词典》34 字读入阴入，次浊入总字数为 140 字，所占比例为 24.28%。例字如下：

寞幕抹木漠脉觅陌目_{眉～}摸［明］；袜［微］；捏捺聂诺蹑［泥］；六劣禄笠陆拉辣粒［来］；肉日［日］；孽疟虐额［疑］；育跃浴［以］；域［云］；

晚近粤东客话次浊入读入阴入的字数量不算太大，因为入声字少，但比例还是高的，大致占全部次浊入字的 1/4。读阴入和读阳入的次浊入字大致比例为 1∶3。这在比例上看也是比较高的。

（四）古上声全浊声母字两分

古上声全浊声母字在晚近粤东客话中也两分，部分读入阴平，大部归于去声。《客法词典》28 字读入阴平，全浊上总字数为 194 字，所占比例为 14.43%。例字如下：

婢拌簿辫被_{～套}蚌_白伴_{又读}［并］；挑断_{～绝}动_白囤_白弟_白堕_{又读}［定］；在_白

坐_白〔从〕；柱苎雉重~_{轻,白读}〔澄〕；柿〔崇〕；社鳝上_{动词}〔禅〕；臼舅近_白圈_{动词}〔群〕；旱_白〔匣〕；

晚近粤东客话全浊上读阴平的字，往往具文白异读。白读为阴平，文读为去声。《客英词典》和《客法词典》往往予以标明。全浊上读阴平的字数当在30—40字，约占全浊上字数的1/6；读阴平的全浊上字与读入去声的全浊上字的比例为1：5。

我们所选的晚近粤东四个历史语料中去声均不分阴阳，① 所以我们无法考察次浊去的两分情况，去声的分化我们这里不予讨论。但我们从上面的分析中，特别是进行一定程度的数量分析之后，我们确实能够进一步认识到中古平上去入四声中的次浊声母字在客家话中都存在分读二调现象是粤东客家话声调相当显著的特点，图示如下：

中古平声：　　　次浊平 {→阴平／→阳平}

中古上声：　　　次浊上 {→阴平／→上声}

中古入声：　　　次浊入 {→阴入／→阳入}

从上文对四个粤东历史文献语料的各个古声调中次浊声母字分化或者对立情况（即分读两调之字数比例）的分析看来，分读两调最显著的是次浊上，最弱的是次浊平②。分立从强到弱依次为：

次浊上 > 次浊入 > 次浊平

中古上声中的全浊声母字在晚近粤东客话中也存在分调现象，和次浊上的分化是完全相同的：中古上声：{全浊上 {→阴平／→上声}／次浊上 {→阴平／→上声}}

但是我们前边分析已知，全浊上读入阴平的字数几乎仅为次浊上读阴平的一半，远没有次浊上读阴平现象显著。

---

① 但我们推测本文所讨论的6个调的粤东客话曾经也存在去声分阴阳的情况，正如现代海陆客话一样。前文已说明，留待进一步讨论。

② 去声二分的客家话可看出，次浊去的分立更弱，大概只有"骂、暮、墓、慕、募、露、雾、妹、面、问、艾"等10字左右读入阴去。

所以我们认为次浊声母字分化读成两调的现象是粤东客话声调最大的特色，其次才是全浊上归阴平。这两种现象还可进一步概括为客家方言浊声母字在声调演变上的二分。

参考文献

林英津：《论〈客法大辞典〉之客语音系》，《声韵论丛》1994 年第 2 期。

刘纶鑫：《江西客家方言概况》，江西人民出版社 2001 年版。

刘晓南：《汉语历史方言研究》，上海人民出版社 2008 年版。

施其生：《一百年前广州话的阴平调》，《方言》2004 年第 1 期。

汤培兰：《〈客法大辞典〉音韵研究》，硕士学位论文，台湾暨南国际大学中文系，1999。

游汝杰：《西洋传教士汉语方言学著作书目考述》，黑龙江教育出版社 2002 年版。

Hashimoto, Mantaro J. , *The Hakka Dialect*: *A Linguistic Study of Its Phonology*, *Syntax and Lexicon*, Cambridge: Cambridge University Press, 1972.

MacIver, D. , *A Chinese-English Dictionay*, *Hakka Dialects Spoken In Kwangtung Province*, Shanghai: Presbyterian Mission Press, 1905.

Parker, E. H. , The Syllabary of the Hakka Dialect, *The China Review*, *or notes & queries on the Far East*, 1880（4）.

Piton, Ch. , Remarks on the Syllabary of the Hakka Dialect by Mr. E. H. Parker, *The China Review*, *or notes & queries on the Far East*, 1880（5）.

Rey, Charles, *Dictionaire chinoi-français*, *dialecte Hac-ka*, *precede de quelques notions sur la syntaxe chinoise*, Hong Kong: Imprimerie de la Socie‧te‧ des Missions-E‧trange‧res, 1926.

项目基金

教育部人文社会科学研究青年基金项目"从《客英词典》看百年前粤东客家方言及其演变"（12YJC740096）；江西省社会科学"十二五"规划项目（2013 年）"《客法词典》研究"（13YY06）。

作者简介

田志军，宜春学院文学与新闻传播学院讲师，南京大学汉语言文字学专业博士，学位论文《近代晚期粤东客音研究》（2011）。

客赣方言一些同族词之考略

赣南师范学院　　黄小平

　　摘　要：客赣方言中存在着一些同族词，它们有的本字未明。在此，根据文献和语音演变规律考析了客赣方言六点几对同族词的源流关系。主要有"耙"、"盂"、"吻"和"濑"类词。

　　关键词：客赣方言；同族词；考略

　　本文选取客赣方言中的六个点作为范例，考求其几个同族词的源流关系。这几个方言点是客家方言区的梅县、于都、宁都田头镇、宁都肖田乡和赣语区的南昌、黎川。田头、肖田两点材料为笔者自己调查。梅县、于都、黎川、南昌的材料参考了《现代汉语方言词典》的相应分册，但笔者重新调查复核过。另外有些材料引自《客赣方言调查报告》、《客赣方言比较研究》。

一

　　（一）竹耙子、耙（农具，耙稻田用）、耙田（耙稻田）、锄头（宽板）、锄头（长条）

　　1. 竹耙子

　　梅县说"笆<u>也</u>"、"竹笆"。于都说"竹［tɕʰia²²］子"，"［tɕʰia²²］"，阴去，写作"？"。田头说"竹耙（子）"或"耙子"。肖田说"竹耙"。南昌说"竹耙子"。

　　2. 耙（农具，耙稻田用）

　　农具，用来耙田。梅县、于都、宁都田头、宁都肖田、黎川都说

"耙"，南昌说"耙"或"耙子"。

3. 耙田（耙稻田）

梅县、于都、宁都田头、宁都肖田、黎川和南昌都说"耙田"。

4. 锄头（宽板）

于都说"［tʂʰa35］子"，35调为上声①。田头说"［ʧʰa31｜ ʧʰa51］子"，31，51调分别为阴平，上声②。肖田说"［kʰua324—31］仔"，324调为阳平。黎川说"钯［pa35—53］儿"，35调为阳平。南昌说"锄头"。梅县说"钁头"，"钁"音［kiok²］，2调为阴入。因与其他五点所指错位，故归入下一条。

5. 锄头（长条）

于都说"钁［tɕiɣʔ5—42］头"，"钁"入声。田头说"钁头"，"钁"音［ʧok²］，阴入。黎川说"镢［kiɔk³］"阴入。梅县的"钁头"指"锄头"（平板）。

（二）树枝、刷帚、（用刷帚）刷、挠痒、胯骨

1. 树枝

梅县说"树［pʰa31］"，31调为上声。于都说"树［kʰua］"。田头说"树［kʰa214］"，214调为上声。肖田"树［kʰua51］"，51调为上声。黎川说"丫枝"。南昌说"树丫枝"。

2. 刷帚

梅县说"［kʰia53—55］儿"，53调为去声。于都一说"甂［tɕʰia］"，"［tɕʰia］"写作"箘"。宁都田头说"罗刹"。肖田说"线帚脑"。黎川和南昌说"刷帚"。

3. （用刷帚）刷

于都说"［tɕʰia］"。田头说"［ʧʰa31］"，阴去。肖田说"［tʰa324｜tʰa51］"，阳平或上声。黎川说"［kʰua］"，写作"挎"。南昌说"刷"。

4. 挠痒

梅县说"也痒"。于都说"［tɕʰia31］痒"，31调为阴平。田头说

---

① 此字读法只能算是同族词中的一种读法，因为"挠痒"条，于都说"［tʂʰa31］痒"，阴平。

② 此字没有单字音，根据田头的连读变调规律，上声或阴平都能变此读。另外同族词"挠痒"一条，说"［ʧʰa31、ʧʰa51］痒"，也无单字音，阴平或上声都能变此读。

"[ʧʰa³¹]"，阴去。肖田说"[kʰua—⁵⁵]痒"，阴平①。黎川说"[kʰua⁴⁴]痒"，"[kʰua⁴⁴]"，写作"垮"，上声。南昌说"[tse⁴²]痒"，31调为阴平。

5. 胯骨

梅县、于都和田头说"屎[pʰa]骨"。肖田说"屎行骨"。黎川说"屁膀骨"。南昌说"胯骨"。普通话说"胯骨"。

（三）k类词和p类词

上面词语里都包含有声母k（或ʧ/tɕ/tʂ）或p（或p？）的词（或语素），我们把声母是k（或ʧ/tɕ/tʂ）的词（或语素）称为"k类词（或语素）"，把声母是p（或pʰ）的词（或语素）称为"p类词（或语素）"，考虑到词是能独立运用的单位，下文都只用"词"以赅"语素"。

二

（一）"杷"、"欋"的关系

"耙"是后起字。《汉语大词典》"杷2……1. 耙。碎土、平地的农具。北魏贾思勰《齐民要术·养猪》：'……杷搂水藻等令近岸；猪则食之，皆肥。'缪启愉校释：……'耙'同'杷'，《要术》一般作'杷'"。

"欋"为四齿耙，《释名》"……齐鲁谓四齿杷为欋"。"欋"、"杷"都指同一类事物，并且上古都是鱼部字。尽管如此，但考虑到读音的细微差别，加上分化时间久远，我们把它们看作同族词，而不是谁是谁的本字。

"杷"的上古音潘悟云拟作＊＊braa，"欋"＊＊gʷa。群母和并母b，g之间的转化，我们可以从徐通锵（1991）、刘泽民（2004）受到启发。

徐通锵（1991）"原始印欧语的＊dw－、duw发展为阿尔巴尼亚语的erk－经历了一个漫长的过程。d变为t，……w前的舌尖塞音t（即tw－）由于受w的影响而变成k"。这里w衍生出k，即w＞k，并且最后k吞并了t。

刘泽民（2004）：

---

① 依据变调规律及周边方言的说法，应为阴平。

　　ŋ与u在发音上都有［＋back］的特征，在音节组合时易发生异化作用，声韵竞争可能导致如下结果：一、ŋ吞并u：ŋu＞ŋ'（五午）；ŋua＞ŋa（瓦）；二、u吞并ŋ：ŋu＞u（五吴）；ŋuoʔ＞uoʔ（卧）。

　　这里ŋ和u同属舌面后音，都有［＋back］的特征，所以－ŋ与u之间容易发生异化。上面的k和w的异化属于同样道理。

　　这一原理可以类推到舌面后音群母g和合口元音u之间。gʷa很容易变成ga，甚至变成wa。ga在很多客赣方言中得到体现，wa没出现，但却以ba的形式出现，并最终变成braa。我们可从下面的演化方式推导出来（省略＊＊号）：

　　gʷa（欔）＞gʷᵇa＞ᵍʷᵇa＞ʷᵇa＞ʷba＞ba＞braa（杷）

　　客赣方言里k、u发生异化并产生声韵归并的例子较多，如"梗"，有些客赣方言读开口，有些客赣方言读合口。

　　至于"欔（＊＊gʷa）"、"杷（＊＊braa）"的"语转"先后顺序很难弄清，正如徐通锵讲到了"上述的原始印欧语的唇化舌根音，究竟是舌根继以圆唇，还是舌根与唇的闭合同时出现，无法确定"，即上述现象有可能反推（省略＊＊号）：

　　braa（杷）＞ba＞ʷba＞ʷᵇa＞ᵍʷᵇa＞gʷᵇa＞gʷa（欔）

　　但从徐通锵《历史语言学》整个的观点来看，他还是倾向于唇音变舌根音，我们也依从他的看法。

　　我们对"欔"、"杷"同族词的上古声母演化模式[1]，作个拟测（省略＊＊号或＊号）：

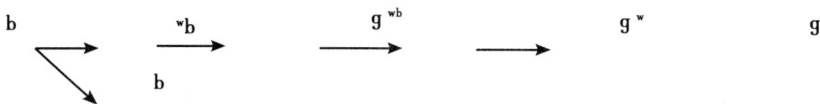

$$b \quad\quad \xrightarrow{} \quad {}^{w}b \quad \xrightarrow{} \quad g^{wb} \quad \xrightarrow{} \quad g^{w} \quad\quad\quad g$$
$$\searrow$$
$$b$$

　　我们采用的声母演化模式是：＊＊braa（杷）＞＊＊gʷa（欔）。

　　《方言》"杷，宋魏之间谓之渠挐，或谓之渠疏"，郭璞注"语转也"。"杷"，并母字，"渠"群母字。"杷"语转为"渠挐"、"渠疏"，这

说明了在上古已有 b 向 g？（或 g）转化的方言事实。

尽管如此，但考虑到读音的差别，加上分化时间久远，我们把它们看作同族词，而不是谁是谁的本字。

（二）其余 k 类词和 p 类词的关系

"锄头（宽板）"、"锄头（长条的）"中的 k 类词或 p 类词，如"镬"、"钯"等我们也看作是"櫂"或"杷"的同族词，而不把"杷"或"櫂"看作是"钯"或"镬"的本字，因为它们之间是不是本字，无文献可考。看作同族词是可以的，"锄头（宽板）"、"锄头（长条的）"的命名就是因为它们和"杷"或"櫂"一样有"杷地"的功能。

"树枝"中的 k 类词或 p 类词，也看作是"杷"或"櫂"的同族词。《说文解字注》"按中山经，宣山桑枝四衢，少室山木曰帝休，枝五衢"。"衢"应是表"树枝"的量词，宁都田头表"树枝"的名词 [kʰa²¹⁴] 和表"树枝"的量词的 [kʰa²¹⁴] 是同一个字，但我们这里不能类推说，"衢"表了"树枝"的量词，就可以是"树枝"的名词。"衢"和"櫂"也只是同族词关系，《释名》"櫂杷地则有四处，此道似之也"，此处的"道"即为"衢"，伸出的树枝像"道路"，用"衢"来表"树枝"的量词很具形象性。

"胯骨"中的 k 类词或 p 类词，由于它们的分叉形状，和"櫂"、"杷"形状相似，由它们引申而来，都有可能。

"刷帚"、"（用刷帚）刷"、"挠痒"中的 k 类词，因为它们的功能和"櫂"的"杷地"功能一样而引申得名。上面说了"杷（耙）"有"杷地"功能，相应地"櫂（四齿耙）"也有"杷地"功能。

三

（一）孟（辈分）、伯（辈分）；[maŋ]（扔）、[mak]（扔）

《说文》："孟，长也，……莫更切"，又"伯，长也，……博陌切"，古代人们通过韵类对转来实现词形或意义转变。如果从方言学的角度讲，甚至可以说，它们是同一意义的变音。

客家方言里 [maŋ]、[mak] 两读的也有，"扔"田头话有 [maŋ³⁵]

（阳去）、［mak⁵］（阳入）两读，梅县、肖田只有［mak⁵］（阳入）一读。徐通锵举了宁波鄞州区"伯"的读音有［paʔ］、［pã］两读的例子，另宁波定海则有［paʔ］、［pã］两读。

从上述例子可以看出，古汉语的"孟"、"伯"可能为韵类对转实现意义变化，也可能为同一意义的变音。无疑它们是同族词，田头的［maŋ³⁵］、［mak⁵］也为同族词。

（二）孟（长度、高度）

于都说［mã³¹］，阴平。田头说［maŋ⁵¹］，阴平。肖田说［maŋ²¹⁴］，阴平。南昌说［maŋ²¹³］。于都、肖田只指长度，南昌只指高度，田头两者皆可。

上文《说文》："孟，长也，……莫更切"，而《类篇》"长，……展两切，孟也進也"。"孟"、"长"互训。"长"本身的几个意义之间的关系是相关联的，《类篇》"长，久远也，……直良切"、"展两切，孟也进也"，特别是"孟也进也"，长幼秩序的"长"明显和"进"有关。麦耘先生说"孟，由辈分的长幼引申为长度的长短，完全可能"。

声调问题，《类篇》"孟，莫更切，长也，……又母浪切"，都是去声，但我们发现，其反切下字"浪"有上声的读法，去声"映"韵字也有上声的读法。如：《类篇》"浪，卢当切，沧浪水名，……又里党切"，"浪"有平声、上声两读。

"孟"南昌读上声。于都、田头、肖田读阴平，依据南昌的上声的读法，应来自"孟"的上声一读，排除来自平声的说法，客家话次浊上读阴平。

所以，"孟"为各点［maŋ］的本字，音义皆合。

四

吻——阴声韵、阳声韵、入声韵

（一）吻（阴声韵）

田头"亲嘴"说"［pei⁵¹⁻⁵⁵］嘴"，51为阴平调。

以"勿"为声旁的字，阴、阳、入声韵可转换。《广韵》"伆，离

也","文弗切"、"又武粉切",阳、入声转换。《集韵》"汃,潜藏也,
一曰尘浊谓之汃"、"莫笔切",又"汃,潜藏也"、"莫佩切",阴、入声
通转。《说文》"吻,口边也,从口勿声。……武粉切","口边"也即嘴
唇,田头"接吻"说成"吻嘴",因为接吻与嘴唇有关。

（二）吻（阳声韵）

《说文解字注》"……释名曰:吻,免也抆也卷也,……亦作脗……
凡言脗合当用此",可见"吻"有"吻合"义。人类的"闭嘴"活动也
是上下嘴唇的关闭,"闭嘴"梅县说"［man¹¹］嘴",11为阴平调,次浊
上读阴平,写作"娈"。南昌说"［min²¹³］到嘴",213为上声调,写作
"抿"。"抿嘴"作为"稍稍闭嘴"的意义是发生在很晚近的,《汉语大词
典》抿1,"3. 稍稍合拢。《红楼梦》第八回:'黛玉磕着瓜子儿,只管抿
着嘴笑'"。

所以,"娈"、"抿"的本字都应是"吻"。另外,"吻"的几个意义
的混用,有时也导致了声调的混读,广州话"闭嘴"说"眯埋嘴",
"眯"音［mei⁵³］,阴平,本字应为"吻","吻"读阴声韵。

（三）吻（入声韵）

"闭嘴"于都说"［maʔ²²⁻⁵］紧嘴角",田头说"［met²］紧嘴",肖
田说"［muat⁵］起嘴",于都写作"抾",于都、田头、肖田三点的本字
都为"吻",是它的入声韵读法,音义具合。

五

唾液:濡、瀾
梅县音［lan⁴⁴］,于都音［lã³¹］,田头读［lan⁵¹］,肖田读［lan²¹⁴］,
都为阴平。

《梅县方言词典》把它写作"潾",原书引《集韵》"平声山韵离闲
切","潾,水貌",这意义不符。《于都方言词典》作"瀾",书中未引
韵书解释,但《广韵》"瀾","落干切","大波",意义也不合。田头鱼
身上的黏液也叫"［lan⁵¹］",人类、动物的唾液也叫"［lan⁵¹］",大概取
其沾染、濡湿的意义,结合韵书及民族语言,我们考证其本字为或

"灡"，其与"濡"为同族词。

《汉语大词典》"濡1　……4.浸渍；沾湿。《易·夬》：'独行，遇雨若濡，有愠，无咎。'……5.滋润。《诗·小雅·皇皇者华》：'我马维驹，六辔如濡。'"

"灡"与"濡"有很深的渊源关系，大概与其也有"濡湿"的意义有关。《汉语大词典》"灡……③浅水沙石滩。汉书·司马相如传下：'东驰土山兮，北揭石灡。'颜师古注：'石而浅水曰灡。'"《说文》："滩，水濡而干也。"大概沙滩就是含水的沙渚，被浅水濡湿而成。

唾液与"濡湿、滋润"意义也相关联。

"灡"常读阴声韵，但也有阳声韵的读法，《说文解字注》"灡渚谓之陵水，……自灡渚东流为灡溪，乡民误曰烂溪"。方言里，"灡"读阳声韵的例子也有，厦门话，"灡"有阴阳韵两读。同偏旁的"懒"字，也读阳声韵。声调上，"灡"读去声，但考虑到同部字"懒"在客家方言中读阴平的现象，"灡"也有可能读阴平。

另外，民族语言"唾液"的说法和客家方言区古人的诗歌，也可证明"灡"是唾液的本字。邓晓华的《客家话跟苗瑶壮侗语的关系问题》里"laːi2 泰，laːi2 傣；laːi2，mlaːi2 壮"。清初著名散文家宁都三魏之一的魏禧在《贼平后经头陂墟市》写道"……鹅鸭笼中喧白灡，儿童树下数青钱……"其中前句大概是说鹅鸭在笼子中大声鸣叫，使得唾液直流。

所以，"灡"都有可能为唾液的本字，而"濡"是"灡"的同族词。

参考文献

白宛如：《广州方言词典》，江苏教育出版社 1998 年版。

邓晓华：《客家话跟苗瑶壮侗语的关系问题》，《民族语文》1999 年第 3 期。

黄雪贞：《梅县方言词典》，江苏教育出版社 1995 年版。

李如龙、张双庆：《客赣方言调查报告》，厦门大学出版社 1992 年版。

刘纶鑫：《客赣方言比较研究》，中国社会科学出版社 1999 年版。

刘文俊：《中国基本古籍库》，爱如生数字化技术研究中心研制。

刘泽民：《客赣方言历史层次研究》，博士学位论文，上海师范大学，2004 年。

罗竹风主编：《汉语大词典 2.0》，汉语大词典出版社 1998 年版。

谢留文：《于都方言词典》，江苏教育出版社 1998 年版。

熊正辉：《南昌方言词典》，江苏教育出版社 1994 年版。

徐通锵：《历史语言学》，商务印书馆 1991 年版。

颜森：《黎川方言词典》，江苏教育出版社 1995 年版。

庄初升：《粤北土话音韵研究》，中国社会科学出版社 2004 年版。

郑张尚芳：《上古音系》，上海教育出版社 2003 年版。

郑祖琛主修：《宁都直隶州志》（重印本），赣州地区志编纂委员会办公室，1987年。

项目基金

2012 年度教育部人文社会科学研究青年基金项目"江西客赣方言毗邻地带的过渡性质及其客家方言原始模型性质研究"（12YJC740036）；2012 年度江西省高等学校重点学科建设项目"赣南客家方言古语词研究"（12YY003）。

作者简介

黄小平，赣南师范学院文学院副教授，南昌大学客赣方言与语言应用研究中心兼职副研究员，中山大学汉语言文字学专业博士，学位论文《客赣方言词汇比较研究——以六个点为中心》（2011）。

认知视角下的赣语词义演变内部动因分析

江西师范大学　肖九根

摘　要：词义是人脑对现实现象的反映，也是人们认知活动的产物。一般说来，大多词义处于演变之中。虽其演变动因复杂多样，但就其发生学而言，不外乎来自与人的认知活动密切相关的内部与外部两个方面。如要阐明词义演变的动因，就应把影响其演变的认知意象作为观照点。从其内部动因来看，一个词无论处于组合还是聚合状态，其意义与要素价值均会受到语言结构系统各要素之间相关性及差异性的制约，但无论如何又与人的认知活动密不可分。因此，只有从认知视点出发，才能探明赣语词义演变的内部动因。

关键词：认知视点；赣语词义；发展变化；内部动因

任何语言的词义都是通过人们的认知活动来实现其发展变化的，地域方言也不例外。词义演变不仅与其认知中的外部动因紧密相连，还与其内部动因密切相关，因为不论词语处于组合状态还是聚合状态下，词义及其要素价值都要受到语言自身结构系统中各个要素之间相关性及差异性的制约。① 一般说来，影响词义演变的内部动因有语音、语义、语用、语法等要素，它们之间形成了一个复杂多变的结构网络体系，无论哪一要素发生变化，都会引起词义的连锁反应。诚然，各个要素的发展是不平衡的，还有用语简约性与词义多样性这一矛盾，都需要语言中的其他要素自发参与才能有效调节，使之于不平衡中协调发展。不过，语言系统中任何要素发生变化，都不可能独立于人的认知活动之外。鉴于这一点，我们分析方言词义演变内部动因时也应从各要素中的某一认知视点来探求其内在关系。

---

① 张志毅、张庆云：《词汇语义学》，商务印书馆 2005 年版，第 90 页。

一　语音中的流转是认知中词义演变的契合点

词的第一基本要素是语音，这是词的认知单位，也是认知活动的体现。众所周知，词是以"形"通过"音"来表达"义"的，不论它以何种"形"来表达义，均不能脱离语音这一认知形式，这好似一张纸难以把正反两面切开一样。尽管方块汉字或词有时能望"形"见"义"，似乎与语音无关，"但是汉字和其他拼音的文字一样，同样和语言里的词相联系，它必须能读，通过读音确定自己所表示的是语言里的哪个词，这样才谈得到字义的问题。……即使不读出音来，它也与心理的语音映象联系着，不是说与语音没有任何关系"。① 正如哲人灼见，认知中的词义变化与其语音流转的关系十分密切。所谓"义随音转"、"声因义生"，便体现出它们之间相互关联、辅成相济的辩证关系。

赣语中，词义演变也表现出这样的关系。例如，"妗"意为"舅母"。《集韵·沁韵》云："俗谓舅母曰妗。"② 但这并非其本义，而是音转的结果。宋·张耒在《明道杂志》中说："经传中无婶与妗字，婶字乃世母字二合呼，妗字乃舅母字二合呼也。二合，如真言中合两字音为一。"清·章炳麟《新方言·释亲属》亦云："幽侵对转，舅妗双声。"③ 今赣东抚广抚州、临川、黎川等地，犹称"舅母"为"妗"。又如"衮"，本为帝王、上公穿的礼服。《周礼·春官·司服》："享先王则衮冕。"郑玄注："衮，卷龙衣也。"后引之为一般的"衣边"。清·唐训方《里语征实》云："衣边曰衮。《通雅》：'纯，缘也'，纯音'衮'，犹今言'衮边'，盖因乎此。"④ 而"衮"与"滚"又音同义通，故丁惟芬《俚语证古·衣服》释之云："滚边，纯边也。锁边，緆边也。缘边谓之滚，滚字当作纯（古音读滚），又谓之锁，锁字当作緆（古音读锁）。"⑤ 因此，"衮"如同"滚"也用如动词，即在衣服、鞋子等边缘"镶边"之意。江西境内赣语各片谓之"衮边"、"滚边"或"绲边"，皆为动词。

---

① 叶蜚声、徐通锵：《语言学纲要》，北京大学出版社 1997 年版，第 156 页。

② 丁度：《集韵》，上海古籍出版社 1985 年版，第 622 页。

③ 章炳麟：《新方言》，1917—1919 年浙江图书馆刊《章氏丛书》本。

④ 唐训方：《里语征实》，清光绪十七年（1891）常宁唐氏归吾庐刊本。

⑤ 丁惟芬：《俚语证古》，齐鲁书社 1983 年版，第 180 页。

赣语中，这样的例子还不少，如"无"与"毛"的音转、"忒"与"太"的音变、"孚"与"菢"的音通等，均引起了认知中的词义变化。实质上，语用里的"音变义通"就是词义演变中的"义随音转"、"声因义生"现象，而这正是人的心理运算与认知加工的契合，是认知中社会意象的一种映现。

二　用语中的简约是认知中词义演变的必然结果

使用语言，人们总是力求以最少的语码表达尽量多的内容，因为事物的发展是无限的，人的认知也是无穷的。面对无限多的认知内容，人们不可能也没必要去造无限多的新词来表达，这样就势必要产生词的多义现象。这一现象，在赣语词义演变中也是显而易见的。例如，"打"的词义多达十余项，而在与某一对象组合时，只出现其中一项，不会同时出现几项：打山歌（"唱"义）、打谎（"说"义）、打茶（"泡"义）、打嘣（亲嘴，"亲"义）、打乌面（涂黑脸，"涂"义）、打梦感（"做"义）、打懒腰（"伸"义）、打石头（"扔"义）、打巴掌（"拍"义）、打丁斗（"翻"义）、打鞋（"纳"、"缝制"义）、打禾（"脱粒"义）、打牙祭（"加餐"义）、打伙（"合"义）、打指模（"按"义）、打格子（"画"义）、打秋风（"非法索取钱财"义）等。又如"喫"，也是一语兼数义：（1）吃（固体类食物），即把食物放到嘴里咀嚼咽下去。《说文新附考·口部》："喫，食也。"①（2）饮或喝（液体类食物）。《篇海类编·身体类·口部》："喫，饮也。"②唐·杜甫《送李校书二十六韵》"临岐意颇切，对酒不能喫。"（3）吸（气体类食物）。清·陈康祺《燕下乡脞录》卷一五："圣祖不饮酒，尤恶喫烟。"实际上，"喫"还有不少义项，如喫茶（"品尝"义）、喫打（"挨"义）、喫气（"遭受"义）、喫药（"服"义）、喫利息（"赚"义）、喫老本（"依靠"义）、喫墨（"纸张吸收"义）、喫冤枉（"非法占有"义）、喫价（"十分"、"很"义，词义虚化了）。再如"撒脱"，在赣语区是一个使用率很高的特征词，也是身兼数职：（1）洒脱、随便。宋·朱熹《朱子语类》卷九四："要之，持敬颇似

① 郑珍记：《说文新附考》，中华书局1985年版，第27页。
② 宋濂：《篇海类编》，上海古籍出版社1996年版，第156页。

费力，不如无欲撇脱。"（2）爽快、果断。明·凌濛初《二刻拍案惊奇》卷九："素梅也低低道：'撇脱些! 我要回去。这事做得不好了，怎么处?'"（3）容易、不费事就轻易办到。《二刻拍案惊奇》卷一五："江嬷嬷便问老儿道：'怎么回来得这样撇脱，不曾吃亏么?'"上述三个义项赣语均用，只是各片人们依其习惯用之而异。湖南平江赣语惯用第一义；境内抚广、宜浏、吉茶等片则多用第二义，如吉水话"该人几多么撇脱呀，你话说六块钱一斤，渠他价总都冒没还，就把付给钱你"。昌都片一般习用第三义，如南昌话"不还清账就想走，冒有许撇脱没那么容易"。

　　而"舞"在赣语里是一个神通广大的特征词，大凡行为动作都可以之表达，其义随搭配对象的不同而变化着，如舞饭（"做"义）、舞菜（"炒"义）、舞柴（"砍"义）、舞田（"犁"或"耙"等义）、舞破哩碗（"摔"义）、舞砸哩事（"搞"义）、舞好哩证件（"办"义）、（洗澡）舞正哩水（"放好"或"调好"义）、舞啥哩（"干"义），等等。

　　赣语中，这类多义现象也是语用简约性的体现，它符合用语力求经济的原则。从上述例子还可看出，尽管一词多义，但在实际运用过程中，因其受到具体认知活动的制约，只能显示其多义中的某一义项，而不至于产生词义含混不清的现象。

三　语用中的语力是认知中词义演变原生义与衍生义系连的黏合剂

　　词义既在认知中产生，又在认知中变化。正因为这样，词义才与人们的认知活动紧密相关。

　　语用中的具体语境是认知中词义演变的土壤和温床。也就是说，认知中的词义演变是以语用中的语境为其根植、萌芽、生长的本源，而语用意象中隐含的"语力"又是认知中词义演变原生义与衍生义"系连"的黏合剂。通过"语力"这一黏合剂的作用，一个词可以把各种语境下认知的衍生义与原生义"系连"起来，从而形成词义的网络体系。

　　王力先生曾说，修辞手段的经常运用会引起词义的变迁。[①] 关于修辞

---

① 王力：《汉语词汇史》，商务印书馆 1993 年版，第 102 页。

运用的问题，有些学者（如利奇等）也把它归为词义的语用范畴。这样一来，修辞运用与词义变迁的关系实质上就是一定认知条件下语用意象与词义演变的关系。很多情况下，修辞也是依靠语用中"语力"的帮助，来建构认知中词义相互关系的网络体系。

认知中的词义有表层义与深层义。表层义是认知中表现出来的静态语义，深层义则是认知活动在一定语境中表现出来的言语义——动态语义。这动态语义往往是由认知中词语的超常组合或词义感染产生的，其中又潜藏着词义链中新义与旧义"系连"的纽带——"语力"。

"隐喻"和"转喻"在词义演变中的认知作用就体现了这一特点。如赣语中"砲磨"，其义显出超常变化。赣地人常说："牛砲磨，马吃谷；爹作田，崽享福（讽喻不公平）。"此处"砲磨"的语用张力即"语力"十分交杂：其一，它把语言静态的表层义"研磨"或"拉磨"与言语动态的深层义"苦力"交织"系连"在一起；其二，它以一个认知域内的实体义，通过语用中的意象投射而指称另一个认知域内与之对应的且属意象化的抽象义；其三，多种修辞格的综合运用，通过"语力"的媒介作用，把实体与虚幻、人与物、色彩与情感的诸般元素十分和谐地交融于一体。

又如，赣语中的"萍"谓之"藻"，表层义"浮萍"。郭璞《尔雅注》："萍，水中浮萍，江东谓之藻。"①《广韵·宵韵》引方言亦云："江东谓浮萍为藻。"② 这种草本植物的突出特点是寄浮于水面，根底极其浅短，常随风来回飘荡。因而，生活中的人们通过语用心理意象的投射，又以"语力"为桥梁，使之出现了认知中的异域跨越，以彼域中实体义与此域中抽象义对接起来，从而"萍"又演化出另一深层意境：人世间失意漂泊、人事无常的生活。如唐·李颀《赠张旭》诗："问家何所有，生事如浮萍。"以"萍"写"世事难料"、"人生不定"，这在唐诗、宋词韵文里发挥到了极致。特别是杜甫，在经历了花泪鸟惊、颠沛流离的国破家难生活之后，对"萍"的感受更为深切，晚年不少诗作写到了"萍"，诸如"相看万里外，同是一浮萍"（《又呈窦使君》）、"乱后故人双别泪，春深逐客一浮萍"（《题郑十八著作虔》）和"苔竹素所好，萍蓬无定居"

---

① 郭璞、邢昺：《尔雅注疏》，上海古籍出版社 2010 年版，第 425 页。
② 陈彭年：《广韵》，上海古籍出版社 1983 年版，第 94 页。

(《将别巫峡，赠南卿兄瀼西果园四十亩》）等；宋代苏轼的词，也别有一番意味："不恨此花飞尽，恨西园、落红难缀。晓来雨过，遗踪何在，一池萍碎。春色三分，二分尘土，一分流水。细看来，不是杨花点点，是离人泪。"（《水龙吟·次韵章质夫杨花词》下阕）显然，这并非写景，而是景中移情，以"萍碎"、"杨花点点"抒写思妇因心碎而落下点点"离人泪"。这种寓情于景的意象映射，赣语里也有如"聚散匆匆，云边孤雁，水上浮萍"这样的人生感叹。

"总之，在语用中，语言单位先闯进了一个异常语境，寻觅一个新搭配伙伴（词或义位），造成了语义结构网络的新差异。这种差异起初只是千千万万个修辞用法，其中有数以万计的在时间上延续下来、在空间上扩展开去，继而引起不同程度的义变，得到语言共同体的认同，取得义位系统的正式席位。语言实际上就是由差异构成的网络，由差异引起的语义链中的新旧质的生灭过程在历史长河中永动不停。"①

此外，语法功能的改变也是引起赣语词义演变的一个诱因。赣语中多数词语不仅有词汇意义，还有一定的语法功能。词汇意义是人的认知成果在语言中的反映，而语法功能又是认知中词义在语法结构中的延伸。词汇中任何语法功能的改变诸如词义虚化、词性改变以及词的结构位置变化等，均有可能带来词义的发展变化，这从另一方面反映了人们对世界认知意象所发生的变化。认知语言学认为，语言中的"语法结构跟人们对客观世界（包括对人自身）的认识有着相当程度的对应或'象似（iconicity）'关系，或者说语法结构在很大程度上是人的经验结构（即人认识世界而在头脑中形成的概念结构）的模型"。② 至于语法功能的改变如何影响认知中的词义发展变化，因篇幅所限，就不赘述了。

以上分析了赣语词义发展变化的内在动因。实质上，在词义演变的过程中，其内外动因是交互作用的，难以截然分开，只是主次不同而已。

参考文献

陈彭年：《广韵》，上海古籍出版社 1983 年版。

丁度：《集韵》，上海古籍出版社 1985 年版。

丁惟芬：《俚语证古》，齐鲁书社 1983 年版。

① 张志毅、张庆云：《词汇语义学》，商务印书馆 2005 年版，第 279 页。
② 陆俭明、沈阳：《汉语和汉语研究十五讲》，北京大学出版社 2004 年版，第 345 页。

郭璞、邢昺：《尔雅注疏》，上海古籍出版社 2010 年版。

陆俭明、沈阳：《汉语和汉语研究十五讲》，北京大学出版社 2004 年版。

宋濂：《篇海类编》，上海古籍出版社 1996 年版。

唐训方：《里语征实》，清光绪十七年（1891）常宁唐氏归吾庐刊本。

王力：《汉语词汇史》，商务印书馆 1993 年版。

章炳麟：《新方言》，1917—1919 年浙江图书馆刊《章氏丛书》本。

张志毅、张庆云：《词汇语义学》，商务印书馆 2005 年版。

叶蜚声、徐通锵：《语言学纲要》，北京大学出版社 1997 年版。

郑珍记：《说文新附考》，中华书局 1985 年版。

章炳麟：《新方言》，1917—1919 年浙江图书馆刊《章氏丛书》本。

张志毅、张庆云：《词汇语义学》，商务印书馆 2005 年版。

项目基金

2008 年度江西省社会科学规划基金项目"语言'化石'的历史凸显"
（08WX28）；2011 年度江西省高校人文社科规划基金项目"汉语方言词义在语言学视
野下的认知分析"（YY1105）；2013 年度江西省社会科学规划重点基金项目"赣鄱方
言与民俗文化研究"（13YY01）；国家社会科学基金后期资助项目"赣方言古语词探
源与论析"（14FYY027）。

作者简介

肖九根，江西师范大学文学院副教授，四川大学汉语言文字学专业博士，学位论
文《赣方言古语词探源与论析》（2008）。

南昌方言使成式考察

南昌大学　刘小川

摘　要：南昌方言的使成式有较为复杂的结构形式，从类型上分有分析型、形态型和词汇型三类。不同的形式在结果主体的自控度、事件—结果的直接性等级和原因主体的意图性三个参项上形成较为一致的连续统。南昌方言中的"X人"现象属于词汇型使成式。它在句法上出现的"价变"、"压缩"同样是句法象似性的表现。

关键词：南昌方言；使成式；自感动词

使成式（causative）在语义上可以理解为两个事件之间形成了因果关系，可以表述为"事件1使事件2得以出现"。Causative 在国内有多种译法，廖秋忠（1991）把 causative 译为"使成式"，类似的还有沈家煊1989年和2010年将 Comrie 的 *Language Universals and Linguistics Typology* 第一版和第二版中的"causative constructions"均译为"使成结构"，但沈家煊（2000）则译为使役式，另宛新政（2005）译为"致使"也较有代表性。本文以南昌方言中的使成式为考察对象，原因在于南昌方言中的使成式类型较为复杂，尤其是"X + 人（家）"现象具有一定的类型学价值，可以对相关研究有所增补。

一　南昌方言使成式类型

在不同的语言或方言中，使成式有不同的语言策略。一般来说，可以分为分析型、形态型和词汇型三种类型。在南昌方言中，这三种类型都存在。

（一）分析型使成式

分析型使成式的典型情形是表达使成概念和表达结果各有一套独立谓语（Comrie，1989：167）。在南昌方言中，表达使成概念的谓语有虚化的现象，成为一个表达使成义的介词，这与普通话的现象类似。南昌方言中分析型使成式有四种构成方式。

1. 兼语型 $S_1V_1 + O_1$（S_2）V_2

第一种是采用两套动词性谓语，分别说明两个有因果关系的对象，句法上构成兼语短语。V1 主要是：让、请、逼、要、求、召、劝、唆、托、邀、调、推、告诉、通知、安排等。从语义看，表达的内容是 S_1 使 S_2 做某事。如：

（1）渠唆崽去买菜。
（2）小李逼娘拿钱买房子。
（3）老师叫渠抄了一百遍名字。
（4）你召女婿来修下看。

这一类较为特殊的是由"叫、让"等动词构成，意义较虚。

（5）你现在个样子叫人几伤心。
（6）许味道让我坐不住。

2. "介–动"型 $S_1Pre + S_2$（介宾）V_2

典型的是"拿"字句。南昌方言中的"拿"用法类似于普通话中的"把"，在表达处置义的同时也带有使成义。如：

（7）我拿书丢掉了。
（8）许把火拿渠烧伤了。
（9）几碗饭就拿你撑得走不动路哇。

3. 动 + 得 + 主谓短语 $S_1V_1 + 得 + S_2V_2$（以下简称"得"字型）

第三种情况较为特殊，它需要标记词"得"才能构成完整的使成式。

如：

（10）老师话得渠哭了。——﹡老师话渠哭了。

（11）石头打得渠鼻公流血。——﹡石头打渠鼻公流血。

部分兼语型也可以插入"得"，有的则不能。从句法关系看，从兼语关系变成了动补关系，补语部分表示的是结果义。如下：

（1a）渠唆得崽去买菜。

（2a）小李逼得娘拿钱买房子。

（3a）老师叫得渠抄了一百遍名字。

﹡（4a）你召得女婿来修下看。

在南昌方言中，前述"要、召、调、告诉、通知"等词不能在后面加"得"，而"让、请、逼、求、劝、唆、托、邀、推、安排"等词则可以。从语义看，不能加"得"构成动补短语的"要"组动词的动作义都较弱，而"让"组的动作义则较强。

4. 述补短语 SVCO

述补短语的中心语可以是动词，也可以是形容词，补语表达的是结果义。

（12）你去晒干衣服。

（13）渠上午跌破了头。

（14）你去铺平整床。

（15）码整钱 _{把钱堆放整齐}。

（16）渠跪伤了脚指头。

动补短语构成的使成式，以单音节＋单音节的形式常见，这一类短语有词汇化的倾向。如"踩蹋了"（熊正辉，1994）记为一个词，它的意思是"踏空，没有踏着应踏的地方"。在南昌方言中，"脚蹋了下"，可以表示"脚踏空"的意思。

形容词充当谓词加宾语和补语，表使令意义，如下：

（17）昨日个事急得我口发渴。

（18）洗衣裳忙了渠一下午。

（19）热了我大半年时间。

（二）形态（屈折）型使成式

通过变换声调的方法来构成使成式。这种方式在南昌话中很少，如：

（20）空抽屉出来。

例（20）中的"空"声调为上声 213，读音与"口袋空"的"空"读音不同，后者为阴平 42，二者在南昌话中构成对立关系。这和普通话中的"排头空两格"与"空间"的对立相同。这种用法在南昌方言中只有青年层中才有，显然这是受普通话的影响所致。老年层的用法是"腾"，如"腾出一间房间"、"腾出桌子放菜"等。

以变调的方式表达使成关系，不仅仅为汉语所有。孙宏开（1998）描写了拉萨藏语、载瓦语中的屈折变化来表示"使动"。如：

拉萨藏语：par^{14} 燃烧—par^{55} 使燃烧　　tsa^{121} 滤—tsa^{53} 使过滤

载瓦语：tsun^{31} 燃烧—tsun^5 使燃烧　　pan^{51} 结束—pan^{55} 使结束

（三）词汇型使成式

词汇型使成式有三类。第一种是典型，类似于英语中"异干交替"（suppletive pairs，Comrie，1989：168）"kill/die"，二者形成补充的关系。这种使成式本文不做重点考察。第二种形式是"动词/形容词/＋宾语 SV/A/N＋O"，在谓词上没有形态变化，事件 1 与事件 2 的谓词相同。这种用法是古代汉语"使动"的遗留，如古汉语中的"死之"、"伤之"、"断之"等。第三种是吕叔湘先生在 1987 年《说"胜"和"败"》中提到的"……现代汉语里，动词的使动用法已经不能广泛应用，一些形容词的使动用法如端正态度、严格纪律等等，是最近三四十年里才出现的"。这是一种粘合式述补结构，在南昌方言中主要出现在青年人群中。

在第二类词汇型使成式中，动词有及物与不及物两类。南昌方言中由及物动词＋宾语构成使成式的情况，如：

(21) 许件事真系笑人家。

(22) 你买个筷子挫人_{你买的筷子(有刺)扎手}。

(23) 渠塞了许只瓶子。

由不及物动词＋宾语构成。如：

(24) 你去化了糖。

(25) 渠败了屋。

(26) 许几只车子断了去医院个路。

(27) 厂里干了塘捉鱼。

(28) 系渠吹掉了许一对。

形容词＋宾语的情况。如：

(29) 箇么多水满了缸。

(30) 箇碗水烧人家哩_{这碗水很烫(这碗水我感觉烫)}。

(31) 你直下车龙头就不会倒了。

(32) 渠狠样做是好气人_{他那样做让人生气}。

名词＋宾语，这种情况较少。如：

(33) 好烟人家哩_{(有烟感觉)很熏人}。

二　南昌方言使成式的语义分析

（一）使成式的语义成分

Comrie（1989：165）曾以"公共汽车未按时到达—我开会迟到"为例，指出任何一个使成情景由两个情景成分组成，即原因（cause）和结果（effect/result）。如前述，原来和结果可以各自有独立的谓语。原因和结果之间可以有连接成分。在南昌方言中，可以用"得"连接两个主谓短语构成使成式，如例（10）"老师话"和"渠哭了"。

原因部分的"主语"可以在语境作用下隐含。如例（15）和例（20）。原因部分的"谓语"可以有多种情况，如兼语短语、动词或形容词的使动用法、述补短语等。

结果部分的"主语"也可以是多种语义成分。具体而言，可以是"兼具受事—施事（邀渠来）、受事（伤了我个手）、起事（要渠当老师）"，还可以是感事（渃人家、麻嘴巴）、方位（拔得桌子上尽是灰）等。

（二）几组使成式内部的语义关系

首先是原因与结果之间的蕴含关系。可以是原因蕴含结果，如异干交替型使成式"渠杀了邻居屋里一家人"中，原因"杀"蕴含了结果"死"。也可以是结果蕴含原因，如例（25），"败了屋"是结果，渠做什么导致这个结果被蕴含。如上述吕叔湘先生所提的端正态度、严格纪律均是结果蕴含原因。

考察分析型与词汇型使成式，两种不同的使成式也构成了直接原因与间接原因的对立。比较例句存在的语义差异：如例（10）"老师话"与"渠哭"之间可以理解为直接原因，也可以是间接原因。理解为直接原因的情况，比如老师说的时候语气重，而"渠"感到委屈或很恐惧。间接原因可以在老师说了一些事情，与"渠"相关，而"渠"可以是因为受感动而哭，也可以是出于其他原因而哭。直接原因较为典型的是例（24）你去化了糖。"糖"在正常条件下，必然因"化"的动作进行而导致"化"的结果。又如：

直接，必然/非必然：例（27）箇碗水烧人家哩。水烫不烫因人而异。

直接/间接，必然/非必然：例（13）渠上午跌破了头。可以有多种理解，比如直接跌破了头或跌的时候撞上石头破了头。相应地，也可以有必然与非必然的理解。

间接，非必然：例（4）你召女婿来修下看。召女婿与女婿来是间接的，女婿并不一定会来。

在分析过程中，显然存在着两个事件主体的自控度问题。Comrie

（1981，1989）均指出"典型的宾语是自控度较低的宾语"，并以"自控度"建立起"工具格 > 与格 > 宾格"等级。一般情况下，主语为典型的施事，其自控度要高于典型的宾语。自控度与生命度是两个不同的概念，生命度主要就意识、有生等语义特征而言，自控度是被使者对其产生的结果之间的主观控制而言。生命度高的个体可以有高的自控度，也可以有极低的自控度。就自控度的对比，以例（4）与例（24）为例，二者形成对立。例（4）中"女婿"对"来不来"可以依据自身主观的意愿，例（24）"糖"无意识，自控度极低。在例（33）中，"人家"对于"烟"的感觉也是低自控度。

与自控度相关的另一问题就是事件 1 主体的"意图"。意图的有无、强弱也不是绝对的对立。如例（2）"小李逼得娘拿钱买房子"，小李的意图就很强，（22）"你买个筷子挫人"，筷子无意图可谈。就总体倾向而言，分析型的主体意图要强于词汇型。意图性比较复杂的是"异根交替"型。这一类型的使成式，事件 1 主体可以是意图性较高的成分，也可以是意图性较低的成分。如南昌话中：

（34）我又冒想伤渠 _{我又没想伤他。}
（35a）渠故意伤爷娘个心。

因此，这一类型事件 1 主体的意图性并不确定，二者的关联度不高。如果把肯定与否定的因素排除掉，同样难以确定意图性的强弱。如：

（35b）渠伤了爷娘个心。

这一句可以是意图性强（故意）的理解，也可以意图弱（无意）的理解。同样英语中的"Tom killed Jack"也可以有相同的两种理解方式。汉语中的形态型使成式不丰富，就例（20）一类而言，"你"与"空抽屉"也是有两种理解。

（三）形式与意义的关系

Haiman（1983）和 Dixon（2000）均认为，使成式的形式与意义之间存在着象似性关系：直接致使义总是用更紧凑的语言形式表达，而间接致使义总是用不太紧凑的语言形式表达。也就是说，原因和结果的概念距离较远，那么形式较为松散；原因和结果的关系较为密切，那么使成式的形式也较为紧凑。南昌方言中的使成式也可以根据形式与意义的这种对应关系，建立下面的连续统：

直接原因 － 间接原因
自控度低 － 自控度高
意图性低 － 意图性高

形态型/异根交替　　　　　词汇型　　　　　　　　　　分析型
名词－形容词－不及物动词－及物动词 ｜ 述补型－动介型－兼语型－"得"字型

这种差异可以表述为动作发出者对动作的控制程度的区别，如"在床上跳"和"跳（在/到）床上"。控制程度越强的语义结构中，二者的语义关系越密切，结构也就越紧凑；控制程度越弱的则相反。

但是在南昌方言中，有一种"X人"式的复合词现象，较为特殊："人"对"X"的控制程度极低。这就需要进行深入分析了。

三　南昌方言中的"X人"

（一）"X人"鉴别框架与X类别

比较普通话与赣方言的使成式，较有类型价值的是"X人"现象。对于在其他方言中的"X人"，前人已有较为深入的描写。胡双宝（1984）、刘瑞明（1999）、胡海（2002）、罗昕如（2006）等进行了论述。赣方言中的"X人"也有相关的研究成果，陈昌仪（1991：364）中描写了"X人"现象。总体看，对于"X人"的研究论题逐步深化，从较早时期集中讨论其语法性质是词还是词组（短语），逐步深入到X有哪些类别、语义形成机制等问题上。

对于南昌方言中"X人"现象，熊正辉《南昌方言词典》记录了"曹人、烦人、羞人、漾人、触人、坠人、痨人、咬人、溚人、笑人、爱人"等，并指出这些词中的"人"字都轻读，声母异变为 n，而"人"在其他正常情况下，声母是 l。

张燕娣（2007：154）记录了"羞人、烦人、吓人［嚇人，熊正辉1982（2）：68］、痒人、急人、烧人、冰人、革人、溚人、咬人、磨人、气人、胀人、镂人、晒人"等"X 人"形式的词。

除上述例子外，南昌方言中还有：

挦人：黏人，难以摆脱。

炕人：身体感觉到热。

足人：食物吃太多。

闭人：令人喘不过气的感觉。

撑人：食物吃太多无法再吃下去。

夹人：衣服小而不舒服。南昌方言中有与湘方言相同的"箍人"。

挫人：衣物或器物有刺，感觉不舒服。

扎（tu^{k5}）人：戳人，类似"挫人"。

腻人（nia^{21}）：食物太甜或太油腻而感觉难受。

还有如"晒人、热人、烧人、胀人、累人、气人、烦人、急人、恼人、臭人、腥人、熏人、烟人、呛人、加人、辣人、酸人、咸人、苦人、干人、夹人、箍人、咬人、暗人、熬人、挤人"等，不再赘述。

"X 人"除了使动用法中的"感知"义外，还有构成施受关系的用法。为了区别，本文采用的鉴别框架如下：

X 人：使人感觉（很）X

下面五例均不能表达为"使人感觉 X"。

掸 dɛ^{t5}人：傲慢而不理会别人。　　＊使人感觉掸

贼 tsɛ^{t5}人：欺骗人。　　　　　　　＊使人感觉贼

捏 nie^{5}人：要弄别人。　　　　　　　＊使人感觉捏

佮 kɔ^{5}人：与别人合作。　　　　　　　＊使人感觉佮

捱 ai^{44}人：拖延别人。　　　　　　　＊使人感觉捱

在南昌方言中，X 可以有名词、名形兼类、动词、动形兼类与形容词几个类别。

名词：烟

名形兼类：冰

动词：扎、夹、箍、撑、挦、咬、吓、磨、烦、气、恼、熏、呛、暗、熬、挤、炕

形容词：潲、腻、镂、热、胀、累、急、臭、腥、辣、酸、咸、苦、干

形容词与动词兼类：烧、晒

（二）"X 人"的句法功能

南昌方言中"X 人"可以进入"X 人 + 个 + N"、"S + 副词 + X 人"、"X + 死 + 人"、"X + 得 + 死 + 人"、"X + 得 + 人 + 死"。如：

炕人：（好）炕人个床　床好炕人　炕死人　炕得死人　？炕得人死

烟人：好烟人个厨房　厨房好烟人　烟死人　烟得死人　？烟得人死

腻人：好腻人个肉汤　肉汤好腻人　腻死人　腻得死人　？腻得人死

上述各例中，"炕得人死"的用法只在青年人中得到认可，老年人中不被认可。

"X 人"的复杂形式可以直接做述语。如：

（36）新买个竹床子挫人。

新买个竹床子好挫人。

新买个竹床子挫死人。

新买个竹床子挫得死人。

熊正辉《南昌方言词典》与张燕娣《南昌方言词汇》所列"X 人"均具有上述功能。

"X 人"表达的意义，可以总结为："人（家）"并不需要对形容词或动词引发的"事件"做出后续反应，而只是表达主观感受。这种主观感受常常是生理上的反应。具体而言，其内部可以分为三类。

当 X 是形容词 A 时，整个结构表达的意义是"说话人认为某事物具备了 A 的性质，使人感受到 A"。

当 X 是动词 V 时，该动词往往是心理、生理反应类动词，整个结构表达的意义是"某事物使人感受到了 V"。

当 X 是名词 N 时，整个结构表达的意义是"说话时所处环境中 N 的性质使人感到不舒适"。

（三）类型学视野下的"X 人"

通过上述观察，"X 人"的语义特征可以总结为：

A. 原因事件主体的意图性低。结构中的主体 1 往往是无生命、无意图的事件或事物。

B. 结果事件主体自控度低。这和该结构主要表达的是主体的生理或心理直接反应有关。

C. 该结构表达的原因与结果的关系十分密切，是原因导致的直接结果，或者是通过强调二者的"必然"来强调原因的特征。

关于"X 人"的性质，陈昌仪先生定性为"词组"，罗昕如、张燕娣等主张为"词"，导致这种界定困难的原因也可以从类型上得到解释。如前所述，词汇型与分析型之间构成的连续统，及物动词词汇型与述补分析型的界限较模糊。如：

（37）你去晒干衣服。

（38）渠塞了许只瓶子。

渠塞得了许只瓶子。

及物动词词汇型在和表结果的"得"组合后，在形式上就与述补分析型使成式趋同。

"X 人"的命题可以分化为"事件"（某物具有某性质）和"结果"（该性质使人感受或产生反应）。这两个命题的关系在汉语中可以有多种策略。如上述的使用"使动词"、"使动词"虚化为介词是一种。还可以把小句主语提升为宾语，如：

（39）渠打伤了我。——渠打得我受了伤。两个命题是：渠打，我伤。

（40）老师骂哭了渠。——老师骂得渠哭了。两个命题是：老师骂，渠哭。

如果不出现事件 1 中的动作，就产生了"老师烦透了我"（使我烦透）这种价变现象。在这种方式的基础上，如果要表达某事物的客观性质致使说话人产生某种相关的评价时，句子在形式上就表现为使用同一个表客观性质的形容词兼表评价意义。如：

　　水冰　　　人感觉冰　　　——水　　　人感觉冰　　　——水冰人

　　筷子有刺　人感觉会被"挫"——筷子　人感觉会"挫"——筷子挫人

　　房间有烟　人感觉烟熏人　　——房间　人感觉烟　　　——房间烟人

　　句法上的这种压缩是"可别度"原则的体现。在"水冰死人"结构中，"人"由于是自知，其可别度等级很高，有很强的前置倾向；同时"冰"所表达的动作及性质是表达的焦点，因而有较强的后置倾向。这样形成效用相同的两种"力量"，一个积极向后，一个积极向前，结果最终是结合越来越紧密。

参考文献

陈昌仪：《赣方言概要》，江西教育出版社 1991 年版。

侯精一：《长治方言志》，语文出版社 1985 年版。

侯精一、温端政：《山西方言调查研究报告》，山西高校联合出版社 1993 年版。

胡海：《宜昌方言"X 人"结构的分析》，《三峡大学学报》2002 年第 2 期。

胡双宝：《文水话的自感动词结构"v＋人"》，《中国语文》1984 年第 4 期。

刘海章：《湖北荆门话中的"V 人子"》，《语言研究》1989 年第 1 期。

刘瑞明：《方言自感动词"V 人"式综述》，《汉字文化》1999 年第 3 期。

刘瑞明：《方言自感动词"V 人"综述》，《汉字文化》1999 年第 3 期。

罗昕如：《湘语中的"V 人"类自感词》，《湖南师范大学学报》（社会科学版）2006 年第 5 期。

宛新政：《现代汉语致使句研究》，浙江大学电子音像出版社 2005 年版。

熊正辉：《南昌方言词典》，江苏教育出版社 1995 年版。

熊正辉：《南昌方言词汇（一）》，《方言》1982 年第 4 期。

熊正辉：《南昌方言词汇（二）》，《方言》1983 年第 1 期。

张燕娣：《南昌方言词汇》，中国社会科学出版社 2007 年版。

戴维·克里斯特尔著，沈家煊译：《现代语言学词典》，商务印书馆 2000 年版。

Comrie, Bernard, *Language Universals and Linguistics Typology* (2ⁿd sedition), Chicago: University of Chicago Press, 1989. 中译本：沈家煊：《语言共性和语言类型》，北京大学出版社 2010 年版。

Comrie, Bernard, *Causatives and Universal Grammar*, Transaction of the Philogical Society，Volume 73，Issue 1，1974.

　　Shibatani：*The Grammar of Causative C. onstruction*：*a Conspectus*，Masayoshi.

　　Shibatani：Syntax and Semantics：The Grammar of Causative Constructions，Volume 6，
Academic Press，1976.

项目基金

2009 年度教育部人文社会科学研究项目"汉语状语标记的类型比较研究"
（09YJC740039）。

作者简介

刘小川，南昌大学客赣方言与语言应用研究中心助理研究员、人文学院中国语言
文学系讲师，华中师范大学语言学及应用语言学专业博士（在读）。

江西莲花赣语的"把得"

新余学院 曾海清

摘 要：江西莲花赣语的"把得"可以用来表示被动，可以用于陈述句、疑问句、祈使句、感叹句四大句类中。江西莲花赣语中的"把得"一词是由两个同义动词词汇化而来的。江西莲花赣语中的"把得"句在一定的语境中会有表主动和表被动的歧义。

关键词：江西莲花赣语；"把得"句类；句式；词汇化；歧义

莲花县位于江西省西部，罗霄山脉中段，井冈山北麓，东北与安福县接壤，东南与永新县毗邻，西南与湖南省茶陵县、攸县相连，北面与芦溪县交界。总人口 24.9 万，县政府驻地在琴亭镇。莲花县隶属于江西省萍乡市（1992 年划归萍乡，之前隶属于吉安市）。莲花方言隶属于赣方言吉安—茶陵片，它是笔者的母语，文中有关莲花方言的例子均以实地调查和内省式调查而得。

江西莲花方言的"把得"[$pa^{53}tɛ^{44}$] 既可以用来表示被动，可以用于陈述句、疑问句、祈使句、感叹句四大句类中。

本文将着重讨论莲花方言"把得"的使用情况和语用价值。

一 "把得"被动句的语气类型

莲花方言"把得"被动句既可用于单句中，也可用于复句中。就单句的语气类型来说，既可用于陈述句中，也可用在疑问句、祈使句中。本文只讨论用于单句中的情况。

（一）陈述句

莲花方言"把得"被动句，主要用于陈述句中，其否定形式是在被动标记"把得"之前加否定标记词"冇"，起否定动作行为发生的作用。肯定句，会在动词后出现实现体标记"呱"，或在句末出现实现体标记"哩"，转换为否定句时，去掉"呱"或"哩"。如：

（1）衣服把得叫化子偷呱去哩。——衣服冇把得叫化子偷去。
（2）渠把得强盗打哩。——渠冇把得强盗打。

需要指出的是，普通话完成体标记"了"这个词在莲花方言中分化成了"哩"和"呱"两个词，它们的相同点是都能表示动作行为的完成，如以上两例。"呱"和"哩"连用组合成"呱哩"，相当于普通话"了$_1$+了$_2$"，如"甲：你吃哩饭么？乙：我吃呱哩"。"呱"和"哩"的不同点有：①"呱"还有"过、完、掉"等表示结果的意义，如"我刚洗呱衣服"，"哩"没有。②"呱"可表示将来完成，"哩"不能，如"我明日洗呱衣服后再来看你"中的"呱"不能换为"哩"。③"呱"没有普通话语气词"了"的用法，而"哩"可用于句尾，相当于普通话的语气词"了"。

（二）疑问被动句

普通话疑问句可通过句末语气助词表示，如"你吃了饭吗？"、"你干嘛呢？"。莲花方言表示被动的疑问句是通过语气助词"么"来表示。疑问被动句包括是非问、特指问、正反问、选择问等四种。

1. 是非问被动句

莲花方言是非问被动句是在陈述句末尾加语气助词"么"构成，如果去掉语气助词"么"就成了陈述句。回答是非问被动句，只能对整个命题作肯定或否定答复。如：

（3）小明屋里个钱把得贼偷光哩么　小明家的钱被贼偷光了吗？
（4）鱼仔哩把得老鼠吃呱哩么　小鱼被老鼠吃掉了么？

莲花方言是非问被动句又可称为然否问句，可用"是、嗯、对"或"冇、□lě"等作肯定或否定回答。

2. 特指问被动句

莲花方言特指问被动句是用疑问代词表明疑问点，希望对方就疑问点作出答复。疑问代词分为两种：问事物时用"咋个"或"咋个东西"，问人时用"哪个"，它们都可以问施事，也可以问受事，如：

（5）鱼仔哩把得咋个吃哩小鱼被老鼠吃掉了么？——咋个把得老鼠吃哩什么被老鼠吃了？

（6）鞋把得哪个偷去哩鞋子被谁偷走了？——哪个把得狗咬哩什么被狗咬了？

此两例中每一例的前一句的未定信息是施事，因此疑问点主要在施事；后一句的未定信息是受事，因此疑问点主要在受事。说话者希望对方就疑问点作出答复。

3. 正反问被动句

莲花方言正反问被动句有两种格式：

A、附加问，跟普通话一样，先用一个陈述句说出，再后加"是不是"的问话形式。如：

（7）渠把得贼打哩是不是他被小偷打了，是不是？

（8）鱼仔哩把得老鼠吃呱哩是不是小鱼被老鼠吃了，是不是？

莲花方言这种正反问被动句是对已然情况发问，肯定回答用"是"，否定回答用"冇/□lě"。

B、是在被动句中的"动结"式动补短语后加否定副词"冇"或"□lě"来提问。如：

（9）钱把得渠弄光冇/□lě 钱被他弄光没有？

（10）书把得渠撕破冇/□lě 书把得他撕破没有？

莲花方言用于句尾的"冇/□lě"分析为正反问句是站得住脚的，原因有：① "VP 冇/□lɛ̌" 是 "VP 冇/□lɛ̌ VP" 的省略形式；② "冇/□lɛ̌" 和普通话"没有"相当，如以上两例。

"VP 冇/□lɛ̌" 是对已然情况发问，疑问点不针对动作行为本身，而针对动作行为的结果，即补语部分是疑问的焦点。肯定回答用"VP 哩（VP 了）"，否定回答用"冇/□lɛ̌"或"冇/□lɛ̌ VP"。

4. 选择问被动句

莲花方言选择问被动句是用复句的结构提出两种看法供对方选择，用"是，还是"连接分句。如：

（11）米是把得鸡吃呱哩，还是把得鸭吃呱哩米是被鸡吃了，还是被鸭吃了？

（12）你个银行卡是把得贼偷走哩，还是跌呱哩呢你的银行卡是被贼偷走了，还是丢掉了？

（13）崮栋土屋是风吹倒哩呢，还是把得别个推倒哩这栋土屋是风吹倒了呢，还是被别人推倒了？

莲花方言选择问被动句的特点有：1. 前后选项之间需用关联词"是、还是"连接。2. 前后项可以都用被动句，如例（11）；也可前项用被动句，后项不用，如例（12）；也可后项用被动句，前项不用，如例（13）。3. 可不使用疑问语气词，只使用语调，如例（11）；也可使用语气词"呢"，如例（12）和例（13）；4. 并列的选项必须是两项。

5. 祈使被动句

莲花方言祈使被动句是用请求、劝阻的语气来表示被动的意义，通过否定标记词"不要"组成否定句形式，如：

（14）你不要总是把得渠欺负你不要总是被他欺负。

（15）钱好生摒好，不要把得人家偷呱去哩钱好好藏好，不要被人家偷走了。

以上两例都带有提醒、劝阻的意味，语气较平缓。

莲花方言上述所有的"把得"被动句中的双音节被动标记词"把得"都可以换成单音节被动标记词"得"。莲花方言单音节被动标记词"得"

是由动词"得"虚化而来的。"得"字作动词在共同语中有"得到"的意思，但它在莲花方言中却常常有"给予"的意思，相当于共同语中的"给"（莲花方言中没有"给"字），把它记作"得₁"。如：

（16）我把两本书得你我给两本书给你。

（17）阿姨把哩崗多糖得乃哩吃阿姨给了很多糖给小孩吃。

二　莲花方言双音节被动标记词"把得"

（一）"把"和"得"分开用，都是作动词

"把"字本来是一个动词，"用手握住"的意思，意思跟"拿"相当。如：

（18）张三总是把苹果得李四张三总是拿苹果给李四。

此句中的"把"字是动词，"拿"的意思，但是莲花方言中另有一个动词"拿"，句中"把"字的意义比较虚灵，确切地讲应该是"给"的意思，跟"给"的"给予"义基本相当了；"得"也可以认为是动词，相当于普通话的"给"，"给予"的意思。因此，此句中的"把"和"得"是两个独立的动词。其实此句也就是"张三总是给苹果给李四"的意思。这是莲花方言双宾句的表现形式，即"主语＋把＋指物宾语＋给＋指人宾语"。又如：

（19）快把饭得叫花子快给饭给叫花子。

（二）"把"和"得"结合用，是两个同义词的词汇化

"把"和"得"结合用，"把得"仍然作动词用，如：

（20）崗一箱苹果我要把得张三，不把得李四这一箱苹果我要给张

三，不给李四。

莲花方言的单音节被动标记"得"的前边还可以带一个"把"字，组成双音节被动标记"把得"。正因为这样，所以在有些句子中"把得"一词有歧义。如：

(21) 甲：干鱼哪里去哩。
乙：把得猫吃呱哩。

乙回答的句子"把得猫吃呱哩"有两种意思：

①我给猫吃掉了。可以认为句中的"我"字在对话中省略掉了，这就是一个一般主动句，"把得"保留了动词的用法，"给"的意思。"把得"的词义主要体现在"把"字上，但"得"字不能省略，省略"得"字就成为"把"字句了，"（干鱼）把猫吃掉了"这不合乎事理。表示这种意义时，如果动作的发出者不是对话人自身即"乙"，就必须把施事者说出来，如"大姐把得猫吃呱哩"。

②给（被）猫吃掉了。这就是一个被动句，"把得"的词义主要体现在"得"字上。表示被动时"把"字可以省略不用，"得猫吃呱哩"也是"给（被）猫吃掉了"的意思，并且只能表示被动，没有歧义了。

莲花方言中还有较多的给予动词和"得"结合的词，如"送得"、"拿得"、"让得"、"交得"，这些词语都能够用在一般主动句中，"送"、"拿"、"让"、"交"仍然保留其动词意义，"得"相当于普通话中的"给"，"给予"的意思。如：

(22) 肉我要送得老师吃肉我要送给老师吃。
(23) 爹爹把包子拿得奶奶吃爹爹把包子拿给奶奶吃。
(24) 姐姐总是把好吃个让得弟弟姐姐总是把好吃的让给弟弟。
(25) 学习委员日日把作业交得老师学习委员天天把作业交给老师。

莲花方言只有"把得"能用来表示被动，"送得"、"拿得"、"让得"、"交得"都不能用来表示被动，原因在于被动标记"把得"中"把"的意义已经虚化，基本失去了动作含义，而"送得"、"拿得"、

"让得"、"交得"中的"送"、"拿"、"让"、"交"仍然是动作动词。再如：

（26）肉把得老鼠吃呱去哩肉给老鼠吃了去了。

"把"和"得"单独作动词时，都是"给"的意思，莲花方言中"把得"一词是两个动词性同义语素的连用，它们之间存在一个互相解释的关系。因此我们认为莲花方言这种"把得"是由两个同义动词"把"和"得"词汇化的结果。"把"和"得"词汇化所产生的"把得"有两种用法：一是作动词，意义实在，相当于共同语的动词"给"；二是作介词，意义虚灵，相当于共同语的介词"给"。

汉语共同语中由两个古汉语同义的词词汇化为一个词且词性和词义相当于原来的每一个词的例子很多，如"道路"（由两个同义名词组成），"聚集"（由两个同义动词组成），"自从"（由两个同义介词组成）。

（三）莲花方言双音节被动标记"把得"的来源

我们认为莲花方言动词"把得"用在一般主动句的用法可能是古代汉语的遗留。如：

（27）不是自家硬把与他，又不是自家凿开他肚肠，自放在里面。（《朱子语类·贺孙》）

（28）子路须是有个车马轻裘，方把与朋友共。（《朱子语类·植》）

（29）去床底下拖出一件物事来把与娘看。（元《闹法樊楼多情周胜仙》）

"与"字在先秦文献中就已出现，"给"字至迟在元代产生，之后逐步取得了优势地位。今天的莲花方言中没有"与"字，也没有"给"字，上面两例中的"把与"相当于莲花方言中的"把得"。

莲花方言双音节被动标记"把得"是从动词"把得"虚化而来的。由于莲花方言缺乏古代文献，只好借用古代汉语同义的"把与"（古代汉

语中无"把得")的例子来证明。如:

> （30）女衫把与儿妇穿去了，男衫因打折时被灯煤落下，烧了领上一个孔。老身嫌不吉利，不曾把与亡儿穿，至今老身收着。（元话本《苏知县罗衫再合》）
>
> （31）咱当初也生过几个孩儿，因你无有乳食，不过三朝都把与人家养活，如今都也长成。（清·西周生《醒世姻缘传》）

莲花方言双音节被动标记"把得"相当于共同语中的"把与"就是在"受事＋把得＋施事＋动补结构"这样的结构中虚化来的。如:

> （32）猫把得狗咬死哩猫给狗咬死了。
> （33）肥肉把得老鼠吃呱哩肥肉给老鼠吃了。

需要着重说明的是：我们查阅了北京大学 CCL 古代汉语语料库共收集了使用"把与"的例句约 200 个，从中知道"把与"一词最早使用于北宋，结束于清朝，"把与"从始至终是作动词用，并没有像莲花等方言那样虚化为被动标记。至于其中的原因我们将另文论述。

三 莲花方言和鄂东方言"把得"被动句的比较

经我们调查：同莲花县邻近的永新方言、安福方言有着与莲花方言"把得"被动句完全一致的用法，因此没有比较价值。聂小站（2005）提到湖南益阳方言中的"把得"被动句，范新干（2003）提到湖北通山方言中的"把得"被动句，詹伯慧（2001）提到过湖北鄂东方言有"把得"被动句。陈淑梅 2003 年在《日本中国语学研究》的《开篇》第 24 期上发表了《鄂东方言"把得"被动句》一文，非常具体地论述了鄂东方言（鄂东方言包括湖北省黄冈市所辖的九个县市的方言，即黄州市、麻城市、武穴市、红安县、罗田县、英山县、浠水县、蕲春县、黄梅县，文中有关鄂东方言的例子均由陈淑梅教授提供）的"把得"被动句。现在我们摘其要点来与莲花方言的"把得"被动句作个比较，以求对方言中的"把得"被动句有个较全面的认识。

1. 莲花方言中的"把得"句有时会有表主动和表被动的歧义，鄂东方言只表被动

莲花方言中的"把得"相当于现代汉语的"给"，主要是做介词用，但还保留着动词的语法功能，因此莲花方言使用"把得"的句子可能会有歧义，如："旧鞋把得要饭个拿呱去哩"，既可表示"旧鞋给（被）要饭的拿了去了"（被动句），也可表示"旧鞋（我）给要饭的拿了去了"（一般主动句）。而当句子有明显不如意、不愉快的感情色彩时，"把得"句只表示被动，如"李四两只脚把得狗咬哩"，只表示"李四两只脚给狗咬了"，无歧义。

2. 莲花方言和鄂东方言"把得"被动句都只表达不如意、不愉快的感情色彩

莲花方言"把得"被动句只表达不如意、不愉快的感情色彩，不能用于表达褒义感情色彩。如：普通话可以说"他被北京大学录取了"，莲花方言只能用主动句"渠考取哩北京大学"来表达。除非你是北京大学之外的一所名牌大学的招生处的成员，才可以使用被动句"渠把得北京大学录取哩"，这句子表达的也是不如意、不愉快的感情色彩，即他被北京大学录取了对他们学校来说是一种损失。

鄂东方言的"把得"被动句，也只能表示不愉快、不如意的事情。如："钱把得人家捞去了。（钱被人家偷去了。）"

需要特别指出的是，莲花方言和鄂东方言"把得"被动句只表达不如意、不愉快的感情色彩是就整个被动句的意义而言的。

莲花方言和鄂东方言"把得"被动句到今天都只能用来表示不愉快、不如意的事情，这就从一个侧面反映了汉民族共同语被动句式用于褒义场合是后起的，而且很可能是受了异族或外国语言影响的结果。

四　余论

莲花县绝大多数人口是由吉安移民来的，莲花方言隶属于赣方言吉安—茶陵片，这早已成为定论。东晋至宋元时期来自中原的南迁移民，曾在吉安地区驻足、停留、繁衍，继而南迁入闽、粤。吉安地区由于所处特殊的地理位置，成为各个历史时期南北移民、东西移民的中转站。宋元和清初，赣北、赣中向湖南东北、湖北东南、鄂东、安徽南部、福建移民，

带去了赣语,并形成了今天赣方言的分布格局。鄂东南的大冶、通城、监利一带属于赣语大通片。

另外,《中国语言地图集》(第二版)A2 图认为赣语还见于陕西,分布在南部商南、丹凤、山阳、镇安、安康五个县市的一些乡镇,使用人口在 32 万以上。不过也有学者把这些地方的方言认定为江淮官话。可见赣语跟江淮官话关系比较紧密。

因此,我们有理由认为莲花方言肯定与黄冈市所辖的九个县市的方言(属江淮官话)有着千丝万缕的联系,但基于主客观各方面的原因,目前少有人对这方面进行研究。希望本文能起到抛砖引玉的作用。

参考文献

陈淑梅:《鄂东方言的"把得"被动句》,《日本中国语学研究〈开篇〉》2003 年第 24 期。

董秀芳:《词汇化与语法化的联系与区别——以汉语史中的一些词汇化为例》,《21 世纪的中国语言学》,商务印书馆 2006 年版,第 12—13 页。

范新干:《湖北通山方言的"把得"被动句》,《汉语被动表述问题研究新拓展——汉语被动表述问题国际学术研讨会论文集》,2003 年。

刘纶鑫等:《客赣方言比较研究》,中国社会科学出版社 1999 年版。

聂小站:《益阳方言"把得"一词的用法》,《和田师范专科学校学报》(汉文综合版)2005 年第 3 期。

石毓智:《语法化的动因与机制》,北京大学出版社 2006 年版。

熊正辉、张振兴:《汉语方言的分区》,《方言》2008 年第 2 期。

詹伯慧:《汉语方言及方言调查》,湖北教育出版社 2001 年版。

中国科学院语言研究所:《中国语言地图集》(第二版),商务印书馆 2012 年版。

作者简介

曾海清,新余学院文学与新闻传播学院教授,安徽大学汉语言文字学专业博士,学位论文《现代汉语同语式全方位研究》(2011)。

赣语上高话处置、被动共用标记"畀"研究

宜春学院　罗荣华

摘　要：赣语上高话中的"畀"语法功能多样，有动词、介词用法；"畀"可用于使役句、处置句和被动句中。"畀"的本义为"给予"，后引申为"容许"义和"使让"义动词。"畀"由"容许"义动词语法化为表"被动"义的介词，构成被动式；"畀"由"使让"义的动词语法化为表"处置"义的介词，构成处置式。

关键词：上高话；畀；处置式；被动式

一　汉语方言处置、被动共用同一标记现象综述

被动式和处置式是汉语的两种重要句式，它们之间存在着密切关系。从结构上看，它们标记的恰好是一对相反的语法成分：被动式标记的是施事名词，处置式标记的是受事名词。从功能上看，两种句式之间可以根据语用的要求相互转换，比如"花瓶被他打碎了"可以说成"他把花瓶打碎了"。汉语的各个方言都有被动式和处置式，但是这两种句式的表现形式、使用频率、表达功能都存在一定的差异。这两种句式的语法标记的词汇来源在不同方言中也存在这样那样的差异。赣语宜春片的处置式标记主要有"拿"、"把"、"畀"，被动式标记主要有"讨"、"等"、"被"、"畀"，有些方言点的处置式或被动式同时存在几个标记，这是方言接触的结果。一般说来，使用频率高和使用人群的年龄偏大的语法标记是该方言固有的、底层的语法成分，与之相反的语法标记，则是方言接触或受普通话的影响所致。宜春片中，多数方言点处置式和被动式使用不同的语法

标记，但在万载、上高、袁州、丰城等地有一个标记"畀"既可以用来引介受事表处置，也可以用来引介施事表被动。最早关注到处置式、被动式共用同一标记现象的是朱德熙（1982：179），他早就注意到北京话中的"给"既可以引出施事，又可以引出受事。徐丹（1992）进一步指出"给"的这种身兼二职的用法，在北京话的口语中尤为常见，并且开始注意到南方方言也有类似的例子。伍云姬（1999）考察了湖南境内107种方言发现，在湘南双语区的益阳话、双牌话、郴州话、蓝山话、江永话、嘉禾话、宜章话、宁远话、临武话、常宁话、冷水江话、汝城话12种方言中，都存在处置标记和被动标记同形的现象。黄伯荣（1996）、黄晓雪（2006）、赵葵欣（2012）等均有报道。石毓智、王统尚（2009）也指出：同一方言处置式和被动式共标记的现象在地域上分布十分广，包括山西、河南、山东、湖北、湖南、江西、安徽、江苏等地区的方言，并不限于某一大方言区，是汉语方言的一种十分普遍的现象。例如：

（1）我拿之吓甲一跳。

A：（我把他吓了一跳。）（处置句）

B：（我给他吓了一跳。）（被动句）（湖南汝城，黄伯荣，1996）

（2）A：你快点把渣滓倒了他。（处置式）

B：蛮好的东西都把他糟蹋了。（被动式）（武汉方言，赵葵欣，2012）

（3）A：渠把谷割脱着。（处置式）

B：衣裳把在风吹跑着。（被动式）（安徽宿松方言，黄晓雪，2006）

（4）A：把喉咙哇破了将喉咙喊哑了。（处置式）

B：山上的树把人砍光了山上的树被人砍光了。（被动式）（鄂东方言，陈淑梅，2001）

（5）A：把衣服洗一下。（处置式）

B：把蛇丫咬一口。（被动式）（江西萍乡方言，魏钢强，1998）

（6）A：拿得扇门锁得。（处置式）

B：我拿□［so³¹］打爪一餐我被他打了一顿。（被动式）（涟源方言，吴宝安、邓葵，2006）

石毓智、王统尚（2009）在全面分析了汉语方言处置式、被动式语法标记的基础上指出：汉语方言中兼表处置式和被动式的语法标记最常来自"给予"义的动词（有45种方言的处置式是由"给予"类动词发展而来，48种方言的被动式是由"给予"类动词发展而来），约占85%，其他来源较少。赣语上高话中的"畀"①也是"给予"类动词，符合汉语方言语法化规律。

二 "畀"的功能分布

"畀［pai²¹³］"在上高话中的用法很多，有动词、介词用法，可以表使役、处置和被动。下面探讨"畀"的共时分布。

（一）"畀"为动词

"畀"为"给予"义动词时，可以构成简单动宾句、双宾语句和连动句；"畀"为"使让"、"容许"义使役动词时，可以构成使役句。

1. 畀 + 宾语

"畀"后接单宾语，有两种句式：一是"S + 畀 + O"；二是"S + 畀 + 给 + O$_{间接宾语}$"。"给"［ku³¹］是引进与事的介词。例如：

(7) 老张畀泼过细女 老张送掉了小女儿。

(8) 炒菜少畀忽唧盐 炒菜少放点盐。

(9) 箇几旧衣裳畀泼过 这些旧衣服送掉了。

(10) 箇几菜畀给我 这些菜送给我。

(11) 箇本书你又不要过，畀给我吧 这本书你又不要了，送给我吧？

(12) 我畀给渠，渠又不要 我送给他，他又不要。

2. 畀 + 双宾语

由"畀"所构成的双宾语句有两种句式：一是"S + 畀 + O$_1$（直接宾语） + O$_2$（间接宾语）"；二是"S + 畀 + O$_1$ + 给 + O$_2$"。后一格式是

---

① 《上高县志》（1990）、《万载县志》（1990）的方言章节中把"畀"记为"摆"，《中国方言地图集（语法卷）》（2008）也把表被动的标记记为"摆"，我们认为本字应为"畀"。

在直接宾语后加上介词"给"引进与事（即直接宾语）。后一句式比前一句式更常用，应该是上高方言固有的表达方式，前一句式可能是受现代汉语共同语双宾语结构类推作用所致，但语序还是保留了上高方言"直接宾语"在"间接宾语"之前的语序。例如：

（13）你畀本作文书阳阳 你送本作文书给阳阳。
（14）畀张票我 给我一张票。
（15）我畀过蛮多钱给渠 我送了很多钱给他。
（16）老张畀台电脑给我 老张送一台电脑给我。

3. 连动句

"畀"还可以用在连动结构中的 V_1 位置上，构成"S（施事）+ V_1（畀）+ N_1（受事）+（给）+ N_2 + V_2"句式。例如：

（17）婆婆畀过蛮多糖籽（给）我喫 奶奶送了很多糖果给我吃。（连动句）
（18）渠畀过一只手机（给）我用 他送了一部手机给我用。（连动句）
（19）渠畀过一瓶酒（给）老王喫 他送了一瓶酒给老王喝。

如果"畀"后的宾语是有定的，它可以用于句首作话题主语，"畀"的施事主语在句中也可以不出现，构成"$S_{受事}$（+$N_{1施事}$）+ V_1（畀）+ 给 + N_2 + V_2"的句式，例如：

（20）糖籽（婆婆）畀给我喫咯 糖果是奶奶送给我吃的。
（21）箇瓶酒（老王）畀给我喫咯 这瓶酒是老王送给我吃的。
（22）箇几现饭（你）畀给狗喫 这些剩饭倒给狗吃。
（23）箇件衣裳（你）畀给我着一日吧 这件衣服送给我穿一天吧。
（24）衣裳（你）莫畀给渠洗 衣服别送给他洗。

"S（施事）+ V_1（畀）+ N_1（受事）+（给）+ N_2 + V_2"句式还可以简省为"V_1（畀）+ N_1（受事）+ V_2"连动结构，即省去"给 +

N₂"。该结构往往使用在说话者向对方祈求或要求某物的祈使句中。例如：

（25）畀件衣裳着_{给件衣服穿}。

（26）畀本书看_{给本书看}。

4. 使役句

使役句又称致使句，江蓝生（2000）指出："所谓使役，是指动词有使令、致使、容许、任凭等意义。"冯春田（2000）认为："使役句式兼语句式的一种，第一个动词是'使（令）、教（交）、让'之类表示使役意义的动词。"上高方言的使令动词一般是"让"（使令、使让）、"尽"（任凭），但表示"容许"义一般用"畀"。由"畀"构成的"容许"义使役句式是："畀_{容许}＋N（给予对象/V 的施事）＋V"。该句式的 N 既是"畀"给予动作终点，又是后面动作的施事。例如：

（27）阳阳做正过作业，畀渠看电视_{阳阳做完了作业，让他看电视}。

（28）我咯电脑畀你用_{我的电脑允许你用}。

（29）箇张车你畀我开，我也不会开_{这辆车你让我开，我也不会开}。

（30）箇瓶酒莫畀老张喫正过_{这瓶酒别让老张喝完了}。

（31）姆妈畀哥哥上网，不畀我上网_{妈妈让哥哥上网，不让我上网}。

上高方言中的"使令、使让"义使役句一般用"让"，但有时候也可用"畀"。由"畀"构成的"使让"义使役句式是："畀_{使让}＋N＋V"。N 一般是"畀"的受事，又是 V 的施事，但也有受事的。例如：

（32）你畀秧苗长到六寸再打药_{你让秧苗长到六寸再打药}。

（33）你畀渠瞌下唧纽，莫喊渠_{你让他睡一会儿再说，别叫他}。

（34）老天莫落雨呀，畀箇几谷晒燥过再落雨_{老天爷别下雨呀，让这些谷子晒干燥了再下雨}。

例（32）、例（33）的 N（"秧苗"、"渠"）是 V（"长"、"瞌"）的施事，例（34）的 N（箇几谷）是 V（晒燥）的受事。

（二）"畀"为处置式语法标记

"畀"构成的处置式有狭义处置式、致使义处置式、广义处置式三类。例如：

(35) 我畀废纸卖泼过我把废纸卖掉了。

(36) 渠畀钱包跌泼过他把钱包丢掉了。

(37) 挑担谷就畀你累成箇样，体力不够呀挑担谷子就把你累成这样，体力不够呀。

(38) 这几日畀我累死过，日日写东西这几天把我累死了，天天写材料。

(39) 我畀渠看成贼牯咧我把他看成了小偷了。

(40) 城里人畀狼看成狗城里人把狼看成了狗。

例（35）、例（36）为狭义处置式，例（37）、例（38）为致使义处置式，例（39）、例（40）为广义处置式。

（三）"畀"为被动式语法标记

"畀"后引进施事，构成"（S）+畀+N（V 的施事）+VP"句式。该句式多表示不如意、意外语义。例如：

(41) 我咯车唧畀老李开走过我的车子被老李开走了。

(42) 渠畀老师批评过一顿他被老师批评了一顿。

(43) 我畀骗唧手骗走过上万块钱我被骗子骗走了上万块钱。

(44) 渠畀蜂子叮过一口他被黄蜂叮了一口。

(45) 盅子畀渠打烂过杯子被他打碎了。

普通话的被动句，"被"字后面可以省略施事。"书被他撕破了"可以说成"书被撕破了"，而在上高话中，则一定要说"书畀渠撕烂过书被他撕烂了"，施事"渠"不可省略。

三　"畀"的语法化

从上高方言"畀"的共时分布可知，"畀"既是处置标记，同时也可以表示使役和被动。"畀"的这些用法是从"给予"义动词语法化而来，下面将详细考察"畀"的语法化轨迹。

"畀"的本义是"给予"。《说文》："畀，相付与之。"《尔雅·释诂下》："畀，予也。"《诗经·鄘风·干旄》："彼姝者子，何以畀之。"又《小雅·信南山》："畀我尸实，寿考万年。"朱熹注："畀，与也。"上高方言里"畀"也有"给予"义，如"老张畀台电脑给我_{老张送一台电脑给我}"；并进一步引申出"馈赠"，如"箇件衣裳你不穿过，畀给我吧_{这件衣服你不穿了，送给我吧}?"

（一）"畀"字给予句

动词"畀"可以出现在两种句式里。①"NP₁ + 畀 + NP₂"；②"NP₁ + 畀 + NP₂ + NP₃ + V₂"。

"NP₁ + 畀 + NP₂"句式中的"畀"一般不能光杆动词，后面要有完成体标记词"泼"、"过"等；如果是双宾语，一般还需要借助"给"引进与事（间接宾语），构成"NP₁ + 畀 + NP₂ + 给 + NP₃与事"（NP₁是施事主语，NP₂是直接宾语，NP₃是间接宾语）。例如：

（46）老张畀泼过细女_{老张送掉了小女儿}。

（47）小张畀过一瓶酒给老张_{小张送了一瓶酒给老张}。

"NP₁ + 畀 + NP₂ + NP₃ + V₂"句式是连动双宾语句，但在上高方言中间接宾语往往需要借助介词"给"引进，构成"NP₁ + 畀 + NP₂（ + 给）+ NP₃ + V₂"句式。例如：

（48）小张畀过一瓶酒（给）老张喫_{小张送了一瓶酒给老张喝}。

（49）小张畀过一本书（给）老张看_{小张送了本书给老张看}。

（50）小张畀过一千块钱（给）老张用_{小张送了一千块钱给老张用}。

"NP₁ + 畀 + NP₂（ + 给）+ NP₃ + V₂"句式的主语 NP₁若隐去的话，NP₂则可以作为话题出现在句首，这样就成了"NP₂ +（NP₁）+ 畀（ + 给）+ NP₃ + V₂"。例如：

　　（51）一瓶酒（小张）畀（给）老张喫_{一瓶酒（小张）送给老张喝}。

以上双宾连动句的语义重心在 V₂上，"畀"的动词性减弱，变成了次要动词，这为"畀"语法化为使役动词提供了必要的句法环境。

（二）"畀"字使役句

如果"NP₂ +（NP₁）+ 畀（ + 给）+ NP₃ + V₂"句式中的"NP₂"、"给"进一步隐去，该句式简缩为"（NP₁）+ 畀 + NP₃ + V₂"。介词"给"的隐去让该句式重新分析为使役句成为可能。例如：

　　（52）（小张）畀老张喫_{一瓶酒（小张）送给老张喝一瓶酒}。
　　（53）（我）畀渠看_{给他看}。

"畀 + NP₃ + V₂"句式与使役句"畀 + NP（给予对象/V 的施事）+ V₂"表层形式相同，"畀"后的"NP₃"或"NP"是个兼语，既是"畀"的受事，又是 V₂的施事，这两个句式语义关系也大致一样，都可以看作兼语句。当 V₂是及物动词时，在使役句的类推作用下，"畀"由实在的动作行为动词义"给予"虚化为情态义"容让、允许"，"畀_给 + NP₃ + V₂"也可以重新分析为"畀_让 + NP（给予对象/V 的施事）+ V₂"。如"畀老张喫_{给老张吃}"、"畀渠看_{给他看}"可以重新分析为"畀老张喫_{让老张吃}"、"畀渠看_{让他看}"。这样，"畀"字给予句变为使役句，"畀"也就由"畀₁（给予）"变为"畀₂（让）"。

蒋绍愚（2003）在研究古代汉语给予动词语法化为使役标记时曾经指出，给予义动词能出现在"N₁_{施事} + V₁_{给予义动词} + N₂_{给予对象/V2的施事} + V₂"结构中，且必须出现在这种结构中，给予动词才能发生使役化。上高方言的"畀"正好出现在这一结构中，所以得以使役化。例如：

　　（54）我畀阳阳謉_{我让阳阳玩}。

（55）爸爸畀阳阳去爸爸让阳阳去。

上例的"阳阳"既是"畀"的给予对象，又是"襮"的施事，"畀"就发生了使役化，即由"给予"义向"容许"义转化。

上高话的使役句经典句式为"（N$_{1施事}$）＋V$_{1畀}$＋N$_{2给予对象/V2的施事}$＋V$_2$"。这一句式的 N$_{1施事}$ 可以出现，也可以隐含，但必须是施事；N$_2$ 必须是"畀"的受事，又是 V$_2$ 的施事；V$_2$ 可以是及物动词［如例（52）、例（53）］，也可以是不及物动词。我们再举两例不及物的。

（56）老师畀我坐落去老师让我坐下去。
（57）队长畀我人休息队长让我们休息。

（三）"畀"字被动句

使役句式"（N$_{1施事}$）＋V$_{1畀}$＋N$_{2给予对象/V2的施事}$＋V$_2$"中的"V$_2$"一般是个"VP"结构，"VP"可能是个动宾结构（V$_2$＋O），O 是 V$_2$ 的受事。这个使役句式可以表示为："N$_{1(施事)}$＋畀$_{容许义}$＋N$_{2(给予对象/V2的施事)}$＋V$_2$＋O$_{受事}$"。例如：

（58）我畀阳阳喫酒我允许阳阳喝酒。
（59）爸爸畀阳阳晓得箇件事爸爸让阳阳知道这件事。

根据汉语的特点，主语往往可以隐去，而受事却可以作为话题出现在句首，这样，就成了"O$_{受事}$＋（N$_{1施事}$）＋畀$_{容许义}$＋N$_{2(给予对象/V2的施事)}$＋V$_2$"。例如：

（60）酒（我）畀阳阳喫酒我允许阳阳喝。
（61）箇件事（爸爸）畀阳阳晓得这件事爸爸让阳阳知道。

使役句与被动句的主要区别在于"畀"前的名词性成分是施事还是受事，使役句是施事，被动句是受事。如果使役句［如例（58）、例（59）］"畀"前施事隐去，V$_2$ 的受事 O 又移位至句首，这就符合了被动句的句法结构和语义关系。因此，该句式可以做两种理解：1. V_2 的受事 O 后隐含 $N_{1施事}$，整句可理解为使役句；2. V_2 的受事 O 后没有隐含 $N_{1施事}$，且句末出现相关附加成分（如"完成体标记"、"补语"等）整句可理解为被动句。例如：

（62）A：箇件事（爸爸）畀阳阳晓得这件事爸爸让阳阳知道。（使役句）

B：箇件事畀阳阳晓得过这件事被阳阳知道了。（被动句）

据洪波、赵茗（2005）研究，使役范畴的使役强度连续统大体可分为三个等级，命令型（高强度使役）、致使型（中强度使役）和容让型（弱强度使役）。其中只有容让型使役动词才能被动介词化。上高方言的"畀"符合这一条件，因此，"容许"义使役动词"畀"在"$O_{受事}$ + 畀$_{容许义}$ + $N_{2（给予对象/V2的施事）}$ + V_2"句式中完成了被动介词化。例如：

（63）箇瓶酒畀阳阳喫泼过这瓶酒被阳阳喝掉了。

（64）渠畀蜂子叮过一口他被黄蜂叮了一口。

蒋绍愚（2003）在研究"给"字句由使役转化成被动时指出：使役句中的兼语"乙"通常只能是表人或动物的名词，所以由此转化来的被动句中的施动者"乙"也只能是人或动物；而一般被动句"N + 被 + 乙 + V"中的"乙"可以是人或动物，也可以是无生命的事物。这最后一点差别是通过类推而消除的：当这种由使役转化来的"给$_3$"被动句使用得越来越多的时候，语言的使用者就逐渐忘记了它是由"给$_2$"的使役句转化而来的，而觉得它和一般的被动句一样。

上高话中的"畀"字使役句转化成被动句与"给"字句一样，在一般被动句的类推作用下，"$N_{2（给予对象/V2的施事）}$"由有生命的人或动物逐渐拓展到无生命的事物。例如：

（65）渠咯手畀刀割破过他的手被刀割破了。

（66）西瓜畀水浸杀过西瓜被水浸死了。

（67）线车唧咯胎畀钉唧戳破过自行车的轮胎被钉子刺破了。

　　"畀"字被动句完成成熟的标志是 V_2 后附加完成体标记"过"，因为使役句一般是表示让某人做某事，"做某事"往往是未实现的，所以 V_2 后面一般不能用完成体标记"过"；而被动句（特别是肯定性的被动句）往往是对一种已实现的事情的陈述，是已然态，所以 V_2 后面一般要加完成体标记"过"。

　　赵葵欣（2012：205）指出：凡是从使役发展而来的被动标记都不能省去施事，比如现代汉语共同语的"叫、让"也是这样。上高话的"畀"字被动句是由使役句发展而来，"畀"后的施事是不能省去的。这正好印证了这一结论。

　　"畀"字被动句语法化链条为：畀_{给予}→畀_{容让}→畀_{被动}

（四）"畀"字处置句

　　曹茜蕾（2007）研究了闽、粤、赣、吴、客等十类汉语方言后指出：在汉语方言里，宾格标记有三个主要来源，（1）"拿"和"握"一类意思的动词，（2）"给"和"帮"一类意思的动词，（3）伴随格。其中"给"和"帮"义动词语法化为宾格标记的路径是：给/帮 > 受益格（beneficiary）标记 > 直接宾格标记。众所周知，给予义动词可以发展为与格标记和受益格标记（Newman，1996）。在汉语方言里，这一类意义的动词位于连动式的 V_1 位置时，在语法化的第一阶段，会虚化为受益格标记"为了"、"代表"、"替"。在某些汉语方言中，"给予"义动词或"帮助"义动词，可以从受益格这个阶段，进而发展为宾格标记。

　　考察上高方言的"畀"的共时用法，没有发现"畀"的受益格用法。因为当"畀"后接间接宾语时，往往要借助介词"给"，构成"畀 + 给 + $O_2 + O_1$"或"畀 + O_1 + 给 + O_2（V_2）"（O_1 为直接宾语，O_2 为间接宾语）。例如：

　　（68）畀给我一本书送给我一本书。

　　（69）拿/畀许本书畀给我把那本书送给我。

　　（70）畀本书给我送本书给我。

　　（71）畀瓶水给我喫送瓶水给我喝。

　　从以上几例可看出，上高方言中已经存在受益格标记"给"，当

"畀"要引进间接宾语，就一定要借助"给"，"畀"在句中一直作为重要动词使用，因此无法发展成受益格标记。

上高方言的动词"畀"语法化为表处置用法是不是还有另外的途径呢？王健（2004）在讨论"给"字句表处置的来源时指出，处置标记"给"的来源可能有两个：一个来源于介词"给（为、替）"，当"给"后的成分不局限于受益者的时候，后面动词的受事就有可能占据"给"后的位置，从而使"给"的功能发生转化；另一个来源于表示使役的"给"，当"给 + NP + VP"中的"NP"不是后面"VP"的施事时，"给"就有了表示处置的可能。这一论述给我们启示，上高方言处置式"畀"可能也是来自表使役的"畀"。前面我们考察了"畀"字使役句，有"容许"义使役句和"使让"义使役句两种用法，其中"畀"的被动用法是由"容许"义使役句发展而来，那"使让"义使役句就极有可能发展出处置用法。

上高方言中由"畀"构成的"使让"义使役句式是："畀$_{使让}$ + N + V"。例如：

（72）你畀秧苗长到半尺再打药你让秧苗长到半尺再打药。

（73）你畀渠瞌下唧纽，莫喊渠你让他睡一会儿再说，别叫他。

（74）老天莫落雨呀，畀箇几谷晒燥过再落雨老天爷别下雨呀，让这些谷子晒干燥了再下雨。

前面我们已经分析了 N 既可以是施事，也可以是受事。当 N 是受事时，其句法结构与语义关系与一般处置式相同，"畀"就有了表示处置的可能。例如：

（75）渠咯一席话畀我感动过他的一席话使/把我感动了。

（76）风浪畀船沉泼过风浪使/把船沉掉了。

（77）今阿落大雨畀渠留下来过今天下大雨使/把他留下了。

（78）你莫畀手机掉到地上你别使/把手机掉到地上。

分析以上例子我们可以发现，从语义上说，"畀"后的"N"都是后面"V"的受事，这里的"畀"既可以理解为"使令"义，也可以理解为"处置"义。近代汉语许多"把"字句都有"致使"的意思。

蒋绍愚（1997）认为，表"致使"的"把"字句是在表"处置"的"把"字句的基础上，通过功能扩展形成的。王健（2004）的观点与此相反，表"处置"的"给"字句也有可能是在表"致使"的"给"字句的基础上形成的。到底何先何后，恐怕不是那么容易判别清楚的。我们通过"畀"字处置式来源的考察，证明了"畀"字处置式来源于"畀"字"使让"义使役句。

从"使让"义使役句发展而来的"畀"字处置句又可称为"致使义处置句"，例如：

（79）这几日畀我累死过，日日写东西这几天把我累死了，天天写材料。

受一般处置句功能的类推作用，"畀"字处置句也就扩展至一般处置、认为当作义处置等。例如：

（80）渠畀手机跌烂过他把手机摔坏了。
（81）我畀渠当成老板咧我把他看成老板了。

"畀"的语法化链条为：

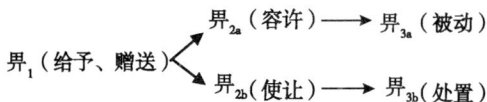

$$\text{畀}_1\text{（给予、赠送）} \nearrow \text{畀}_{2a}\text{（容许）} \longrightarrow \text{畀}_{3a}\text{（被动）}$$
$$\searrow \text{畀}_{2b}\text{（使让）} \longrightarrow \text{畀}_{3b}\text{（处置）}$$

参考文献

曹茜蕾：《汉语方言的处置标记的类型》，《语言学论丛》（第三十六辑），商务印书馆 2007 年版。

曹志耘：《汉语方言地图集（语音卷、词汇卷、语法卷）》，商务印书馆 2008 年版。

冯春田：《近代汉语语法研究》，山东教育出版社 2000 年版。

洪波、赵茗：《汉语给与动词的使役化及使役动词的被动介词化》，沈家煊、吴福祥、马贝加主编《语法化与语法研究（二）》，商务印书馆 2005 年版。

黄伯荣：《汉语方言语法类编》，青岛出版社 1996 年版。

黄晓雪：《方言中"把"表处置和表被动的历史层次》，《孝感学院学报》2006 年第 4 期。

江蓝生：《近代汉语探源》，商务印书馆 2000 年版。

蒋绍愚：《"给"字句、"教"字句表被动的来源——兼谈语法化、类推和功能扩展》，吴福祥、洪波主编《语法化与语法研究（一）》，商务印书馆 2003 年版。

蒋绍愚：《把字句略论——兼论功能扩展》，《中国语文》1997 年第 4 期。

上高县史志编纂委员会：《上高县志》，南海出版公司 1990 年版。

石毓智、王统尚：《方言中处置式和被动式拥有共同标记的原因》，《汉语学报》2009 年第 2 期。

《万载县志》编纂委员会：《万载县志》，江西人民出版社 1988 年版。

王健：《"给"字句表处置的来源》，《语文研究》2004 年第 4 期。

伍云姬：《汉语方言共时历时语法研讨论文集》，暨南大学出版社 1999 年版。

徐丹：《北京话中的语法标记词"给"》，《方言》1992 年第 1 期。

赵葵欣：《武汉方言语法研究》，武汉大学出版社 2012 年版。

朱德熙：《语法讲义》，商务印书馆 1982 年版。

项目基金

江西省社会科学研究"十二五"（2012 年）规划项目"语言接触视角下的赣西北客赣方言语法比较研究"（12YY07）；江西省高校人文社会科学研究 2013 年度规划基金项目"语言接触视域中的赣语宜春片语法研究"（YY1324）。

作者简介

罗荣华，宜春学院文学与新闻传播学院副教授，南京大学汉语言文字学专业博士，学位论文《古代汉语主观量表达研究》（2008）。

新邵湘语的极性程度助词"不过"

江西师范大学　周敏莉

摘　要： 新邵湘语的极性程度助词"不过"可用在程度词及其短语后表示程度深，也可用在一些不能受程度副词修饰的非程度词及其短语后强调高程度，形成的"VP 不过"主要有意愿类和单纯强调类。近代汉语中也有"不过"作程度补语的现象。新邵话助词"不过"说明湘语中存在形容词、动词及其短语直接后附程度标记的现象，且是唯后置型程度标记。

关键词： 新邵湘语；极性程度；助词；不过；唯后置型

湘语新邵话否定副词"不"有文读音［pu˥］和白读音［n̩˥］。因此"不过"也有两种读音［pu˥ ko˥］和［n̩˥ ko˥］，含文读音的"不过"作副词和连词，用法与普通话相同。含白读音的"不过"可作为词组在句中作谓语，表示"不经过、不通过"的意思如例（1）；也可作动补结构的补语，"V 不过"表示"不能 V 过"，"过"也有"经过、通过、超过"等意思如例（2）。

（1）咯这只车不过湘潭，直接到长沙［ko˩ tsa˥ tsʰɛ˥ n̩˥ ko˥ ɕiaŋ˥ dã˩, tsʰ˥˩ tɕiɛ˥ tau˥ zaŋ˩ sa˥］。

（2）只一条略这么点儿宽唧嘅的路，我嘅的车开不过［tsa˥ ko˩ kʰuaŋ˥ tɕi kɛ lu˥, ŋo˩ kɛ tsʰɛ˥ kʰai˥ n̩˥ ko˥］。

本文要讨论的是含白读音的"不过"的助词用法，即只能位于动词、形容词及其结构后，表示某方面的程度极高，而且伴随着极强的肯定语气。

一 程度词/短语 + "不过"

尹世超（2006）提出了程度动词的概念，认为在词汇层面上，能受程度副词修饰的动词性词语是程度动词，反之，则为非程度动词。为了下文分析的方便，我们把词汇层面上能受程度副词修饰的词/短语称为程度词/短语，反之，则为非程度词/短语。一般来说，性质形容词和心理动词是比较典型的程度词，都能后附助词"不过"，表示程度极高。

（一）形容词及其短语 + "不过"

能进入"X + 不过"结构的形容词主要是性质形容词和感受形容词。性质形容词没有正负面意义或单双音节的限制，如"懒不过、勤快不过；哈傻不过、灵性聪明不过"等。感受类形容词表示外界给人的一种整体不良感觉，主要是"V 人"类自感形容词，它们可形成"晒人不过、辣人不过、冻人不过"等。"形容词 + 不过"结构与"程度副词 + 形容词"的句法功能相当，除了充当谓语外，还可充当补语、定语、状语等，如：

（3）滴些字写倒得潦草不过［ti˥ zcareless字写倒得潦草不过 ［ti˥ z̩ ɻ çie˩ tau diau˩ tsʰau˩ n̩˥ ko˥］。

（4）妹妹欢喜不过唧嗯地行走咕哩了 ［mei˥ mei faŋ˥ çi˩ n̩˥ ko˥ tçi kɛ ɤən˩ ku li］。

新邵话中"形容词 + 不过"前不能再加程度副词"再、最、好"等，这说明与普通话的"再/最 X 不过"中的"不过"相比，该方言中的"不过"语法化程度更高。性质形容词"好"用于动词前，"好 VP"表示"容易 VP"，可附加"不过"表示"容易的程度高"，如"门好开不过"表示"门很容易开"；相反的表达有"难 VP 不过"，如"作文难写不过"表示"作文很难写"。此外，"好 VP 不过"还可表示"很适宜于进行VP"，如：

（5）屋里好看书不过，冇没哪个谁吵其他 ［u˥ li xau˩ kʰā˩ çy˥ n̩˥ ko˥, mau˥ la˩ ko˥ tsʰau˩ tçi˩］。

（二）程度动词及其短语＋"不过"

1. 心理动词及其短语＋"不过"

心理活动动词可以直接后附"不过"，也可以带宾语后再加"不过"，"不过"语义上指向心理动词，表示动作的程度很深，如例（7）"欢迎你来参观不过"表示"特别欢迎你来参观"。

（6）哥哥喜欢看电影不过［ko˥ko ɕi˩ faŋ˥ kʰã˩ diɛ˩ in˩ n̩˥ ko˥］。

（7）我偍们学校欢迎你来参观不过［ŋo˩ li so˥ ɕiau˩ faŋ˥ in˩ n̩˩ lai˩ tsʰã˥ kuaŋ˥ n̩˥ ko˥］。

2. V 得（O）＋"不过"

由能性半自由动词"得"构成的"V 得（O）"结构有"能 V"的意思，"V 得（O）不过"表示某方面的能力特别强，如：

（8）嗯只那个细唧小孩吃饭吃得不过，一餐吃得三碗［n̩˩ tsa˥ ɕi˥ tɕi tɕʰia˥ va˩ tɕʰia˥ ti n̩˥ ko˥, i˥ tsʰã˥ tɕʰia˥ ti sã˥ uaŋ˩］。

（9）爹爹坐得车不过，坐几个小时唧没邪事问题。［tia˥ tia zo˩ titsʰɛ˥ n̩˥ ko˥, zo˩ tɕi˩ ko˥ ɕiau˩ zɿ˩ tɕi mau˥ ɕia˩ zɿ˩］。

能力强体现在与动词相关的数量、时量或程度等方面，如"眯眼闭睡觉眯得不过"是说人睡觉能睡很长时间，且睡眠质量很不错；"读书读得不过"是说善于学习，成绩很好；"坐得车不过"是说能长时间坐车，坐车一点也不觉得累等。

3. 其他

"有 NP 不过"相当于普通话的"很有 NP"，NP 一般是"本事、经验、能力、办法、钱"等名词，如：

（10）你哥哥有本事不过［n̩˩ ko˥ ko iəu˩ pən˩ zɿ n̩˥ ko˥］。

一些程度动词如"兴流行、像、浪费、适合、照顾"等，也能直接后附或带上宾语后再加"不过"表示程度高，如例（12）"兴<u>流行</u>穿短裙不过"表示很流行穿短裙。

　　（11）其他长倒得像其他娘不过〔tɕi˩ tsaŋ˩ tau ɕiaŋ˥ tɕi˩ ȵiaŋ˩ n̩˥ ko˥〕。

　　（12）今年子兴<u>流行</u>穿短装不过〔tɕin˥ ȵiɛ˩ tsʅ ɕin˥ tɕʰyɛ˥ taŋ˩ tsaŋ˥ n̩˥ ko˥〕。

二　意愿类"VP 不过"

　　新邵方言中有一些非程度动词在词汇层面不能受程度副词"好、蛮"等修饰，可是日常口语会话中却可后附"不过"，表示与"程度高"相关的意义。非程度词及其短语构成的"VP 不过"分为两大类：意愿类和单纯强调类。

　　意愿类"VP 不过"表示意识愿望的强烈程度，它又可以分为两类，一类是 VP 中的 V 本身就是表示意识愿望的非程度动词；第二类是普通的非程度动词。

（一）肯 VP 不过/敢 VP 不过

　　意识愿望有程度差别，这样的动词后附"不过"时，表示意识愿望的强烈程度，如助动词"肯、敢"在本方言中虽不能受程度副词的修饰，但可后附"不过"强调高程度，"不过"语义上指向"肯、敢"等，如：

　　（13）我崽只要有吃，肯一个人在屋里不过〔ŋo˩ tsai˩ tsʅ˥ iau˥ iəu˩ tɕʰia˥, kʰən˩ i˩ ko˥ zən˩ zai˩ u˥ li˩ n̩˥ ko˥〕。

　　（14）姐姐_{夜头时节}夜晚连_{一点儿}也不怕，敢出去走不过〔tɕia˩ tɕia ia˥ lo ɕiɛ˩ kɛ liɛ˩ n̩˥ pʰa, kã˩ tɕʰy˥ tɕʰiɛ˩ tsəu˩ n̩˥ ko˥〕。

（二）要 N P 不过/要 VP 不过哩

　　实义动词"要"后可以跟"不过"表示能愿的程度高，如：

（15）咯滴这些旧书我要不过，莫甩扔咕掉哩了 [ko˩ ti˥ ɕiəu˩ ɕy˥ŋo˩ iau˥ n̩˩ ko˥, mo˥ ɕya˥ ku li]。

助动词"要"也可表达意愿，"要 VP 不过哩了"表示在说话时刻，某种意愿的迫切程度。

（16）滴些客客人要行走不过哩了 [ti˥ kʰɛ˥ iau˥ ɣən˩ n̩˥ ko˥ li]。

当然，助动词"要"还可以表达义务和认识。因此"要 VP 不过哩了"还可表示在说话时刻，某种需要或将要发生某事的迫切程度。如：

（17）要落雨不过哩了 [iau˥ lo˥ y˩ n̩˥ ko˥ li]。

（三）用于答句中的意愿类"动作动词＋不过"

普通的非程度动词（如动作动词"卖、等、去"）一般不能受程度副词的修饰，但当它们表示将然动作且用在答句里时，可后附"不过"。这时"VP 不过"表示在说话人看来，句子主语具有极强的实施某动作的意识愿望，意义大约相当于"肯定愿意 VP"。如：

（18）A：厂里工资低，你妹妹去不去唵啊 [tsʰaŋ˩ likuŋ˥ tsɿ˥ ti˥, n̩˩ mei˥ meitɕʰiɛ˩ n̩˥ tɕʰiɛ˩ ã]？
B：其她去不过嘞，工作连一点儿都不好找在咯里这里 [tɕi˩ tɕʰiɛ˩ n̩˥ ko˥ lei, kuŋ˥ tso˥ liɛ˩ n̩˥ xau˩ tsau˩ zai˩ ko˩ li]。

这类句子的后续句多说明缘由，有时说话人主语与句子主语重合，再如：

（19）A：咯这只袋子五块钱你卖不卖 [ko˩ tsa˥ dai˩ tsɿ˩ u˩ kʰuai˩ ɕiɛ˩ n̩˩ mai˥ n̩˥ mai˥]？
B：我卖不过唵啊，只气只可惜冇得没有人来买得 [ŋo˩ mai˥ n̩˥ ko˥ ã, tsɿ˥ tɕʰi˩ mau˥ tɛ˥ nɛ˩ lai˩ mai˩ ti]。

普通非程度动词一般是单音节自主动作动词。根据马庆株（1992），这类动词"从语义上说是能表示有意识的或有心的动作行为的"，而意识愿望是有程度差别的，这是自主动词能后附"不过"的语义基础。其语用基础是处在对将然事件进行发问的语境里，否定词"不"含有主观意愿性，先行问句"V不V"实际已含有对句子主语是否具有施行某个动作的意愿的发问，且当主语加上单独的动作动词构成简单句时，动作动词表示还没发生的事，含有意愿性（聂仁发，2001）。

三 单纯强调类"VP不过"

（一）强调惯常行为的高倾向性或特征的典型性

人或事物的习惯、习性或典型的特征是一种经常性的状态或行为，为了强调这种习惯、习性的高倾向性或特征的典型性，新邵方言通常在相关的动作动词后加"不过"表示，如例（20）"讲大话不过"表示"讲大话"是"他"的一大特点，"他"可能常常讲大话。例（21）"匪色褪色不过"表示这种布非常容易匪色褪色：

（20）莫信其他嗯那么多，其他讲大话不过嘅的 [mo˥ ɕin˥ tɕi˩ n̩˩ to˥, tɕi˩ kɑŋ˩ dai˩ va˩ n̩˥ ko˥ kɛ]。

（21）咯这只布匪色褪色不过 [ko˩ tsa˥ pu˥ fei˩ sɛ˥ n̩˥ ko˥]。

（二）充分肯定实现某种结果/位移的主观能力或客观条件

新邵方言带"得"的述补结构或述趋结构一般情况下不能受程度副词"好、很"的修饰，但是可以后附"不过"形成"V得OC不过、V得CO不过、V得C不过"等。例（22）的"不过"强调"钓得鱼倒到"，例（23）强调"拱钻得进"：

（22）我俚们舅舅钓得鱼倒到不过 [ŋo˩ li ɕiəu˩ ɕiəu tiau˥ ti y˩ tau n̩˥ ko˥]。

（23）咯这么大嘅的领口，只脑壳拱钻得进不过 [ko˩ dai˩ kɛ˩ lin

↓kʰəu↓, tsa˥lau↓kʰo˥kuŋ˥ti tɕin˥n̩˥ko˥］。

吴福祥（2002）指出"V 得 C"一般使用于：对具有实现某种结果/位移的主观能力或客观条件作出语气较轻、程度较低的肯定，或者说话人对具有某种结果/位移的可能性旨在作出一种客观的判断。可能性有程度的高低之分，"不过"在这里的作用就是把原本语气较轻、程度较低的肯定变为语气重、程度高的肯定，同时带上鲜明的说话人主观色彩。

（三）强调频率高

有些动作动词从语义上来看确实没有程度之分，但是语境激活了与动作相关的频率，因此"VP 不过"可表示 VP 的频率高，表示"不断地、不停地 VP"。例（24）"叫不过"有"叫个不停"的意思，例（25）"乍眼闭瞌睡不过"表示很想睡觉，不停地乍眼闭瞌睡。

（24）猪在栏猪圈里叫不过哩了［tɕy˥zai↓lã↓li tɕiau˥n̩˥ko˥li］。

（25）爹爹在嗯里那里乍眼闭瞌睡不过哩了［tia˥tia zai↓n̩↓li tsa˥ŋã↓pi↓n̩˥ko˥li］。

（四）强调程度高

有些状态动词句法上不能受程度副词的修饰，但这并不意味着语义上没有程度之分，如"认得认识、记得、晓得知道"实际上有印象深刻与模糊的区别的。汉语语法系统在标记这类词的程度时，选择了状态补语或状语，如"记得很清楚、清楚地知道"，或者后续小句"这个人我认识，经常见面的"。新邵方言中都可以后附"不过"来强调程度高。如：

（26）咯滴这些字我认得不过［ko↓ti˥zʅ↓ŋo↓zən↓ti n̩˥ko˥］。
（27）我屋里嘅的牛晓得回去不过［ŋo↓u˥li kɛ↓n̩iu↓ɕiau↓ti vei↓tɕʰiɛ↓n̩˥ko˥］。

四　近代汉语及方言中的助词"不过"

根据赵新（2000），"不过"作程度补语在近代汉语中就已出现：一是用于形容词之后，补充说明行为状态所达到的程度很高；二是用于动词之后，补充说明动作行为的频度很高。

（28）行者向前不能举步，退后又不能动脚，却便似在个桶里转的一般。无奈又暴躁不过，他急了，往上着实一跳。（《西游记》，转引自赵新，2000，下三例同）

（29）大奶奶是个心性高强、聪明不过的人，但聪明太巧，则不如意事常有。（《红楼梦》）

（30）其夫觉得有些风声，防闭严切，不能往来，狄氏思想不过，成病而死。（《初刻拍案惊奇》）

（31）薛倩道："遵官盘问不过，不敢不说。"（《二刻拍案惊奇》）

赵新（2000）还指出，普通话中"A不过"已变化为"再（最）A不过"，表示程度的"V不过"也已消失，大多数方言与之相同，但仍有方言中至今还保留着这些用法。王群生（1993）提到湖北某些方言中"不过"做程度补语的用法，如：

（32）放牛娃冷不过，就拼命地推磨子。（转引自王群生，1993，下同）

（33）麦子要割不过了。

（34）和尚和，没老婆，本想下山找一个，又怕师傅说不过……

关于汉语史上表示程度高的"不过"，沈家煊（2004）认为来源于带有负面意义或被动意义的动结式"VP不过"，如"支撑不过、被逼不过"等，整个动结式有"不能忍受、忍受不了"的意义。根据"不过量准则"和常识推导出隐含义：忍受不过去的事情一定是负面程度极高的事情，因此"不过"就获得了"程度最高"义。

五　助词"不过"的类型学价值

赵日新（2001）指出，现代汉语中形容词直接带程度补语而不用标记的现象有两种类型：北方型和南方型。北方型主要是"形补了"，没有"了"（或其相关形式）整个述补结构就不能成立；南方型不用"了"，是纯粹的程度补语零标记形式，即"形补"。不过，他认为南方型的"形补"式主要出现于徽语、吴语和闽语中。新邵话助词"不过"说明湘语中存在形容词、动词及其短语直接后附程度标记的现象，而且此程度标记是唯后置型程度标记。

参考文献

马庆株：《汉语动词和动词性结构》，北京语言学院出版社 1992 年版。

聂仁发：《否定词"不"与"没有"的语义特征及其时间意义》，《汉语学习》2001 年第 1 期。

沈家煊：《说"不过"》，《清华大学学报》（哲学社会科学版）2004 年第 5 期。

王群生：《荆沙方言中的"不过"补语句》，《中国语文》1993 年第 2 期。

吴福祥：《汉语能性述补结构"V 得/不 C"的语法化》，《中国语文》2002 年第 1 期。

尹世超：《说"太 + 非程度动词 + 了"格式》，《语文研究》2006 年第 2 期。

赵日新：《形容词带程度补语结构的分析》，《语言教学与研究》2001 年第 6 期。

赵新：《"不过"补语句的历史考察》，《语言研究》2000 年第 2 期。

［附记］本文曾发表于《牡丹江大学学报》2013 年第 10 期，经修改提交"首届赣鄱语言学博士论坛"（南昌·2013）宣读。

作者简介

周敏莉，江西师范大学文学院讲师，中国人民大学语言学及应用语言学专业博士，学位论文《新邵湘语助词研究》（2011）。

赣语永新方言的否定词和反复问疑问句

井冈山大学　龙安隆

摘　要： 永新方言的基本否定词是"唔"和"冇"。合音否定词可以找到它们的原形。"唔"和"冇"都来源于"无"。与普通话和赣中地区的代表性方言吉安话相比，永新话成员众多的否定词以及与否定词紧密相关的反复疑问句显得颇有特色。文章对永新话否定词的语义特征和语法功能进行了描写分析，并列出了由它们构成的反复疑问句形式。

关键词： 永新方言；赣语；否定词；反复疑问句

一　永新话否定词的读音

（一）基本否定词和合音否定词

永新赣方言否定词有"唔" $[\eta^{35}]$、"冇" $[mɔ^{35}]$、"咧" $[lie^{35}]$、"勒" $[le^{35}]$、"□" $[lě^{35}]$ 五个。本文称前两个为基本否定词，后三个为合音否定词。否定词" $[lě^{35}]$ "没有同音字可写，所以用"□"表示。为了行文方便，下文用声调不合的"壬"（永新话只有文读，读上声）代替。"咧"是"唔是"的合音，"勒"是"唔得"的合音，"壬"是"唔曾"的合音。另外还有一个词汇意义比较明显的"□" $[ŋɔ^{35}]$，用声调不相同的"熬"来记录，它是"唔好"的合音。语音上，它们的合音过程是：

咧 $[lie^{35}]$ ← $[nie^{35}]$ ←唔是 $[n^{35} + çie^{53}]$

勒 $[le^{35}]$ ← $[ne^{35}]$ ←唔得 $[n^{35} + te^{35}]$

壬［lẽ³⁵］←［nẽ³⁵］←唔曾［n³⁵ + tsʰẽ²¹³］

熬［ŋɔ³⁵］←唔好［ŋ³⁵ + hɔ⁵³］

以上四个否定词来源两字的合音的理由是：第一，这四个否定词都读阴平，并且读次浊声母 ŋ。四个否定词都读阴平，显然是来自"唔"的调值。第二，这四个否定词的本字不明，甚至连同音字都找不到。第三，"没有去"的否定表达，赣南的上犹、南康、安远、于都、龙南、全南、定南等地，都记作"吭曾"，是两个音节。"吭曾"就是"唔曾"，只是著者用字的不同。这是还没有合音时的否定形式，可作旁证。吉安河东在表达"没打着人"时，说"不能打到人"，"能"可能就是"曾"。"曾"边音化就成了"能"。第四，从反复疑问句中表达的反复意义看出，它们也应该是合音成分。反复疑问句的格式是：V（P）＋么（语气词起连接作用）＋否定词＋V（P），其中前面的"V（P）"与后面的"否定词＋V（P）"，意义上应该是对立的。据此可以知道它们是合音。比如：

唎：是么唎？（是不是?）"唎"是"唔是"的合音，与"是"相反。

勒：吃得么吃勒？（吃得还是吃不得?）"勒"是"唔得"的合音，与"得"相反。

壬：来里么壬？（来了还是没有来?）"壬"是"唔曾"的合音，与"里"（完成意义）的意义相反。

熬：好么熬？（好还是不好?）"熬"是"唔好"的合音，与"好"相反。

（二）"唔"、"冇"的来源

"唔"的本字应该是"无"。"唔"读阴平 ŋ³⁵，永新方言少数次浊平声读阴平，比如"拿 lã³⁵"、"鑢 lu³⁵ 铁锈"、"聋 ləŋ³⁵"、"蒙 məŋ³⁵ 动词"。遇摄合口一等少数字也有自成音节的，比如"吴 ŋ²¹³"、"梧 ŋ²¹³"、"五 ŋ⁵³"、"伍 ŋ⁵³"、"午 ŋ⁵³ 白读"，遇摄合口三等个别字也有自成音节的，比如"鱼 ŋ²¹³"。假定遇摄合口三等的"无"声母原来读 m，韵母脱落以后自成音节 m，后来进一步变成了 ŋ。今"唔"字是仿照"梧"、"吾"的音再加"口"字而成。从客、赣方言的用字看，同样意义的否定词有用"唔"的，也有用"呒"的，说明它们是后起的俗字，不是本字。

"冇"读阴平 mɔ³⁵，它的本字是另一白读的"无"。"冇"永新话与明母效摄开口一二等同声同韵，比如"毛 mɔ³⁵"、"冒 cɔ³³"、"帽 mɔ³⁵"、"茅 mɔ²¹³"、"卯 cɔ⁵³"。"冇"的本字就是"无"。南方方言当中，"冇"有的地方又作"冒"或"无"，而"无"就是它们的本字。宋人朱弁《曲洧旧闻》卷六记着故事："……（东坡）将上马云：'明日可见过，当具毳饭奉待。'父虽恐其为戏，但不知毳饭所设何物，如期而往……坡徐曰：'盐也毛，萝卜也无，饭也毛，非毳而何？'贡父捧腹曰：'固知君必报东门之役，然虑不及此也。'坡乃命进食，抵暮而去。世俗呼'无'为'模'，又语讹'模'为'毛'，尝同音，故坡以此报之。"

从上面这则故事可知，"无"与"毛"同音，"无"读"模"是白读音，"无"读"毛"是韵母的变化。永新话"冇"是一个俗字，造字的依据是反义词"有"。

二　否定词的用法与反复疑问句形式

（一）唔

1. "唔"的一般用法

相当于普通话的"不"，但是没有"不"那么自由。"唔"不能放在形容词前面，不能单独回答问题，只能放在自主动词前面。比如：

唔去（不去）	唔要去（不要去）
唔来格墙垱（不来这里）	唔同你话（不跟你说）
草唔吃屎唔屙（不吃草不拉屎）	唔卖里（不卖了）
唔去姐姐格里（不去姐姐家了）	唔养鸡里（不养鸡了）

以上例子都表达一种主观愿望，"唔"能与表达愿望的自主动词连用，不能与不表愿望的动词连用。比如：

＊唔眼醒（＊不醒来）／＊唔眠梦（＊不做梦）／＊唔听到（＊不听见）

2. "V 唔 V" 构成反复疑问句

与普通话 "V 不 V" 相类似，"V 唔 V" 构成反复疑问句。可以重复前一个音节，也可以重复前几个音节。比如：

(1) a. 来唔来？ b. 回唔回来？ c. 回来唔回来啦？

与普通话一样，"唔 V" 可以从 "V 唔 V" 拆出放在句末。比如：

(2) a. 吃开水唔吃开水？ →b. 吃开水唔吃？
(3) a. 洗脚唔洗脚？ →b. 洗脚唔洗？
(4) a. 看电影唔看电影？ →b. 看电影唔看？

"唔" 后面的动词可以省去，变成 "V 唔?"。并且同样可以在后面加上语气词 "啦"。比如：

(5) a. 来唔？ b. 回来唔啦？

"V 唔 V" 插入表示选择意义的 "么"，构成反复疑问句。它的结构是 "V 么唔 V"。可以出现这样两种形式。与普通话比较如下：

永新方言	普通话
肯么唔肯？	愿意还是不愿意？
洗脚么唔洗脚？	洗脚还是不洗脚？
洗脚么唔洗？	＊洗脚还是不洗？（洗不洗脚？）
肯么唔？	＊愿意还是不？（愿不愿意？）
洗脚么唔？	＊洗脚还是不？（洗脚不？）

上表的前三例可与普通话对应，比如 "肯" 对应 "愿意"，"么" 对应 "还是"，"唔" 对应 "不"。后三例不能与普通话对应，反映了永新方言的一部分形式中，重复部分显得比较自由。

(二) 冇

1. "冇" 作否定动词

"冇" 作为否定动词讲，相当于普通话的 "没有"，后可接名词性成分，也可以单独成句，成为一般疑问句和反复疑问句的答句。比如：

(6) a. 冇钱（没钱）。b. 冇味（没有滋味）。c. 冇水吃里（没有水喝了）。d. 冇一块钱。e. 冇一些味（没有一点滋味）。f. 冇一点水吃哩。

(7) ——有钱么？——冇

(8) ——有钱用么有钱用啦？（有没有钱用呀?）

　　　　——冇一分钱用哩。（没有一分钱用了）

有一固定结构"冇……就（或'也'）冇"，"就（也）冇"起的是强调作用，强调前面"冇"所带的内容。比如：

(9) 冇钱就冇。（钱都没有）

(10) 冇一块钱也冇。（一块钱也没有）

(11) 冇席困就冇。（睡觉的席子都没有）

(12) 冇条好席困也冇。（一条睡觉的好席子都没有）

2. "冇"作否定副词

"冇"作为否定副词讲，相当于普通话的"不"，后接动词或形容词，起修饰作用。不过，"冇"后面接动词时，意义与普通话有所不同。"冇"后接动词表示"情况不会发生"。

(1)"冇"后接动词，比较：

永新方言	普通话
冇去	不会去
冇叫	不会哭
今天冇开门	今天不会开门
冇哄你	不会骗你

"有 + 动词"表达的是"情况会发生"的意义，把"有 + 动词"加入进来与"冇"比较，"冇"表示的"情况不会发生"的意义显示得更加清楚。比如：

有 + 动词	冇 + 动词
今页有来（今天会来）	今页冇来（今天不会来）

有相信渠（会相信他）　　　冇相信渠（不会相信他）

有买等你（会买给你）　　　冇买等你（不会买给你）

有请你吃（会请你吃）　　　冇请你吃（不会请你吃）

有打电话等你（会打电话给你）　冇打电话等你（不会打电话给你）

有左话右话（会瞎说）　　　冇左话右话（不会瞎说）

"有"、"冇"后面分别接上动词性成分之后，构成反复疑问句①。比如：

（13）渠有唔讲理么冇（他会不会不讲理?）

（14）有做贼么冇（会不会做小偷?）

（15）伢里有唔听话么冇（孩子会不会不听话?）

（16）有呼屁么冇（会不会打呼噜?）

"你冇吃，渠有吃（不让你吃，让他吃）"、"你有去，渠冇去（让你去，不让他去）"之类的句子，"冇"具有"不允许"的意义。但是这类句子的使用不普遍，一是要成对出现（你、渠），二是多半用于对小孩的规约。一旦离开语境，这类句子还有歧义。比如"你有吃"还可理解为"富有不愁吃"。所以表示"不允许"意义的"冇"在永新话中使用非常有限。

（2）"冇"后接形容词，起修饰作用，相当于普通话的"不"。比如：

冇红（不红）　　　　　冇雪白（＊不雪白）

冇旺畅（不热闹）　　　冇胆大（不大胆）

冇灵范（不聪明）　　　冇诚确（不谨慎）

由"冇＋形容词"结构可以推断，"有＋形容词"结构中，"有"也是副词。比较：

冇＋形容词　　　　　　有＋形容词

冇清楚　　　　　　　　有清楚

---

① 从形式上看，"么"是一个选择意义的标记，可以看作是选择疑问句；从正反的角度看（"会不会"），又是反复疑问句。永新方言否定词与它的肯定形式同时出现在同一句中的时候，既像选择疑问句，也像反复疑问句。本文称它们为反复疑问句。

冇标致（不漂亮）　　　　有标致

冇冷　　　　　　　　　　有冷

冇班硬（不硬）　　　　　有班硬

冇可怜　　　　　　　　　有可怜

冇出老（不显老）　　　　有出老

同样，"有"、"冇"可以出现在同一个句子中，构成反复疑问句，比如：

（17）菜有孚咸么冇（菜咸不咸？）

（18）新来固个新妇有偏壮么冇（刚嫁过来的那个儿媳妇胖不胖？）

（三）咧

1. "咧"的一般用法

"咧"来源于"唔是"（不是）的合音，前文有述。"咧"后面可以接名词性词语、动词性词语和代词。比如：

咧固个人（不是这个人）　　　咧固栋屋（不是这栋房子）

咧话你（不是说你）　　　　　咧数固些（不是数这些）

咧格墙（不是这儿）　　　　　咧渠（不是他）

2. "咧"与"是"构成反复疑问句

"咧"与"是"是一对正反意义的词，可以置于一个话题的末尾，用于确定听话人的态度，或加强说话人的语气。比如：

（19）我格宝宝肚饥里，是咧（我的宝宝饿了，是不是？）

（20）下页唔要做固做里，是咧啦（以后别这样做了，是不是呀？）

"是"、"咧"不能直接组合放在句首或句中。如果要放在句首或句中，"是"、"咧"之间还要插入其他成分。比如：

（21）＊是咧固个人（是不是这个人？）

（22）是固个人么咧（是这个人还是不是?）

（23）＊你是咧去县里（你是不是去县城?）

（24）你是去县里么咧（你是去县城还是不是?）

"是"、"咧"构成的反复疑问句，"是"有时可省去。省去的条件是："是"作语气副词的时候。比如：

（25）（是）要去困里么咧（是不是想要睡觉?）（"要"前省去"是"）

（26）你（是）冇想去么咧了（你是不是不想去?）（"冇"前省去"是"）

3. "咧"与语气词"呀"构成反问句

反问句是"无疑而问"，用疑问句的形式表达肯定的内容。永新方言"咧"与语气词"呀"组合表达反诘语气。比如：

（27）咧你话里作数呀（不是你说了算?）（意思是"是你说了算"）

（28）固只禾镰咧在格头呀（那把镰刀不是在那边吗?）

（四）勒

"勒"是"唔得"的合音，"咧"是"唔是"的合音，是两个不同的词。比如下列词组中的"勒"、"咧"不能互换，也不能分别用"唔得"、"唔是"去替换"勒"、"咧"，说明它们基本上固定成型。

勒：勒做固（不要这样）＊咧迟到（"不要迟到"要说"勒迟到"）

咧：咧做固（不是这样）＊勒格（"不是这些"要说"咧格"）

1. "勒"用于祈使句中表示"劝阻"的意义

（29）勒迟到（不要迟到）。

（30）勒话里（别说了）。

（31）勒一下吃物（别全都吃了）。

（32）勒喊落渠来勒（别叫他来）。

2. "勒"续接动词作补语

作补语与用于祈使句的"勒"意义差别明显，作补语时的意义是"不能实现"，用于祈使句里表示"劝阻"。作补语时在一部分人当中，还可以听到"唔得"的说法。复杂补语中不能说"勒"，仍然要说"唔得"。比较：

作补语：吃勒/唔得（吃不得）；吃物勒/唔得（吃不完）

祈使句否定词：勒吃（别吃）；勒吃物（别吃掉）

复杂补语：吃物唔得格饭完（吃不完这些饭）；看唔得渠固个人到（看不到他这个人）

3. "勒"与反复疑问句

（33）吃得么吃勒（能吃还是不能吃？）

（34）做物得么做物勒能（做完还是不能做完？）

"勒"构成反复疑问句时，所构成的结构是一个能性补语。反复疑问句中的复杂补语仍然要说"唔得"，不能说"勒"。所谓复杂补语，是指"得"字后面还有补语，或"得"字后面有宾语。比如：

（35）担得起么担唔得起（能挑起还是不能挑起？）

（36）吃物得格菜么吃物唔得格菜啦（能吃完这些菜还是不能吃完这些菜呀？）

（五）壬

1. "壬"的一般用法

否定词"[lĕ³⁵]"因为是合音，又没有同音字可写，为了行文方便，暂用声调不合的"壬"来代替。"壬"用于动词前，否定所接动词的动作或状态。比如：

壬拿（没拿）　　　　壬长（没长大）　　　　壬想（没想）

还壬熟（还没熟）　　壬做整（没做好）　　　壬绑紧（没绑紧）

"壬"表示的意义是"没有实现"，与方言中表示"实现"意义的"里（了1）"相对。比如：

壬	里
壬吃（没吃）	吃里（吃了）
壬打到人（没打着人）	打到里人（打着人了）
壬开物去（没开走）	开物去里（开走了）
壬打得稀烂（没打烂）	打得稀烂里（打烂了）

2. "壬"与反复疑问句

"壬"构成反复疑问句时，要与"里"搭配，形成"未实现"——"已实现"的反复意义，"壬"与"里"之间像其他否定词一样，用"么"连接，基本形式是"V里么壬"。比如：

（37）来里么壬（来了还是没有？）

（38）来里么壬来啦（来了还是没有来呀？）

（39）写物里字么壬呃（写完字了还是没有呢？）

（40）你到底洗里衫衣么壬洗衫衣（你到底洗了衣服还是没洗衣服？）

永新方言中没有普通话的"V（单音节）没 VN"格式（"吃没吃饭"）。只有"V里 N 么壬"（"吃里饭么壬"）或"V里 N 么壬 VN"（"吃里饭么壬吃饭"）。由于"里"是表示"完成"，"壬"表示"未曾"，所以它们不能同时出现。比如：

　*烧里么壬烧火（普：烧没烧火）　　　*请里么壬请客（普：请没请客）

　烧里火么壬（烧了火还是没有？）　　请里客么壬（请了客还是没有？）

　烧里火么壬烧火（烧了火还是没烧火？）　请里客么壬请客（请了客还是没请客？）

（六）熬

"熬"是"唔好"（不好）的合音，用于动词之前，不能单独使用。由于"熬"有具体的词汇意义，所以使用范围比前面那些否定词要小得多。年轻人当中又有将它说成"冇好"（不好）的。

　　熬话（不好说）　　　熬行（不好走）　　　名声熬听（名声不好听）

　　熬用（不好使）　　　熬看（不好看）　　　熬调停（不好安排）

　　含有"熬"的反复疑问句与动词连用的格式是"好 V 么熬 V"，比如：

　　（41）我格唱得好听么熬听啦（我们唱得好听还是不好听?）

　　（42）路好走么熬走呢（路好走还是不好走?）

　　永新方言没有像普通话"好不好 V"（好不好吃）这样的格式，像"好唔好吃"这样的话，是因普通话"好不好 V"类推而来，是对普通话生硬的翻译，并且多半出现在一部分年轻人口中，属于永新方言的表层。与"好不好 V"相对应的结构是"好 V 么熬 V"（好吃么熬吃），且后面的 V 不能省略。比如：

　　好洗么熬洗（好洗还是不好洗）/＊好熬洗/＊好洗么熬

　　好坐么熬坐（好坐还是不好坐）/＊好熬坐/＊好坐么熬

　　"好 V 么熬 V"中的"熬"可以用"冇好"去替换而意义不变，比如"好洗么冇好洗"。"冇"的虚化程度高，使用范围更广，"熬"的词汇意义比较明显。

三　永新话否定词的比较

（一）否定词及其在反复疑问句中的比较

1. 否定词基本用法的比较

　　由于来源不同，否定词出现的环境也有所不同。"唔"修饰动词，相当于普通话修饰动词的"不"。"冇"作否定动词时后接名词性成分，作否定副词时后接动词或形容词，接动词时表示"不会实现"。"咧"是"唔是"的合音，后接名词性词语、动词性词语和代词。"勒"是"唔得"的合音，修饰后续的动词，或是自己跟在动词之后作补语。"壬"是"唔曾"的合音，修饰动词。这是它们的基本用法，各司其职，有所不同。比较：

> 哪个唔去谁不去：表示主观意愿
> 哪个冇去谁不可能去：表示不可能发生
> 哪个咧谁不是：表示否定判断
> 哪个勒去谁别去：表示不允许
> 哪个壬去谁没有去：表示未曾发生

2. 否定词在反复疑问句中的比较

它们与各自表示的肯定意义的词构成反复疑问句，"唔"的肯定意义为零标记，"冇"的肯定意义为"有"，"咧"的肯定意义为"是"，"勒"的肯定意义为"得"，"壬"的肯定意义为"里"。比较：

> （43）来么唔（来）：来还是不来？
> （44）有来么冇（来）：会来还是不会来？
> （45）是来么咧（来）：是来还是不来？
> （46）来么勒（来）：来还是不要来？
> （47）来里么壬（来）：来了还是没有来？
> （48）好么熬：好还是不好？

至于"熬"，它虽然表示否定意义，但是词汇意义明显，使用远不及以上各否定词自由，不是严格意义上的否定词。所谓严格意义，是指从功能上显示出的用法。

（二）与吉安话的比较

吉安历史上一直是州、府的行政中心，吉安话是赣中地区的代表性方言。而永新是今天吉安市最偏远的一个县。历史上有一段时间行政关系并不隶属于吉安市。比如公元267年，孙皓分豫章郡、长沙郡和庐陵郡6县置安成郡，永新由庐陵郡析出归安成郡，隶扬州。晋武帝以后永新属荆州。行政关系影响方言关系，否定词和反复疑问句形式的不一致就是一个小角度的证明。吉安话的否定词有"不"、"冇"两个，与永新话的否定词形成复杂的对应关系。现将永新话否定词与吉安话对比如下：

	永新话		吉安话
唔	唔去。	不	不去。
	唔卖里。		不卖去里。
	去么唔去？		去还是不去？
	来唔来？		来不来？
冇	冇哄你。	冇	冇哄你。
	冇等你吃。		冇把等你吃。
	有呼屁么冇？		有冇打呼？
	有呼屁么？		有不打呼？／有不有打呼？
咧	咧话你。	不	不是话你。
	咧渠。		不是格。
	是固个么咧？		是不该个？
	是去县里么（咧）？		是么（不）去县城？
勒	勒做固	不	不要个样。
	吃得么吃勒？		吃得吃不得？
壬	壬吃。	冇	冇吃。
	壬打到人。		冇打到人。
	拿里么壬？		有冇拿？
	看清楚里么壬？		有冇看清楚？／有不看清楚里？
熬	熬话。	不	不好话。

永新话最基本的否定词是"唔"和"冇"。其他的"咧"、"勒"、"壬"、"熬"都是以"唔"为字头再与另外不同的字合音而成。如果不去深究，一般不会知道是合音而成的。假如没有经历合音阶段，永新话的否定词的个数应该与吉安话一样，都是两个。只不过永新话的"唔"、"冇"与吉安话的"不"、"冇"在各自的方言里所管的使用范围不同（见上表）。

"唔"和"不"是不同方言类型的否定词。包括福建、广东、江西三地，从客、赣方言的分布看，赣方言多半用"不"，客家话多半用"唔"或"呒"，同时共同用着一个"冇"（或"冒"或"无"）（李如龙、张双庆，1992；刘纶鑫，1999）。按照这样的分布来说，永新话的否定词属于客家话性质。

参考文献

陈泽平：《福州方言研究》，福建人民出版社 1998 年版。

李如龙、张双庆主编：《客赣方言调查报告》，厦门大学出版社 1992 年版。

刘纶鑫主编：《客赣方言比较研究》，中国社会科学出版社 1999 年版。

吕叔湘主编：《现代汉语八百词》，商务印书馆 1980 年版。

俞光中、［日］植田均：《近代汉语语法研究》，学林出版社 1999 年版。

赵元任：《汉语口语语法》，商务印书馆 1979 年版。

朱德熙：《语法讲义》，商务印书馆 1982 年版。

作者简介

龙安隆，井冈山大学人文学院副教授，南昌大学客赣方言与语言应用研究中心兼职副研究员，福建师范大学汉语言文字学专业博士，学位论文《福建邵将区方言语音研究》（2007）。

也谈网络语言及其规范

南昌大学　徐阳春

摘　要：网络语言，和其他社会方言一样，用于非正式的交际场合，正式的交际场合只能用共同语。共同语与方言（包括社会方言）之间有一个接口，方言通过接口给共同语输送符合规范的新鲜成分。共同语的规范分两个层面：一是共同语本身的规范，二是共同语和方言之间接口处对吸收方言成分的规范。接口处有执掌规范标准的监管机构和语言文字工作者，因此包括网络语言在内的方言能与共同语和谐统一。网络语言本身不需要规范，也规范不了。

关键词：网络语言；共同语；接口；规范

"萌"、"秒杀"、"恐龙"、"偶像"、"白骨精"、"PK"、"：-@"、"7456"等词语和符号在网络环境下的意思，如果不解释，局外人是难以弄清楚的。网络中出现的这类语言现象，人们称之为网络语言。网络语言虽然具有新奇、鲜活、幽默等色彩，但它词语生僻，给交际带来困难，影响现代汉语共同语的纯洁性（姚喜双，2008）。因此，很自然地出现了规范网络语言的声音，最强音当以2006年《上海市实施〈国家通用语言文字法〉办法》（以下简称上海《办法》）为代表，它规定："国家机关公文、教科书不得使用不符合现代汉语词汇和语法规范的网络语汇。新闻报道除需要外，不得使用不符合现代汉语词汇和语法规范的网络语汇。"这一规范行为，引起了广泛的争议。季明（2006）、金志茹等（2009）、施春宏（2010）对此争议作了较好的归纳：支持者为之叫好，认为立法规范网络用语可以维护共同语的纯洁性，有利于共同语的推广。反对者认为，网络语言有其自身的存在环境和发展规律，不需要规范；立法规范网络用语，会扼杀网民的创造性。

争议双方都有道理。有没有这样的办法：既能推行规范又能让网络语言与共同语和谐共处？本文拟在时贤研究的基础上，从网络语言的界定、网络语言的交际价值、共同语规范的对象三个方面来探讨这一问题。

一   网络语言的定义

网络语言有广义和狭义两种理解。广义的网络语言指网络环境下使用的各种语言形式，狭义的网络语言指网民在聊天室和网络论坛上的交际用语（施春宏，2010）。我们认为网络语言只能取狭义的定义，可以把它定义为：网络语言指网民通过网络传播媒介进行言语交际时创造的带有新奇色彩的词语、符号、语法成分等，例如聊天室和 BBS 上常用的新奇词语、符号和语法成分。这些新奇的语言成分，如果不作解释，局外人难以弄清楚。例如上文列举的"秒杀"、"恐龙"、"偶像"等可归属网络语言，而"网址"、"百度"、"网民"、"鼠标"、"硬盘"等专业术语尽管与网络有关，但不能归入网络语言。理由如下：

共同语与社会方言的关系是主体与变体的关系。社会方言不是另一种语言，它只是共同语的变体，是特定社群所特有的局外人不用或不易懂的词语和用法。我们称为社会方言的正是这些"特有"的词语和用法。最有说服力的例子是青年流行语。青年流行语不是指青年人交际所用的全部语言成分，而是指青年人创造和使用的部分新奇词语和用法。同样，大学生语言也不是指大学生交际所用到的全部语言成分，而是指由大学生创造和使用的有其自身特色的语言成分。法律语言也不是指法律文本中的所有语言成分，而是指法律文本中有自身特色的语言成分。青年流行语、大学生语言和法律语言的主体是一致的，都是共同语，所不同的只是带有各自特色的部分语言成分。

我们所谓"语言"有两种含义：一是指语言系统，如汉民族语言；二是指与共同语相比有特色的局外人不用或不易懂的语言成分，如上文提到的青年流行语、大学生语言和法律语言。可见，社会方言不是语言系统，只是某些有社群特色的语言成分——共同语言的社会变体。

网络语言作为一种社会方言，它也只能指网民创造的局外人不用或不易懂的语言成分，不能指所有与网络有关的语言成分。按照共同语规范造出的新词，如"网址"、"网民"、"鼠标"、"硬盘"等，应该归入共同语的一般词汇。从这个意义上说，上海《办法》受到批评的原因之一，笔者认为，就在于把所有与网络有关的语言成分都归为网络语言，这样，本属于共同语一般词汇的词语也被作为网络词语来规范。这一点，从上海市语言文字工作委员会一负责人讲话中可以看出。该负责人这样说：层出不穷的网络语言，我们不能一概否定。"版主"、"主页"、"链接"、"下载"、"上传"等词汇都源自网络，但符合现代汉语词汇、语法规范和汉语造词规律，充满时代气息，这样的词语不妨大胆使用；而"青蛙"、"7456"、"：P"等词语、数字和符号，虽在部分年轻人中流行，但还是应该把它限制在网络生活之内（季明，2006）。很显然，"不妨大胆使用"的词语属于共同语的一般词汇，后面"应限制"的才属于网络语言，才是规范的对象。

二　网络语言的交际价值

我们从两个方面来考察网络语言的交际价值：一是网络语言的表达作用，二是与共同语相比，它所处的交际地位。

（一）网络语言的表达作用

与常用词语相比，网络词语显示出明显的陌生化，即使是同样的词形，意义也相去甚远。这实际上增加了阅读的难度，也增加了记忆负担。上面列举的网络词语或符号，不解释，局外人不懂；要使用，必须像学外语那样去记住，而且不容易记住，因为理据性不强。网民为什么试图另造一套局外人不好懂的语言成分呢？

因为网民们在表达意义的同时，还要表现自己某种特定的游戏心态——追求鲜活新奇、生动幽默、个性化色彩等。这种游戏心态，常规的词语和表达方式难以表现得淋漓尽致，于是网络语言应运而生。例如：

恐龙、青蛙→丑女、丑男（同时表达鲜活、幽默的色彩）

3Q 童鞋们→谢谢同学们（同时表达新奇、幽默的色彩）

东东→东西（同时表达新奇、装嫩的色彩）

●_ ●→熊猫（同时表达形象、幽默的色彩）

至于个性化色彩，网络用语的创作都体现出不守传统的个性化色彩。

可见，网络语言虽然陌生化，但更能表现网民无拘无束、趋新好奇的游戏心态。尽管网络语言记忆上、理解上可能要费曲折，但在表达游戏心态上能很好地得到补偿，这应是网民乐于用网络语言的主要原因。

（二）网络语言所处的交际地位

各种语言形式都有其适应的特定交际场合。交际场合总体上可以分为两类：正式的交际场合和非正式的交际场合。正式的交际场合，都需要使用共同语。非正式的交际场合，如果双方来自同一方言区，可以用共同语也可以用方言；如果来自不同方言区，则需要使用共同语；同一个社群内部可以用共同语，也可以是共同语夹杂社群内部的社会方言成分。大致可以图示如下：

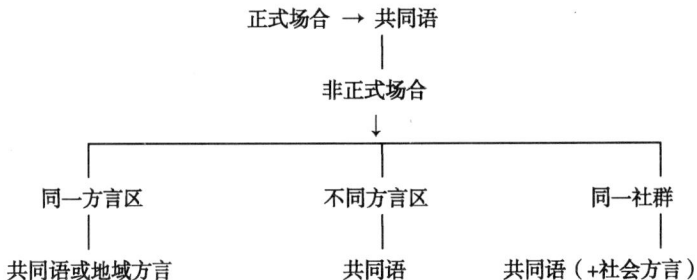

正式场合比较严肃，不能随便，因而表现在语言形式的选择上首先是要使用共同语。从书面表达看，政府机关公文的写作、法律文本的制定、教科书的编写、社论和政论文的发表等，应属于正式场合；从口头表达看，大会报告、新闻演播、课堂讲课等也应属于正式场合。这样的正式场合如果不使用共同语，其结果一是不能让读者读懂、听众听懂，二是负面影响大，正式的场合不使用共同语，仿效必然随之：大家都不遵循已有的规范，言语交际对语言形式的选择将会一片混乱！

在非正式场合，用共同语还是方言，交际双方是可以选择的。比如家庭成员内部可以说普通话也可以说方言。有的家庭父母会说方言，小孩只会共同语，因为一开始就只和小孩说共同语；有的家庭只讲方言，小孩要在入学时再学共同语；有的父母和孩子既讲共同语又讲英语。同事聊天，可以用共同语，也可以同时夹杂一些社会方言成分。

网络语言处于社会方言层面，适用于非正式场合。网络环境是一个虚拟世界，话语狂欢的世界，人人都可以参与创造（施春宏，2010）。你说什么，用什么词语，用什么结构，都随便随意，只要对话双方能达意就可以了。这样的交际场合明显是一种非正式场合。

和其他社会方言一样，网络语言可以和共同语和谐共处，各自服务于特定的交际场合，不会影响共同语的纯洁性，因为共同语和方言的接口处有规范标准和执掌标准的卫士（详见下文第三部分）。

上文谈到正式和非正式场合都可以选择共同语，实际上这两种场合使用的共同语的语体是不同的。共同语在语体上有正式和非正式之分：同一个意思，可以用正式语体来表达，也可以用非正式语体表达。比如"生日、诞辰、寿辰、华诞"这组同义词中，"生日"一般适合于非正式场合，后面三个词则适合于正式场合。正式场合使用共同语，语体上一般也是正式的，为书面语体，包括书面的口头形式；非正式场合使用的共同语，语体上一般也是非正式的，为口语体，包括口语的书面形式。

三 共同语规范的两个层面

共同语是全民族的交际工具，对共同语的规范十分必要，《国家通用语言文字法》及其地方"实施办法"就是例证。正如李宇明（2012）所指出的：国家层面通过制定语言政策、制定语言文字规范标准、采取各种举措来对共同语进行管理。

共同语的规范包括两个层面：一是共同语自身的规范，二是共同语与方言接口处的规范——对吸收方言成分的规范。

（一）共同语自身的规范

共同语自身的规范指的是共同语语音、词汇、语法系统的规范。现代汉语共同语自身的规范标准是：以北京音为标准音，以北方话为基础方言，以典范的现代白话文著作为语法规范。我们的共同语正是靠这样的规范构建起来的，此不赘述。我们着重讨论的是共同语与方言接口处的规范。

（二）对吸收方言成分的规范

如上所述，共同语和方言之间有一个接口，可以图示如下：

方言中对共同语有用的成分会通过接口进入共同语。例如"搞"、"名堂"、"瘪三"、"夹生饭"来自地域方言，"踩点儿"、"挂彩"、"反

```
            共同语
            接口
              ⇑
   ┌──────────┴──────────┐
 地域方言                社会方言
（七大方言区）     （行话、流行语、网络语言）
```

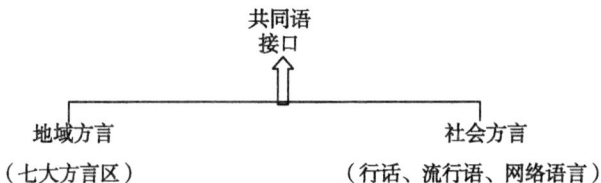

水"、"跳槽"来自江湖隐语，新出版的《现代汉语词典》（第6版）还吸收了"雷人"、"给力"等网络词。

并不是什么成分都可以进入共同语的，在共同语与方言的接口处有规范标准，那就是：社会需要、意义明确，只允许符合这个规范标准的方言成分进入共同语。

社会需要的方言成分，可以进入共同语。上海话"瘪三"所表示的意思和色彩正是共同语所需要的，因而容易被吸收，而"白相（玩）"未能被吸收，是因为共同语中已有恰当的表达，就没有必要吸收了。"雷人"、"给力"表现力强，词典已正式吸收，而网络词语"烘焙鸡"、"童鞋"、"斑竹"则不可能吸收，因为共同语已有更通俗易懂的词语"网页"、"同学"和"版主"。

在社会需要的前提下，意义明确的方言成分容易进入共同语。以上列举的"雷人"、"给力"不但可以充实共同语，而且自身理据性也比较强，意义明确，能从字面和结构上会意。又如"电车"与"磨电"意义相同，此概念是共同语所需要的。前者进入共同语，是因为它比后者意义更为明确。再如网络词语"灌水"、"潜水"、"白骨精"，意义不明确；不作说明，局外人是猜不出它们在网络语言中的意思的，因而不容易被吸收进共同语。

顺便提一下，网络语言中的某些语法现象，既不为共同语所需要，自身意义又不明确。比如共同语的"你干什么？"，这句话我们能懂，而网络语言中同样意义的"你干什么的说？"，就不好懂了。这样的网络语言成分是不好进入共同语的。

有了规范标准，还要有执掌标准的人。规范标准虽然有约束作用，但如果没有把关人，还是会有人违反规则的。好比有了红绿灯还要有警察监控，不然还是有人会不遵守交通规则，擅闯红灯。比如媒体为了媚俗而使用尚未规范的网络词语，如果缺乏监管，任其蔓延，势必对共同语的纯洁性产生消极影响。

我们确有执掌这个规范标准的人。例如：政府监管机构（如语言文字工作委员会）、普通话测试员、论著刊发编辑、《现代汉语词典》编纂者、语法教科书编写者、考试命题部门、学校教师等。这些规范标准执掌者如果能牢牢把住接口，不放行非规范的方言成分，那么共同语就既能从方言中吸收有用成分来充实自己，又能保持自身的纯洁性。从这个意义上说，上海《办法》在接口处禁止非规范的方言成分进入本该使用共同语的正式场合，这无疑是对的。共同语必须以文字法和执法者来保证它的发展方向和纯洁性，更好地为全民族交际服务，正如社会秩序必须有法规和执法者一样，否则各行其是，必然是一片混乱。

（三）关于"网络语言的规范"

"网络语言规范"的说法本身就有问题，如上所述，我们规范的对象是共同语，网络语言不必规范，也规范不了。

共同语是全民族层面的交际用语，需要规范，以达到标准统一，更好地为现代汉语的交际、教学和国际推广服务。共同语之下的方言则不必规范，也规范不了。方言只用于非正式的交际场合，比如聊天，双方选择普通话还是方言是有自由的。旁人不必干预也干预不了。

同样网络语言本身也不必规范，它只是网民用来表现游戏心态，释放一下无拘无束心情的工具。斗转星移，生命力不强的词语，只会是昙花一现，转眼就会消失的。我们要把住的是网络语言与共同语的接口，不让不符合规范的成分进入共同语。即使要给网络语言定标准来规范，那也同样是规范不了的。非正式场合、无拘无束的场合，聊天、娱乐，用什么词，造什么句，只要双方约定能会意就可以了，局外人如何干预得了？多年来学界一直说要如何规范，事实证明，网络语言照流行不误。网民乐于用，没有什么不好。我们要注意的是把好接口，不让不符合规范的语言成分进入共同语就可以了。

正式场合用共同语，非正式场合可以选择方言（包括网络语言）；共同语既可以通过接口吸收方言中表现力强的成分，又可以通过接口阻止消极成分的进入。这样，共同语与方言各行其道，和谐共处。

参考文献

季明：《上海立法禁止乱用网络语言》，http：//www.cnr.cn/news/200603/t20060302_504174088.shtml，2006。

金志茹、薛顶柱、李宝红：《国内外网络语言规范对比研究》，《西南民族大学学报》2009 年第 1 期。

李宇明：《2012 论语言生活的层级》，《语言教学与研究》第 5 期。

施春宏：《网络语言的语言价值和语言学价值》，《语言文字应用》2010 年第 3 期。

姚喜双：《网络语言与语言规范》，《人民日报》2008 年 12 月 9 日第 4 版。

作者简介

徐阳春，南昌大学客赣方言与语言应用研究中心研究员、人文学院中国语言文学系教授、博士研究生导师，复旦大学汉语言文字学专业博士，学位论文《虚词"的"及其相关问题研究》（2003）。

《汉语大词典》古时间词条始见书证滞后拾补

江西师范大学　　梅　晶

摘　要：时间词属于语言中的常用词，使用频率高，在汉语词汇体系中占有重要地位。《汉语大词典》是目前我国一部权威的大型语文词典，但其中一些古时间词条所引始见书证存在滞后现象。本文试进行补正，为若干古时间词条提供较早的书证。

关键词：《汉语大词典》；古时间词条；始见书证；滞后

时间词与人们的生活和社会文化的发展密切相关，是词汇中的核心部分。由于时间词的重要性和其本身的抽象性，对时间词的研究一直是语言学界研究的热点问题。对时间词的释义则是时间词研究中的基本问题。《汉语大词典》（以下简称《大词典》）是目前规模最大的一部大型权威性的语文辞书，其"古今兼收，源流并重"，收词空前丰富。我们在对古时间词的词义进行考察分析时，发现《大词典》对若干古时间词所引始见书证存在滞后现象。本文试进行补订，以供参考。

【少间】《大词典》"少间"条义项三："一会儿，不多久。"《大词典》所举始见书证出自南宋《朱子语类》卷六九："有是君必有是臣，虽使而今无，少间也必有出来。"

按："少间"一词表示"一会儿，不多久"义在战国后期的《晏子春秋》中已见用例。《晏子春秋·内篇·谏上》："公湎而不听。少间，公出，晏子不起；公入，不起，交举则先饮。"除了《晏子春秋》中的用例外，在《大词典》所举南宋《朱子语类》之前，还可见"少间"一词表示"一会儿，不多久"义的其他用例，如：《北史·列传第三十三》："夬心惊惧，谓人曰：'世宝为官，少间必击我也。'寻有人至，云：'官呼郎'，随召即去，遣左右杖之二百，不胜楚痛，大叫。"唐·张固《幽闲鼓吹》："宣宗暇日召翰林学士。时韦尚书澳遽入，上曰：'要与卿款曲，少间出外，但言论诗。'"

可见，"少间"一词表示"一会儿，不多久"义最迟在战国后期的《晏子春秋》中已出现，《晏子春秋》之后、南宋之前也还有一些用例，《大词典》始见书证举南宋《朱子语类》的用例，明显滞后。

【今年】《大词典》"今年"条："本年。指说话时的这一年。"《大词典》所举始见书证为晋·李密《陈情事表》："臣密今年四十有四，祖母刘今年九十有六。"

按："今年"一词在战国末期的《韩非子》中已见用例。《韩非子·存韩》："秦强弱，在今年耳。""今年"一词在汉代文献中也经常使用。如：

> 和亲已定，始于今年。（《史记·孝文本纪》）
>
> 齐人公孙卿曰："今年得宝鼎，其冬辛巳朔旦冬至，与黄帝时等。"（《史记·封禅书》）
>
> 秋八月，诏曰："往年灾害多，今年蚕、麦伤，所振贷种、食勿收责，毋令民出今年田租。"（《汉书·昭帝纪》）
>
> 孝武皇帝曾孙病已，有诏掖庭养视，至今年十八，师受《诗》、《论语》、《孝经》，操行节俭，慈仁爱人，可以嗣孝昭皇帝后，奉承祖宗，子万姓。（《汉书·宣帝纪》）
>
> 去年虎食吾夫，今年食吾子，是以哭哀也。（《论衡·遭虎篇》）
>
> 窆子蹴然曰："今年无麦，明年可树。令不耕者得获，是乐有寇也。"（汉·贾谊《新书·卷二》）

可见，"今年"一词最迟在战国末期的《韩非子》中已出现，并且在汉代文献中常常使用，《大词典》始见书证举晋代李密《陈情事表》的用例，滞后。

【翌晨】《大词典》"翌晨"条："次日早晨"。《大词典》所举始见书证为近代作家苏曼殊1912年的作品《断鸿零雁记》第二五章："翌晨，余偶出后苑嘘气，适逢其妹于亭桥之上，扶阑凝睇，如有所思。"

按："翌晨"表示"次日早晨"义在南宋《五灯会元》中已见用例。《五灯会元·卷十六》："日谓寺众曰：'吾明旦当行，汝等无他往。'众窃笑之。翌晨，摄衣就座，大呼曰：'吾去矣，听吾一偈。'"而《大词典》始见书证举民国时期《断鸿零雁记》的用例，较晚。

【朔】《大词典》"朔"字头义项一："月相名。旧历每月初一，月球运行到地球和太阳之间，和太阳同时出没，地球上看不到月光的月相。"《大词典》引用了《说文》中的释义，《说文·月部》："朔，月一日始苏也。"并举了《后汉书》中的用例，《后汉书·律历志下》："日月相推，日舒月速，当其同所，谓之合朔。"

按："朔"表示"每月初一"义，最早在《尚书》中已出现。《尚书·虞书·舜典》："十有一月朔巡守，至于北岳，如西礼。""朔"在春秋战国时期的文献中已比较常见，如：

> 冬十月朔，日有食之。(《春秋·桓公十七年》)
>
> 秋七月壬辰朔，日有食之，既。(《春秋·桓公三年》)
>
> 五年春，王正月辛亥朔，日南至。(《左传·僖公五年》)
>
> 朝菌不知晦朔，蟪蛄不知春秋，此小年也。(《庄子·内篇·逍遥游》)
>
> 推历者，视月行而知晦朔，因也。(《吕氏春秋·慎大览》)

推算朔日在周代历法中很重要，因此周代十分重视朔日。周代天子每年冬季把第二年的历书颁发给诸侯。《周礼·春官·大史》记载："正岁年，以序事。颁之于官府及都鄙，颁告朔于邦国。"郑玄注："天子颁朔于诸侯，诸侯藏之祖庙，至朔朝于庙，告而受行之。郑司农云：'……以十二月朔，布告天下诸侯。'"《汉书·五行志下之下》记载："周衰，天子不班朔。"诸侯每月初一告朔于祖庙，行告庙听政之礼，称为"告朔"。《左传·文公六年》中记载："闰月不告朔，非礼也。闰以正时，时以作事，事以厚生，生民之道，于是乎在矣。"国君每月初一日告朔于祖庙后，在太庙听政，称"听朔"，也称"视朔"。《左传·僖公五年》："公既视朔，遂登观台以望，而书，礼也。"孔颖达疏："视朔者，公既告庙受朔，即听视此朔之政，是其亲告朔也。"

总之，"朔"表示"每月初一"义，最早在《尚书》中已出现，并且在春秋战国时期的文献中比较常见。而《大词典》始见书证举《后汉书》的用例，明显滞后。

【片刻】《大词典》"片刻"条："一会儿，短暂时间"。《大词典》所举始见书证为明·徐渭《次夕降拃雪》诗："终宵有许垂鹅伏，片刻应能没马蹄。"

按："片刻"条表示"一会儿，短暂时间"义在元代关汉卿的《窦娥冤》中已见用例。《窦娥冤·第四折》："张千，分付该房金牌下山阳县，着拘张驴儿、赛卢医、蔡婆婆一起人犯，火速解审，毋得违误片刻者。"《大词典》所举书证为明代用例，较晚。

【秋日】《大词典》"秋日"条义项一："秋天"。《大词典》所举始见书证为汉·刘桢《赠五官中郎将》诗之三："秋日多悲怀，感慨以长叹。"

按："秋日"表示"秋天、秋季"义在《诗经》中已出现。《诗经·小雅·四月》："秋日凄凄，百卉具腓。乱离瘼矣，爰其适归?"《大词典》所举始见书证为汉代刘桢的诗，滞后。

另，《诗经》中除了出现"秋日"一词外，还出现了"春日"和"冬日"二词分别表示"春季"、"冬季"义。《大词典》对"春日"、"冬日"的解释都引用了《诗经》中的用例作为始见书证。

《大词典》"春日"条义项一："春天；春季。"《大词典》所举始见书证为《诗·豳风·七月》："春日载阳，有鸣仓庚。"

《大词典》"冬日"条义项一："冬季"。《大词典》所举始见书证为《诗经·小雅·四月》："冬日烈烈，飘风发发。"

"春日"、"秋日"、"冬日"三词在《诗经》中都已见用例。《大词典》"春日"、"冬日"条都引用了《诗经》中的用例作为始见书证，而唯独"秋日"条未引用《诗经》中的用例作为始见书证，而出现始见书证滞后现象。这说明由于《汉语大词典》在编纂时出自多人之手，非一人一时所作，因此在编纂的系统性上尚有需要进一步完善之处。如果加强编纂的系统性，像"秋日"这类书证滞后现象则可以避免。

【春月】《大词典》"春月"条义项二："春季"。《大词典》所举始见书证出自南朝宋·刘义庆《世说新语》。《世说新语·捷悟》："王东亭作宣武主簿，尝春月与石头兄弟乘马出郊。"

按："春月"一词表示"春季"义在汉代已出现。《汉书·赵尹韩张两王传》："丞掾皆以为方春月，可一出劝耕桑。"《汉书·何武王嘉师丹传》："今春月寒气错缪，霜露数降，宜示天下以宽和。"《大词典》始见书证举南朝宋的用例，滞后。

【秋月】《大词典》"秋月"条义项二："秋季"。《大词典》所举始见书证为北齐·魏收《魏书·长孙嵩传》："比及秋月，徐乃乘之，则裕首可不战而悬。"

按："秋月"一词表示"秋季"义在汉代已见用例。《汉书·眭两夏侯京翼李传》："秋月行封爵，其月土湿奥，恐后有雷電之变。"《大词典》始见书证举北齐·魏收《魏书》的用例，较晚。

【来月】《大词典》"来月"条："下月"。《大词典》所举始见书证为南朝·梁武帝《答陶弘景论书书》之四："此外字细画短，多是钟法。今欲令人帖装，未便得付，来月有竟者，当遣送也。"

按："来月"一词表"下月"义在汉代的《论衡》中已见用例。《论衡·是应篇》："儒者又言：古者蓂荚夹阶而生，月朔日一荚生，至十五日而十五荚；于十六日，日一荚落，至月晦，荚尽，来月朔，一荚复生。"《大词典》始见书证举南朝·梁武帝《答陶弘景论书书》的用例，较晚。

【前月】《大词典》"前月"条："上个月"。《大词典》所举始见书证为唐·白居易《自问行何迟》诗："前月发京口，今辰次淮涯。"

按："前月"一词表示"上个月"义在《汉书》中已见用例。《汉书·律历志》："推闰余所在，以十二乘闰余，加七得一。盈章中，数所得，起冬至，算外，则中至终闰盈。中气在朔若二日，则前月闰也。"《大词典》所举始见书证为唐·白居易诗，较晚。

参考文献

罗竹风主编：《汉语大词典》，上海辞书出版社 1986 年版。

莫砺锋：《关于〈汉语大词典〉"书证迟后"问题的管见》，《福州大学学报》（哲学社会科学版）2001 年第 3 期。

牛太清：《〈汉语大词典〉书证迟后例补》，《中国语文》2004 年第 2 期。

王锳：《〈汉语大词典〉一些条目释义续商》，《中国语文》2002 年第 3 期。

吴金华、王宝刚：《〈汉语大词典〉商订五题》，《辞书研究》1999 年第 3 期。

郑贤章：《〈汉语大词典〉书证初始例试补》，《古汉语研究》2000 年第 2 期。

朱习文：《〈汉语大词典〉古时间词条补正二则》，《古籍整理研究学刊》2005 年第 6 期。

项目基金

2012 年度教育部人文社会科学研究青年基金项目"上古时间词词义研究"

（12YJC740078）。

作者简介

梅晶，江西师范大学文学院讲师，北京师范大学汉语言文字学专业博士，学位论文《上古"时间词语"语义研究》（2008）。

商铺命名低俗化及规范问题思考

江西师范大学 刘楚群

摘 要：商铺命名低俗化指在商铺命名中片面追求新鲜的感官刺激，出现低级、俗气、荒诞甚至黄色下流的倾向，常见表现有四：一是庸俗下流，二是恶搞炒作，三是乱改成语，四是虚夸崇洋。这种命名低俗化现象是社会文化转型、政府监管不力、商家唯利是图等多种因素综合作用的结果。要改变这种现状，首先要认清商铺名称的三大功能，即标示功能、审美功能、社会文化功能。其次，在监管上要刚柔相济，区别对待：第一，坚决取缔庸俗下流商铺名称；第二，分情况整改恶搞类商铺名称；第三，有效引导成语类商铺名称；第四，提供语言服务指导商铺命名。

关键词：商铺；命名；低俗化；语言规范

商铺的名称是商铺永久的广告，它反映着该商铺的文化品味和经营者的价值追求，好的商铺名称是经营成功的一个重要的条件。一个高雅的名称往往能在消费者心中留下美好的印象，能吸引消费者驻足，并能带来良好经济效应和社会效应。如"杏花村酒楼"、"静夜思茶庄"等就具有深厚的文化底蕴，能使人发幽古之思，禁不住有进去尝尝的冲动。从社会大语境来看，商铺名称往往沉淀着特定时代、特定地域、特定群体的文化心态，甚至还代表着地区的形象。所以商铺的命名问题不仅仅是经营者个人的事，它必须符合社会精神文明建设的要求，符合国家语言文字使用的规范。但是，目前的商铺名称良莠不齐，好的商铺名称固然很多，但低俗的名称也很常见，这严重损害了社会精神文明。

所谓商铺命名低俗化指商家在命名时不考虑高尚的文化审美特征，而是片面追求新鲜的感官刺激，从而在命名中出现了一些低级、俗气、荒诞、搞怪甚至黄色下流的商铺名称，这些低俗化的名称往往有悖民族优秀文化传统、有损社会公德，甚至对未成年人有一定的语言误导和思想毒害。本文分析商铺命名低俗化的几种主要表现形式及其形成原因和危害，并试图提出解决问题的策略。

一　商铺命名低俗化的主要表现

商铺命名低俗化的表现形式各种各样，概括起来主要包括四个大的类型。

1. 商铺命名低俗化表现之一：庸俗下流

《国家通用语言文字法》明确规定："国家通用语言文字的使用应当有利于社会主义物质文明建设和精神文明建设。"但是，目前很多商铺名称却经常出现自贱或辱骂甚至色情下流的现象，严重侵蚀了社会的精神肌体。

有些商铺名称喜欢以自贱或辱骂作为其卖点，如：江西南昌的"变态辣鸡翅"，江苏徐州的"疯子外贸店"、"傻子菜馆"，三峡在线（www. sxzx. net）搜集的此类店名有"狗屎面、牛屎老火锅、孙子烧烤、小兔崽子童装店、妈的酸梅汤、他奶奶个熊、塔玛蒂、衣冠勤售、大瓣烧烤"等。这些店名中的"变态、疯子、傻子、孙子、小兔崽子、狗屎、牛屎"等如果是自指店家则是自我作践，如果指顾客则是愚弄甚至辱骂顾客，"妈的、他奶奶的"则明显是骂人的粗话，而"塔玛蒂、衣冠勤售、大瓣"则是取"他妈的、衣冠禽兽、大便烧烤"等粗话的谐音，明显的粗俗不堪。《工人日报》（2008 年 9 月 8 日）刊文《四川：低俗店名过多凸显"短视"》说：四川大量出现"滚龙火锅、烂眼火锅、歪火锅"等故意"挑逗"顾客的含有贬义的店名，对此，四川省社科院研究员胡光伟认为，将店名取得稀奇古怪，其实是一种经济短视和短命行为，取低级庸俗店名的商家，无非想追求一时的经济效益，但这样沾染"糟粕"之气的店名往往都缺乏"生命力"而不能长久存在下去，餐饮经营者应该明白，质优价廉才是餐饮竞争最有力的武器。

更有甚者，有些商铺名称竟使用低级下流的词汇，色情倾向非常明显。如安徽合肥出现了"包二奶内衣"、"迷你魂发廊"、"柔情按摩室"，河南郑州出现了"野花香酒家"、"销魂夜总会"、"丈母娘水豆腐"、"泡二奶"（奶茶店），三峡在线（www. sxzx. net）搜集的此类店名有"风流理发店"、"啃他鸡"、"名鸡名肉（——一身以做鸡为快）"等，这些店名虽然吸引眼球，但给人的感觉是黄色、下流、恶心，严重损害了社会精神文明，对青少年的人生观、道德观、审美观等价值观念产生了巨大冲击。

2. 商铺命名低俗化表现之二：恶搞炒作

在商铺命名中利用谐音手段对某些人、事、机构等进行恶搞也很常见，而且好像正有愈演愈烈之势。江西南昌某高校园区一餐馆竟命名为"饭醉团伙"，"联系电话"写成"接头暗号"。这是利用"犯罪团伙"的谐音来炒作和招揽生意，其出发点是哗众取宠，但却给社会语言文明带来了严重的伤害，触犯了语言的道德底线。诚如《南充晚报》记者杨竹（2010－01－19）所言："广告应该有一个界限，不是什么东西都可以拿来做广告，餐馆在追求广告个性的同时一定要遵循法律法规，无权拿法律开玩笑。这种利用'犯罪团伙'当卖点的另类经营行为，不可避免地亵渎法律的尊严，伤害公众的感情。"然而，无独有偶，相同的饭店名称还不止一家，在四川宜宾、江西抚州、安徽阜阳、湖北武汉、云南昆明、贵州黔西、吉林延吉都发现有饭店取名"饭醉团伙"的。相类似的名称也有很多，吉林延边州龙井市出现了"醉大饿急骨头馆"，河北邢台有一家美容美发店取名"非法走丝"，江西南昌有一家理发店取名"最高发院"，河南郑州有一店名"无饿不做"，武汉光谷、江西抚州也有小餐馆取名"无饿不座"，江苏徐州有一家服装店命名为"黑店"，这些店名都打了法律的擦边球，公然把犯罪当儿戏，以违法作口号，严重地亵渎了法律的尊严。三峡在线（www. sxzx. net）搜集了很多此类店名。如："'发改委'形象设计中心"、"棕榈海"（洗浴餐饮娱乐）、"'今日说发'理发城"、"发新社"。这些店名都是通过恶搞作怪来吸引眼球，但却亵渎了某些庄严的国家机关，比如"发改委"、"中南海"等。

3. 商铺命名低俗化表现之三：乱改成语

不知从什么时候开始，在广告中出现了利用谐音改造成语的风气，如"默默无'蚊'的奉献"（蚊香广告）、"趁早下'斑'，请勿'痘'留"（洗面奶广告）等。现在，滥改成语之风越刮越盛，在商铺命名中也很常见，大街小巷此类商铺名称随处可见。如：

衣衣不舍（依依不舍）——服装店；百里挑衣（百里挑

一）——服装店

好色之涂（好色之徒）——涂料店；琴有独钟（情有独钟）——钢琴店

一明惊人（一鸣惊人）——眼镜店；骑乐无穷（其乐无穷）——车行

烧胜一筹（稍胜一筹）——快餐店；随心所浴（随心所欲）——浴池

以帽取人（以貌取人）——帽子店；一网情深（一往情深）——网吧

礼所当然（理所当然）——礼品店；酒霄云外（九霄云外）——酒店

在商家看来，这样的名称似乎很能吸引顾客，是赚钱的万能法宝，但如果理性分析就会发现，其实这样的广告并非摇钱树。为什么这样说呢？当第一次看到"默默无'蚊'的奉献"时，大概都会叹服于广告词的精妙，应该会留下较深的印象；但是，当我们天天要面对电视、报纸上的"以'帽'取人"、"百'衣'百顺"等广告语时，就会产生审美疲劳，因此会觉得很俗，很无聊，没有任何美感可言。正所谓第一个把女人比作鲜花的是天才，第二个把女人比作鲜花的是庸才，第三个把女人比作鲜花的是蠢才。可以说，这些商店名称重复抄袭、了无新意，无法收到预期的广告效益，但其遗祸却不少，在某些"读者"心中留下了永远的"伤痕"。那些没有很好掌握汉语成语的国人，特别是小学生，他们"'礼'所当然"地把长期冲击其视野的店名成语当成了成语的正确形式。目前这些乱改成语的商铺名称很明显已经在社会上造成了误导。《南昌晚报》（2012－12－06）发表文章说：市民董女士批评读小学的儿子把成语填空"胡（思）乱想"写成了"胡丝乱想"，但受到批评的儿子却一脸无辜地表示，路边理发店的招牌就是这么写的，这让董女士哭笑不得。长此以往，这些积淀着中华五千年文明、反映汉语精练优雅特色的成语，在年轻一代身上将会变成四不像的怪物。

4. 商铺命名低俗化表现之四：虚夸崇洋

当今社会浮躁之风较盛，各行各业大都存在好大喜功、依附权贵、崇洋媚外的现象，商铺命名也不例外。现在很多商铺动不动就冠以"天下第一"、"中心"、"总汇"等名称，也不管其经营范围、经营场地有多大。几张火锅桌就称火锅城，几种鲜花就称鲜花总汇，几十块表就称名表中心。蒋华（2009）调查湖南永州市零陵区中山南路发现，很多店名都有扩大化倾向，大多冠以"××城"、"××中心"、"总经销、总汇"等。如："红太阳鞋城、恒美内衣城、金都娱乐美食不夜城，名豪美发中心、摩登美发中心，道县华盛皮鞋总经销、正宗道县皮鞋总汇"，等等。

很多商铺命名时喜欢选用与帝王和财富相关的词语，动辄冠以"帝国"、"帝豪"、"皇家"、"皇宫"、"御膳"、"富豪"等词语。如：南昌店名"凯撒皇宫、锦都皇冠酒店、富豪酒店"，永州店名"皇太子歌舞厅、宫廷桃酥王、花花王子休闲中心、三昧御品茶坊、大富豪形象设计中心"，南宁店名"御膳靓汤、皇家凯歌大剧院"，等等，攀龙附凤、称羡财富。这其实是一种不健康价值观的体现，是社会的浮躁与拜金倾向的体现，文化品位相对较低。

很多商家喜欢弄个洋名糊弄人，但粗制滥造现象很常见，广大受众根本就不知所云，南昌街头就有"hgh"、"longlong"这样的店名，怎么也看不明白什么意思。而且根据《国家通用语言文字法》的规定，招牌、广告应当以国家通用语言文字为基本的用语用字。但现在滥用外文的商铺名称很多，张晓勤、代莹（2011）调查发现广西南宁店名乱用、滥用英语的情况不少，包括牵强的英汉混杂，令人费解的缩略、符号，离谱的英文翻译。如："B9JOJO"、"C引力"、"véf™ Unique finery Enjoyment"、"K–FREE（K–3）专卖店"等，根本不知其是什么意思。这种滥用洋名的现象具有明显的媚俗特征，反映的是一种盲目的媚洋心理。随着国家的对外开放不断深入，外来文化大量涌入国门，在商铺命名时适当地增添一定的外文要素和国际化信息符合时代发展的现实要求，但是，一定要有度，粗制滥造的外文店名带给人的不是国际化的新气息，而是邯郸学步的窘态，甚至是不中不西的怪物。

二 商铺名称的功能分析

商铺名称看起来仅仅是一个标示符号，与其他商铺相区别的符号，但同时，商铺名称也反映特定的社会文化特征，还是商铺的永久广告，所以又不仅仅是一个简单的符号，而是蕴含着复杂信息的载体，承担着三方面主要功能。

1. 标示功能

商铺名称最基本的功能是起标示作用，一方面标示其商业身份，另一方面标示其经营特色。商铺名称是其商业身份的一个标示符号，这个符号的最主要的价值是使它能和其他商铺区分开来，在引导消费者或进行工商登记时不会造成混乱。所以商家在给商铺命名时一般要考虑在同一地段甚至同一城市不能与其他商铺重名。商铺名称还要标示商铺的基本经营状况，包括商铺的性质、范围、规模、层次等方面的情况。比如"小王五金店"，很明显这是一家经营五金器材、规模相对较小、价格相对低廉、适合中下阶层人士消费的夫妻店；而"××市五金器材城"则很明显规模大、品种全、价格也会高。消费者往往会根据自己的实际情况来选择消费场所，所以一个好的商铺名称最好能标示自己的经营特征，这样才能有效地吸引自己的消费群体，如果名实不符，很可能使该来的人没来、不该来的人却来了，最后生意总是做不成，正所谓"名不正则言不顺，言不顺则事不成"。从这个角度来说，在商铺命名时盲目地虚夸扩大化并不是好事，动不动就冠以"天下第一"、"城"、"世界"等，其效果可能会适得其反。

2. 审美功能

一个好的商铺名称不仅仅是标示出商铺的基本经营状况，而且能激起人心灵深处的情感共鸣，给人一种美的享受。比如"今雨轩茶楼"、"大观园茶楼"、"饮食男女音乐厨房"、"蓝莲花酒吧"、"射雕英雄菜"、"小城故事酒楼"、"菜肴故事"、"风雅老树咖啡"等，这些商铺名称就能唤起人的一种美好的情感，给人一种美的享受，自然也就能激起人们消费的欲望，成为商铺最好的宣传手段和绝妙广告。相反，"妈的酸梅汤、塔玛蒂、狗屎面、小兔崽子童装店、大瓣烧烤"等名称不但不能产生美感，反而让人厌恶或恶心，哪还有心情走进去呢？这明显是失败的命名。

3. 社会文化功能

文化是民族的灵魂，是国家发展的核心动力。任何人都无法逃脱特定文化的规约，也要为社会文化的健康有序发展奉献自己的一份微薄之力。商铺命名看起来是一种个人行为，个人可以根据自己的兴趣爱好想怎么命名就怎么命名，其实不然，任何一家商铺都是社会的一分子，都不能游离于社会之外。商家作为社会的一员，有责任为社会文化的积极健康发展作出自己的贡献。如果社会上的大多数人都罔顾道德，而把追名逐利当作衡量价值的尺度，随心所欲地践踏优秀文化，必然会导致社会价值失落，道德沉沦，其结果必然影响民族未来的发展。因此为商铺命名一定要考虑社会文化习惯，不能冲破文化的边框，不能冲破道德的底线。中华文化历来以礼义廉耻作为衡量人事的价值标准，崇尚礼仪，鄙视低俗下流，像"包二奶内衣"、"柔情按摩室"、"野花香酒家"、"销魂夜总会"、"饭罪团伙"等名称，就很容易使人产生低俗下流甚至违法的联想，已经严重践踏了传统道德文化，为大众所不能容忍。

上述三类功能分工不同，标示功能是商铺名称最基本的功能，是第一位的功能，如果标示不明，则不能有效指引消费者进入，比如"岛"、"玛雅·酷"、"长今三千里"、"hgh"，这些商铺名称都标示不明，消费者从名称上根本看不出其经营类型。审美功能是在标示功能之上的一种对美的追求，是高层次的功能，一个审美价值高的商铺名称更容易吸引消费者驻足，也更容易在消费者大脑中留下长久的印记。社会文化功能是对商铺命名的一种规约，是商铺命名不能突破的一条底线，一旦突破则会被民众所唾弃。最理想的商铺名称是把这三方面功能有机高效地结合在一起。

三　低俗化商铺命名规范策略探析

当今商铺命名低俗化不是偶然现象，而是社会文化转型、商家唯利是图、相关部门监管不力等多种因素综合作用的结果。改革开放以来，我国出现了文化的大转型，严肃的正统文化和传统审美价值观正被某些人所抛弃，而通俗的大众文化甚至低俗文化正慢慢成为时尚，在这一过程中很容易产生一种"低级的、琐细的文化"（美国大众文化批评家麦克·唐纳）。商铺命名的低俗化正是当代低俗文化的表现形式之一，将低俗当有趣，将色情当生活享受。一部分商家为了自身的经济利益而罔顾社会文化、伦理道德甚至法律制度，从而一味追求商店命名的新奇异类甚至黄色下流，致使低俗化店名大量出现。而政府相关部门对这种现象监管也不到位，虽然国家对这些问题有明确的法律规定，但在实际执行过程中往往不到位。其实任何商铺名称都必须经过工商部门的审核，如果工商部门审核稍微严肃一点，或者多一点监管，很多低俗甚至下流的店名是不可能出现的。

　　低俗化的商铺名称与社会主义精神文明建设是背道而驰的，胡锦涛同志在中共中央政治局第 22 次集体学习时强调，要坚决抵制庸俗、低俗、媚俗之风。党的十八大报告也指出，要弘扬中华优秀传统文化，坚决抵制低俗现象。规范商铺命名，能充分展示社会的文明状况，为社会的进一步发展赢得更多更好的机会。对于商铺命名的监管和规范，在我国是有法可依的。《国家通用语言文字法》规定："县级以上各级人民政府工商行政管理部门依法对企业名称、商品名称以及广告的用语用字进行管理和监督。""城市公共场所的设施和招牌、广告用字违反本法第二章有关规定的，由有关行政管理部门责令改正；拒不改正的，予以警告，并督促其限期改正。"当然，商铺名称低俗的程度有差异，其规范的方法和手段也应该有所区别，要做到刚柔相济、区别对待。

　　1. 坚决取缔庸俗下流的商铺名称

　　对于庸俗下流的商铺名称，工商管理部门要联合相关部门进行全面清理，一旦发现坚决取缔，绝不姑息。此类商铺名称，只顾一味炒作，只考虑吸引眼球，却大大损害了社会文明，如果任由这股下流化的命名方式蔓延开来，必然会对民族道德、价值观念等导向产生负面影响。商铺名称从某种程度上说就是一种广告。我国《广告法》明文规定：广告内容应当有利于人民的身心健康，遵守社会公德和职业道德，维护国家的尊严和利益。广告不得妨碍社会公共秩序和违背社会良好风尚，不得含有淫秽、迷信、暴力、恐怖、丑恶的内容等。庸俗下流类商铺名称明显带有淫秽、丑恶的内容，违背了社会良好风尚和社会公德，应该坚决予以取缔。

　　2. 分情况整改恶搞类商铺名称

　　恶搞类商铺名称，其出发点是想通过恶搞来吸引眼球，它们把人民传统心理上一些看得很重的事物和理念轻佻化、随意化，虽然不至于像庸俗下流名称那样践踏社会文明，甚至有时还能博得人开心一笑，但是它们其实亵渎了法律的尊严或国家机关的威严，也会产生不良的社会影响。有关部门应该在说服教育的基础上分情况整改，比如，对于"饭醉团伙"这一类打法律擦边球的名称也是可以采取强制手段取缔的，而对于"棕楠海"这一类恶搞国家权威机关的名称则应该动之以情晓之以理劝说商家自主改换。

　　3. 有效引导成语类商铺名称

　　乱改成语作为商铺名称，虽然没有违背法律也没有违背道德，但是对未成年人语言学习造成了误导，所以虽然管理部门不能强制取缔，但可以加强这方面的社会宣传，让商家多一份社会责任感，不能只顾自身的经济利益而不考虑社会效应。我国《广告语言文字管理暂行规定》第十一条明文规定："广告中成语的使用必须符合国家有关规定，不得引起误导，对社会造成不良影响。"商家应该自觉维护国家语言文字使用的健康有序，在成语的改造上一定要把握好度，对容易误导儿童的成语改造一定要慎重，而且改动之处一定要加引号特别标明。

4. 提供有效语言服务

虚夸崇洋类名称反映的是商家的基本文化素质和社会文化环境问题，从监管的角度来看，规范难度非常大，只有整个社会文化氛围改变了，人们才会自然而然地追求商铺命名的审美价值，而虚夸崇洋类名称自然就会慢慢减少。这方面的规范任重而道远，在目前条件下，可以成立专门的语言文字服务部门为社会提供规范语言文字使用的咨询服务，使商家在命名时可以找到能提供帮助的地方，免得病急乱投医。

总之，商铺命名是一个非常复杂的问题，国家有关部门在管理上首先应该加强商铺命名规范化的宣传教育，使国民充分了解国家语言文字的政策，了解语言文字规范的内容和重要性，了解语言文字的使用不是个人的小事，而是关乎社会文明与发展的大事，使国民对商铺命名的乱象及其危害有深入的了解。《国家语言文字工作"十一五"规划》就提出："加强宣传引导，提供咨询服务，运用法律、行政、学术力量，形成良好舆论氛围，促进社会语言生活和谐健康发展。"低俗化的商铺名称所追求的无非就是"眼球效应"，但追求新奇的同时一定要把握尺度，过犹不及。商铺命名可以标新立异，但同时也要讲究文化品位，要尽量求妙求美。

参考文献

蒋华：《永州店名存在的问题及其对策——从语言形式与语言内容的角度来看待》，《湖南科技学院学报》2009 年第 5 期。

孙小兵：《对传媒低俗化倾向的理论思考》，《中国广告》2008 年第 2 期。

张道升：《语言学视角下的合肥市城区商店名称指瑕》，《安徽理工大学学报》（社会科学版）2011 年第 4 期。

张晓勤、代莹：《南宁市商业店名语用特点》，《钦州学院学报》2011 年第 1 期。

赵爱英：《店名的语言特征及应用规范——以郑州市主要商业街店名为例》，《淮北煤炭师范学院学报》（哲学社会科学版）2009 年第 3 期。

《中华人民共和国国家通用语言文字法》2001 年 1 月。

中央文明办、国家工商总局、国家语委编：《商标、企业名称、广告语言文字应用规范指要》，学习出版社 2008 年版。

McDonald, Dwight：“A Theory of Mass Culture”, Mass Culture. Ed，B. Rosenberg and D. White，Glencoe：Free Press，1957，pp. 72 – 73.

项目基金

国家社科基金一般项目“新词语规范及科学语言规范观研究”（13BYY059）；国家社科基金重大项目“新时期语言文字规范化问题研究”（12&ZD173）。

作者简介

刘楚群，江西师范大学文学院副教授，华中师范大学汉语言文字学专业博士，学位论文《句管控中“V 起来”虚化式研究》（2005）。

方言与中小学语言教学研究的回顾与思考

江西财经大学　　曾献飞

摘　要： 方言与中小学语言教学研究是方言应用研究最重要的研究领域之一。1949 年以来，汉语方言的本体研究取得了巨大的成绩，但在利用方言研究的成果积极推动中小学语言教学并提高教学质量方面，汉语方言应用研究的成效并不显著。方言研究者要编制出合理的、操作性强的、接地气的方言教材或辅导资料，方言学者、中小学教师和教育行政部门要相互配合才能使方言与中小学语言教学的成效最大化。

关键词： 方言研究；中小学；语言教学；思考

方言与语言教学研究（特别是中小学语言教学研究）是方言应用研究最重要的研究领域之一。从严格意义上说，任何语言教学都是在一定的方言环境下进行的，因此语言教学要充分考虑方言对语言学习（包括母语学习、外语学习等）的影响。新中国成立以来，汉语方言研究取得了巨大的成绩，李如龙甚至认为，汉语方言学是中国语言学最成熟的领域①。但是，在利用方言研究取得的成果为中小学语言教学服务方面的效果并不显著。

一　方言与中小学语言教学的回顾

（一）方言与中小学普通话教学的研究

1. 从宏观上探讨方言与普通话教学

1956 年开始在全国开展的方言调查是为在全国推广普通话服务的。

---

① 李如龙：《二十世纪汉语方言学的经验值得总结》，《语言研究》2001 年第 1 期。

李荣的《怎样求出方音和北京音的语音对应规律》（《中国语文》1956 年第 6、7 期）、《怎样求出汉语方言音系的轮廓》（《中国语文》1956 年第 12 期）等系列文章可以说是方言与普通话语音研究的指导性论文。袁家骅、詹伯慧、侯精一、李如龙、游汝杰、黄景湖、翟时雨、李小凡、项梦冰等著述或主编的方言教材虽然没有直接提出方言与中小学语言教学的方法、原则或措施，但他们提出的方言研究方法对中小学语言教学仍然有很大的指导作用。20 世纪 80 年代后，有很多单篇从宏观上研究方言与语文教学的文章。例如，李如龙的《语文教学和方言调查研究》（1997）、《方言应当加强应用研究》（1999）等一系列有关中学语言教学的论文提出了方言研究为方言地区的语言教育服务的合理性、可行性及其方法。其他重要的文章还有田希成的《略谈方言与中学语文教学》（1985）、陈火明的《方言与语文教学》（1995）、张树铮的《试论普通话对方言语音的影响》（1995）等。

　　2. 方言区和个别方言与中小学语言教学研究

　　中国的汉语方言非常复杂，根据不同的方言区或方言（最好是单个方言）的语言特点设计不同的教学方法是最为科学的。全国汉语方言普查时期出版了大量各地人学习普通话的学习册子。例如，王力的《广东人学习国语法》（1951），黄伯荣的《广州人怎样学习普通话》（1957）、饶秉才的《客家人怎样学习普通话》（1957）等。80 年代末以来，又出版了数十种方言与普通话学习的著作。例如钱曾怡主编的《山东人学习普通话指南》（1988），王理嘉的《粤港人学习普通话读本》（1998），林连通、马重奇主编的《福建人学习普通话指南》（2001）等。大部分方言研究专著（包括方言志）都有专门的章节介绍方言与普通话和中古音的比较研究，这对中小学语言教学也有重要的参考价值。

　　从方言区看，各汉语方言区都有大量方言与语言教学研究的论文，尤以南方方言区的论文居多。粤语区的论文有詹伯慧的《试论粤方言地区的推广普通话工作》（《语文建设》1997 年第 1 期），方小燕的《论加强粤方言区普通话教育的研究》（《学术研究》2003 年第 2 期），刘艺的《粤方言区普通话字音的偏误类型及字音习得的量化分析》（《语言文字应用》2008 年第 2 期），柳俊琳的《母语为粤语的普通话学习者学习偏误研究》（湖南师范大学 2010 年硕士论文）等。闽语区的论文有马重奇的《闽台闽南话与普通话韵母系统比较研究》（《福建论坛》2002 年第 4

期），赵峰的《闽东方言的形成、发展及对推广普通话的影响》（《宁德师
专学报》1998 年第 4 期），杨碧珠的《闽东人学习普通话声母的三个主要
难点》（《莆田高专学报》2000 年第 3 期），吴秀菊的《闽南方言区语文
教学特殊问题研究》（福建师范大学 2006 年硕士论文）等。客家方言区
的论文有刘慧、温书鸿的《赣南客家方言区基础教育中的普通话推广现
状及对策》（《语文建设》2013 年第 4 期），张华的《客家方言区初中语
文口语交际教学现状调查与策略研究》（广州大学 2012 年硕士论文）等。
赣方言区的论文有胡松柏、张向阳的《南昌市"普通话母语学生"语言
状况调查》（《中国社会语言学》2007 年第 2 期），李胜梅的《方言的语
用特征与普通话训练——以江西人所说地方普通话为考察对象》（《第二
届全国普通话水平测试学术研讨会论文集》，2014 年），江燕的《南昌话
和普通话接触研究》（苏州大学 2008 年博士论文），邓毅群、毛怡旸的
《论赣方言在英语语音习得中的负迁移现象》（《江西教育学院学报》2011
年第 2 期）。湘语区的论文有傅灵的《方言与普通话的接触研究——以长
沙、上海、武汉为背景》（苏州大学 2010 年博士论文），黎慧的《母语为
长沙方言的青少年对长沙方言和普通话的语言态度及使用情况调查》（湖
南师范大学 2008 年硕士论文），等等。吴语区的论文有张继娅的《吴语
人群学习普通话语音存在的问题及解决途径》（《广西民族大学学报》
2009 年第 1 期），曹晓燕的《方言和普通话的语音接触研究——以无锡方
言为例》（苏州大学 2012 年博士论文）。官话区的论文有英君的《内蒙古
西部方言区普通话声调教学探索》（《语文学刊》2006 年第 2 期），王文
虎的《四川口音普通话的语音特征》（《四川大学学报》1994 年第 3 期），
赵小刚的《青海省农村普通话应用状况调查与分析》（《语言文字应用》
2008 年第 3 期）等。

3. 近年来的方言与普通话教学研究

（1）地方普通话研究。地方普通话也称塑料普通话，是普通话的地
域变体。不同地域的人所说的普通话在语音、词汇和语法上或多或少都带
有地域特征。陈亚川的《闽南口音普通话说略》（《语言教学与研究》
1987 年第 4 期）开始关注地方普通话。后来陈亚川又对地方普通话的性
质特征及其产生根源、研究地方普通话的意义和目的、地方普通话的研究
对象和方法、地方普通话的名称等做过详细讨论（《地方普通话的性质特
征及其他》，《世界汉语教学》1991 年第 1 期）。近年来，对地方普通话

的关注越来越多，研究也越来越深入。在中国知网上以"地方普通话"为关键词，以"篇名"为检索条件的论文就可以查到 62 篇（2014 年 1 月 11 日）。

（2）方言保护与推广普通话。随着普通话的普及，能说普通话的人越来越多，方言的影响力越来越小，有些方言正面临消亡的命运。方言是一种文化，有独特的价值。有的学者提出，国家应该制定相应的政策保护正在消亡的方言。上海、广东、福建、台湾等地都掀起了该如何保护地方方言的讨论，有的地方开始付诸实践。例如，广州市越秀区先烈中路小学首创每周一天"广州话日"，扫"粤语盲"：周五除上课和早读外，下课时间一律讲广州话，普通话这一天也不能超过 20 句①。厦门市下发了《厦门市中长期教育改革和发展规划纲要（2010—2020 年)》，推进闽南方言与文化课程进入中小学，形成国家教育、地方课程、校本课程有机统一的基础教育课程体系②。2013 年 5 月，上海市教委表示，将在全市幼儿园开展上海乡土教育，其中包括通过大力推进学龄前儿童沪语教育工作，遴选有条件的幼儿园进行上海话教学试点，并逐步在全市推行③。对于这些措施，专家学者、政府官员和市民的反映不一致，值得我们关注。

（二）方言与中小学外语教学研究

近年来，外语研究学者充分利用方言研究成果，结合外语的特点，对方言与外语教学进行了探讨。方言与外语教学研究的论著主要集中在探讨方言与英语教学方面。例如，郭平建、张海龙、李晋玲的《闻喜方言对英语读音的影响》（1993），宋玉明、刘飞兵的《学生方言语音对外语听说的影响及其对策》（2002），孔文的《山东方言在英语语音中的负迁移》（2005）等。方言与其他语言教学的论文也有一些，例如杨诎人的《粤方言区日语学习者的塞音持阻时长研究》（《现代外语》2006 年第 1 期），金永兰的《客家方言的入声韵尾与韩国汉字音的入声韵尾对比》（中央民族大学 2013 年硕士论文）等。

---

① 李龙：《学说粤语与推广普通话并不矛盾》，新浪网，2008 年 12 月 27 日。

② 孟昭丽：《厦门推进闽南方言与文化课程进中小学课堂》，新华网，2011 年 3 月 15 日。

③ 姜丽钧：《上海青少年方言能力下降　幼儿园将试点沪语教学》，《东方早报》2013 年 5 月 15 日。

二　关于方言研究与中小学语言教学的一些思考

我国的方言研究历来有注重应用研究的传统。新中国成立后的全国汉语方言普查是为文字改革、推广普通话和汉语规范化服务。尽管方言与中小学语言教学的研究有了很大的成绩，但是也还存在一些不足，有待于我们进一步深入研究。

（一）方言与中小学语言教学研究存在的一些问题

1. 方言学者对中小学语言教学研究关注不够。方言学者大多把精力放在方言的本体研究上，对方言应用研究关注不足，方言研究成果没有很好地应用到语言教学中去。李如龙在《方言学必须加强应用研究》一文中呼吁方言应当加强应用研究①。詹伯慧在《汉语方言研究三十年》一文中指出，尽管近三十年的方言研究取得了很大成绩，但方言应用研究需要加强。"在共同语日渐普及的情况下，方言的社会功能如何？方言是不可能消灭的，如何在既推广共同语的同时，又保持方言的作用方面取得适当的平衡？这中间有理论的问题，有政策的问题，也有技术性的问题。方言的研究应该与社会语言学、应用语言学紧密配合。在这方面，过去30年有一定的发展，但研究还不够充分，今后也有必要加强。"② 据中国语言文字使用情况调查领导小组办公室调查的数据表明，我们国家能用汉语方言与人交谈的人数大大超过能用普通话与人交谈的人数，能使用汉语方言交流的人口比例为86.38%，普通话为53.06%③。因此，方言与中小学语言教学研究有着广阔天地，能直接为国家的语言教学服务。

2. 方言研究成果在中小学语言教学应用方面的成效并不显著。尽管有很多论文探讨方言与中小学语言教学的关系，但据我们的调查研究发现，方言与中小学语言教学研究的成效并不明显。

3. 方言与中小学外语教学研究还需进一步深入研究。方言在中小学外语教学上的应用成果不多，且主要集中在英语教学上。

---

① 李如龙：《方言学应当加强应用研究》，《语文建设》1999年第5期。
② 詹伯慧：《汉语方言研究三十年》，《云南师范大学学报》2009年第2期。
③ 中国语言文字使用情况调查领导小组办公室编：《中国语言文字使用情况调查资料》，语文出版社2006年版。

4. 对方言与中小学语言教学研究的成绩和经验没有进行全面总结，并把它上升为一定的理论，更好地为中小学语言教学服务。

（二）如何提升方言研究为中小学语言教学服务

1. 编写合理的、可操作性强的、接地气的方言教材或辅导资料。李如龙指出，"上个世纪50年代的方言普查提出，要为'推广普通话服务'，编写了学习普通话手册，现代汉语教科书也增加了'方音辨正'但是因为教材没编好，要么太深，用许多语言学术语来分析方言；要么抓不到要害，比较一些人所共知的词汇（日头—太阳，月光—月亮），没有好效果。事实上，方言普查的成果不能直接搬到课堂上，语文教学中的方言和通语的比较研究需要另辟蹊径"[1]。然而，至今我们也没有看到合理的、操作性强的、接地气的方言辅助语言学习的教材或资料。没有好的教材或辅导资料，利用方言来辅助语言学习自然效果就差。我们认为，适合中小学方言的方言教材或资料应具备以下几个条件：一是利用汉语方言来辅助教学的教材要大众化，不能太深，要把专业化的语言学术语通俗化。很多语言教师根本看不懂国际音标，也不懂语言学的一些简单概念。二是这种教材不能涉及太多的方言，应当以一两种方言为宜，甚至可以只涉及一个方言点，太多的方言反而会让教师无所适从。三是利用现代技术手段把研究成果制作成声像资料。

2. 要提高中小学语言教师的语言素养，特别是方言素养。汉语方言研究的成果是为语言教学服务的，因此中小学教师是汉语方言应用研究成果推广的主力军。就目前来看，现在中小学教师的语言素养，特别是方言素养普遍较差。我们不可能把这些老师都训练成语言学者，但语言学者可以把该地区方言的音系、与普通话的对照等基本知识通过培训等手段教给这些教师。

3. 方言学者、中小学教师、教育行政部门要相互配合才能使方言与中小学语言教学的成效最大化。没有当地教育政府部门的配合，方言研究成果也很难运用教学实际中去。

参考文献

郭平建、张海龙等：《闻喜方言对英语读音的影响》，《山西师范大学学报》1993

---

①　李如龙：《汉语方言资源及其开发利用》，《郑州大学学报》2008年第1期。

年第 3 期。

胡松柏、张向阳：《南昌市"普通话母语学生"语言状况调查》，《中国社会语言学》2007 年第 2 期。

孔文：《山东方言在英语语音中的负迁移》，《东岳论坛》2005 年第 3 期。

李军、姚继青：《英语"课堂方言"对学生听力的影响与对策》，《外语教学》2001 年第 5 期。

李荣：《怎样求出方音和北京音的语音对应规律》，《中国语文》1956 年第 6、7 期。

李如龙：《方言学应当加强应用研究》，《语文建设》1999 年第 5 期。

李如龙：《汉语方言学》，高等教育出版社 2001 年版。

游汝杰：《汉语方言学教程》，上海教育出版社 2004 年版。

曾献飞：《汉语方言应用研究三十年》，《赣方言研究（第 2 辑 2009 南昌赣方言国际学术研讨会论文集)》，中国社会科学出版社 2012 年版。

詹伯慧：《汉语方言及方言调查》，湖北教育出版社 2001 年版。

项目基金

2013 年度江西省社会科学规划研究项目"汉语方言应用的历史与现状研究"（13YY09）。

作者简介

曾献飞，江西财经大学人文学院副教授，湖南师范大学汉语言文字学专业博士，学位论文《湘南官话语音研究》（2005）。

试论母语方言对普通话语音学习的迁移规律

——以南昌口音普通话为例

上海大学　江西师范大学　江　燕

摘　要：当下在各方言区的语言生活中主要使用两种生活语言：一种是地方口音普通话，另一种是新派方言。其中地方口音普通话是由普通话和方言中的语言因素集合而成的相对独立和自足的普通话中介语系统，是普通话和当地方言接触变异的产物之一。本文以南昌口音普通话为考察对象，通过对南昌口音普通话的语音变项与南昌话语音系统的表层和深层对应关系的分析，总结出母语方言对目标语普通话语音学习的一般迁移规律。

关键词：普通话；南昌口音普通话；南昌话；语音；迁移

当下在语言生活中所使用的生活语言主要有两种：一种是普通话，另一种是方言。而各地的普通话并不是纯的"标准普通话"，而是母语为汉语方言的人学习现代汉语的标准语普通话（目的语）过程中形成的带有不同程度地方方言色彩的"普通话中介语"，俗称"地方口音普通话"。它是由普通话和方言中的语言因素集合而成的相对独立和自足的普通话中介语系统，是普通话和当地方言接触变异的产物之一。因此研究这种普通话中介语，对于揭示方言对学习普通话的影响、更有效地指导普通话教学具有重要的意义。

母语（方言）对目标语（普通话）的学习普遍存在影响，这种影响涉及语音、词汇和语法系统，在语音方面表现得尤为明显。母语方言对目标语普通话语音的影响主要表现为迁移。大量证据表明：在普通话习用过程中，整个母语方言系统都会发生迁移。母语的音位及其变体、重音和节奏等都会迁移到目标语普通话上。母语负迁移包括方言文化影响产生的负迁移、方言态度影响产生的负迁移和方言语言系统影响产生的负迁移等。这里只讨论最后一方面，即母语方言对学习普通话语音的负迁移。下面以南昌口音普通话为考察对象，通过对母语方言是南昌话的受试学习普通话的调查和研究，探讨母语方言对普通话语音学习的一般迁移规律。

一　中介语（南昌口音普通话）与母语（南昌话）的关系

"南昌口音普通话"指带有南昌地方口音的不够标准的普通话，是南昌人学习使用普通话过程中形成的特定的语言系统，是普通话和南昌话接触的产物之一，其性质归根到底是普通话中介语。下面从语音困难度①、语音系统结构和与古音对应关系以及声韵调拼合关系、标记性差异等几个方面，就南昌口音普通话语音系统的群体特征深入分析，找出语音结构变化的联系和作用方式，分析这些语音变项与南昌话语音系统的关系。其中无关联的项则空缺不填。

（一）南昌口音普通话声母系统语音变项与南昌话的关系

1. 变项1：部分舌尖后音［tʂ］、［tʂʻ］、［ʂ］读成舌尖前音［ts］、［tsʻ］、［s］。例：注［tsu］意，春［tsʻun］节，师［sʔ］傅。

语音困难度因素	普通话弱势特征	［tʂ］［tʂʻ］［ʂ］	相似度	1	学习音值困难度	5
	南昌话强势特征	［ts］［tsʻ］［s］	相似度	5	放弃音值困难度	5
	音类（普—南）	［tʂ］［tʂʻ］［ʂ］—［ts］［tsʻ］［s］	参差度	5	音类困难度	5

---

① 语音困难度：观察南昌口音普通话的总范畴、总指标。有两种困难度：一种是音值的，一种是音类的。音值困难度又分为普通话（指习得普通话）的困难度和南昌音（指放弃南昌音）的困难度。音类困难度表示的则是双方的关系，没有南昌话和普通话的区别。相似度指南昌话跟普通话相对应的语音之间在音值上的相似程度，不对应的不能相比，不存在相似度的大小。例如南昌的［ȵ］的相似度指跟［ȵ］相对应的普通话［n］的相似程度，而跟［ȵ］不对应的普通话［s］则不好相比，也就不存在相似度问题。普通话采用听者的标准，南昌话采用说者的标准。参差度是南昌话跟普通话相对应的语音之间在音类上的参差程度，规律性越强，参差度越小。参差度一般跟困难度成正比，但有时困难度和参差度不一致，这还跟常见度和难发度相关。常见度指某语音在各种方言中的常见程度。难发度指从发音原理分析出的语音的发音难度。

结构因素	普通话声母结构中有、南昌话声母结构中无舌尖后音 [tʂ] [tʂʻ] [ʂ]
对应因素	普通话读舌尖后音 [tʂ] [tʂʻ] [ʂ] 的古声母字一部分所对应的南昌话今读舌尖前音 [ts] [tsʻ] [s]
标记差异	南昌话 [ts] [tsʻ] [s] -无标记，普通话 [tʂ] [tʂʻ] [ʂ] —有标记

2. 变项2：部分 [n]、[ʐ] 读成 [l]。例：辖区内 [lei]，发热 [lɛt]。

语音困难度因素	普通话	[n]	相似度	3	学习音值困难度	3
	普通话	[ʐ]	难发度	5	学习音值困难度	5
	南昌话	[l]	相似度	5	放弃音值困难度	5
	音类（普—南）	[n] — [l]	参差度	3	音类困难度	3
结构因素	普通话声母结构中有、南昌话声母结构中无 [n] [ʐ]					
对应因素	古泥母字今普通话读 [n]，南昌话读 [l]；古日母字除止摄开口今普通话读 [ʐ]，南昌话读 [l]					
标记差异	南昌话 [l] -无标记，普通话 [n] -有标记，普通话 [ʐ] -有标记					

3. 变项3：[x] 读成 [f]。例：花 [fa]

语音困难度因素	普通话	[x]	相似度	4	学习音值困难度	2
	南昌话	[f]	相似度	5	放弃音值困难度	5
	音类（普—南）	[x] — [f]	参差度	3	音类困难度	3
结构因素	普通话声母结构中有、南昌话声母结构中无 [x]					
对应因素	古晓、匣母字洪音前今普通话读 [x]，南昌话读 [f]					
拼合因素	南昌话 [h] 不拼合口呼，[xu] 读成 [f]，[f] 拼合口呼					
标记差异	南昌话 [f] -无标记，普通话 [x] -有标记					

4. 变项4：有尖音现象，[tɕ]、[tɕʻ]、[ɕ] 读成 [ts]、[tsʻ]、[s]。例：时间 [tsian]，学习 [si]。

语音困难度因素	普通话	[tɕ] [tɕʻ] [ɕ]	相似度	5	学习音值困难度	1
	南昌话	[ts] [tsʻ] [s]	相似度	5	放弃音值困难度	5
	音类（普—南）	[tɕ] [tɕʻ] [ɕ] — [ts] [tsʻ] [s]	参差度	3	音类困难度	3
对应因素	古精组字声母今读细音时普通话读成 [tɕ] [tɕʻ] [ɕ]，有的方言读成尖音 [ts] [tsʻ] [s]					

5. 变项5：部分舌尖后音［tʂ］、［tʂʻ］、［ʂ］读成［tɕ］、［tɕʻ］、［ɕ］。例：猪［tɕy］，住［tɕʻy］，书［ɕy］。

语音困难度因素	普通话	［tʂ］［tʂʻ］［ʂ］	相似度	1	学习音值困难度	5
	南昌话	［tɕ］［tɕʻ］［ɕ］	相似度	5	放弃音值困难度	5
	音类（普—南）	［tʂ］［tʂʻ］［ʂ］—［tɕ］［tɕʻ］［ɕ］	参差度	3	音类困难度	3
结构因素	普通话声母结构中有、南昌话声母结构中无［tʂ］［tʂʻ］［ʂ］					
对应因素	古知组、章组声母—部分遇摄字今普通话读［tʂ］［tʂʻ］［ʂ］，南昌话读［tɕ］［tɕʻ］［ɕ］					
标记差异	南昌话［tɕ］［tɕʻ］［ɕ］——无标记，普通话［tʂ］［tʂʻ］［ʂ］——有标记					

6. 变项6：部分零声母［Ø］带上辅音［ŋ］。例如：平安［ŋon］。

语音困难度因素	普通话	［Ø］	相似度	4	学习音值困难度	2
	南昌话	［ŋ］	相似度	2	放弃音值困难度	2
	音类（普—南）	［Ø］—［ŋ］	参差度	1	音类困难度	1
对应因素	古疑母、影母字今普通话读［Ø］，南昌话读［ŋ］					
拼合因素	南昌话［Ø］不拼开口呼，今开口呼都读［ŋ］					
标记差异	南昌话［ŋ］——无标记，普通话［Ø］——有标记					

7. 变项7：部分不送气音读成送气音，如［p］读成［pʻ］，［t］读成［tʻ］，［ts］读成［tsʻ］，［tɕ］读成［tɕʻ］。例：技［tɕʻi］术。

语音困难度因素	普通话	［p］／［t］／［ts］／［tɕ］	相似度	5	学习音值困难度	1
	南昌话	［pʻ］／［tʻ］／［tsʻ］／［tɕʻ］	相似度	5	放弃音值困难度	5
	音类（普—南）	［p］［t］［ts］［tɕ］—［pʻ］［tʻ］［tsʻ］［tɕʻ］	参差度	1	音类困难度	1
对应因素	古全浊声母仄声字今读塞音和塞擦音时，今普通话读不送气音［p］／［t］／［ts］／［tɕ］，南昌话读送气音［pʻ］／［tʻ］／［tsʻ］／［tɕʻ］（典型语音规则）					
标记差异	南昌话［pʻ］／［tʻ］／［tsʻ］／［tɕʻ］——无标记，普通话［p］／［t］／［ts］／［tɕ］——有标记					

8. 变项 8：极少数 [n] 读成 [ɳ]，[ʐ] 读成 [Ø]。例：倪 [ɳi]，荣 [ioɳ]。

语音 困难度 因素	普通话	[n]	相似度	3	学习音值困难度	3
	南昌话	[ɳ]	相似度	3	放弃音值困难度	3
	普通话	[ʐ]	相似度	1	学习音值困难度	5
	南昌话	[Ø]	相似度	4	放弃音值困难度	4
	音类（普—南）	[n]—[ɳ]	参差度	3	音类困难度	3
结构因素	普通话声母结构中有、南昌话声母结构中无 [n][ʐ]					
对应因素	古疑母字今普通话读 [n]，南昌话读 [ɳ]；古云母、以母字普通话读 [ʐ]，南昌话读 [Ø]					
标记差异	南昌话 [Ø]——无标记，普通话 [ʐ]——有标记					

（二）南昌口音普通话韵母系统语音变项与南昌话的关系

1. 变项 9：[əŋ] 读成 [ən]、[ɛn]，[iŋ] 读成 [in]。例：安静 [tɕin]，上升 [sɛn]

语音 困难度 因素	普通话弱势特征	[əŋ][iŋ]	相似度	2	学习音值困难度	5
	南昌话强势特征	[ən][ɛn][in]	相似度	5	放弃音值困难度	5
	音类（普—南）	[əŋ][iŋ]— [ən][ɛn][in]	参差度	2	音类困难度	2
结构因素	普通话韵母结构中有、南昌话韵母结构中无后鼻音 [əŋ][iŋ]					
对应因素	古曾摄、梗摄部分字今普通话读 [iŋ] 和 [əŋ]，南昌话读 [in] 和 [ən] 或 [ɛn]					
标记差异	南昌话 [ən][in][ɛn]——无标记，普通话 [əŋ][iŋ]——有标记					

2. 变项 10：部分出现入声韵尾 [-t]、[-ʔ]。例：成绩 [tɕin]，发 [faʔ] 短信。

语音 困难度 因素	普通话弱势特征	无入声韵尾	相似度	1	学习音值困难度	5
	南昌话强势特征	[-t][-ʔ]	相似度	3	放弃音值困难度	4
	音类（普—南）	无入声韵尾—有入声 韵尾 [-t][-ʔ]	参差度	5	音类困难度	5
结构因素	普通话韵母结构中无、南昌话韵母结构中有入声韵尾 [-t][-ʔ]					
对应因素	古入声字今普通话不收入声韵尾，而南昌话收入声韵尾 [-t][-ʔ]					

3. 变项 11：部分以齐齿呼代替撮口呼。例：觉［tɕiɜʔ］得解决［tɕiɛ］。

语 音 困难度 因 素	普通话	撮口呼［y］ ［yɛ］［yŋ］	相似度	4	学习音值困难度	2
	南昌话	齐齿呼［iɛ］［iuʔ］ ［ɕi］［iuŋ］	相似度	4	放弃音值困难度	4
	音类（普—南）	撮口呼—齐齿呼	参差度	4	音类困难度	4
对应因素	普通话读［y］的部分字南昌话读［iɛ］或［iuʔ］；普通话读［yŋ］的部分字南昌话读［iuŋ］；普通话读［yɛ］的部分字南昌话读［ɕiʔ］					
标记差异	南昌话齐齿呼——无标记，普通话撮口呼——有标记					

4. 变项 12：［ɤ］部分读成［o］或［a］。例：这个［tsɛko］。

语 音 困难度 因 素	普通话	［ɤ］	相似度	3	学习音值困难度	3
	南昌话	［o］［a］	相似度	5	放弃音值困难度	5
	音类（普—南）	［ɤ］—［o］ ［a］—［ɛ］	参差度	5	音类困难度	5
对应因素	普通话读［ɤ］的部分字南昌话读成［a］或［o］或［uo］或［ot］或［t3］或［iɛt］或［t ɛ］或［aʔ］或［ɔʔ］					
标记差异	南昌话［a］［o］——无标记，普通话［ɤ］——有标记					

5. 变项 13：［x］拼合口呼［uo］读成［o］，［uei］读成［ei］，［uən］读成［ŋ］。例：生活［fo］，发挥［fei］。

语 音 困难度 因 素	普通话	［uo］/［ui］/［un］	相似度	4	学习音值困难度	1
	南昌话	［o］/［ei］/［ən］	相似度	4	放弃音值困难度	4
	音类（普—南）	［uo］［ui］［un］— ［o］［ei］［ən］	参差度	4	音类困难度	4
结构因素	普通话声母结构中有、南昌话声母结构中无［x］					
对应因素	①古晓、匣母字洪音前今普通话读［x］，南昌话读［f］ ②古蟹摄、止摄字今普通话读［ui］，南昌话读［ei］；古效摄字今南昌话读［ui］，两者不对应					
拼合因素	①南昌话［h］不拼合口呼，读成［f］。南昌话［f］可拼部分合口呼和开口呼 ②南昌话［f］拼合口呼时只拼［u］［uŋ］［uʔ］，不拼［uo］［ui］［un］ ③南昌话［f］拼开口呼，［uo］对应的开口呼是［o］，［ui］对应的是［ei］，［un］对应的是［ən］					
标记差异	南昌话［o］/［ei］/［ən］——无标记，普通话［uo］/［ui］/［un］——有标记					

6. 变项 14：[ou] 读成 [ʊɛ]、[əu]。例：以后 [hɛu]，周 [tsəu]。

语音困难度因素	普通话	[ou]	相似度	4	学习音值困难度	2
	南昌话	[ɛu] [əu]	相似度	3	放弃音值困难度	3
	音类（普-南）	[ou] —— [ɛu] / [əu]	参差度	4	音类困难度	3
结构因素	普通话韵母结构中有、南昌话韵母结构中无 [ou]					
对应因素	普通话读 [ou] 字南昌话读成 [ɛu]、[iɛu]、[əu] 或 [iuʔ]					

7. 变项 15：[an] 读成 [on]，[uan] 读成 [uon]。例：干 [kon]。

语音困难度因素	普通话	[an] / [uan]	相似度	5	学习音值困难度	1
	南昌话	[on] / [uon]	相似度	2	放弃音值困难度	2
	音类（普—南）	[an] / [uan] —— [on] / [uon]	参差度	3	音类困难度	3
结构因素	普通话韵母结构中无、南昌话韵母结构中有 [on] 和 [uon]					
对应因素	①古咸摄、山摄一、二等字今普通话都读 [an] 或 [uan]，南昌话既可读 [an] 或 [uan]，又可读 [on] 或 [uon] ②其中部分普通话读 [an] 或 [uan] 的字对应南昌话读 [on] 或 [uon]					

8. 变项 16：[iaŋ] 读成 [iɔŋ]。例：强 [tɕiɔŋ]，香 [ɕiɔŋ]。

语音困难度因素	普通话	[iaŋ]	相似度	5	学习音值困难度	1
	南昌话	[iɔŋ]	相似度	4	放弃音值困难度	4
	音类（普—南）	[iaŋ] — [iɔŋ]	参差度	2	音类困难度	2
结构因素	普通话韵母结构中无、南昌话韵母结构中有 [iɔŋ]					
对应因素	①今普通话 [iaŋ] 的古韵来源是宕摄和江摄，南昌话 [iaŋ] 的古韵来源是梗摄。而南昌话 [iɔŋ] 的有古韵来源是宕摄 ②普通话读 [iaŋ] 的部分字南昌话读 [iɔŋ]。部分普通话中读 [an] 或 [uan] 的字对应南昌话读 [on] 或 [uon]					

9. 变项 17：[ən] 读成 [iɛn]。例：跟 [kiɛn]。

语音困难度因素	普通话	[ən]	相似度	5	学习音值困难度	1
	南昌话	[iɛn]	相似度	5	放弃音值困难度	5
	音类（普—南）	[ən] — [iɛn]	参差度	3	音类困难度	3
结构因素	普通话韵母结构中无、南昌话韵母结构中有 [iɛn]					
对应因素	古韵臻摄部分字今普通话读 [ən]，南昌话读 [iɛn]					

（三）南昌口音普通话声调系统语音变项与普通话的关系

1. 变项 18：部分古入声字今读带有明显的入声声调（读得很短促）。例：以身作则 [tso$?^{55}$ɛ$?^5$]。

语音困难度因素	普通话弱势特征	无入声声调	相似度	1	学习音值困难度	3
	南昌话强势特征	入声声调	相似度	3	放弃音值困难度	4
	音类（普—南）	四声—阴入	参差度	5	音类困难度	5
	音类（普—南）	阳平/去声—阳入	参差度	4	音类困难度	4
结构因素	普通话声调结构中无、南昌话声调结构中有入声声调					
对应因素	古入声字今普通话四声都有，南昌话读分阴入和阳入，有阳入归入阴入的趋势					

2. 变项 19：去声往往读得不是高降（51），而是低降。例：世界 [tɕiɛ^{31}]，运 [yn^{21}] 输。

语音困难度因素	普通话	去声 51	相似度	2	学习音值困难度	4
	南昌话	阳去 21	相似度	2	放弃音值困难度	2
	音类（普—南）	去声—阳去	参差度	1	音类困难度	1
结构因素	南昌话声调结构中去声分阴去 45 和阳去 21，阳去是低降					
对应因素	古上声的全浊声母字和去声的浊声母字在普通话中读去声 51，在南昌话中读阳去 21。这些字受南昌话声调影响容易读成低降					

3. 变项 20：上声读得弯度不够大（214），往往最后听不出明显的向上升，读得比较低、比较平。例：成本 [pɛn^{213}]，影响 [ɕiaŋ^{212}]。

语音困难度因素	普通话	上声 214	相似度	5	学习音值困难度	1
	南昌话	上声 213	相似度	5	放弃音值困难度	5
	音类（普—南）	上声 214—上声 213	参差度	1	音类困难度	1
结构因素	南昌话声调结构中去声分阴去 45 和阳去 21，阳去是低降					
对应因素	普通话上声 214 先降后升，南昌话上声 213 升降不太明显，读得比较低平					

4. 变项 21：平声读得不够高平（55），往往读得比较低，有下降的趋势。例：公 [kuŋ^{42}] 司。

语音困难度因素	普通话	阴平 55	相似度	2	学习音值困难度	4
	南昌话	阴平 42	相似度	2	放弃音值困难度	2
	音类（普—南）	阴平 55—阴平 42	参差度	1	音类困难度	1

续表

结构因素	南昌话声调结构中去声分阴去 45 和阳去 21，阳去是低降
对应因素	普通话上声 214 先降后升，南昌话上声 213 升降不太明显，读得比较低平

二　母语对目标语语音学习的迁移规律

从南昌口音普通话语音系统语音变项与南昌话的表层和深层关系的分析，可以总结出以下母语（南昌话）规则对目标语（普通话）语音学习的一般迁移规律：

（一）母语（南昌话）结构无标记而对应的目标语（普通话）结构有标记时，母语规则容易发生负迁移

南昌话结构无标记而对应的普通话结构有标记时，母语规则容易发生负迁移；反之，当南昌话结构有标记，而对应的普通话结构无标记时，迁移的可能性很小。也就是说，南昌话迁移的可能条件之一是普通话结构或规则的标记性，只有在普通话结构标记更强时的语言差异才容易导致母语迁移。

例如南昌口音普通话变项 1 中举例所示，从下图第（2）组可见，[ts]、[ts‘]、[s] 是无标记项，[tʂ]、[tʂ‘]、[ʂ] 是有标记项。南昌人在学习普通话 [tʂ]、[tʂ‘]、[ʂ] 时，标记性更强的 [ts]、[ts‘]、[s] 容易迁移到目标语系统中来。因此南昌口音普通话不论舌尖前音、舌尖后音，一律发舌尖前音 [ts]、[ts‘]、[s]。

南昌话（母语）　　　　　普通话（目标语）　　　南昌口音普通话（中介语）
（1）[ts]、[ts‘]、[s] 无标记　　[ts]、[ts‘]、[s] 无标记　　[ts]、[ts‘]、[s] 无标记

（2）[ts]、[ts‘]、[s] 无标记　　[tʂ]、[tʂ‘]、[ʂ] 有标记　　[ts]、[ts‘]、[s] 无标记

母语规则迁移

（二）与母语（南昌话）相似度小的、语音困难度大的目标语（普通话）语音结构，母语规则容易发生负迁移

与南昌话相似度小的普通话语音结构，其学习难度就大，这时母语规则往往容易迁移到普通话语音结构中。这主要有两种情况：

1. 目标语（普通话）有而母语（南昌话）无的语音结构，与之相对应的母语（南昌话）语音结构替代目标语（普通话）语音结构。

普通话有而南昌话无的语音结构相似度小，在南昌市民看来学习的困难度就大。这时母语使用者就会根据语言经验，找出母语——南昌话语音系统中与其音韵地位相同且发音部位、发音方法相近的语音结构并与普通话发生联系，最终选择自己更习熟的南昌话语音结构替代普通话语音结构。这里要强调的是他们并没有语言知识背景，完全是凭借其常说的"语感"，在这里更多的是指语言经验，这其实是最科学的。

例如南昌口音普通话变项 1 中举例所示，南昌话声母系统中没有 [tʂ]、[tʂʻ]、[ʂ]，在南昌口音普通话中就用南昌话的声母 [ts]、[tsʻ]、[s] 来替代；又如变项 2 中举例所示，南昌话声母系统中没有 [n]、[ʐ]，在南昌口音普通话中就用南昌话的声母 [l] 替代；又如变项 8 中举例所示，南昌话声母系统中没有 [n]，在南昌口音普通话中就用南昌话的声母 [ȵ] 替代；又如变项 9 中举例所示，南昌话韵母系统中没有韵母 [əŋ] / [iŋ]，在南昌口音普通话中就用南昌话的韵母 [ne]、[ɛn] / [in] 替代；又如变项 12 中举例所示，南昌话韵母系统中没有 [ɤ]，在南昌口音普通话中就用南昌话的韵母 [a]、[o]、[ɛ] 替代。这里表面上看大部分是发音部位和发音方法相近的语音结构相替代，但这还只能解释部分变项，还有一些无法解释。其实深层看还是以音韵地位相同且符合拼合关系的相对应的语音结构相替代，这样每项变项都能得以阐释。

2. 目标语（普通话）无而母语（南昌话）有的语音结构，母语（南昌话）语音结构顽固保留。

普通话无而南昌话有的语音结构相似度小，在南昌市民看来放弃的困难度就大。这时母语使用者就会根据语言习惯，排斥普通话中相对应的语音结构，最终顽固保留自己更习熟的南昌话语音结构使用。这里要强调的是他们不是蓄意要保留自己母语的语音结构，完全凭借的是"语感"，在这里更多的是指语言习惯，这其实是最顽固的。

例如南昌口音普通话语音变项 10 和变项 18 中举例所示，普通话无而南昌话有的入声韵尾［-t］、［-ʔ］和入声声调顽固地保留在南昌口音普通话中，在读古入声字时总会读得比其他音短促；又如变项 15 中举例所示，南昌话的韵母［on］／［uon］顽固保留，替代普通话部分的韵母［an］／［uan］；又如变项 16 中举例所示，南昌话的韵母［iɔŋ］顽固保留，替代普通话部分的韵母［iaŋ］；这些表面上看似乎没有明显的语音相似性，但从深层关系分析看这些替换的变项恰是相对应的南昌话语音结构的顽固保留。

（三）与母语（南昌话）差异小的、相似度大的目标语（普通话）语音结构，母语规则也容易发生负迁移

与南昌话差异小的普通话结构，其相似度就大。对南昌人来说，这些相似度大的语音结构，说者感觉不出其间的差别，就谈不上放弃它。因此虽然这些项相对学习普通话的语音困难度小，但同时放弃母语南昌音的困难度也就大，这时母语规则也很容易迁移到普通话语音结构中。这也有两种情况：

1. 目标语（普通话）中和母语（南昌话）相似的语音结构，向母语（南昌话）语音结构就近转移

普通话中和南昌话相似的语音结构，在南昌市民看来学习普通话语音的困难度小。但正是因为差异小不能引起足够的重视，因此放弃南昌话语音的困难度也就大。一种情况下母语使用者就会根据语言习惯，排斥普通话中相对应的语音结构，向自己更习熟的南昌话语音结构转移，最终顽固保留在南昌口音普通话语音系统中，这主要是针对"声母"和"韵母"而言。这里要强调的"相似"是指发音方法或发音部位相同或相似，听起来差别比较小。

例如南昌口音普通话语音变项 14，普通话的韵母［ou］和南昌话的韵母［ɛu］、［əu］语音差异较小，仅元音的开口度大小略有不同，这时母语使用者就会很自然地向就近且习熟的［ɛu］、［əu］转移并类推到所有的这种结构中去；又如变项 15 和变项 16 中举例所示，普通话的韵母［an］／［uan］／［iaŋ］和南昌话的韵母［on］／［uon］／［iɔŋ］语音差异也仅是元音开口度的细微差别，因此母语使用者更容易发成常用的［on］／［uon］／［iɔŋ］并毫不察觉。这些音有的听起来很相似，说者感

觉不出其间的差别，就谈不上放弃它。有些音虽然不很相近，但说者觉得不改变别人也能听懂，就不大有必要放弃。因此这些相似度大的语音结构，放弃南昌音的困难度也大，南昌话容易产生负迁移。

2. 目标语（普通话）中和母语（南昌话）相似的语音结构，取其中间状态

普通话中和南昌话相似的语音结构，另一种情况下母语使用者就会根据语言习惯，既不完全遵循普通话语音结构的读音，也不完全遵循南昌话语音结构的读音，而是取其中间状态，这里主要是针对声调的调值而言的。这里要强调的"中间状态"是具体数值的中间状态，其他的音值不好平均的。另外这种中间状态也不是绝对的平均，而是位于两者中间的某个点，并且每个样本的调值并不是一致的，具有不确定性。

例如南昌口音普通话变项19中举例所示，普通话的去声51在南昌口音普通话中读成31或21，往往读得不是高降而是低降。又如变项20中举例所示，普通话的上声214在南昌口音普通话中读成213或212，读得弯度不够大，往往最后听不出明显的向上升，读得比较低平。再如变项21中举例所示，普通话的平声55在南昌口音普通话中读成43或42，读得不够高平，往往读得比较低且有下降的趋势。

（四）母语（南昌话）中的强势语音特征和典型语音规则容易发生负迁移

1. 母语（南昌话）中的强势特征容易迁移并替代到目标语（普通话）中相对应的语音结构

南昌话中的强势语音特征具有较强的稳固性，这些语音特征往往成为母语使用者的底部不可动摇。这些特征成为南昌市民日常语言使用中的典型特征，不论是说南昌话还是普通话，这些特征都会渗透其中。当说普通话时这些极具南昌话特征的代表音就会顽固地深沉为中介语系统的底层。

例如南昌口音普通话变项10和变项18中举例所示，南昌话的强势特征——入声韵尾［-t］、［-ʔ］和入声声调会经常出现于古入声字中，南昌口音普通话中只要出现这些入声字时就会读得比较短促，和普通话的语音语调听起来味道不同。

2. 母语（南昌话）的典型语音规则容易发生负迁移

南昌话中的典型语音规则根深蒂固，已成为母语使用者的一种下意识

的习惯，这些规则无论是说南昌话还是说普通话都会极力地发生作用。当说普通话时在相应的位置中这些典型语音规则就会容易发生负迁移。

例如南昌口音普通话变项 7 中举例所示，古全浊声母仄声字今读塞音和塞擦音时，今普通话读不送气音 [p]、[t]、[ts]、[tɕ]，南昌话读送气音 [p']、[t']、[ts']、[tɕ']。用下面这些例词来说明，在普通话中前一个字"陪、停、存、强"的声母读送气音，后一个字"伴、电、在、健"的声母读不送气音。这与"古全浊声母字今读塞音和塞擦音时，今普通话平声送气仄声不送气"的规则相吻合。但在南昌话中，"古全浊声母字今读塞音和塞擦音时，不论平仄今南昌话一律送气"，因此每个词的前后两个字都读作送气音。后面这条南昌话典型语音规则在学习普通话时也容易发生负迁移，南昌口音普通话则表现出古全浊声母仄声字今读塞音和塞擦音时也读作送气音。

例　　词	陪	伴	停	电	存	在	强	健
古声母	并母	并母	定母	定母	从母	从母	群母	群母
古清浊	全浊	全浊	全浊	全浊	全浊	全浊	全浊	全浊
古平仄	平	仄	平	仄	平	仄	平	仄
普通话声母	[p']	[p]	[t']	[t]	[ts']	[ts]	[tɕ']	[tɕ]
南昌话声母	[p']	[p']	[t']	[t']	[ts']	[ts']	[tɕ']	[tɕ']

综上可见，中介语地方口音普通话语音系统并不是方言语音和普通话语音的简单拼加，而是习用者从自己的母语方言出发，本着语言的经济性原则，在自己的学能范围之内自发地对比两个语言系统，然后采取目标语语音要素单体植入、母语方言语音要素顽固保留、相似语音元素就近转移和目标语标记音过度强化等方式融会胶着，形成区别于两端语言系统的独立结构体。这种变化可以发生在音位、音节和语调等各个层面，并通过熟练的语段表达显现出来。一般而言，目的语普通话中发音难度不大或与母语方言发音一致的语音会自然地移植到中介语语音系统，而与目标语普通话区别度很大、极具地方色彩的方言语音要素则会顽强地渗透到中介语系统，并对普通话对应音形成排斥性，进而成为中介语系统的底层，固化为习用者中介语语音系统的强势表征。如果母语方言语音的某个音位与普通话语音的某个音位构成相似性对应关系，并且在习用者看来无太大区别，一般会将方言语音中的音位转移到普通话中介语语音系统，甚至还会按照

普通话的拼合规律进行类推。当然引起接触变化的主要决定因素是特定的社会接触环境，不是在语言本身中获得的语音结构关系。但是一旦两种语言接触后变化发生了，那么"在哪里变，怎样变"就和语言结构本身有着密切的关系。

参考文献

汪平：《方言平议》，华中科技大学出版社 2003 年版。

王福堂：《汉语方言语音的演变和层次》，语文出版社 1999 年版。

魏钢强、陈昌仪：《南昌话音档》，上海教育出版社 1998 年版。

熊正辉：《南昌方言词典》，江苏教育出版社 1995 年版。

颜森：《南昌方言纵横谈》，《语文应用与研究》1993 年第 1 期。

游汝杰：《汉语方言学教程》，上海教育出版社 2004 年版。

张燕娣：《南昌方言研究》，中国社会科学出版社 2007 年版。

项目基金

江西省高校人文社会科学项目"南昌口音普通话及普通话习得研究"（yy0913）；江西省教育科学规划课题"南昌方言区学生普通话教学研究"；江西省社会科学规划项目"城镇化背景下的南昌方言变异研究"。

作者简介

江燕，江西师范大学文学院副教授，苏州大学语言学及应用语言学专业博士，学位论文《南昌话和普通话接触研究》（2008）。

汉字视野下婚姻制度与女性地位

华东交通大学　刘艳红

摘　要： 在不同的婚姻制度下男女地位是不对等的。从群婚制下居于女王地位的"女娲"、"黄帝"，对偶婚时期女子不甘退下神坛而与男子争锋，专偶婚时代女性成为男子的私有财产，到现代女人撑起半边天，自己主宰命运，这些变化在汉字与词汇中都有较为清晰的反映。

关键词： 汉字；婚姻制度；女性地位

赵诚（2000）先生说："产生或使用于某一阶段的汉字，其结构可能在某种意义上反映该时代的某种文化意识。"① 下面我们就从汉字来看看中国古代的婚姻制度，进而窥探一下我国女性地位的变化与发展。

恩格斯在《家庭、私有制和国家的起源》中吸收摩尔根的研究成果，将人类的家庭婚姻变迁对应于人类社会的三个发展阶段，概括其发展轨迹："群婚制是与蒙昧时代相适应的，对偶婚制是与野蛮时代相适应的，以通奸和卖淫为补充的一夫一妻制是与文明时代相适应的。"我们分三个阶段来介绍中国社会婚姻制度的发展过程。

一　姓、后、黄、帝与群婚制——女王时代

在母系氏族社会，人类实行的是群婚制。一个男子可以有许多"妻子"，同理，一个女子也可以有几个"老公"，男女双方都有性自由。群婚制，包括族内群婚，即《吕氏春秋·恃君览》中所说："昔太古尝无君矣，其民聚生群处……无亲戚兄弟夫妻男女之别，无上下长幼之道。"也

---

① 赵诚：《甲骨文与商代文化》，辽宁人民出版社2000年版。

包括族外群婚，即排斥了不同辈分、血亲男女间的婚姻。"姓"是因为什么而存在的呢？《仪礼经传通解》卷五说："人所以有姓者何？所以崇恩爱，厚亲亲，远禽兽，别婚姻也。"既然"同姓不婚"，那么这个字显然是反映族外群婚的现实。在这样一种婚姻制度下，子女与父亲的关系是不确定的，只有和母亲的关系确定而可靠。《商君书·开塞》说："天地设而民生之。当此之时也，民知其母而不知其父。"在知母不知父的情况下，只能按母系来确定人的血缘身份。在母系氏族社会，为了交际的需要，每个以母系血缘为纽带的氏族都必须有一个有别于其他氏族的徽号、标志，这个徽号、标志，就是姓。由于它标志着一个人由哪个氏族生出，故称为"生"，又由于当时知母不知父，所以加上"女"字旁，写作"姓"。姓的本义就是源于同一女性祖先的氏族共同所有的符号标记，同一个老祖母所生的后代就是同姓。

正因为姓起源于母系氏族社会，不同的姓表示不同的女性祖先，所以古文献中所见到的最古老的姓，大都是从"女"的，如黄帝姓姬，神农姓姜，虞舜姓姚，夏禹姓姒。考察这些人的出生，我们也会发现这些人母亲的身份是非常明确的，但并没有实际意义上的父亲，这就是所谓的"圣人无父，感天而生"。《诗含神雾》说："大迹出雷泽，华胥履之，生宓牺；大电光绕北斗枢星，照郊野，感附宝而生黄帝；瑶光如蜺，贯月正白，感女枢，生颛顼。"王充《论衡·奇怪篇》："禹母吞薏苡而生禹，故夏姓曰姒；契母吞燕卵而生契，故殷姓曰子。后稷母履大人迹而生后稷，故周姓曰姬。"无论是履大人迹，感电光，还是吞薏苡、燕卵，这些先人的母亲都没有与具体的男性结合而产子，这从一个侧面说明，此时人们只知其母，不知其父。

在母系氏族社会，女子占据主导地位，这不仅体现在孩子从母姓上，女子还是这个时代当之无愧的首领。"后"的本义为"君王"，如禹死后由选举产生的部落首领被称为"后益"。"后"《说文》解释为："继体君也。……发号者，君后也。"这就是说"后"的本义为"君王"。大禹的继承者被称为"后益"，周代的先王被称为"后稷"，这些首领之所以被称为"后"，都是其"君王"义的反映。无论是后益还是后稷，都是男性君王，但我们从"后"的原始字形推测，在"后"造字之时君主并非男子，而是女流，并且是一位有生育特长的妇女。"后"在甲骨文中像妇女产子之形，之所以用这样一个字形来代表"君王"，就是因为在远古时代，社会的基本组织是氏族，这实际上是一种血缘集团，氏族首领的地位最初当是由其生育繁衍后代的功绩奠定的。生育卓著的女性自然能够维系一个氏族，因而成为一个氏族的首领，所以造字时突出产子这一点。"后"之君王义的由来郭沫若（2002）曾作过解释，他说："余谓后乃母权时代女性酋长之称谓。母权时代，族中最高之主宰为母，而母氏最高之属德为毓，故以毓为王母之称。其用为先后字者，盖出于假借矣。"① 此说颇有理致，可以信从。

原始氏族或部落往往将本部族中生育了众多子女的妇女奉为崇拜的对象，随着时间的推移，这些女子就成了该族的始祖母"后"。随着社会的发展，母权制被父权制度所代替，作为氏族首领的"后"从女子变成了男子，由于阶级、国家的出现，"后"又从氏族首领转变为天子或诸侯。然而，"后"字字形却因为约定俗成的特性没有发生相应的变化，于是字形和字义便阴差阳错起来。

中国人自称为"炎黄子孙"，黄帝被认为是远古的三皇之一。那么这位中国早期君王究竟性别为何呢？我们认为当为女性，黄帝是一位女王。黄帝之所以被称为黄帝，当得名于生殖之功，这从"黄"与"帝"两个字就可以看出。"黄"在甲骨文中写作 ，"从大，从〇，从一，从ㅂ"。〇表示"婴儿在腹内"，〇也表示"婴儿"所在的位置，因此腹部凸出肥大。〇中加"一"，这使"孕妇"的字义更加明晰。"一"有两个意义：一是"胎儿横置于此"，二是"丕"之省，"丕"的"胚胎"的"胚"本字。"丕"在"不"下增添一横表示女性经血停止，经血不如期到来，除了生病就是怀孕，"黄"中的"一"正是"怀孕"之义。ㅂ，这是一个变形的▽，恰似女性阴部的造型，在此表示女性生殖器。考古中三角形多是代表女阴。世界上诸多民族都用此形状表示女性阴部，如印度教等边三角形顶尖向下，表示女阴部，是湿婆神配偶沙克帝的象征；犹太民族的大卫六角星，其中的三角形表示女性的生殖器官。由此可见，"黄"的造字字符里包含"人、大腹、禁止性行为、女性"的意义，当然是"孕妇"。

"帝"，《说文》曰："谛也。王天下之号也。"《说文》用的是声训，其实，"帝"为花蒂之"蒂"的本字，郭沫若（2002）认为"帝""像花

---

① 郭沫若：《郭沫若全集考古篇》第一卷《甲骨文字研究及殷契余论》，科学出版社 2000年版。

蕚全形者是也。分析而言之，其 ▽ 像子房，Ｈ 像蕚，↑ 像花蕊之雄雌……知帝为蒂之初字，则帝之用为天帝义者，亦生殖崇拜之一例也"。[2]花蒂本为植物的生殖器官，引申之"帝"就是女性生殖崇拜的始祖。整个字形，以会意方式表示了氏族中最早的女性祖先。

"帝"与"地"语音相近。在古人观念中大地被认为是生长世间万物之祖。《春秋元命苞》说："地者，易也。言养万物怀任交易变化含吐应节。"《白虎通义·天地》："地者，元气之所生，万物之祖也。"从"地"的构成来看，也能看出"地"与生殖的关系。"地"是由"土"与"也"构成的。"土"《释名·释天》解释为："吐也，能吐生万物也。"《白虎通义·五行》解释为："土，主吐万物。""也"《说文》解释为："女阴也，象形。"陆宗达（1981）先生认为这个解释不误，主要证据是"也"字本义在典籍中多写作"施"，如"首施两端"中的"施"，而"施"即为人之阴。① 根据音近义通的原则"帝"自然与"地"一样，都与女性生殖有关，这从侧面证明"帝"原来用来指的是女性始祖，应为女性首领。

"帝"本为女性始祖，随着历史的演进而成为抽象的神祇。后来，当王权逐渐膨胀，便被引用来尊称部族或王国死去的首领。殷商一代，从成汤到武丁均称为"王"，到了祖庚、祖甲时期，即武丁儿子一代，开始把"帝"字冠在武丁前面，称之为"帝丁"。随后，经过几代的反复，到了帝乙、帝辛时代，开始了称先王为"帝"。由此，帝由女性始祖蜕变为男性君王的称号。

无论是"黄"的"孕妇"义，还是"帝"的"女性始祖"义，都表明了中国的始祖黄帝是为女性，是一位开辟华夏民族的女王。群婚时代女性地位是至高无上的，是一个真正的女王时代。

二 家、室、宾、婚、妻与对偶婚——男女争锋

对偶婚是指一个家庭内一个男子在他的许多妻子之中有一个主妻，反之，一个女子在她的许多丈夫之中有一个主夫。这个时代女性已经渐失女王地位，男性的地位慢慢上升，但这个过程不是一蹴而就的，而是在男女

---

① 陆宗达：《说文解字通论》，北京出版社1981年版。

争锋中展开。

（一）家、室、宾与走婚制——过渡

所谓的走婚就是男方到女方家走访、住宿，次晨回到自己家中。因为是由男方的"走"而实现的婚姻，所以这种关系被称为"走婚"，这种婚制反映了由群婚制到对偶婚的过渡性，女性在这个时代地位虽然渐渐下降，但仍在某种程度上保持女子为主的地位，这从几个汉字便能看出。"家"，《说文》解释为："家，居也，从宀，豭省声。""家"甲骨文写作 🐖，从这个字形我们可以看出，上面的"宀"是一所房子，下面的"豭"，指的是正在交配的公猪。我们知道在猪的交配中，一般是公猪到母猪住处去进行。《史记·秦始皇本纪》有一个词"寄豭"，用来指称暂居别人家传种的公猪。"家"字中包含的"豭"字，形象地说明了对偶婚制初期的两性关系中，男性充当类似"豭"的角色——夜间走婚，从女而居的婚姻特征。

"室"，《说文》解释为："实也，从宀，从至，至，所止也。""室"下面的"至"甲骨文写作 ⬇，像箭落至地下。箭在许多民族中被视为男性生殖器。魏勒（1988）在《性崇拜》中说："在原始人类中，男性生殖器还被象征为箭。"① 既然"至"可以代表男性，"人所至"中这位从别处到来的"人"，正是男性，而"宀"正是提供给这位到来的男性"歇息的地方"。"室"字形象地表明了男从女居的婚姻特征。

"宾"甲骨文写作 🏠，上部是宀，中间是一位居住室内的女人，下部是脚趾。整个字会意有一个人来到女子居住的内室。"宾"另外一个字体 🏠 显示：在屋子下面有一男一女两个人，同时伴有一个脚趾，说明是男子来到了女子的居室。唐汉（2002）② 认为殷商时期，只有成年女性拥有个人的专用居室，成年男子在公宫内集体住宿，因而"宾"的本义为男到女处，男女之间的性幽会，表示接待男性性伙伴。

"家"、"室"、"宾"这几个字共同透露了对偶婚初期女性在婚姻家庭中的主导地位，但这毕竟只是母系氏族向父系氏族过渡时期的婚姻形式。随着农耕社会的出现和发展，男子逐渐成为重要的劳动力，在社会结

---

① O. A. 魏勒：《性崇拜》，中国文联出版社 1988 年版。

② 唐汉：《汉字密码》，学林出版社 2002 年版。

构中居于主导地位。于是，婚姻制度也发生了相应的变革，由男从女居变为女从男居，女子在婚姻中的主角地位被颠覆，而这种颠覆最初是通过暴力的方式实现的。

（二）婚、妻与抢婚制——争锋

抢婚反映了人类历史上最早的一场重大变革和斗争——母权制和父权制之争。在群婚时代，女子一般生活在自己娘家，以维持母系的完整，而父权形成以后，为了保证父系的延续，男子势必要求女子落户于夫家，以免继续群婚生活，产下"野种"来抢夺自己的财产。女子一旦从夫而居，就会丧失在生产、家族、婚姻以及其他社会关系中的优越地位，成为男子的附庸，在家庭中处于被奴役、被压迫的地位。因而父权制在形成中，首先遇到的就是在婚姻形式上妇女的反抗。为了对付这种反抗，男子便诉诸武力加以解决，这便是抢婚习俗的由来。

《说文》云："婚，妇家也。《礼》，娶妇以昏时。妇人阴也，故曰婚。""婚"字的释义中显示出婚礼是安排在黄昏时举行的。至于为何要在黄昏举行？很多学者认为是上古时代抢婚习俗的沿袭。刘师培（1997）《古政原始论》中说："其行礼必以昏时者，则以上古时代，用火之术尚未发明，劫扫必以昏对，所以趁妇家之不备，且使其不辨谁何耳。后世沿袭，浸以成俗，遂婚礼为嘉礼。"[1] 张舜徽（2009）《说文解字约注》也认为："古娶妇必以婚时者，当缘上世有劫掠妇女之风，必乘夜昏人定时娶之，以避寇犯也。"[2]

《周礼》也规定"娶妇以昏时"。与此相应，古代迎娶所用车马、衣服皆为黑色。《仪礼·士昏礼》郑玄注："主人爵弁，纁裳，缁袘，从者毕玄端，乘墨车，从车二乘，执烛前马。"纁裳，缁袘及墨车，色皆是黑，而执烛更为黑夜所需。显然这种风尚，乃是先民抢婚习俗的遗迹。

抢婚的特征是男子未经女子本人及其亲属同意，将女方劫归为妻。这种婚娶方式，自然不免引起冲突。为了避免女方家族抵抗，便于逃遁，抢婚当以日落天黑时进行为宜。当然，抢婚遗迹在当时还有其他表现，《易经》爻辞中"匪寇，婚媾"所描绘的似乎是一种徒有其表的假抢；《礼

---

① 刘师培：《刘申叔遗书》，江苏古籍出版社 1997 年版。

② 张舜徽：《说文解字约注》，华中师范大学出版社 2009 年版。

记》中所谓"婚礼不贺"、"嫁女之家三夜不熄烛，思相离也；娶妇之家三日不举乐，思嗣亲也"，也是与抢亲相关的一种古俗。瑶族中有一种迎亲方式：夜晚，男方结伙高举火把冲向女方家，半路上，女方人马也冲杀出来，男方抢到新娘，女方回抢，最后新娘新郎双双溜出队伍，于是双方停止战斗，一起享受婚宴。云南壮族迎娶新娘，一般都选择昏暗的傍晚或黎明时分进行，不到这个时辰，新娘不得进男方家。这些使我们确信，从女从昏的"婚"字正是抢婚习俗的记录。

"妻"甲骨文写作，像一只手抓着一个女子。从字形上分析，"妻"是"抢来的女人"或"抢来的老婆"。从字音上分析，"妻"同"西"也声音相近，意义相通。而"西"与阴暗有密切的联系，因为日落西山而阴暗生，西风吹则阳气藏，所以西和阴有内在联系。"阴"一是指没有光线的自然状态。《尔雅·释地》："东至日所出为太平，西至日所入为太蒙。"蒙即"蒙昧、昏暗"。典籍中有"西幽"、"西冥"的地方，反映了西方与黑暗之地的认识。"阴"还有一个意思为阴阳之阴。女性在阴阳二分中属于阴，因此女性就与西有了联系。在古代诗文中女子所在的方位经常为西。梁武帝《拟明月照高楼》："君如东扶景，妾似西柳烟。"李白《秦女休行》："西门秦女休，秀色如琼花。""西厢"是女子住处的通称，"西王母"则因为她是母所以冠以"西"。既然"妻"是女性，阴阳二分中属"阴"，而抢妻，自然在天色黑暗掩映下进行，于是"娶妻"只能在昏时了。

经过了走婚的过渡时代，女性从女王的神坛地位走下来了；到了抢婚时男女真正开始了争锋，女子已经退去了神性，首领的位置已经被男子收归囊中。

三 嫁、妃与专偶婚——沦为买卖品，成为私有物

专偶婚制体现出男权至上的特点，丈夫具有对家庭经济的支配权和对妻子的统治权。《礼记·郊特牲》："男帅女，女从男。"对男子来说妻子成了传宗接代的工具，与其他财产无多大的区别，必须以财货易之；对女方家族来说，女子总要送出去为他人役使，可以关注的就是女子的价值补偿问题，以维护本家族的经济利益；而作为出嫁女子本人而言，只能听任摆布。伴随着女性的认命与顺从，男性在征服女性的婚姻形式中，力的豪

夺逐渐淡化，巧取的因素开始上升，再加上男性迅速掌握了经济大权，于是到了专偶婚，即一夫一妻制时期，买卖婚开始出现。

《仪礼·士昏礼》所记载的"六礼"之"纳征"礼，男方用玄纁、束帛俪皮等物为女方聘物，学者多以为古代买卖婚俗的遗留，刘师培（1997）《中国历史教科书》中对此论述如下："后世婚姻行纳彩、纳吉、问名、纳征、请期、亲迎六礼。纳彩、纳吉皆奠雁，而纳征则用玄纁束帛，所以沿买卖妇女之俗也。"

从汉字中也可以看出，婚俗中存在着这种买卖婚。"嫁"从语音上来看，与"贾"、"沽"语音相同，在上古时候均为"见"母"鱼"部。《说文》："贾，市也。""市"就是买卖。《韩非子·五蠹》："长袖善舞，多钱善贾。"这里的"贾"就是买卖的意思。"沽"也有买卖之义，成语"沽名钓誉"、"待价而沽"中的"沽"都是"买卖"的意思。从纳征我们可以看出，古代嫁女娶妻与买卖无异，所以古人自然赋予了"嫁"与"贾"、"沽"相同的语音。在先秦"嫁"确实有"卖"的意思，《韩非子》："天饥岁荒，嫁妻卖子者，必是家也。""嫁"与"卖"对文，当然是"卖"的意思。在独龙族中"娶妻"称为"仆玛旺"，而"仆玛旺"的具体意思就是"买女人"。①

"妃"是当时社会中对男子配偶的称谓。《说文解字》对"妃"的解释是"匹也"，而匹又可指代"帛匹"，帛匹正是货物的一种。一字二义，说明物与妻之间紧密的联系。以物易妻，或以女易物，就是买卖婚的特点。古人还常以"帑"来称妻子。《左传·文公六年》记载："贾季奔狄，宣子使臾骈送其帑。"《说文解字注疏》文对此处"帑"字的解释是"妻子也"。而"帑"的原义是"金币所藏也"。由原义到引申义，其间的媒介正是"视妻子为货物"这个事实。

买卖婚是我国婚姻发展史上的一个重要阶段，后来的聘娶婚则是由它发生演变而来。所谓"聘则为妻，买则为妾"的规定在中国历史上曾长期存在。而且事实上买卖婚与聘娶婚相互渗透，很难区分，他的劣性残余——封建包办买卖婚姻，在中国大地上曾统治了数千年之久，至今仍未完全绝迹。

---

① 刘志基：《汉字与古代人生风俗》，华东师范大学出版社1995年版。

四　"她时代"与一夫一妻制——自我主宰

在 21 世纪婚姻制度仍然为专偶婚，但却改变了专偶婚中的买卖性质，女性地位发生了巨大变化，一改"他"为主，"她"为辅的地位，走入了"她时代"。中国女性慢慢走出家庭，走入职场，成为"职业女性"。全国妇联今日公布的统计数字显示，目前我国女性从业人员已达到 3.3 亿，占全国从业总数的 46.7%，高于世界平均水平。职业女性后备力量日渐雄厚，目前在校女研究生和女大学生分别占同比的 30.35% 和 36.40%，在各类成人教育中，女性比例已经达到 45.63%。正是由于女性改变了依附男人的传统，在经济上获得了独立，因此，女性的消费结构发生了变化，慢慢成了消费的主体。第一，都市女性逐渐成为网上阅读或网上购物的主力军。调查显示，61% 的女性曾尝试过网上阅读，其中 24% 被访问女性经常上网。第二，女性装扮投入增加。月收入在 1000—1500 元的被调查女性，有 65% 的女性平均每月用于化妆、美容的费用在 100—200 元之间，9% 的女性平均每月用于此项费用为 300 元以上。① 第三，女性成为买房的新生力量。据上海一家咨询公司的调查数据显示，在上海的购房者中，男女比例达到了 58∶42；在中低住宅销售中，女性购房者比例更高达 45%。② 这并非我国所特有，而是全球趋势。世界银行的统计显示，截至 2014 年，全球女性的收入总额达到 18 万亿美元，全球女性支配的年消费开支达到 28 万亿美元。种种数据表明，女性正成为社会发展、经济复苏的重要力量，"她经济"、"她时代"即将来临。

透过汉字我们看到了历代婚姻制度的发展历程，也知道了女子地位的不断变化。在群婚制下女子成为这个时代的中流砥柱，是这个时代当之无愧的女王；到了对偶婚时代，虽然还残存女子居于主要地位的走婚，但这毕竟只是一个过渡阶段，女子虽不甘走下神坛，毕竟敌不过男子的抢夺，最终失去了帝王的光环，成为男人抢夺的对象；专偶婚制下女性已经完全失去了反抗的能力，通过男性的买卖成为其私有财产，最终沦为男性的附

---

① 谢文辉、胡晓凡主编：《美丽经济：如何打开女人的钱袋》，中国时代经济出版社 2006 年版。

② 楚庭南：《她时代在影响着世界》，中国纺织出版社 2010 年版。

庸品；21 世纪女性地位发生了翻天覆地的变化，虽然还是实行专偶婚制，但女子已经能够撑起半边天，"她时代"已经到来，女子不再依附男子，完全可以主宰自己乃至时代的命运。

参考文献

楚庭南：《她时代在影响着世界》，中国纺织出版社 2010 年版。

郭沫若：《郭沫若全集考古篇》第一卷《甲骨文字研究及殷契余论》，科学出版社 2000 年版。

刘师培：《刘申叔遗书》，江苏古籍出版社 1997 年版。

刘志基：《汉字与古代人生风俗》，华东师范大学出版社 1995 年版。

陆宗达：《说文解字通论》，北京出版社 1981 年版。

唐汉：《汉字密码》，学林出版社 2002 年版。

谢文辉、胡晓凡主编：《美丽经济：如何打开女人的钱袋》，中国时代经济出版社 2000 年版。

张舜徽：《说文解字约注》，华中师范大学出版社 2009 年版。

赵诚：《甲骨文与商代文化》，辽宁人民出版社 2000 年版。

O. A. 魏勒：《性崇拜》，中国文联出版社 1988 年版。

作者简介

刘艳红，华东交通大学人文学院讲师，南开大学汉语言文字学专业博士，学位论文《唐五代方位词研究》（2010）。

后　记

　　还是在一次省语言学界的年度聚会上，与会者中有了好几位新面孔，相询才知道是其他学校新进的博士。有感于近年来江西省内各高校语言学专业教师中博士人数渐多，餐间闲聊时笔者提出了一个动议：是不是什么时候专门聚集这些博士同行一起开个会交流交流？本来其实也就是随便说说，不想当即得到了好些同行的响应，并希望由南昌大学来牵头办会。会后一些朋友还很关心此事，并提出不少积极的建议。这让笔者不由得要认真地来考虑这件事了。

　　由于历史的原因，江西省的高等教育在 20 世纪 50 年代初高校院系调整中即遭到了削弱，更不用说"文化大革命"时经受的挫折了。别的专业我不了解，语言学专业我大致还是知道一些情况的。1982 年江西省语言学会成立，参会时我算是认识了省内的大部分同行。那时无论是从学术队伍看还是从研究成果看，与其他省市语言学界相比较，确实是被拉开了很大的距离的。

　　令人欣慰的是，历经改革开放的 30 个年头，江西的语言学界有了长足的发展。虽说学术洼地的状况还仍有表现，但与前行者的距离还是实实在在地缩短了不少。始于 20 年前的高校扩招，促使高层次人才培养的规模得到了迅速扩大。语言学作为一个既属于传统的而又有新兴应用价值的学科，国内培养的博士研究生已经有了相当的数量。这样，即便是经济社会发展相对落后的江西，各高校也都陆续引进充实了一批博士，这些完成了最高阶段学历教育的教师成为各高校教学科研的生力军。

　　据我了解，在江西各高校供职的语言学博士，像笔者一样属于"50

后"的只是少数，多数是"60后"、"70后"的年轻人，甚至都有"80后"的了。另外还有一点要说的，就是这支博士队伍已经改变了以前那种教师队伍"本土化"的状况，不再光是江西人念完书回江西来教书，已经有相当数量的外省籍人士来江西工作了。作为一名长者，一名地道的江西老表，笔者要向这些为江西语言学界的发展出了大力的年轻朋友，来自省外的朋友，表示个人的深深的谢意和敬意。

因此，举办一次专门的研讨会，就一直在笔者的工作考虑之中。南昌大学客赣方言与语言应用研究中心作为江西省高校人文社科重点研究基地，长期以来为江西语言学界也做了一些工作。经过与各单位多位同行磋商，办会的事情就正式确定了下来。只是说说容易，做起来自然少不了繁难之处。这样一晃几年过去了，直到2013年11月，在学校领导和社科处、院系的重视下，在各位博士同行的支持下，"首届赣鄱语言学博士论坛"终于在南昌大学举行。

论坛进行了两天的学术交流（2013年11月9—10日）。40多位博士齐聚南昌大学前湖之畔，切磋学术，共叙友情，虽说不一定臻于胜友如云、高朋满座的佳境，却也堪称江西语言学界一时之盛，颇给人以"江东才俊多"（文天祥诗句）之感慨。

这次学术论坛还要特别感谢复旦大学的游汝杰先生、北京大学的孙玉文教授、暨南大学的甘于恩教授和上海财经大学的黄锦章教授，这四位应邀与会的省外高校的学者，在我国学术界有着重要的影响。他们作为特邀讲者，在论坛上分别作了大会专题报告，提高了论坛的学术品位，为论坛增色不少，同时也对南昌大学语言学科的学科建设和江西省语言学界的学术发展作了有益的指导。

研讨会后我们开始编辑研讨会论文集。时间又过去一年多了。当书名为《赣鄱语言学论坛（第一辑）》的终校稿阅毕的时候，我终于有了些许轻松的感觉，循例作此"后记"以简述论坛前后经历的过程。

曾子有言："以文会友，以友辅仁。"我们举办学术研讨会的目的正是曾子所说的"会友"和"辅仁"：通过学术研讨促进学术队伍建设，以此推动学术研究的发展。这样既得"友"更得"仁"的学术研讨活动，我们当初议定为"首届"，也就是希望今后能够持续举行。

让我们期待再一次的学术聚首。

再一次感谢参与论坛活动的各位博士同行。

胡松柏

2015 年 7 月 10 日 暑期第一天

于南昌大学前湖校区